21世纪高等学校物流管理与物流工程系列教材

物流管理前沿

庞海云　主编

清华大学出版社
北京交通大学出版社
·北京·

内 容 简 介

本书系统介绍了现代物流、物流服务行业、物流科技行业的最新发展情况，分类整理了物流管理热点研究方向的前沿成果，分析了物流管理理论研究和实践应用的基本内容和方法。

全书分为 9 章共三大部分：第一部分介绍了物流的概念、发展阶段以及物流最新发展现状，分别从物流服务行业和物流科技行业的概念、特征和类型谈起，分析行业发展中的最新问题，并介绍物流管理理论研究的前沿内容；第二部分分别对合同物流、智慧物流、农产品物流、绿色物流、供应链金融、人道主义救援供应链、应急物流等研究方向进行分析，介绍每个方向的研究框架、研究现状和研究方法，并深入探讨研究案例和实践案例；第三部分收集并分析了部分国内一流物流企业的管理案例，增强该教材的实践性。

本书适合作为高等院校物流管理、物流工程、供应链管理及市场营销、电子商务等相关专业本科生和研究生的教学用书，也适合作为在生产企业、流通行业和物流行业从事物流管理及供应链管理工作人员的参考用书。

本书封面贴有清华大学出版社防伪标签，无标签者不得销售。
版权所有，侵权必究。侵权举报电话：010-62782989　13501256678　13801310933

图书在版编目（CIP）数据

物流管理前沿 / 庞海云主编. —北京：北京交通大学出版社：清华大学出版社，2022.7
（2024.1 重印）

ISBN 978-7-5121-4709-6

Ⅰ. ① 物… Ⅱ. ① 庞… Ⅲ. ① 物流管理 Ⅳ. ① F252

中国版本图书馆 CIP 数据核字（2022）第 065470 号

物流管理前沿
WULIU GUANLI QIANYAN

责任编辑：	郭东青
出版发行：	清 华 大 学 出 版 社　邮编：100084　电话：010-62776969　http://www.tup.com.cn
	北京交通大学出版社　邮编：100044　电话：010-51686414　http://www.bjtup.com.cn
印 刷 者：	三河市华骏印务包装有限公司
经　　销：	全国新华书店
开　　本：	185 mm×260 mm　　印张：20.75　　字数：531 千字
版 印 次：	2022 年 7 月第 1 版　2024 年 1 月第 2 次印刷
印　　数：	1 001～2 000 册　定价：59.00 元

本书如有质量问题，请向北京交通大学出版社质监组反映。对您的意见和批评，我们表示欢迎和感谢。
投诉电话：010-51686043，51686008；传真：010-62225406；E-mail：press@bjtu.edu.cn

前 言

随着经济社会高速发展,物流行业作为经济发展的重要产业和新的经济增长点,对整体经济活动发展产生了巨大的影响,在我国国民经济中的重要性日益凸显。有关部门非常重视发挥物流行业对经济发展的积极推动作用,努力推进和支持现代物流业的优先发展。国务院、相关部委以及各地方政府,从建立现代物流体系、制定现代物流标准、规范市场竞争以及推进物流企业信息化建设等方面入手,陆续出台了众多物流业发展政策。物流管理逐步从企业传统的生产和销售活动中分离出来,作为一门新兴学科,发展成为管理科学学科中新的重要分支。为了满足现代社会对物流人才的需求,很多高校开展了对物流管理相关专业的本科生和研究生的培养。

"物流管理前沿"是针对物流管理专业高年级本科生和研究生开设的一门综合性很强的课程。其课程教学目的是用已学专业理论、方法来研究和解决物流管理理论和实践中的热点问题。通过该课程的教学环节,帮助学生能够在前继专业理论课程的基础上进一步掌握解决前沿理论和实践应用问题的思路和方法。整个课程突出两个特点,一是加强理论与实际相结合的方法训练,二是加强局部和整体的系统优化思维方法的训练。

鉴于目前国内同类教材较少,市场上内容比较接近的图书主要面向研究人员,且没有经过系统整理,理论和方法介绍呈现碎片化特点,系统性、实践性都不够强,所以不一定适合本科生、研究生作为教材使用。本教材立足物流管理研究领域的研究重点、热点,邀请了有相关实践和研究特长的教学、研究人员,精心制定研究框架、研究内容和研究方法,收集和编写了部分优秀的研究案例、实践案例,有助于深化读者对相关理论的理解和指导读者的实践操作。我们相信,本书对全面提高读者的理论研究能力和实践应用能力会有直接的帮助。

本书共分9章,由庞海云主编。庞海云负责拟定全书框架并编写第1、8、9章,彭鸿广负责编写第2章,李於洪负责编写第3章,刘云霞负责编写第4章,王富忠负责编写第5章,廖莉负责编写第 6 章，关高峰负责编写第 7 章。全书由庞海云统稿。

本书为新型态教材，既以纸质教材为载体，同时又通过嵌入在教材中的二维码作为互联网移动端设备入口，将基于互联网的知识点讲解视频、扩充知识阅读文献、案例讨论等多样化学习环节融入其中，使读者实现自主化学习。

在编写本书过程中，编者参考了大量的国内外教材、书籍、期刊和互联网资料，在此特向这些专家学者、作者表示深深的感谢。可能会由于编者的疏忽，在参考文献中存在疏漏情况，敬请谅解。由于物流行业的发展和理论研究还有一个不断探索的过程，再加上编者的水平有限，尽管在整个教材的编写过程中，我们尽了最大的努力，但错误和疏漏之处在所难免，衷心希望读者批评指正。

编　者

2022 年 1 月

目 录

第1章 绪论·····1
本章导读·····1
1.1 物流管理及其发展·····2
1.1.1 物流及物流管理·····2
1.1.2 美国物流管理的发展历史·····3
1.1.3 日本物流管理的发展历史·····5
1.1.4 中国物流管理的发展历史·····6
1.1.5 我国物流发展现状分析·····7
1.2 物流服务行业发展研究·····10
1.2.1 物流服务行业概述·····10
1.2.2 物流服务行业的服务理念·····11
1.2.3 中国物流服务行业主要类型展示·····11
1.2.4 中国国内一般物流服务市场现状·····12
1.2.5 中国国内一般物流服务市场挑战·····14
1.2.6 我国物流服务行业趋势分析·····15
1.3 物流科技行业发展研究·····16
1.3.1 物流科技概述·····16
1.3.2 我国物流科技相关政策·····16
1.3.3 中国物流科技行业发展特点·····17
1.3.4 物流科技在运输环节中的应用·····18
1.3.5 物流科技在仓储环节中的应用·····20
1.3.6 物流科技在配送环节中的应用·····21
1.3.7 我国物流科技行业趋势与展望·····22
1.4 物流管理理论研究前沿介绍·····24
1.4.1 物流管理理论的相关期刊·····24
1.4.2 物流管理理论研究的特点·····28
1.4.3 物流管理理论研究方向介绍·····30

本章思考题 ··· 33

第2章　合同物流 ··· 34
　　本章导读 ··· 34
　2.1　合同物流概述 ·· 35
　　　2.1.1　合同物流的概念 ··· 35
　　　2.1.2　合同物流企业 ·· 36
　　　2.1.3　合同物流服务采购的一般过程 ··· 39
　　　2.1.4　合同物流服务的招投标 ··· 40
　　　2.1.5　合同物流招标文件 ·· 41
　　　2.1.6　合同物流项目的投标 ··· 43
　　　2.1.7　对物流服务提供商的评估 ·· 43
　　　2.1.8　物流服务合同 ·· 45
　2.2　合同物流研究现状 ·· 47
　　　2.2.1　合同物流企业-客户关系方面的研究 ··· 47
　　　2.2.2　合同物流服务模式的研究 ·· 47
　　　2.2.3　物流合同设计研究 ·· 48
　2.3　合同物流案例分析 ·· 51
　　　2.3.1　合同物流服务实践案例分析 ·· 51
　　　2.3.2　合同物流项目管理实践案例分析 ·· 53
　　　2.3.3　合同物流项目招标文件案例分析 ·· 55
　　　2.3.4　物流服务合同研究案例分析 ·· 59
　　本章思考题 ·· 65

第3章　智慧物流 ·· 66
　　本章导读 ··· 66
　3.1　智慧物流概述 ·· 67
　　　3.1.1　智慧物流的概念 ··· 67
　　　3.1.2　智慧物流的主要特征 ··· 68
　　　3.1.3　智慧物流的基本技术 ··· 68
　　　3.1.4　智慧物流的作用 ··· 69
　　　3.1.5　我国智慧物流发展存在的问题 ··· 69
　3.2　智慧物流的关键技术 ··· 70
　　　3.2.1　智慧物流的基础技术支撑——计算机和互联网 ····························· 70
　　　3.2.2　智慧物流的感知技术支撑——传感器与传感器网络 ························ 71
　　　3.2.3　智慧物流技术融合的一种静态表现形式——物联网 ························ 76
　3.3　智慧物流研究内容与方法 ··· 81
　　　3.3.1　智慧物流的研究内容 ··· 81
　　　3.3.2　智慧物流的研究方法 ··· 88

3.4 智慧物流案例分析 ·· 91
　　　　3.4.1 信息化在安徽江汽物流整车仓储调度系统的应用案例 ···························· 91
　　　　3.4.2 英特尔公司生产物流中传感器的智能化监测作用 ···································· 93
　　　　3.4.3 箱式穿梭车在自动立体化仓库中的应用 ··· 93
　　本章思考题 ··· 96

第4章　农产品物流 ··· 97
　　本章导读 ··· 97
　　4.1 农产品物流概述 ·· 98
　　　　4.1.1 农产品物流的概念 ··· 98
　　　　4.1.2 农产品物流的分类 ··· 99
　　　　4.1.3 农产品物流及其运作的特点 ··· 100
　　　　4.1.4 农产品物流的实现条件 ··· 103
　　　　4.1.5 农产品物流的基本模式 ··· 104
　　　　4.1.6 我国农产品物流发展现状 ·· 109
　　　　4.1.7 农产品物流研究的内容 ··· 110
　　4.2 农产品物流研究现状 ·· 110
　　　　4.2.1 农产品物流模式及物流体系研究现状 ··· 111
　　　　4.2.2 农产品物流管理演变及协调机制研究现状 ·· 113
　　　　4.2.3 农产品物流效率及物流水平评价研究现状 ·· 117
　　　　4.2.4 农产品物流运营技术研究现状 ··· 119
　　4.3 农产品物流案例分析 ·· 122
　　　　4.3.1 农产品物流效率研究案例分析 ··· 122
　　　　4.3.2 农产品供应链协调研究案例分析 ··· 132
　　本章思考题 ·· 142

第5章　绿色物流 ·· 143
　　本章导读 ··· 143
　　5.1 绿色物流概述 ·· 144
　　　　5.1.1 绿色物流的内涵 ·· 144
　　　　5.1.2 绿色物流的发展现状 ·· 144
　　　　5.1.3 绿色物流的重要性 ··· 146
　　　　5.1.4 绿色物流的装备与工具 ··· 146
　　　　5.1.5 物流系统的绿色评价 ·· 149
　　5.2 绿色物流的研究与应用 ·· 152
　　　　5.2.1 绿色配送运输的研究应用 ·· 152
　　　　5.2.2 绿色流通加工的研究应用 ·· 155
　　　　5.2.3 绿色物流的能源效率研究应用 ··· 156
　　　　5.2.4 高低碳能源效用理论研究 ·· 158

  5.2.5 高低碳能源强度研究 ··159
 5.3 绿色物流的案例分析 ··163
  5.3.1 在航空运输方面的绿色低碳实践 ··163
  5.3.2 在水路运输方面的绿色低碳实践 ··164
  5.3.3 在铁路运输方面的绿色低碳实践 ··167
  5.3.4 在公路运输方面的绿色低碳实践 ··167
 本章思考题 ··168

第6章 供应链金融 ··169
 本章导读 ··169
 6.1 供应链金融概述 ··170
  6.1.1 供应链金融的概念和特点 ··170
  6.1.2 供应链金融的运作模式 ··171
  6.1.3 供应链融资模式与传统融资模式的比较 ··173
  6.1.4 供应链金融的信用风险 ··173
 6.2 供应链金融的研究现状 ··179
  6.2.1 关于供应链金融定义的研究 ··179
  6.2.2 关于供应链金融模式的研究 ··179
  6.2.3 关于供应链金融信用风险的研究 ··180
  6.2.4 文献述评 ··181
 6.3 供应链金融研究案例分析 ··181
  6.3.1 非合作完全信息动态博弈模型的提出 ··181
  6.3.2 非合作完全信息动态博弈模型的建立 ··182
  6.3.3 非合作完全信息动态博弈模型的实证分析 ····································188
  6.3.4 案例总结 ··190
 本章思考题 ··190

第7章 人道主义救援供应链 ··191
 本章导读 ··191
 7.1 人道主义救援供应链概述 ··192
  7.1.1 人道主义及人道主义救援的内涵 ··192
  7.1.2 人道主义救援供应链内涵 ··194
  7.1.3 人道主义救援供应链协同 ··199
  7.1.4 自组织理论 ··202
  7.1.5 复杂适应系统理论 ··203
 7.2 人道主义救援供应链研究现状 ··204
  7.2.1 人道主义救援供应链基础理论研究 ··204
  7.2.2 人道主义救援供应链与商业供应链差异性研究 ····························205
  7.2.3 人道主义救援供应链敏捷性、快速响应及信任研究 ····················207

	7.2.4	人道主义救援供应链协同模式及机制研究	207
	7.2.5	人道主义救援供应链技术策略研究	209
	7.2.6	人道主义救援供应链的绩效评价研究	210
	7.2.7	研究总结	210

7.3 人道主义救援供应链研究案例分析·····210
  7.3.1 人道主义救援供应链业务流程协同概述·····211
  7.3.2 Petri 网基础理论·····213
  7.3.3 救援供应链业务流程协同救援效率评价仿真·····216
  7.3.4 案例总结·····222

本章思考题·····222

第 8 章 应急物流

本章导读·····223

8.1 应急物流概述·····224
  8.1.1 应急物流的概念·····224
  8.1.2 应急物流的历史演进·····226
  8.1.3 应急物流的特点分析·····230
  8.1.4 应急物流的基本属性·····232
  8.1.5 应急物流的基本矛盾·····234
  8.1.6 应急物流的研究内容·····236

8.2 应急物流研究现状·····238
  8.2.1 选址和配置研究·····238
  8.2.2 存储和补充研究·····240
  8.2.3 调度和分配研究·····242
  8.2.4 应急物资需求预测的研究·····246

8.3 应急物流研究案例分析·····248
  8.3.1 应急物资分配研究案例分析·····248
  8.3.2 应急物资储备研究案例分析·····258

本章思考题·····267

第 9 章 物流管理实践案例分析

本章导读·····268

9.1 马钢物流园区货车装卸货排队问题分析·····268
  9.1.1 案例背景·····268
  9.1.2 现代排队论简介·····269
  9.1.3 马钢物流园区货车装卸货问题研究·····271
  9.1.4 基于排队论模型的装卸货排队策略研究·····274
  9.1.5 案例总结·····278

9.2 电商企业仓储规划布局优化·····278

  9.2.1 企业仓储规划布局现状分析 ·· 279
  9.2.2 基于 SLP 方法进行仓储规划优化 ·· 283
  9.2.3 基于 Flexsim 仿真模型的物流系统布局优化 ···························· 293
  9.2.4 案例总结 ··· 298
 9.3 移动机器人在电商拣选环节的应用 ·· 298
  9.3.1 案例背景 ··· 298
  9.3.2 移动机器人概述 ·· 299
  9.3.3 应用案例分析 ··· 301
  9.3.4 案例总结 ··· 303
 本章思考题 ·· 303

参考文献 ·· 304

第1章
绪　论

▶ **本章导读**

　　物流行业在我国国民经济发展中发挥着重要的作用。物流业作为经济发展的重要产业和新的经济增长点，势必对整体经济活动产生巨大的影响，主要表现在以下几个方面：物流产业的发展可以从整体上改善国民经济的运行效率，直接提高全社会的经济效益；物流改变市场经济中企业传统的管理模式，并在其中发挥重要作用；有效的国际物流是国际贸易顺利进行的保证和支持；物流产业的发展可以促进国民经济各产业部门的健康发展；现代物流产业的发展，将加快资本周转，使有形货币在流通中产生更多的无形货币；促进国民经济各产业部门的健康发展；改善投资环境等。

　　近年来，随着物流行业对国民经济的重要性日益凸显，物流行业得到政府相关部门的重视，国务院、各部委，地方政府等陆续出台物流业政策，从建立现代物流体系、制定现代物流标准、规范市场竞争以及推进物流企业信息化建设等方面入手，大力推进和支持现代物流业的发展。例如，2020年6月，国务院办公厅出台《关于进一步降低物流成本的实施意见》，为深入贯彻落实党中央、国务院关于统筹推进疫情防控和经济社会发展工作的决策部署，进一步降低物流成本、提升物流效率，加快恢复生产生活秩序，意见提出六个方面的政策措施，要求各地区各部门要加强政策统筹协调，切实落实工作责任，结合本地区本部门实际认真组织实施。国家发展和改革委要会同有关部门发挥全国现代物流工作部际联席会议作用，加强工作指导，及时总结推广降低物流成本的典型经验做法，协调解决政策实施中存在的问题，确保各项政策措施落地见效。再如，2020年9月，国家发展和改革委等14个部门联合印发《推动物流业制造业深度融合创新发展实施方案》，进一步推动物流业与制造业深度融合、创新发展，保持产业链供应链稳定，推动形成以国内大循环为主体、国内国际双循环相互促进的新发展格局。

服务"双循环"战略，
构建现代物流体系

　　本章首先介绍物流及物流管理的基本概念、几个主要国家的物流管理发展历史、中国物流管理发展现状，然后分别分析物流服务行业和物流科技行业的基本内容、发展现状和发展趋势，概括物流管理理论相关的研究主题、研究热点等特点，最后介绍了本书将要重点分析的几个研究方向。

1.1 物流管理及其发展

1.1.1 物流及物流管理

1. 物流的含义

物流的概念最早是在美国形成的，起源于20世纪30年代，原意为"实物分配"或"货物配送"，后来被引入日本，日文意思是"物的流通"。中国的"物流"一词是从日文资料引进来的外来词，源于日文资料中对"logistics"一词的翻译"物流"。中国国家标准《物流术语》（GB/T 18354—2021）将物流定义为：根据实际需要，将运输、储存、装卸、搬运、包装、流通加工、配送、信息处理等基本功能实施有机结合，使物品从供应地向接收地进行实体流动的过程。

物流环节贯穿于采购、生产到销售的商品流通全过程中，如图1-1所示。

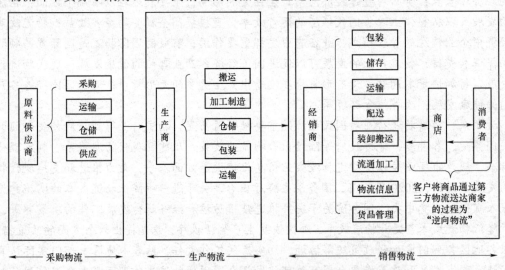

图1-1 物流产业链示意图

物流业是国民经济体系中极为重要的基础性战略性产业，涉及领域广，吸纳就业人数多，同时物流业是一个新兴产业，不能仅仅将其等同于运输业或者仓储业。

一方面，物流业是一个复合型产业。物流业是物流资源产业化而形成的一种复合型或聚合型产业，物流资源有运输、仓储、装卸、搬运、包装、流通加工、配送、信息平台等，其中运输又包括铁路、公路、水运、航空、管道等。这些资源产业化就形成了运输业、仓储业、装卸业、包装业、加工配送业、物流信息业等。这些资源分散在多个领域，包括制造业、农业、流通业等。把产业化的物流资源加以整合，就形成了一种新的物流服务业。这是一种复合型产业，也可以称为聚合型产业，因为所有产业的物流资源不是简单的叠加，而是通过优化整合，可以起到"1+1>2"的功效。

另一方面，物流业是生产性服务业。生产性服务业是指为第一、二、三产业的实物生产和服务生产提供服务的产业。我们可以把生产区分为农业生产、工业生产和服务业生产，农业生产产出农产品，工业生产产出工业品，服务业生产产出服务产品。无论是农业生产、工业生产和服务业生产，都需要外购服务作为生产要素投入本企业的生产过程，这些外购服务就构成服务性生产资料。在国际上，一般把50%以上产品用于生产的服务部门称为生产性服务业，50%以上产品用于消费的服务部门称为消费性服务业。在发达国家，生产性服务业在整个服务业的比重超过60%，其发展速度也明显快于消费性服务业，特别是金融、物流、运输、信息、商务服务发展最快。

2. 物流管理

物流管理（logistics management），是指在社会再生产过程中，根据物质资料实体流动的规律，应用管理的基本原理和科学方法，对物流活动进行计划、组织、指挥、协调、控制和监督，使各项物流活动实现最佳的协调与配合，以降低物流成本，提高物流效率和经济效益。

物流管理的实质：不是创造价值，而是通过降低成本以提升利润的空间。

物流管理的内容包括三个方面：一是对物流活动诸要素的管理，包括运输、储存等环节的管理；二是对物流系统诸要素的管理，即对人、财、物、设备、方法和信息等六大要素的管理；三是对物流活动中具体职能的管理，主要包括物流计划、质量、技术、经济等职能的管理等。

物流管理科学是近些年来在国内外兴起的一门新学科，它是管理科学中新的重要分支。随着生产技术和管理技术的提高，企业之间的竞争日趋激烈，人们逐渐发现，企业在降低生产成本方面的竞争似乎已经走到了尽头，产品质量的好坏也仅仅是一个企业能否进入市场参加竞争的敲门砖。这时，竞争的焦点开始从生产领域转向非生产领域，即转向过去那些分散的、孤立的、被视为辅助环节而不被重视的环节，诸如运输、存储、包装、装卸、流通加工等物流活动领域。人们开始研究如何在这些领域里降低物流成本，提高服务质量，创造"第三个利润源泉"。物流管理从此从企业传统的生产和销售活动中分离出来，成为独立的研究领域和学科范围。物流管理科学的诞生使得原来在经济活动中没有明确状态的物流系统显现出来，它揭示了物流活动的各个环节的内在联系，它的发展和日臻完善，是现代企业在市场竞争中制胜的法宝。

1.1.2 美国物流管理的发展历史

1. 物流观念的萌芽和产生阶段

这一阶段从20世纪初至20世纪40年代。1901年，克鲁威尔（John F. Crowell）在美国政府的《工业委员会关于农产品流通的报告》中首次讨论了影响农产品配送的成本和影响因素，从而使人类对物流实践的认识开始走上了科学化的道路。1915年，一些学者首次提出市场营销具有产生需求（demand creation）和实物供应（physical supply）两大功能，这可以称为具有现代意义的物流概念的早期萌芽。1916年，萧（Arch Shaw）在他的《商业问题的对策》中讨论了物流在流通战略中的作用。同年，威尔德（L. D. H. Weld）在《农场产品的市场营销》中论述了市场营销的效用（包括时间效用、场所效用、占有效用），并提出了营销渠道的概念，从而肯定了物流在创造产品的市场价值中的时间价值及场所价值中的重要作用。1927年，布索迪（Ralph Borsodi）在《流通时代》中首次在文章中对目前仍沿用的 logistics 下了定义。1929年，克拉克（Fred H. Clark）在《市场营销原理》中将市场营销定义为商品所有权转移过程中的各种活动，这些活动就包括物流活动。

综上所述，说明人们在这一时期对物流的意义有了初步的认识，并随着以农业为主体的经济向工业化经济发展的不断深化，明确了物流在商品流通及市场营销中的地位和作用，但在当时社会生产力发展条件影响下，物流仍然被看作是市场营销的附属功能。1946年，美国正式成立了全美运输与物流协会（American Society of Traffic and Logistics），这是美国第一个对运输和物流活动进行考查和认证的组织。

2. 物流理论体系的形成阶段

这一阶段从20世纪50年代至20世纪70年代末。1954年，在美国波士顿商业委员会所召开的第26届流通会议上，康波斯（P. D. Converse）做了"市场营销的另一半"的演讲，他指出，学术界和实业界都需要研究和重视市场营销中物流的重要作用，真正从战略高度来管理、发展物流。1956年，刘易斯、克里顿与斯蒂勒（Howard T. Lewis、James W. Culliton、Jack D. Steele）等人出版了《物流中航空货运的作用》一书，首次介绍了物流总成本分析的概念，指出物流总成本由多个环节的成本组成，它们是相互影响的，如空运虽然成本高，但由于它直接向顾客所在地送货，因而节省了货物存储费用及仓库费用，所以应从物流总成本的基础上评价各种运输方式的优缺点。1961年，斯马凯伊、鲍尔索克斯和莫斯曼（Edward W. Smykay, Ronald J. Bowersox, Frank H. Mossman）合著了 Physical Distribution Management（《物流管理》）一书，这是第一本系统介绍物流管理的教科书，书中从整个系统或企业范围的角度详细论述了物流管理系统和物流总成本的概念。1962年4月，管理学大师彼德·德鲁克（Peter Drucker）在《财富》杂志上发表题为《经济领域的黑暗大陆》的文章，文章强调应当高度重视流通及流通过程中的物流管理。这篇文章被公认为首次明确提出物流领域的潜力，具有划时代的意义，对实业界和理论界又产生了一次重大的推动作用。1963年，美国物流管理委员会（National Council of Physical Distribution）成立，这一协会集中了物流实业界及学术界的专家，通过对话和讨论，促进了对物流过程的研究和理解及物流管理理论的发展，以及物流界与其他组织的联系与合作。20世纪60年代后期至20世纪70年代，关于物流管理的研究和讨论相当活跃，大量关于物流管理的教材、论文、杂志不断涌现，召开了大量相关的各种会议。1978年，A. T. Kearney 公司在美国物流管理委员会的资助下，对物流生产率开展研究，发表了题为《物流生产率的评估》，其研究成果对物流领域产生了久远的影响。

总之，这一阶段是物流管理发展逐渐成形的阶段。物流管理从市场营销中脱颖而出，成为一个具有特定内涵的体系，物流管理学也形成了一门独立发展的新兴学科。物流实践也得到了有效的发展，总成本观念在企业管理中得到了广泛的应用。

3. 物流管理现代化发展阶段

这一阶段从20世纪70年代末到20世纪80年代中期。信息技术的发展为企业提供了有效的辅助管理手段，使 MRP、MRPⅡ、DRP、ERP 和 Just-in-time 等先进的物流管理技术产生并得到不断完善，在生产调度、存量控制、订单处理等一系列活动中得到应用，从而推动了物流活动一体化的进程。这一阶段最具历史意义的是1985年美国物流管理协会正式名称从"National Council of Physical Distribution Management"改为"National Council of Logistics Management"，从而标志着现代物流观念的确立。

4. 物流管理国际化、信息化及纵深发展的阶段

这一阶段从20世纪80年代中期至今。20世纪90年代以来，第三方物流（3PL，或者TPL）在美国得到迅速发展，整个美国TPL的收入从1994年约160亿美元增长到1995年的

250 亿美元。由于信息交换特别是 EDI 的应用，实现了公司和公司之间、计算机和计算机之间的数据传输，使企业能与所有的合作伙伴，不仅是顾客，而且还包括供应商、运输方、公共仓库及其他方面的信息传递，由于 EDI 技术应用的飞速发展，除使企业本身节省大量物流费用，提高竞争能力外，在物流领域也促进了供应链及其管理的理论与实践的发展。

巨头垄断下的美国物流市场

1.1.3 日本物流管理的发展历史

1. 物流概念的引入和形成阶段

这一阶段从 1953 年始至 1963 年。1956 年，日本派出由早稻田大学教授宇野正雄等一行 7 人组成的"流通技术专门考察团"，去美国考察，弄清楚了日本以往叫作"流通技术"的内容，相当于美国叫作"Physical Distribution"（实物分拨）的内容，从此便把流通技术按照美国的简称，叫作"PD"，"PD"这个术语得到了广泛的使用。1964 年，日本池田内阁五年计划制订小组平原谈到"PD"这一术语时说，"比起来，叫作'PD'不如叫作'物的流通'更好。"1965 年，日本在政府文件中正式采用"物的流通"这个术语，简称为"物流"。

2. 以流通为主导的发展阶段

这一阶段从 1963 年始至 1973 年。在日本政府《中期 5 年经济计划》（1967—1971）中，强调了要实现物流的近代化。作为具体措施，日本政府开始在全国范围内开展高速道路网、港口设施、流通聚集地等各种基础设施建设。与此同时，各厂商也开始高度重视物流，并积极投资物流体系的建设，各企业都成立了相应的专业部门，积极推进物流基础建设，这种基础设施建设的目的在于构筑与大量生产、销售相适应的物流设施，主要是随营业规模的扩大增设物流中心，或确保大量输送手段以充实物流硬件的举措。1970 年，日本同时成立了两个最大物流学术团体：日本物流管理协会和日本物的流通协会，开展全国和国际性的物流学术活动。这一时期是日本物流建设大发展的时期，原因在于社会各个方面都对物流的落后及其对经济发展的制约性有着共同认识。这一阶段的发展直到 1973 年第一次石油危机爆发才告一段落。

3. 物流合理化阶段

这一阶段从 1973 年始至 1983 年。在这一阶段，日本经济发展迅速，并进入了以消费为主导的时代。虽然物流量大大增加，但由于成本的增加使企业利润并没有得到期望的提高，因此，降低经营成本成为经营战略的重要课题，降低物流的成本更成为其重要内容。物流合理化与最优化是这一阶段的主要特点。1977 年，日本运输省流通对策部公布了"物流成本计算统一标准"，这一政策对于推进企业物流管理有着深远的影响。1983 年，日本物流企业已发展到 5 万多家，从业人员约 105 万人，货运量达 34 亿 t，货运周转量 4 223 亿 t·km，较大的物流公司都在全国各地设有自己的分公司或支社，面向全国乃至国外开展物流业务，如通运公司、两派公司、大和运输等。由于企业和政府的共同努力，使物流管理得到了飞跃性的发展，也使日本迅速成为物流管理的先进国家。这一时期日本物流学会成立，同时物流的科研工作也得到了较大的发展，建立了专门的物流研究所。它们在日本召开全国或地区或国际的物流会议、物流奖励大会等，宣传物流的重要意义，讨论和解决理论及实践中的问题。

4. 物流现代化阶段

这一阶段从 20 世纪 80 年代中期始至今。20 世纪 80 年代以来，日本的生产经营发生了重大变革，消费需求差异化发展。尤其是 20 世纪 90 年代日本泡沫经济的崩溃，使以前那种大量生产、大量销售的生产经营体系出现了问题，产品的个性化、多品种和小批量成为新时期的生产经营主流，这使得市场的不透明性增加，整个流通体系的物流管理发生了变化，即从集成化物流向多频度、少量化、短时化发展。1997 年 4 月 4 日，日本政府制定了一个具有重要影响力的《综合物流施策大纲》，该大纲是根据日本政府决定的《经济构造的变革和创造规划》中有关"物流改革在经济构造中是最为重要的课题之一，到 2001 年为止既要达到物流成本的效率化，又要实现不亚于国际水准的物流服务，为此各相关机关要联合起来共同推进物流政策和措施的制定"的指示而制定的。大纲中提出了到 2001 年物流发展的三项基本目标：①提供亚太地区便利性且充满活力的物流服务；②实现对产业竞争不构成阻碍的物流成本；③减轻环境负荷。

1.1.4 中国物流管理的发展历史

我国学术界正式使用"物流"一词始于 1979 年，当年 6 月，我国物资工作者代表团赴日本参加第三届国际物流会议，回国后在考察报告中第一次引用和使用"物流"这一术语。1989 年 4 月，第八届国际物流会议在北京召开，"物流"一词的使用日益普遍。回顾我国物流的发展，除和我国的经济发展水平、经济结构、技术发展状况有关外，还和我国的经济体制变革有直接关系。按照我国经济发展历程，新中国成立以来我国物流的发展大致可以分为以下三个阶段。

1. 计划经济下的物流

这一阶段从新中国成立初期到 20 世纪 80 年代初改革开放前，是我国实行计划经济体制的时期。这一时期国家的整个经济运行处于计划管理之下，国家对各种商品特别是生产资料和主要消费品实行指令性计划生产、分配和供应，商品流通企业的主要职责是保证指令性分配计划的实现，以及节省流通领域的费用。政府虽然也在综合发展各种运输方式、合理布局物资储运点、建立合理库存、编制并不断修订主要物资的合理流向图、提倡综合利用各种运输方式及发展联运等方面提出了多种政策措施，但总体上是按计划生产、储存和运输，实现计划分配与供应。特别是 1963 年物资部门实行统一管理中转供销仓库以后，全国商品的物流活动基本上由各级物资储运公司和商业储运公司来承担。物资储运公司遵循"以收抵支，收支平衡"的原则，无论中转次数多少，只向用货单位按国家规定的收费标准收取一次性管理费用，物资系统内部调拨物资不收管理费，国家要求物资企业发挥蓄水池的作用，导致社会物资库存量不断上升，物资周转缓慢，工业消费品的储存和运输按三级批发的供销体制进行，即对应一、二、三级商品批发供应站设立相应的商业储运公司，分别承担三级商品批发过程中的储运业务，当时的商品零售业主要由国营的百货商店、粮食、副食店和各种物资供应店组成，它们成了物流的终点，而且大多规模不大，内部物流活动也主要是储存。在这一阶段，资源分配和组织供应是按行政区划进行的，物流活动的主要目标是保证国家指令性计划分配指标的落实，物流的经济效益目标被放到了次要位置，物流活动仅限于对商品的储存和运输。物流环节相互割裂，系统性差，整体效益低下。

2. 有计划的商品经济下的物流

这一阶段从改革开放到 20 世纪 90 年代中期。党的十一届三中全会以来随着改革开放步伐的加快，我国开始从计划经济向市场经济逐步过渡，即从计划经济向计划经济为主、市场经济为辅，计划经济和市场经济相结合的体制转变。市场在经济运行中的作用逐步加强，我国的经济运作从产品经济逐步向商品经济过渡，国内商品流通和国际贸易也不断扩大，物流业开始受到重视和发展。此时，不仅流通部门加强了物流管理，生产部门也开始重视物流问题。不仅国营物流企业的建设有所加强，同时一些集体和个体物流企业也有了发展。物流业已逐步打破部门、地区的界限，向社会化、专业化的方向发展。由于经济活动已向商品导向转变，物流业开始注重经济效益，物流活动已不仅仅局限于被动的仓储和运输，而开始注重系统运作，物流行业开始考虑包括包装、装卸、流通加工、运输在内的物流系统整体效益，按系统化思想推出了仓库一次性作业、集装单元化技术、自动化立体仓库、各种运输方式综合利用和联合运输等系统应用形式，用系统思想对物流全过程进行优化，使物流总费用最低。这一阶段，物流的经济效益和社会效益有所提高。

3. 社会主义市场经济体制建立中的我国现代物流发展

这一阶段从提出建立社会主义市场经济体制到现在。1993年，党的十四届三中全会通过《关于建立社会主义市场经济体制若干问题的决定》，我国加快了经济体制改革的步伐，经济建设开始进入一个新的历史发展阶段。科学技术的迅速发展和信息技术的普及应用，消费需求个性化趋势的加强，竞争机制的建立，使得我国的工商企业，特别是中外合资企业，为了提高竞争力，不断提出了新的物流需求。我国经济界开始把物流发展提到重要议事日程，此时国家逐渐加大力度对一些老的仓储、运输企业进行改革、改造和重组，让它们不断提供新的物流服务，与此同时，还出现了一批适应市场经济发展需要的现代物流企业，这一阶段，除公有制的物流企业外，非公有制的物流企业迅速增加，外商独资和中外合资的物流企业也有了不断发展。随着我国经济向社会主义市场经济体制过渡，物流活动逐渐摆脱了部门附属机构的地位，开始按照市场规律运转。物流活动开始体现出物流的真正本质内容：服务。物流更多地和信息技术结合使用，物流的范围和领域也不断扩大。

中国物流业的发展历史悠久，舟、车、常平仓、广惠仓、驿站等运输和仓储要素齐全，更开辟了丝绸之路、京杭大运河等著名商贸交流之路，为现代化物流的诞生奠定基础。但古代物流仅是单一环节的管理，我国真正意义上的运仓配一体的标准化现代物流模式起步于20世纪90年代。邓小平的南巡讲话进一步深化了改革开放，给我国物流业发展带来蓬勃活力。加上20世纪90年代末东南亚金融危机的爆发，使得我们对物流业发展的重要性有了切身体会，开始由理论转向实战，探索物流运行操作。进入21世纪，政策环境利好，运力网络大规模覆盖、信息平台建设迅速推进，我国物流进入了飞速发展的成长期，也意味着机遇与挑战并存将是贯穿这一时期的鲜明主题。

1.1.5 我国物流发展现状分析

1. 物流业发展迅速，规模不断提升

随着现代科技、管理和信息技术在物流系统中的广泛应用，物流行业发展迅速，产业规模得到了很大的提升，如图1-2所示。

2020年，我国宏观经济经受前所未有的严峻挑战，全年物流运行逆势回升、增势平稳，物流规模再上新台阶，物流业总收入保持增长，物流运行实现提质增效，单位成本缓中趋稳，为抗击疫情、保障民生、促进经济发展提供了有力支撑。

艾瑞咨询：中国人工智能+物流发展研究报告

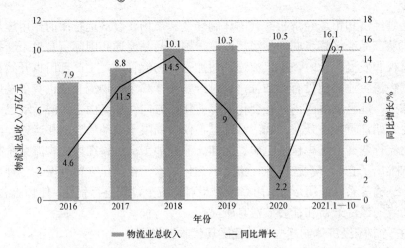

图1-2　2016—2021年中国物流业总收入情况

数据来源：中国物流与采购联合会数据

2021年1—10月，物流业总收入9.7万亿元，同比增长16.1%，增速比2020年同期提高15.2个百分点，两年平均增长8.2%。数据显示，物流市场的韧性较强，收入规模扩大，产业转型升级、模式创新的发展态势没有改变。从结构上看，邮政快递收入规模年内均保持20%左右的高速增长。邮政快递业务收入累计同比增长19.5%，在物流业总收入的占比持续提高，对物流市场规模恢复的支撑作用显著。随着中国经济的持续稳定发展，经济体量越来越大，随之而来的便是物流规模的进一步扩大。据物流权威人士估计，2030年，中国将成为全球贸易巨人，中国与主要经济体、新兴经济体、发展中国家的贸易会进一步提升，中国的国际物流规模会进一步扩张。

2. 景气指数较高，物流企业活力持续增强

物流业是国民经济体系中极为重要的基础性战略性产业，涉及领域广，吸纳就业人数多，在促进产业结构调整、转变经济发展方式和增强国民经济竞争力等方面有着举足轻重的作用。近年来，中国物流业在互联网经济的催动下发展较快，景气指数基本保持在50%以上，业务总量、新订单和从业人员都处于持续扩张的状态，如图1-3所示。

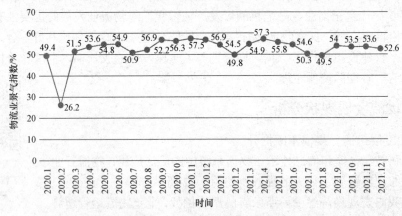

图1-3　2020—2021年中国物流业景气指数情况

数据来源：中国物流与采购联合会数据

2020年，物流行业维持较高景气水平。随着复工复产稳步推进，物流企业业务量及订单水平均稳步回升，物流供需两端同步回升，市场活力持续增强。受新型冠状病毒性肺炎疫情影响，物流景气指数在2月份降至26.2%，之后快速回升并保持在荣枯线50%以上水平，到2020年12月为56.9%，虽然2022年在我国仍有局部疫情发生，但总的指数保持平稳状态，反映出中国物流行业运行稳中趋升。

3. 物流业就业形势较好

物流业吸纳就业能力不断增强，从业人员快速增长。根据测算，我国物流岗位（既包括物流相关行业法人单位和从事物流活动的个体工商户从业人员，也包括工业、批发和零售业等行业法人单位的物流岗位从业人员）从业人员数已经超过了5 000万人。

从结构来看，一是物流专业人才保持较快增长，物流人员专业化程度提升。我国物流相关行业从业人数超过1 200万人。二是运输物流仍是吸纳就业的主体，其中道路运输增长较快，铁路和水路增长有所放缓。三是电商快递、多式联运等新型行业成为新增就业的主要动力，"十三五"期间快递物流行业新增吸纳就业人数超过100万人，年均增长10%，多式联运及运输代理行业新增吸纳就业人数超过15万人，五年年均增长8%，增速均快于行业平均水平。

4. 成本增速高于收入增速，物流效率提升缓慢

尽管中国物流业近年来一直保持着较快的发展速度，但随着人力资源、土地资源等要素成本的不断提高，中国物流企业的成本增长速度始终高于收入增长速度，国家发展和改革委与中国物流与采购联合会共同发布的《全国重点物流企业统计调查报告》中的数据显示，2007—2016年国内重点企业物流业务成本年均增速为10.5%，比收入增速高0.7个百分点。在行业成本居高不下的背景下，国内物流行业的效率一直处于较低水平。以社会物流总费用与GDP比率为例，2019年全国社会物流总费用达到14.6万亿元，占GDP比率为14.7%。尽管这一比率近年来总体上呈持续下降态势，但下降速度非常缓慢，与发达国家8%~9%的水平相比仍有非常大的差距，与全球平均水平（12%）比起来也尚有一段距离，如图1-4和图1-5所示。

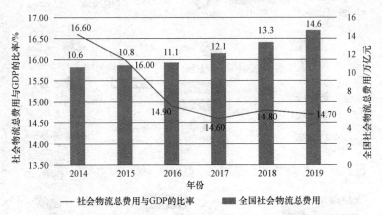

图1-4　2014—2019年中国社会物流总费用及占GDP比重情况

数据来源：中国物流与采购联合会数据

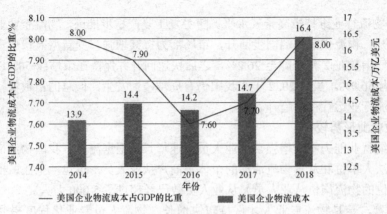

图 1-5 2014—2018 年美国企业物流成本及占 GDP 比重情况
数据来源：美国物流年度报告数据

1.2 物流服务行业发展研究

1.2.1 物流服务行业概述

物流服务是指接受客户的委托，按照客户的要求，为客户或客户指定方提供服务，完成物流过程中部分环节或全部环节。

物流服务有两大特征：一是结构性，指物流服务需要由多种物流资源和多种物流功能要素合理配置形成；二是差异性，指物流客户各不相同，物流需求大相径庭，且物流服务提供者的不同也会导致服务方式的不同。

目前，中国的物流服务行业发展迅速，从事物流服务行业的企业众多，如图 1-6 所示。

图 1-6 2019 年中国物流产业图谱
资料来源：艾瑞咨询. 中国物流服务行业研究报告，2019.

1.2.2　物流服务行业的服务理念

1. 以客户为核心的增值服务

以客户为核心的增值服务，包括向买卖双方提供利用第三方专业人员来配送产品的各种可供选择的方式。处理客户向制造商的订货、直接送货到商店或客户家中，以及按照零售店货架储备所需的明细货品规格持续提供递送服务。这类专门化的增值服务可以被有效地用来支持新产品的引入，以及基于当地市场的季节性配送。

2. 以促销为核心的增值服务

以促销为核心的增值服务，涉及独特的销售点和展销人的配置，以及旨在刺激销售的其他范围更广的各种服务。销售点展销可以包含来自不同供应商的多种产品，组成一个多节点的展销单元，以便于适合特定的零售商店。在有选择的情况下，以促销为核心的增值服务还对储备产品的样品提供特别介绍，甚至进行直接邮寄促销。许多以促销为核心的增值服务包括销售点广告宣传和促销材料的物流支持等。

3. 以制造为核心的增值服务

以制造为核心的增值服务，是通过独特的产品分类和递送来支持制造活动的。既然每一位客户的实际设施和制造装配都是独特的，那么，从理想上来说，递送和引入内向流动的材料和部件应进行客户定制化。以制造为核心的服务，与其说是在预测基础上生产独特的产品，还不如说是对基本产品进行了修正，以适应特定的客户需求，其结果改善了服务。

4. 以时间为核心的增值服务

以时间为核心的增值服务，涉及专业人员在递送以前对存货进行分类、组合排序，主要采用准时化形式来最大限度地满足物流服务对象的各种时间需要。以时间为核心的服务，就是排除不必要的仓库设施和重复劳动，以期最大限度地提高服务速度。

1.2.3　中国物流服务行业主要类型展示

1. 根据目的地划分：国际物流/国内物流

国际物流是指多国之间、各大洲之间开展的物流活动，即通过物流实现发货方交付与收货方接收。国内物流是指为国家的整体利益服务，在国家自己的领地范围内开展的物流活动。

2. 根据货物的特殊属性划分：特殊物流/一般物流

1）特殊物流

特殊物流是指专门范围、专门领域、特殊行业，在遵循一般物流规律的基础上，带有特殊制约因素、特殊应用领域、特殊管理方式、特殊劳动对象、特殊机械装备特点的物流，即为特殊对象提供有特殊制约因素的物流服务。

特殊物流有不同的分类方法：按货物类型，包括水泥物流、石油及油品物流、煤炭物流、腐蚀化学物品物流、危险品物流等；按货物量级，包括超大型、超长型物流等；按服务方式，包括复合一贯制物流等；按使用设备，包括冷链物流、集装箱物流、托盘物流等；按特殊领域，包括军事物流、废弃物物流等；按组织方式，包括加工物流等。

2）一般物流

一般物流是指物流活动的共同点和一般性，物流活动的一个重要特点是涉及全社会的广泛性，因此物流系统的建立及物流活动的开展必须有普遍的适用性，即为一般服务对象提供普适性物流服务。

中国国内的一般物流服务通过外包或自营方式，物流行业综合服务商为客户提供仓储服务和运输服务。其中运输服务有快递、快运、即时物流、整车平台、整车运输、专线运输、铁路运输、江河运输等，仓储服务有入库、包装、保管、出库、整理、发货、装卸等。

在目前的物流市场中，只做仓储服务的企业占比非常少，大多数是综合物流服务商为客户提供仓储、运输及管理等综合型物流服务。因此，在综合物流3PL的服务内容中，会将仓储、运输环节自营或外包给专门的仓储、运输服务商。

1.2.4 中国国内一般物流服务市场现状

1. 中国国内运输服务市场现状

1）快运整合

目前，各家快运企业中占较大比重的业务仍旧是各种类型的B2B工厂件，工厂件随着订单逐渐碎片化的趋势，其物流运输的选择也由整车逐渐变为快运，或者是由专线逐渐变为快运，其中原因之一是订单逐渐碎片化，工厂需要将货物零散地发往很多个目的地；原因之二是交货更加及时化，越来越多的工厂更加愿意采用边生产边发货的方式，以减少货物积压的风险，降低仓储成本，提高资金周转效率。另外在电商大件业务上，随着各渠道销售价格愈加透明，家具电器等大件商品在电商平台上的销售情况也越来越乐观，而由于快递对货物类型、货物重量的限制，以及此类货物通过快递运输需要较高运输成本，且对门到门的增值服务需求较高的原因，快运在该类型业务上拥有较大发展潜力，而且这类货物的平均价值高，运输成本可观，市场潜在量级巨大。这就代表着各家快运企业需要对网络化的铺展更加全面，一些小型的快运企业难以达到这样的能力水平，有实力的快运企业拥有更多的市场话语权，市场整合力度大大增强，未来快运行业的集中度将会逐步提高。

2）快递整合

快递行业在经过前几年的大规模布点阶段后，随着众多企业上市融资，在获得资本优势后，并购和投资合作频繁发生，行业逐步进入内部整合阶段，并且建立行业壁垒。同时各家企业还会细化产品种类和服务类型，寻求差异化发展，不断完善自身综合竞争力。

3）电商自建物流快递

京东物流体系的成功建立，使得越来越多传统电商企业发现自建物流对服务质量和服务效率的提升作用，但由于自建物流是重资产投入，有极大的资金需求，目前中国物流基础设施建设还不完善，物流管理体系和供应链管理体系的建立也需要企业自身组织架构的改革、内部管理体系的升级和技术的创新，实施难度非常大。因此，如何权衡服务和成本，如何权衡未来道路走向，都是电商企业在自建物流这个选择项上需要考虑的重点。

4）即时物流

2015年以后，外卖O2O增速迅猛，同时C端市场也逐渐打开，即时物流在2015年出现一次发展高峰。随着外卖市场的增速放缓，即时物流订单量增长率小幅下降，但整体规模仍保持上升态势。另外，商超宅配、快递揽派、鲜花配送、跑腿等服务领域正逐步兴起，上升空间大,成为即时物流目前的发力点。

5)车货匹配平台

中国整车运输行业存在以空驶现象为首的多种问题,整体行业物流成本浪费严重,行业信息化水平不高,因此降本增效是整车运输行业的首要任务,而降低空驶率也成了重要指标。车货匹配平台的出现标示着将传统物流园区中的信息部搬到移动互联网上,打破了信息不对称所造成的成本浪费,促成了更多整车运输交易的达成。但目前的车货匹配平台面临着货源寻找和用户黏性提高这两类问题,本质上使平台自身在用户心中的价值提升问题亟待解决。

2. 中国国内仓储服务市场现状

现代化电商仓配成为市场热点及未来机遇。电商仓配根据客户的类型不同分为两种。

(1)中小客户。随着线上和线下的进一步融合,越来越多的中小型电商平台商户提升对仓储的需求,包括对仓储面积的需求和仓储服务的需求。仓储面积需求属于易于满足的需求类型,而仓储服务需求则会随着市场及电商消费者需求的变动而改变。一方面是小批量进出货的入库出库需求;另一方面是小微融资贷款及账期的需求。

(2)大客户。随着企业电商业务比重的提升,如何提升整体物流供应链的效率以更好地服务消费者成为各大企业的重要需求。因此,将传统仓与电商仓打通的电商仓配体系出现。

电商仓配与传统仓配的不同点如下。①仓储品类的不同。传统仓储储存的货物品类是相对单一的,而电商仓则是多品类的集中,可以通过订单管理和机器或自动或人工拣选,形成最终包裹。②管理方式与要求的不同。传统仓主要的管控集中于库内的安全和库存的数量,而电商仓的管理方式和要求则要比传统仓大很多,除了必须满足的库内安全和库存数量,电商仓更讲求仓内作业的时效以及精细化的管理。③装备与技术的不同。和传统仓储不同,电商仓由于其发货的特点是多批次小批量,所以为了保证其整体的正确率,需要通过软件系统和硬件装备来共同完成仓储。软件方面包括 WMS 仓储管理系统以及 RFID 的条码信息化处理系统。硬件方面包括自动分拣机、巷道堆垛起重机等一系列自动化设备,都是电商仓的差异化优势。

3. 综合服务市场发展现状

综合服务是指企业客户将其物流相关需求外包给有全程操作能力的物流服务供应商,物流服务供应商整合后端所有资源为客户提供包括运输、仓储、配送、装卸搬运、信息、包装、流通加工等多环节、多模式的物流服务。中国物流的功能主要涵盖 7 个方面,运输、仓储、配送、装卸搬运、信息、包装、流通加工。但是,随着互联网的介入,电子商务的发展,物流的格局也发生了巨大的变化。运输的竞争与合作主要集中在陆路运输上;仓储既包括传统仓又包括电商仓;配送主要集中在同城配送和"最后一公里"的发展上;而在信息处理方面,大数据和智能化则驱动了整个行业的发展。我国的综合服务市场规模增长明显,市场需求不断扩大。2018 年,我国第三方物流规模达到 2 406 亿美元,增速达 17.1%,远超社会物流总费用 2018 年 9.8%的增速。如图 1-7 和图 1-8 为 2013—2020 年中国第三方物流规模及增长率和份额占比。

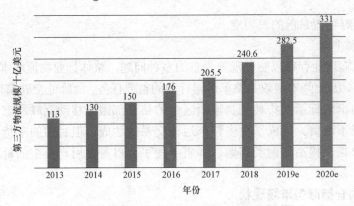

图 1-7 2013—2020 年中国第三方物流规模

图 1-8 2013—2020 年中国第三方物流增长率和份额占比

综合服务的核心业务涵盖了物流服务的所有方面，对供应链多个环节和多种模式进行合理的整合，以仓储和运输的优化为核心，将成品更快更好地交付，降低供应链环节的无效损耗是核心目标。随着电子商务的飞速发展，传统物流供应链各环节各自运营的线性结构无法满足高速增长的用户需求和更加复杂的仓储、运输情境。因此，为了适应市场的变化，电商仓和覆盖更多区域的"最后一公里"配送业务不断发展成熟，使物流供应链逐渐形成网状的形态，仓与仓之间的物流和信息流可以进行快速交换和合理分配，订单管理和仓储管理可以将实体仓的利用率大大提升，零担行业和快递业务也不断协同合作，所有的服务围绕用户的需求和体验展开。以百世为例，截至 2019 年 3 月底，百世快递在全国的省级和市级网络覆盖率为 100%，区县级网络覆盖率为 99%；百世快运在全国的省级网络覆盖率为 100%，市级网络覆盖率为 99%；再基于百世供应链的 346 个直营及加盟云仓，这样高密度的物流服务网络才能够为客户提供更复杂更适应市场变化的服务方案。

1.2.5 中国国内一般物流服务市场挑战

我国国内一般物流服务市场面临竞争主体多样化，但产品及服务同质化的挑战。

1. 竞争主体类型更加多样

竞争主体有个体经营者、主营物流企业以及电商平台。在国内物流服务市场，初期物流企业以国营为主，大多数私营是个体经营者，行业分散严重；2000 年前后，快递行业开始出现大体量民营企业，集中度上升，但整车及零担行业仍处于分散状态，民营第三方物流企业开始走上正轨。随着互联网以及移动互联网的发展,电商行业呈现跳跃式的增长,对于整个物流供应链以及供应链管理的需求急剧上升,因此将物流业务整体或分割式地外包给物流企业成为电商平台的主要选择方向。随着经济的发展,订单进一步碎片化、多样化,平台体量日渐扩张,物流外包成本以及物流外包所带来的服务质量不可控和管理系统的不适用,推动电商平台自建物流或自发设计物流供应链管理环节,而由于自建物流成本极高,且需要大量物流经验,因此目前大部分电商自建物流还不是非常成熟,但对于整个中国物流市场而言,竞争形势已经更为激烈。

2. 同质化严重,亟待提升综合服务能力,扩张服务边界

国内物流服务企业众多,物流需求也非常多,因此,对于各家物流企业来说,存在巨大可挖掘市场和可扩张方向。而国内物流行业内部信息化水平低,信息的不对称会带来巨大的可发展空间,因此各家凭借国内高速发展的互联网技术,尝试打破信息不对称的壁垒,并利用人才的招募和培养,拓展多条业务方向。由于各细分行业竞争者众多,细分行业内的需求无法满足供给,因此各家开始向服务链条的两端延伸,尝试接触更多的客户和需求,探索各家适用的道路。同时,由于物流服务的需求必然基于运输、仓储等基础物流服务能力,因此各家业务开始呈现高重合现象,产品的同质化严重,对于客户来说,各物流供应商的能力驱同。因此,随着物流竞争环境的变化,对物流企业来说需要提升自身信息技术能力和综合服务能力,才能对客户有更强的吸引力,而对主流玩家来说,更是需要向供应链的其他环节渗透,扩张自身的服务边界,提高服务效率。

1.2.6 我国物流服务行业趋势分析

1. 效率优化:供给侧改革下的前进

政策调控下物流行业运行效率将逐步提升。物流供给侧改革主要是物流服务供需链的改善,即从技术装备、业务模式等方面进行相应调整与改革,进而促进企业、物流行业以及社会经济的发展。因此,在国家政策的推动和调整下,产业结构持续优化,无效物流成本消耗将减少,未来随着国民经济的发展及社会物流需求的上升,一方面物流行业发展持续繁荣景气,另一方面,中国社会物流总费用与 GDP 比率也将会逐步下降。

2. 成本优化:加速供应链布局

创新物流服务模式,提升物流环节协调性。一是拓宽融资渠道,激发企业活力:政府相关部门加大对物流业的资金投入和政策扶持力度,积极支持物流企业上市。二是组建增信平台,增强企业融资能力:由政府主管部门、行业协会、物流龙头企业、金融机构等共同发起设立担保公司或租赁公司,为一些轻资产型、中小型物流企业提供增信服务。三是完善评估体系,提高企业资产利用效率:由政府主管部门牵头,行业协会及相关企业参与,制定物流业各细分行业的国家或行业标准。

3. 技术创新:智慧化平台,数字化运营

新兴技术及政策助力将推动物流新业态的呈现。由于我国智慧物流仍处于起步阶段,目前仍存在管理机制不健全、物流信息标准体系不完善以及缺乏物流专业人才等问题。未来随着大数据、云计算、物联网、5G 网络等新兴科学技术的发展、自动化与电子化的进步以及国家政策的完善,"智慧物流"将加速起步,催生一批新模式的新企业,带动整体物流新业态。

4. 结构重建:行业边界模糊,跨界盛行

跨界拓展自我边界,构建健康生态。针对企业或商业客户和消费者客户,由于需求的不

中国跨境电商出口物流综合服务行业研究报告

确定性和多样性，物流企业需要持续不断地提升自身能力，满足可能超过业务范围的客户需求，以保证客户的稳定性以及自身的不可替代性。因此各行业边界逐渐模糊的现象出现，一方面，比如快递和快运的边界模糊，共用全国网络；第三方物流和运输企业/仓储企业的边界模糊，业务渗透。另一方面，第三方物流企业为节省成本、保障服务质量，也从合同租用方式逐渐转变为自营自建部分运力和仓储服务设备等。

1.3 物流科技行业发展研究

1.3.1 物流科技概述

1. 物流科技概念

物流科技是指在物流活动中所运用的各项技术手段。企业借助物流科技，通过信息联通、资源共享和深度协同的作业流程，可以实现整个物流系统的自动化和智能化，有效降低物流成本，提升物流效率。本节主要探讨新兴技术在物流领域的应用，包括大数据、云计算、物联网、智能硬件等。研究范围主要集中在运输、仓储及配送三个环节，探究大数据、人工智能等新兴科技对于传统物流作业流程的改造和效率提升。运输环节包括车货匹配平台、无人驾驶、新能源车等；仓储环节包括AGV机器人、码垛机器人、RFID等；配送环节包括送货机器人、无人机和智能快递柜等。

2. 物流科技行业的发展历程

（1）人工生产。工人通过推、拉、抬、举的办法或借助简单工具，进行物料、产品的转移，并采用人工的方法统计数量；

（2）机械化。动力车、传送带、叉车、举重设备等相继发明出来并投入到物流活动当中；

（3）自动化。自动存取系统、自动导引车、电子扫描仪、条码以及机器人的应用，物流生产进入自动化阶段；

（4）智慧化。整合各项传统科技与新兴科技，以互联网、大数据、云计算等现代信息技术为引导。

1.3.2 我国物流科技相关政策

近几年我国物流相关政策、规划密集出台，如表1-1所示。这些政策倡导以科技为导向，软硬件结合降本增效。硬件方面主要体现在智能制造，加强智能物流装备研发和应用；软件方面，大数据、物联网、云计算、人工智能等技术在信息管理方面的重要性被提升到了战略高度，全面推进智慧化物流体系建立。

表1-1　2014—2020年物流科技相关政策支持

时间	政策文件	相关内容表述
2014年10月	物流业发展中长期规划（2014—2020年）	提出到2020年基本建立现代物流服务体系，一是着力降低物流成本，二是推动物流企业规模化，三改善物流基础设施

续表

时间	政策文件	相关内容表述
2016年7月	"互联网+"高效物流实施意见	推进"互联网+"高效物流与大众创业万众创新紧密结合,创新物流资源配置方式,大力发展商业新模式、经营新业态
2016年7月	关于确定智慧物流配送示范单位的通知	开展智慧物流配送体系建设示范工作
2016年7月	综合运输服务"十三五"发展规划	提出适应智能制造的需要,推进智慧物流服务,统筹规划制造业集聚区配套物流服务体系,引导物流企业完善智能货运与物流系统
2016年9月	关于推进改革试点 加快无车承运物流创新发展的意见	鼓励无车承运人依托移动互联网等技术搭建物流信息平台,通过管理和组织模式创新,集约整合和科学调度车辆、站场、货源等零散物流资源
2017年2月	商贸物流发展"十三五"规划	实施"互联网+"高效物流行动,推广应用物联网、云计算、大数据、人工智能、机器人、无线射频识别等先进技术,探索发展智慧物流生态体系
2017年2月	快递业"十三五"发展规划	提出加强移动互联网、物联网、大数据、云计算、虚拟现实、人工智能等现代信息技术在企业管理、市场服务和行业监管中的应用
2017年7月	新一代人工智能发展规划	加快推进智能物流,加强智能化装卸搬运、分拣包装、加工配送等智能物流装备研发和推广应用,建设深度感知智能仓储系统等
2019年6月	关于规范快递与电子商务数据互联共享的指导意见	加强电子商务与快递数据互联共享管理
2019年7月	智能快件箱寄递服务管理办法	采取有效基础措施,保障数据安全,维护数据采集、存储、处理、传输等正常运行
2020年1月	关于做好国家重点研发计划2020年度相关重点专项申报工作的通知	包含智能机器人重点专项

1.3.3 中国物流科技行业发展特点

1. 人工生产逐渐退居幕后,自动化、智慧化成为新亮点

物流业的发展经历了人工生产、机械化、自动化再到智慧化的历程。人工生产的比例逐渐降低,物流作业过程中的设备和设施逐步自动化,但总体上我国与美国、德国等西方发达国家相比差距较大。工业4.0的提出,强调利用物联信息系统将生产中的供应、制造、销售信息数据化和智慧化,最后达到快速、有效、个性化的产品供应。对于物流科技而言,即整合传统和新兴科技,以互联网、大数据、云计算、物联网等现代信息技术提升物流智能化程度,增强供应链柔性。

2. 运输、仓储、配送多点渗透,全面开启智能化作业流程

仓储作业已经在自动化层面发展多年,未来要提高智能化水平,根据商品的件型、质量、销量、交付时效等属性,设计不同的作业流程,并采用相匹配的物流智能化系统进行操作。

运输、分拣和派送环节的辅助驾驶、编队运输、自动化及机器人分拣、智能终端已经实现应用。随着购物场景的碎片化以及交付地点的动态化，未来在实现无人化作业的同时，会基于实时定位的应用，在消费者日常的某个动态节点实现交付，与消费者的工作和生活完美融合。

我国物流科技行业的产业链图如图1-9所示。

图1-9　我国物流科技行业的产业链图

资料来源：艾瑞咨询. 中国物流科技行业研究报告，2017.

3. 人工智能+大数据赋能产业升级

推动物流行业资源联动"互联网+高效物流"已被列入"互联网行动计划当中"。大数据、云计算、物联网、人工智能技术的成熟发展，可以对物流各环节进行信息化、高效率的管理，提高运输、配送效率、减少损耗，并可指导生产制造，为顾客提供更好的服务体验，推动物流供应链智慧化升级。

区块链系统不依赖中央权威机构支撑和信用背书，同时采用单项哈希算法，不可篡改，加密安全。区块链的应用将会对物流发展产生深远影响，可以用来追溯货物运输的全部过程，确保其安全性。同时通过路线优化，提高效率，正因为其安全性，可实现物流商品资产化，解决物流中小微企业融资难问题。

1.3.4　物流科技在运输环节中的应用

1. 车货匹配方面的应用

1）化解信息孤岛困境，整合分散的公路物流大动脉

针对传统货运信息不畅、运行效率低下、成本高企的问题，在"互联网+物流"的推动下，车货匹配平台在2013年和2014年间快速涌现。以往传统匹配方式主要通过线下实体，包括配货站、公路港、物流园区等进行信息发布、售卖等。当互联网介入后，形成了虚拟车货匹配平台，利用互联网，通过物流App、Web或其他系统的开发，将线下车源、货源等进行整合，并在线上发布信息进行精确匹配，由此解决物流信息不对称性问题。

2）配货时间缩短 2 天以上，日均行驶里程提升 33.3%

目前，我国的公路物流货运量占到整体货运量的 80%，干线物流在整个公路物流中占比最大，但是行业整体运作效率不高，我国货车日均有效行驶里程 300 km/d，美国则可以达到 1 000 km/d。国内 2 000 多万辆货车，空驶率为 40%。造成资源错配、效率低下的原因主要在于信息的不对称性，车货匹配平台利用信息技术将线下信息进行整合，发布信息并进行精准匹配，可以优化供应链下游的货物与司机的资源分配，降低空驶率，进而节约运输成本。

3）初期以数据沉淀为核心，蓄力更大想象空间

由于传统货运市场信息和交易主要以线下物流园为依托，车货匹配平台的诞生相当于是与物流园模式的正面较量，而大规模的司机群体基本集中在物流园内，因此初期推广时，平台会遇到极大的阻力。加上司机群体素质整体偏低，互联网 App 存在一定使用门槛，为了吸引更多的用户注册，大多数平台早期均免费提供配货服务，免收信息费，目的在于积累和沉淀大量的用户数据，为后期变现渠道的拓展蓄力。发展中后期，在掌握用户资源和数据的同时，发力更大想象空间的供应链金融和车后服务市场，打造公路运输一体化生态体系。

4）市场竞争激烈，融资能力差距逐渐拉开

车货匹配市场融资数量增加，但大部分集中在 A 轮及以前阶段，且融资金额较小。目前，少数企业在融资能力上开始逐渐拉开差距，平台的技术研发能力、运力基础、体验、诚信保障、以及可延展的业务及盈利空间，均是资本关注的重点。传统公路干线货运与车货匹配平台效率对比如表 1-2 所示。

表 1-2 传统公路干线货运与车货匹配平台效率对比

比较项目	传统公路干线货运	车货匹配平台
行驶里程	我国货车日均有效行驶里程为 300 km/d，美国为 1 000 km/d；国内 2 000 多万辆货车，空驶率为 40%	车货匹配平台可达到 400 km/d 平台将信息整合，进行精确匹配，优化运力，降低空驶率
等货时间	车辆停车配货的间隔时间平均长达 2.5 天，其中大量时间浪费在等货、配货	车货匹配平台凭借信息整合能力，提升车主配货以及货主找车效率，将配货时间缩短到 0.38 d
碳排放量	大量的空驶里程造成无效益的尾气排放	车货匹配平台节省的燃油排放，已达到 1 300 多亿元，换算成碳排放量节约 7 000 多万 t

2. 新能源车的应用

1）新能源升温，电动载货车打造绿色物流新气象

绿色物流与供应链正成为中国促进物流业绿色转型、实现绿色制造的重要途径和切入点。从技术环境来看，新能源技术发展迅速。在国家政策的扶持下，新能源物流车这一细分市场增长势头乐观。阿里旗下的菜鸟网络在 2017 年 5 月的全球智慧物流峰会上正式推出新能源智慧物流（ACE）计划。京东也开始正式规模化启用新能源电动运输车，并高调宣布要在未来五年将物流车全部更换为电动物流车。

2）电耗代替油耗，年运营成本平均下降超过 300%

2017 年出台的新能源车补贴政策，对新能源客车以动力电池为补贴核心，以电池的生产

成本和技术进步水平为核算依据，更进一步完善新能源货车和专用车的补贴标准，按提供驱动动力的电池电量的分档累退方式核定。同时设定中央和地方补贴上限，其中地方（地方各级财政补贴总和）不得超过中央财政单车补贴额的 50%。除燃料电池汽车外，各类车型 2019—2020 年中央及地方补贴标准和上限，在现行标准基础上回落 20%。但对比传统燃油车，新能源纯电动车的运营和维护成本仍大幅降低，加上清洁，无污染，将在物流运输中大规模普及。

3）动力电池是核心零部件，其性能直接影响整车品质

伴随着新能源汽车的高速发展，动力电池投资热度只增不减。作为技术核心的电池，目前成本占到了整车成本的 1/3 至 1/2，意味着整车厂可能需要把一辆车一半的收入分给电池厂。目前我国电池企业在技术和生产能力方面有了明显提升，但和松下、三星、LG 相比还存在一定差距。电池的重要性，除了体现在车辆续航能力等方面，整车的管理系统等其他成本也会下降。

3. 无人驾驶的应用

1）无人驾驶商业化进程加快，降低物流行业运输成本

随着物联网、大数据、云计算等技术纷纷向汽车制造业渗透，汽车制造业迈向智能化的时代，无人驾驶的实现备受期待。无人驾驶不仅可以为驾驶出行提供更多的安全保障，在商用的货物配送领域发挥空间更大。根据驾驶系统的自动化程度，无人驾驶从无自动驾驶到完全自动驾驶共分 6 个阶段。现阶段的发展应用还处于辅助驾驶向完全自动驾驶的过渡阶段，无人驾驶的大规模商用还有相当长的一段路要走。

2）互联网巨头 PK 老牌车企，技术研发和生态发展全面竞争

目前无人驾驶领域入局者主要有两方：一是谷歌、百度等互联网巨头以及英特尔等软硬件提供商，从自动驾驶算法切入，实现跨越式发展；二是奔驰、福田、一汽等传统老牌车企，以整车控制集成为切入点，借助高级辅助驾驶（ADAS）经验继续深入；双方的竞争从技术层面延伸至上下游的生态体系构建。目前共享出行理念的诞生和需求增加，分时租赁、网约车等形式也成为布局的重点。无人驾驶技术加上用户场景的建立，将会颠覆整个交通运输行业。

1.3.5 物流科技在仓储环节中的应用

1. 无人仓整体

无人仓亮相，从入库到装车打造现代化智能仓储，仓储行业正在变得更加自动化和智能化，自动化可以刚性提高效率，智能化可以满足差异化、个性化需求，增强供应链柔性。从商品的入库、储存、拣选、分拣、出库等一系列流程，在无人仓中都可以用相应的自动化设备或者机器人替代。常见的有 AGV 机器人，根据不同用途分为搬运、拣选和分拣等不同类型，以及专业从事码垛工作的码垛机器人。另外，RFID 标签、立体仓库的应用等均显著减少成本费用，提高了作业效率。

AGV 机器人的关键在于调度，码垛机器人的控制系统有待提高。从单个 AGV 机器人来看，核心技术主要在定位、导航、避障等操作方面。但实际在无人仓中运作时，通常一个大型仓库需要配备几十甚至上百个机器人，如何通盘地调配和统筹安排，把集体效用发挥到最好才是考验企业实力的核心指标。针对码垛机器人，国内外的差距主要体现在控制系统上，国外一般采用的伺服控制，精度和响应速度远好于国内的变频器。

2. 智能 AGV

与国际市场类似，目前国内 AGV 机器人的应用主要集中在汽车领域，随着电商等兴起，场景多元性将逐渐得到增强。与传统 AGV 相比，智能仓储 AGV 在灵活度、速度和效率等方面区别明显。智能仓储 AGV 可以在任意点和点之间运动，由任务调度系统 RCS 控制，系统可以依据小车任务量、距离等进行系统判断，更智能，更灵活。智能仓储 AGV，采用背负式，运行速度快，效率高。

AGV 搬运机器人可以自主规划路线，实现点对点的搬运以及取放货架托盘动作，在承重量、工作时长、安全性方面均优于人工操作。一般来说，机器人化可节约 20%~40% 搬运成本，具体情况视仓库布局、订单准备的操作的复杂程度而定。一套搬运机器人系统核心组成包括机器人、管理系统、充电站、终端设备等，国产机器人一般每台在几万至十几万元之间，相当于 2~3 名操作人员年薪的总和。

但国内 AGV 机器人制造主要集中在低端市场，产品趋于同质化，部分关键零件还需要依赖进口，导致整车成本过高。未来，自行研发能力和创新实力的提升将成为突破的关键。

3. RFID

RFID 是一种非接触自动识别技术，基本原理是利用射频信号和空间耦合（电感或电磁耦合）或雷达反射的传输特性，实现对被识别物体的自动识别。射频识别系统主要由 RFID 标签卡产品和 RFID 读写器组成，RFID 标签卡产品是射频识别系统的数据载体，将待识别物体的标识信息记载在标签的存储区内，由标签天线和标签专用芯片组成。RFID 标签卡产品与读写器之间通过无线电耦合元件，实现射频信号的空间（无接触）耦合，进行能量传递和数据交换，从而实现读写器读取 RFID 标签卡产品中的数据信息。

1.3.6 物流科技在配送环节中的应用

1. 送货机器人和无人机

机器人上岗取代快递小哥，无人送货时代即将到来。例如，京东无人配送车采用多种自动驾驶解决方案实现配置，如最大的无人配送车，约 1 人高，能容纳几十个快件，车顶搭载 1 个 16 线激光雷达，车身周围搭载 3~4 个单线激光雷达，前方、侧方和后方都分布有摄像头；又如，中等大小的无人配车，约半人高，主要采用差分 GPS 和摄像头作为传感器，在车辆前方安装了双目摄像头以及全景摄像头，车身周围和后方也都有摄像头观察行人和路况。再如，小型的无人配送车，同样半人多高，前方采用双目摄像头和鱼眼摄像头，车顶配置 1 个 16 线激光雷达。

无人机将拥有自主认知周围环境的功能，除凭借自身所搭载的传感器搜集数据外，自主无人机还将接收附近其他的无人机传来的诸如位置、航向、高度等数据；如果无人机被恶意袭击，记载系统会感应到"危险物"的靠近，随后启动自动防故障装置，接下来无人机会紧急迫降到地面安全区域进行故障检查。

送货机器人技术尚未成熟，无人机只欠政策东风。物流精细化运营后，末端配送的成本和效率成为优化重点，物流公司不约而同将"最后一公里"的物流配送寄托在机器人身上，阿里巴巴和京东相继推出自主研发的送货机器人。无人机方面，顺丰、京东、邮政等也纷纷加快布局动作。就实际应用来看，送货机器人技术尚未成熟，最大难点在于城市道路的极其复杂，加上承载量较小，目前各家投入比例相对小于无人机领域。而无人机技术已经相当成熟，目前最大的阻碍来自政策监管，一旦政策放开后，大规模的商用将会迅速普及。

2. 智能快递柜

智能快递柜成了社区标配，打造智能物流全民入口。丰鸟之争点燃快递柜终端大战，双方势力角逐高下。2017年6月，顺丰和菜鸟双方互相关闭数据接口，一时间引起业内广泛关注。虽然在国家邮政局的协调下，双方同意从6月3日12时起，全面恢复业务合作和数据传输，但丰鸟之争实质上是数据、用户等的竞争。丰巢在智能快递柜的布局力度和速度在2017年1月份25亿元的融资后表现得更加强劲，可能对菜鸟形成一定压力，菜鸟迅速入股速递易的举动，也被看成是和顺丰的正面较量。

目前智能快递柜市场入局者主要分为三类（见表1-3）：京东、苏宁等电商系；丰巢、邮政易邮柜等快递系；速递易、日日顺、云柜等第三方，各有优势。随着国家队和阿里巴巴站队速递易，阿里巴巴投资的苏宁和日日顺也将逐渐统一阵营，丰巢背后则有顺丰、腾讯、京东等的支持，三方势力逐渐演化为两大阵营的对峙。集成物联网、无线通信等技术，解决最后100 m交付痛点。

表1-3 智能快递柜布局

	电商系	快递系	第三方
目的	与自有电商业务相结合，增强对端口、信息、用户等的把控	丰富自身快递业务链，加强末端配送控制能力	通过布局社区快递柜，延伸至与社区、物业服务等业态结合，卡位细分市场
优势	承接上游的平台订单，拥有庞大的业务量做支撑	配送网点密布全国的先天优势物流数据端资源掌控	起步较早，下游切入市场，技术能力强，线下场景触达优势明显
示例	京东、苏宁易购	丰巢、邮政易邮、中集e栈	速易递、日日顺、格格

智能快递柜结构分为储物终端、平台管理系统，可以智能存件、智能取件、远程监控、信息管理、信息发布等。内嵌固定式条码扫描头，可读取一维条码、二维条码及手机屏幕条码信息。取件时，用户可凭手机上收到的取件码，在智能物流柜的扫描窗口刷取，验证成功即可取件。核心技术在于物联网、智能识别、无线通信等。双向收费盈利难，多元化的变现渠道成为竞争赛点。目前智能快递柜盈利存在困难，速递易在2015年和2016年连续两年净利润为负值，亏损严重；2018年5月，丰巢科技的营业收入为2.88亿元，净利润为-2.49亿元；菜鸟驿站在2017年度净亏损达2.90亿元，其2018年一季度净亏损1.14亿元。智能快递柜的收入模式通常有基础业务的双向收费、广告售卖，以及收取加盟费等几种，但广告等收入仅占5%~10%，对比快递柜的材料成本、租金、维护、安装、设备折旧等费用，入不敷出，加上快递柜格口有限，成本太大。未来，企业需积极探索多元化的变现渠道，打破盈利桎梏。

1.3.7 我国物流科技行业趋势与展望

1. 政企合作布局物流大数据，重塑供应链智能化模式

根据相关机构全球调研显示，运输和物流业对数据分析的重视程度明显提高。新零售的出现增加了供应链的复杂性，也对物流效率提出了更高的要求，企业需要把握政策红利的机会，积极构建上下游合作伙伴关系，数据共享，沉淀下来的丰富数据资源，反过来指导全渠道运营，由物流仓储延伸至生产制造、商贸流通和信贷金融，打造平台经济。

2. 智造时代，工业机器人发展前景广阔

自 2013 年以来，我国已成为全球最大的机器人消费国，但国产机器人的份额仅占约 30%，且处于行业低端，高端机器人主要依赖进口，具有自主研发能力、可以生产关键零部件或机器人产品的企业仅百家左右。随着人工智能技术的成熟，机器人产业的重要性日益提高，国家相继发布《关于推进工业机器人产业发展指导意见》《中国制造 2025》《关于推进工业机器人产业发展指导意见》等多部政策，明确了十三五期间工业机器人的发展目标，预示工业机器人迎来广阔的发展前景。

3. 从专利到技术开源，无限可能的未来即将诞生

未来工业机器人是否能像智能手机一样普及，取决于硬件和软件的通用化和平台化。Willow-Garage 公司开发了机器人操作系统 ROS，并针对工业机器人专门开发了一套系统 ROS-Industrial。现有 14 家企业成立 ROS-Industrial 联盟（ROC），旨在通过 ROS-Industrial 开源软件促进先进制造技术的组织构成。目前支持 ROS 系统机器人有 40 多种，包括安川、ABB、FANUC、ADEPT 等。通用软件平台降低了开发门槛，未来 3D 打印技术成熟后，中小企业和个人都可成为工业机器人开发者。

4. 科技创新，催生商业新模式

物流科技的创新将给传统的商业模式带来升级和变革。未来，大数据、云计算等技术的成熟和应用可以更灵活地调整物流结构，由传统先订单后物流的模式，转变为分析消费数据，提前将一部分商品前置，或是生产符合客户需求的定制化产品，精准地配置库存，降低成本。另外，自动化设备方面，由于投资规模大，回报周期长，且改动成本高，一般要求对业务不要具有太多的变化，但目前国内商业发展活跃，变化快，因此 10 年内一般不会实行仓库全自动化，但自动化程度会逐渐提高，较好地兼顾供应链柔性。因此，一些大规模有实力的物流公司很有可能会凭借其自动化、智能化的供应链体系优势，打造社会化运力平台，惠及更多中小型企业。由于机器人价格昂贵，一些智能装备制造商也正开拓代运营业务，企业在成本允许范围内，能享受到更加先进的仓储管理服务。

5. 新的工作机会应运而生，对蓝领的素质要求更高

机器人替代人工是大势所趋，当前处于风口浪尖上的当属物流机器人。近年来，全球服务机器人市场迅速发展。根据 IFR（International Federation of Robotics）发布的统计数据显示，2019 年全球服务机器人实现销售收入 169 亿美元，有很多物流就业岗位被机器人取代。从中国市场来看，服务机器人是我国机器人行业增长最快的一个赛道，2014—2019 年，我国服务机器人市场规模不断扩大，2019 年增长至 22 亿美元，与 2018 年相比增加了 33.1%。随着京东、亚马逊、阿里巴巴、申通、顺丰等电商巨头和快递龙头对分拣机器人、AGV、无人仓等大幅度加码，智慧物流已成为物流行业的大势所趋。而物流机器人作为推动智慧物流发展必不可少的重要技术装备，正呈现高速发展的趋势。物流机器人销售量的增加使失业浪潮的到来不可避免。但是随着机器人普及后，也创造了一系列新的就业需求，例如机器人维修师、培训师等职业。未来将是一个人和机器协同工作的时代。

1.4 物流管理理论研究前沿介绍

1.4.1 物流管理理论的相关期刊

1. 国内管理科学类重要期刊

物流管理是管理科学学科的重要分支，国家自然科学基金委员会认定的管理科学类重要期刊中均刊登了物流管理相关的论文。

1）管理科学学报

该刊由国家自然科学基金委管理科学部主办。办刊宗旨是为管理科学研究成果开辟高水平的学术园地，积极反映、宣传与交流管理科学领域的优秀研究成果与科学基金项目，重点刊载有关管理科学的基础理论、方法与应用等学术性研究成果，加强管理科学研究的国际合作。主要版块栏目有研究论文、研究简报。

2）系统工程理论与实践

该刊为中国系统工程学会会刊，学术性刊物。注重理论与实践相结合，提高与普及并重。主要刊载系统工程理论研究与实际应用方面的文章。辟有专题论述、系统学讨论会文选、案例、讲座、学习园地、书评、动态等栏目。读者对象是从事系统工程理论研究及其在经济、军事、教育、科研、生产、组织等领域应用研究的有关人员。

3）系统工程

《系统工程》杂志于 1984 年 1 月 23 日向全国公开发行。1994 年《系统工程》进入中国科技情报所"中国科技论文统计源期刊目录"，2000 年进入"中文核心期刊要目总览""国家自然科学基金委员会管理科学重要期刊"等。主要设有理论与综述、运筹学与管理、经济系统分析、信息系统与信息管理、企业系统工程、金融系统工程、物流系统工程方法与应用等栏目，刊登系统科学与系统工程前沿领域的理论、方法和应用研究成果等。

4）系统工程学报

本学报是由中国系统工程学会主办、天津大学承办的全国中文核心刊物，主要刊登系统工程与管理工程领域高质量的论文，内容包括复杂系统理论与应用、控制理论与应用、系统建模与预报、优化理论、决策与对策、金融工程、生产计算机与调度、供应链、电子商务、管理信息系统、交通系统工程、可靠性分析及相关的人工智能技术等。本刊适合从事系统工程与管理工程的研究员、高校师生阅读。

5）管理工程学报

该刊是由国家教委管理工程专业教学指导委员会出版委托浙江大学主办的全国唯一与管理工程学科领域相对口的学术性刊物，创刊于 1988 年，由全国高等院校有影响的管理科学与管理工程的专家组成编委会，领导本刊的编辑出版工作。该刊现为国家科委中国科技信息研究中心中国科技论文统计源期刊。该刊覆盖管理工程理论，涉及广大学科领域。本刊特别适于发表经济、科技、教育等学科与管理理论、管理方法相交叉的理论研究与实际问题相结合的文章，为全国研究管理工程、经济财会、科技类的学校与研究机构的教学、研究人员、学生，以及有志于理论研究的企业界人士服务。

6）控制与决策

该刊创刊于1986年，由教育部主管，东北大学主办，本刊是自动控制与决策领域的综合性学术期刊。本刊是研究生教育的中文重要期刊、中文核心期刊，并已进入美国EI等几大检索系统。本刊的影响因子历年在信息与系统类期刊中名列前茅，连续两年被评为百种中国杰出学术期刊。《控制与决策》设有综述与评论、论文与报告、短文、信息与动态等栏目。期刊主要刊登自动控制理论及其应用，系统理论与系统工程，决策理论与决策方法，自动化技术及其应用，人工智能与智能控制，以及自动控制与决策领域的其他重要课题。期刊主要服务对象为从事自动控制与管理决策的高校教师和研究生、科研院所的研究人员、企事业单位的工程技术人员，以及各级图书馆和资料室。

7）运筹学学报

《运筹学学报》由中国科学技术协会和中国运筹学会主办，该刊反映运筹学各领域的最新进展、动态、理论、成果等，促进学术交流，是国内唯一的一份全面刊载运筹学各方面的学术性刊物。期刊面向高校数学类与管理类专业的教师和研究生以及科研单位从事运筹学研究的一线科技工作者，主要刊登运筹学领域的理论研究、应用论文、综述文章和应用成果等内容。

8）中国管理科学

《中国管理科学》主管单位为中国科学院和中国优选法统筹法与经济数学研究会。期刊办刊宗旨在促进我国在管理科学领域的理论、方法与应用研究，鼓励跟踪国际上学科前沿与热点的创造研究，推动我国管理科学整体研究水平的提高与国内外学术交流，以反映我国在管理科学的最新研究成果为标志，努力扶植中青年优秀人才的成长，更好地为经济建设与学科建设服务。期刊主要读者对象为大专院校师生、科研院所管理科学研究工作者、企事业部门管理人员、政府部门管理人员，主要版块栏目包括：规划与优化、生产与经营管理、项目管理、市场与投资分析、预测与决策、管理信息系统等。

2. 国内物流管理专业性期刊

1）中国物流与采购

《中国物流与采购》是由中国物流与采购联合会主管、主办，面向国内外公开发行的经济类核心期刊，是集权威性、指导性、实用性、服务性于一体的物流与采购领域的专业媒体，是物资经济专业性刊物。宣传国家有关流通工作的方针、政策，分析生产资料市场运行和发展趋势，报道物资流通行业的热点问题，宣传交通物资行业管理、物资体制改革和企业改革的经验，介绍国内外物流技术的新发展，开展流通理论学术交流。

2）中国市场（物流版）

《中国市场（物流版）》是1994年由原国家计委、国家经贸委、国务院体改委、国家科技部、劳动和社会保障部、国家建设部、对外经济贸易合作部、中国人民银行、国家统计局、国家质量技术监督局、国家工商总局、国务院发展研究中心等16个部委有关部门联合创办的国家一级经济类学术期刊，现属中国物流与采购联合会主管。《中国市场（物流版）》主要面向全国流通、生产、物流设施设备厂商、大专院校和科研院（所）等物流单位。本刊旨在与物流界专家共同开展现代物流研究和交流经验，成为国内外物流与采购的交流平台、物流行业最新信息的专业媒体、物流企业科技进步的学习刊物、物流专业人才学习的知识宝典。传递信息，促进中国现代物流的发展，探讨较为合理的物流人才教育培养体系，促进我国物流教育事业整体发展。主要栏目有：物流管理、企业物流、物流经济、物流工程、电子商务、交通运输、流通论坛、采购、供应链、物流教学等。

3）物流技术与应用

1996 年创刊的《物流技术与应用》杂志由我国著名物流专家吴清一教授创办，由北京科技大学主办，是我国最早以报道物流系统技术与应用为主要内容的刊物之一。刊物以"让世界物流了解中国，让中国物流走向世界"为宗旨，以推广先进物流技术和设备的普及应用为己任，在国内外公开发行，读者遍及世界各地。多年来，《物流技术与应用》与国内各级政府部门、物流专业协会（学会）、物流相关的各行业协会（学会）、中国快递协会、研究机构也建立了交流与合作关系；《物流技术与应用》还与日本 Material Flow、韩国《物流技术》等杂志结成了合作伙伴关系，为将国内企业产品推向世界建立了良好的宣传平台。由于杂志在业界的巨大影响，受到了物流设备以及物流软件供应商的青睐，纷纷利用这本杂志作为展示自己的平台，投放随刊广告与全国读者亲密接触，扩大在业内的影响，树立品牌形象。

4）物流技术

《物流技术》杂志创刊于 1981 年，是我国物流界最早的刊物之一。由中国物流生产力促进中心、中国物流学会物流技术经济委员会、湖北物资流通技术研究所等单位主办，国内外公开发行。刊物旨在推广先进物流技术与设备，开展物流理论研究，交流国内成功经验，传递国际物流信息，促进中国物流业的发展。主要面向国内外物流服务企业、流通企业、交通运输、口岸码头、物资、商业、储运、粮食、大专院校、科研院所、生产（经营）企业物流部门及各物流设备生产厂家等，主要受众为物流及相关行业的技术人员和管理人员。多年来，杂志坚持正确的办刊方向，为我国物流理论的研究与普及、物流学科的建设，以及中国物流业的发展起到了积极的推动作用。

5）中国储运

《中国储运》创刊于 1990 年，是由中储发展股份有限公司、中国物资储运协会主管主办的物流行业期刊，是中国工程机械工业协会工业车辆分会指定合作刊物。《中国储运》主要设有探讨与研究、特别策划、物流装备、广角、军事物流、专栏、关注、案例分析、工业车辆专刊，另有深度、专栏、漫画、心雨、雷语新解、物流世界、观潮等栏目，主要报道中国国内外现代物流的动态及信息，高科技产品在仓储中的应用，仓储管理信息化，物料搬运自动化，物流与信息流，生产物流，第三方物流，供应链优化等内容。

除以上期刊外，还有《物流》《物流时代》《物流科技》《中国流通经济》等。

3. 国外物流期刊情况

1）物流商业周刊（Journal of business logistics）

《物流商业周刊》是美国物流管理协会的官方物流刊物，文章的学术性、专业性较强。该期刊发表文章的内容包括：物流行业的新信息、新理论、新技术；物流理论与实践的研究方法；物流理论的综合；当前影响重大的物流理论与实践的题目；如何应对物流行业未来挑战等。文章大致可以分为三类：第一类是通过理论、模型或管理经验的研究得出某些供应链管理的原则或规律；第二类是提供有助于物流决策的新方法与实践经验；第三类是为物流行业实际中的具体问题提供分析工具与进行实证研究。总体来看，《物流商业周刊》比较偏重学术界的理论研究。

2）国际物流（International Journal of Logistics）

《国际物流》主要定位于为企业界提供较强实用性的文章。它对物流的理解是从最广泛的角度入手，主要围绕着对整个供应链界定的各种各样的传统功能进行研究。研究领域主要包括：环境领域中的物流系统、欧洲物流、信息技术、制造业、规划与控制、采购与外包、供应链存货管理、运输储存与物料输送。总之，《国际物流》最大的特点是理论联系实际，它将物流理论跟物流实践紧密结合在一起。

3）国际实物分销与物流管理（International Journal of Physical Distribution & Logistics Management）

《国际实物分销与物流管理》为企业实践者、咨询者与学者提供了分销与物流管理的最新动态，加速了世界范围内的企业策划者与研究者之间的信息交换。同时，为解决实物分销与物流管理中出现的问题、创新物流技术构建了一个交流平台。因此，该期刊在物流领域享有很高的声望，在世界范围内的影响是广泛和深远的。

4）运输经济与政策（Journal of transport economics and policy）

《运输经济与政策》关注运输经济与运输政策，该期刊的定位是持续提供该领域的最新理论与政策变化，同时致力于研究这些理论在世界范围的影响。该杂志每年出版四次，涵盖所有交通方式和各种经济主题，包括：客运、货运、航运、航空、运输基础设施、环境与能源、交通规划和政策、安全、成本和定价、竞争、评价、生产率、需求与弹性、服务质量、规模经济、经济调控和决策等。

5）供应链管理（Supply Chain Management）

《供应链管理》是发表供应链管理领域文章的专业期刊。该期刊的文章涉及采购、生产计划、订单加工与实行、存货管理、运输、配送与客户服务等，尤其注重供应链管理实践中的创新、新技术的应用、案例研究等。就供应链管理而言，该期刊涵盖的内容较全面，并且比较接近实际。

4. 国外其他物流专业期刊

此外，还有如下国外物流相关的期刊（其中带★的期刊被 SCI 全文检索）：

（1）Transportation Journal
（2）Transportation Research
（3）International Journal of Logistics Management
（4）Transportation Science（★）
（5）Logistics and Transportation Review
（6）Naval Research Logistics（★）
（7）Journal of Transportation Law，Logistics and Policy
（8）Transportation Economics
（9）Journal of Purchasing &Supply Management
（10）Logistics Information Management
（11）Maritime Economics &Logistics
（12）Supply Chain Practice
（13）International Journal of Operations&Production
（14）Journal of Enterprise Information Management
（15）International Journal of Retail and Distribution Management
（16）Food Logistics

（17）*Transport Logistics*

（18）*Logistics Today*

（19）*Asia Pacific Journal of Marketing and Logistics*

（20）*Logistics Management & Distribution Report*

（21）*International Journal of Production Economics*（★）

（22）*Transport Reviews*

（23）*International Journal of Shipping and Transport Logistics*

（24）*Transport Policy*

（25）*International Journal of Production Research*（★）

（26）*European Journal of Operational Research*（★）

（27）*Asia-Pacific Journal of Operational Research*（★）

（28）*Journal of the Operational Research Society*（★）

（29）*Flexible Services and Manufacturing（formerly known as the Intenational Journal of Flexible Manufacturing System*s（★）

（30）*Journal of Scheduling*（★）

（31）*Computers & Operations Research*（★）

（32）*Operations Research Letters*（★）

（33）*Annals of Operations Research*（★）

（34）*OMEGA-International Journal of Management Science*（★）

（35）*Management Science*（★）

（36）*Operations Research*（★）

1.4.2 物流管理理论研究的特点

1. 研究主题

关于物流学术研究主题的分类方法有很多，如庄玉良、贺超、张岩将物流研究文献的主题分为15类，分别为信息化、行业、企业、宏观、地方、第三方、储运、供应链、标准化、模型、电子商务、人才教育、国外物流、绩效成本和其他类；冉霞、张予川、陈思云提出了两种分类方式，一种是宏观、行业、区域、地方、企业五大类，另一种是根据物流研究的领域，将研究主题分为信息化、供应链治理、电子商务、第三方物流、物流规划、绩效成本、物流园区七类；李桂影、金鹏、冯耕中将物流研究主题分为信息技术、治理、企业、第三方物流、物流设施、服务、配送等15类；林森、陈宇洪、陈虹、邱荣祖根据中国国家标准《物流术语》制定了主题词汇总表，形成了物流技术、供应链、物流企业、物流信息化、物流设备、第三方物流、物流成本、逆向物流、绿色物流等26个物流研究课题；而在中国物流学术年会征文过程中，又把投稿论文归到物流经济类、物流治理类、物流技术与工程类、供应链治理类、采购与供应治理类等几个类别。上述分类都能较好地反映物流研究的情况，但随着物流业的快速发展和物流研究的不断深入，物流研究主题必会相应发展变化。

2. 研究热点

通过对由中国物流学会、中国物流与采购联合会主办的中国物流学术年会近几年获奖论文，以及国内外物流相关期刊的论文的研究，这里举例说明物流研究的热点主题方向。

（1）合同物流。如《限价政策与公益性影响下药品双渠道供应链定价与协调策略》《两级物流服务商参与的供应链最优决策与利益分配研究——基于多种合作模式视角》《考虑运作风险的物流服务供应链协调机制研究》《核心企业与中小企业的区块链技术协同开发：基于供应链契约的视角》《考虑在线评价的供应链运营决策与奖惩机制》等。

（2）物流绩效评价。如 *The adoption of supply chain service platforms for organizational performance: evidence from Chinese catering organizations*（《供应链服务平台对组织绩效的影响：来自中国餐饮企业的证据》）、《基于物流服务重点要素挖掘的服务水平多级定位方法——以顺丰物流为例》、《供应链情境下信任对企业绩效的影响研究——供应链知识共享的中介效应和环境动态性的调节效应》、《组织间信任对第三方物流整合及企业绩效的作用机理——环境不确定性的调节作用》、《基于组合赋权模型的物流企业绩效评价指标体系构建研究》等。

（3）绿色物流。如《中国区域经济、区域物流、生态环境协调发展研究——以长江经济带为例》《碳交易与消费者低碳偏好下低碳服务供应链收益共享契约研究》《新能源供给单业态服务链契约设计》《绿色产品定价与市场入侵研究：基于市场权力结构的视角》《外部压力、绿色供应链管理实践与制造企业可持续绩效关系研究》《基于中欧对比视角的货运机动车尾气排放 $PM_{2.5}$ 分析研究》，以及 *Green Supply Chain Management in Chinese Firms: Innovative Measures and the Moderating Role of Quick Response Technology*（《中国企业绿色供应链管理：创新措施和快速反应技术的调节作用》）、《我国物流业碳排放峰值预测及碳达峰路径研究》等。

（4）农产品物流。如《贫困地区农产品滞销的供应链薄弱环节及影响因素研究》《考虑代销商保鲜努力的农产品委托代销策略研究》《基于农产品对外贸易的省际空间关联网络分析》《考虑消费者选择行为的农产品质量分级博弈分析》《跨境农产品供应链运作水平测试及其影响因素》《基于价值创造的"上门"型生鲜产品 O2O 模式研究》《基于时间窗和温度控制的生鲜商品物流配送优化方法研究》《中国生鲜农产品冷链物流断链的薄弱环节及对策研究》等。

（5）智慧物流。如《智慧物流生态圈绩效水平影响因素框架研究：基于中国的多案例分析》《信息不对称下考虑信任行为的智慧生态链冲突处理机制》《智慧物流政策吹风会的市场反应：来自中国的证据》《物联网技术构筑新一代智能物流系统》，以及 *Travel Time Models for the Rack-moving Mobile Robot System*（《齿条移动机器人系统的行程时间模型》）、*Smart Logistics Ecological Cooperation with Data Sharing and Platform Empowerment: an Examination with Evolutionary Game Model*（《考虑数据共享和平台赋能的智慧物流生态合作：演化博弈建模视角》）等。

（6）应急物流。如《突发事件下决定供应链敏捷力的关键要素研究》《面向重大疫情的应急物流车辆路径优化模型与算法》《突发公共卫生事件下我国应急供应链体系建设》《救援物资跨区域调度双层规划模型——考虑幸存者感知满意度和风险可接受度》，以及 *A Fuzzy Bi-level Optimization Model for Multi-Period Post-Disaster Relief Distribution in Sustainable Humanitarian Supply Chains*（《可持续人道主义供应链中多周期灾后救援物资分配模糊双层优化模型》）等。

（7）供应链金融。如 *Strategic Dual-channel Pricing Games with E-retailer Finance*（《电子零售商融资下的战略双渠道定价博弈》）、《供应链信息整合对中小型涉农物流企业贷款融资的影响》、*Opportunistic Behavior in Supply Chain Finance: a Social Media Perspective on the "Noah Event"*（《供应链金融中的机会主义行为：基于"诺亚踩雷事件"的媒体数据分析》）、*Achieve the global competitiveness and resilience of organization by developing supply chain finance*（《通过发展供应链金融来实现公司全球竞争力和弹力》）、《模糊信息视域下的物流金融风险评价指数

及防控》等。

3. 合作研究方式

大部分获奖论文及公开发表的论文系多学者合作完成，可以看出，协作与合作已经成为物流研究的一种主导方式，具体的合作方式如下。

（1）同一院校或科研机构学者之间的合作。因这类机构以科学研究为主，科研力量雄厚，同一机构内的合作较为方便，所以这种合作方式较为普遍。如《核心企业与中小企业的区块链技术协同开发：基于供应链契约的视角》由天津大学的三位学者合作完成，再如《基于组合赋权模型的物流企业绩效评价指标体系构建研究》由北京物资学院的两位学者合作完成，又如《多载量 AGV 系统防死锁路口通行顺序优化及避碰》由南京航空航天大学的两位学者合作完成。

（2）不同院校或科研机构学者之间的合作。这种方式由不同科研机构之间利用各自的研究优势进行合作，且越来越受到欢迎。如 Green Supply Chain Management in Chinese Firms: Innovative Measures and the Moderating Role of Quick Response Technology（《中国企业绿色供应链管理：创新措施和快速反应技术的调节作用》），由北京理工大学管理与经济学院、香港理工大学应用科学与纺织学院和得克萨斯大学达拉斯分校纳文金达尔管理学院合作完成，再如《多式联运网络中的托盘共用调度方法》，由内蒙古大学、江西财经大学和西南交通大学合作完成，又如《逆全球化趋势下关键产品全球供应链重构问题研究——基于"整合+优化"的演化博弈分析》由首都经济贸易大学和北京物资学院的学者共三位合作完成。

（3）同一企业的实践者之间的合作。物流研究最终应指导物流实践活动，企业是物流实践活动的主体，企业人员更能了解实践中的物流瓶颈问题，但因企业人员的理论研究能力有限，这种合作方式的研究成果并不多见。如《汽车入厂物流电子看板响应环节均衡化、自动化及可追溯性实现的技术集成应用研究》和《汽车物流集装化器具标准及循环运用研究——以一汽物流有限公司案例为例》均由一汽物流（成都）有限公司的几位企业人员合作完成，再如《基于 Shapley 值的中国快递行业规模组合预测研究》由圆通快递有限公司的两位企业人员合作完成，又如《基于供应链协同的智慧冷链物流全程可视化监控研究》由荣庆物流供应链有限公司的人员合作完成。

（4）科研院校与企业之间的合作。如果物流企业能够加强与高等院校、科研机构的合作，发挥高校的科技优势、促进理论向实践的转化，使之成为企业的产业优势，一方面可以提高物流企业的竞争力，促进企业的自主创新，另一方面可以促使高校在人才培养方面更具有针对性和专业性，这种合作方式应该成为未来倡导的方式。如《大运河流域航运竞争力及时空演化研究》由扬州大学商学院、扬州大学信息工程学院和宁波巨神制泵实业有限公司合作完成，再如《随机机会约束的多式联运多目标优化》由中国铁路哈尔滨局集团有限公司、上海海事大学和中国铁路成都局集团有限公司合作完成，又如《考虑出餐时间的餐饮外卖即时配送运力调度研究》，由中国邮政储蓄银行股份有限公司和北京交通大学经济管理学院合作完成。

1.4.3 物流管理理论研究方向介绍

1. 合同物流

合同物流（contract logistics），源自生产制造企业的物流外包需求，指独立的第三方物流服务商，与物流服务需求企业（甲方）签订一定期限的物流服务合同，提供相应的物流服务，并获取服务报酬。合同物流通过各类物流资源，为货主企业提供综合物流解决方案。合同物流的历史可以追溯至 1918 年第一次世界大战时期，英国犹尼利弗的哈姆勋爵成立了"即时送货股份有限公司"，由此揭开了合同物流的序幕。近几十年来发达国家大量现代化、大规模的商品物流中心已成为一种现代流通形式。随着市场竞争的激烈和流通费用的上升，企业已不再建立自己的配送中心，而是委托社会的配送中心配货。我国在大力发展连锁经营业态的同时，及时推进合同物流，是决定连锁业成功与否的关键。正确分析它的优、劣势，对于我国零售业的发展将具有深远的指导意义。在传统的配送环节中，企业虽然有自己单独的配送部门，但并不是严格意义上的独立核算制单位，有的甚至还是传统的报账制管理，它们通常被称为企业或公司的储运部，而且仅仅是为本企业的产品进行配送。这部分由储存、运输和人力资源管理组成的物流费用会随着企业的不断壮大而增加，影响企业的利润结余，进而分散企业的主业运作。特别是我国的国有大中型企业，其难以壮大的原因，并不是单纯由于生产技术落后、设备陈旧或产品的质量下降而导致了经济效益的下滑，恰恰正是由于"黑暗中的冰山"——物流费用的增高而制约了发展。

2. 智慧物流

IBM 于 2009 年提出，要建立一个面向未来的具有先进、互联和智能三大特征的供应链，通过感应器、RFID 标签、制动器、GPS 和其他设备及系统生成实时信息的"智慧供应链"概念，紧接着"智慧物流"的概念由此延伸而出。与智能物流，强调构建一个虚拟的物流动态信息化的互联网管理体系不同，"智慧物流"更重视将物联网、传感网与现有的互联网整合起来，通过以精细、动态、科学的管理，实现物流的自动化、可视化、可控化、智能化、网络化，从而提高资源利用率和生产力水平，创造更丰富社会价值的综合内涵。

在智慧物流概念出世的同一年，国务院提出《物流业调整和振兴规划》，积极推进企业物流管理信息化，促进信息技术的广泛应用；积极开发和利用全球定位系统（GNSS）、地理信息系统（GIS）、道路交通信息通信系统（VICS）、不停车自动交费系统（ETC）、智能交通系统（ITS）等运输领域新技术，加强物流信息系统安全体系研究。2011 年 8 月，《国务院办公厅关于促进物流业健康发展政策措施的意见》持续强调，加强物流新技术的自主研发，重点支持货物跟踪定位、无线射频识别、物流信息平台、智能交通、物流管理软件、移动物流信息服务等关键技术攻关，适时启动物联网在物流领域的应用示范。两项政策都从国家宏观层面，强调了发挥地理信息系统等关键信息技术在物流信息化中的作用。智慧物流理念的提出，顺应历史潮流，也符合现代物流业发展的自动化、网络化、可视化、实时化、跟踪与智能控制的发展新趋势，符合物联网发展的趋势。

当前，物联网、云计算、移动互联网等新一代信息技术的蓬勃发展，正推动着中国智慧物流的变革。可以说，智慧物流将是信息化物流的下一站。智慧物流标志着信息化在整合网络和管控流程中进入到一个新的阶段，即进入到一个动态的、实时进行选择和控制的管理水平。

3. 农产品物流

农产品物流是物流业的一个分支，是指为了满足消费者需求而进行的农产品物质实体及相关信息从生产者到消费者之间的物理性流动，是以农业产出物为对象，通过农产品产后加工、包装、储存、运输和配送等物流环节，做到农产品保值增值，最终送到消费者手中的活动。农产品物流的发展目标是增加农产品附加值、节约流通费用、提高流通效率、降低不必要的损耗、从某种程度上规避市场风险。农产品物流的方向主要是从农村到城市，原因是商品化农产品的主要消费群体是在城市。

农产品物流有以下特征：农产品物流数量大、品种多；农产品物流要求高，要求"绿色物流"，在物流过程中做到不污染、不变质，要求做低成本运行，要做到服务增值，即农产品加工转化，农产品加工配送；农产品物流难度大，一是包装难，二是运输难，三是仓储难。虽然我国农产品物流活动出现得比较早，但无论是在农产品物流理论研究还是在实际操作上，我国农产品物流的发展都很缓慢。

4. 绿色物流

绿色物流是指以降低对环境的污染、减少资源消耗为目标，利用先进物流技术规划和实施运输、储存、包装、装卸、流通加工等物流活动。绿色物流是以经济学一般原理为基础，建立在可持续发展理论、生态经济学理论、生态伦理学理论、外部成本内部化理论和物流绩效评估的基础上的物流科学发展观。同时，绿色物流也是一种能抑制物流活动对环境的污染，减少资源消耗，利用先进的物流技术规划和实施运输、仓储、装卸搬运、流通加工、包装、配送等作业流程的物流活动。

绿色物流的内涵包括集约资源、绿色运输、绿色仓储、绿色包装、废弃物物流等五个方面。与传统的物流相比，绿色物流在目标、行为主体、活动范围及其理论基础四个方面都有自身的显著特点：绿色物流的理论基础更广，包括可持续发展理论、生态经济学理论和生态伦理学理论；绿色物流的行为主体更多，它不仅包括专业的物流企业，还包括产品供应链上的制造业企业和分销企业，同时还包括不同级别的政府和物流行政主管部门等；绿色物流的活动范围更宽，它不仅包括商品生产的绿色化，还包括物流作业环节和物流管理全过程的绿色化；绿色物流的最终目标是可持续性发展，实现该目标的准则不仅仅是经济利益，还包括社会利益和环境利益，并且是这些利益的统一。

5. 供应链金融

供应链金融是商业银行信贷业务的一个专业领域（银行层面），也是企业尤其是中小企业的一种融资渠道（企业层面）。指银行向客户（核心企业）提供融资和其他结算、理财服务，同时向这些客户的供应商提供贷款及时收达的便利，或者向其分销商提供预付款代付及存货融资服务。一般来说，一个特定商品的供应链从原材料采购，到制成中间及最终产品，最后由销售网络把产品送到消费者手中，将供应商、制造商、分销商、零售商、最终用户连成一个整体。在这个供应链中，竞争力较强、规模较大的核心企业因其强势地位，往往在交货、价格、账期等贸易条件方面对上下游配套企业要求苛刻，从而给这些企业造成了巨大的压力。而上下游配套企业恰恰大多是中小企业，难以从银行融资，结果最后造成资金链十分紧张，整个供应链出现失衡。"供应链金融"最大的特点就是在供应链中寻找出一个大的核心企业，以核心企业为出发点，为供应链提供金融支持。一方面，将资金有效注入处于相对弱势的上下游配套中小企业，解决中小企业融资难和供应链失衡的问题；另一方面，将银行信用融入上下游企业的购销行为，增强其商业信用，促进中小企业与核心企业建立长期战略协同关系，提升供应链的竞争能力。在"供应链金融"的融资模式下，处在供应链上的企业一旦获得银行的支持，资金这一"脐血"注入配套企业，也就等于进入了供应链，从而可以激活整个"链条"的运转；而且借助银行信用的支持，还为中小企业赢得了更多的商机。

6. 人道主义救援供应链

在过去的十几年间，学术界以及人道救援实践工作者对人道主义救援供应链的关注度日渐增加，但是相比传统的供应链，人道主义救援供应链有不同的内涵。传统供应链是从原材料采购开始，制造生产半成品和产成品，通过销售渠道将最终产品送达客户，由此形成一个整体的功能网络，将供应商、分销商、零售商与最终消费者连接在一起。这是从生产制造业角度对供应链所下的定义，目前，人道主义救援供应链虽然没有明确的定义，但是从人道主义物流概念提出以来，人道主义救援链及人道主义救援过程中所形成的供应链在实践中已大量存在。

根据人道主义物流及现有供应链概念，对人道主义救援供应链的含义进行界定。人道主义救援供应链是指在人道主义救援中，在政府协调监管下，以捐赠者、人道主义救援机构及 NGO 为主体，为了挽救生命，满足灾民迫切需求，减轻灾民痛苦，本着博爱、中立和公正三原则，通过对信息流、物流、资金流的控制，把救灾物资高效率、低成本地送达灾区民众手中而形成的功能性网链结构模式。人道主义救援供应链的组成一般以捐助者和政府作为资金流量来源，物流服务商作为物流的来源，受益人为接受者或物流的目的地，救援供应链上的救援力量作为人力部署到受影响地区干预实施供应链，知识作为所需的技能必须重新配置以快速响应供应链。

7. 应急物流

应急物流是指为应对严重自然灾害、突发性公共卫生事件、公共安全事件及军事冲突等突发事件而对物资、人员、资金的需求进行紧急保障的一种特殊物流活动。应急物流与普通物流一样，由流体、载体、流向、流程、流量等要素构成，具有空间效用、时间效用和形质效用。应急物流多数情况下通过物流效率实现其物流效益，而普通物流既强调效率又强调效益。

应急物流的"应急"二字本身带有一定的军事色彩，但应急物流并不等同于军事物流。军事物流的指令性较强，尤其在战争爆发的时候，始终把军事利益放在首位。而应急物流系统则应该以社会利益为牵引，服务的对象是受灾地区的人民。

应急物流一般具有突发性、弱经济性、不确定性和非常规性等特点，多数情况下通过物流效率实现其物流效益，而普通物流既强调效率又强调效益。目前中国的应急物流有自己的特点，其表现为：政府高度重视，企业积极参与；军民携手合作，军队突击力强；平时预有准备、预案演练到位等。其内容包括应急物流组织机制的构建、应急技术的研发、应急物流专业人员的管理、应急所需资金与物资的筹措、应急物资的储存与管理、应急物流中心的构建、应急物资的运输与配送等内容。

本章思考题

1. 解释物流和物流管理的基本概念。
2. 分析中国物流管理发展的几个阶段。
3. 理解物流服务行业的服务理念。
4. 阐述物流管理理论的研究特点，并简单介绍自己感兴趣的研究方向。

第 2 章
合同物流

> 本章导读

　　合同物流是第三方物流业务的一个分支，也就是说合同物流一定是属于第三方物流的范畴，但不是所有的第三方物流都可以被称为合同物流。有别于传统的第三方物流，合同物流的业务模式呈现出明显的定制化特点，服务完全是根据客户具体业务需要而量身定制的。据中国物流与采购联合会统计数据显示，2021 年 1—10 月，全国社会物流总额 261.8 万亿元，按可比价格计算，同比增长 10.5%，增速比 2020 年同期提高 8.0 个百分点，两年年均增长 6.5%；1—10 月，全国物流业总收入 9.7 万亿元，同比增长 16.1%，增速比 2020 年同期提高 15.2 个百分点，两年平均增长 8.2%。物流行业整体市场的快速增长也带动了合同物流的飞速发展。尽管我国合同物流市场规模已经位居全球第一，合同物流行业发展空间较大，但是我国合同物流发展程度仍然较低。在咨询机构 Armstrong & Associates 于 2018 年发布的全球合同物流 Top50 排行榜中，我国物流企业仅占两席。我国合同物流业与制造业、商贸服务业的融合程度仍然需要较大提升。

　　国务院于 2014 年 9 月印发《物流业发展中长期规划（2014—2020 年）》，提出要加快传统物流业转型升级，建立和完善社会化、专业化的物流服务体系，大力发展第三方物流；形成一批具有较强竞争力的现代物流企业，扭转"小、散、弱"的发展格局，提升产业规模和发展水平。2020 年 8 月，国家发展和改革委等 14 部门联合发布《推动物流业制造业深度融合创新发展实施方案》，支持物流企业与制造业企业通过市场化方式创新供应链协同共建模式，建立互利共赢的长期战略合作关系，促进业务流程融合协同；推动制造业企业与第三方物流、快递企业密切合作，加快发展高品质、专业化定制物流，引导物流、快递企业为制造业企业量身定做供应链管理库存、线边物流、供应链一体化服务等物流解决方案，增强柔性制造、敏捷制造能力。商务部等 9 部门于 2021 年 8 月印发《商贸物流高质量发展专项行动计划（2021—2025 年）》，提出要鼓励批发、零售、电商、餐饮、进出口等商贸服务企业与物流企业深化合作，优化业务流程和渠道管理，促进自营物流与第三方物流协调发展。

　　当第三方物流企业提供的是非标准而是高度定制化的物流服务时，服务的复杂性和资产的专用性增加，企业对第三方物流企业就存在很高的依赖性，并且转换成本也会非常昂贵，第三方物流企业是否有能力提供所需服务，其服务质量和服务水平是否能够得到保证，往往都是私人信息，信息的不对称容易导致合同物流企业的机会主义行为，例如，第三方物流需求企业可能会把货物的迟交更多地归结于外部因素。因此，物流需求企业必须设计出第三方物流企业能够接受的物流合同，该合同能够使第三方物流企业在追求自身效用最大化的同时，实现物流需求企业的效用最大化。

本章将介绍合同物流的基本概念、特点、合同物流企业的类型、合同物流招投标采购的一般过程和物流合同的主要内容等基本理论，分析目前国内外研究现状，最后以三个实践案例和一个研究案例来学习合同物流的管理、物流合同的设计思路和方法。

2.1 合同物流概述

2.1.1 合同物流的概念

合同物流（contract logistics），又称契约物流，是指物流服务提供者与客户签订一定期限的物流服务合同，为客户提供包括物流系统规划与设计、解决方案以及具体物流业务的一种物流服务模式。当前有一种看法，将合同物流和第三方物流（third-party logistics，3PL）等同起来。但编者认为，合同物流只是第三方物流的一个组成部分，即合同物流属于第三方物流。合同物流一般具有如下特征。

1. **合同物流是合同导向的一系列服务**

合同物流最显著的特征就是拥有较长期限的物流服务合同，即依据双方共同签订的合约提供多功能的物流服务。合同条款规定了物流服务内容、服务时间、服务价格等，规定了双方的责任和义务。合同期满，物流业务关系就告结束。合同物流服务由于存在确定的合同关系，物流服务变得更加稳定、更加规范。

2. **合同物流是个性化、定制化的物流服务**

合同物流服务是面向各个具体企业承揽物流业务，企业不同，业务的具体内容就不同，流程也各不相同。因此，要求合同物流企业按客户独特的业务内容、业务流程来定制，体现个性化的物流服务理念。快递物流企业、专业运输或仓储公司若为客户提供的是标准化、一次性的物流服务，就不能称为合同物流服务。

3. **合同服务是项目化的物流服务**

合同物流服务提供商的各个项目的运作模式往往不相同，无法采用标准化管理模式，而需通过组建项目组，进行项目化管理。由于一些合同物流服务的对象就是一个项目，合同物流服务商随着甲方客户的项目开发和实施而经历了项目管理的各个阶段，也如同是参与了整个项目过程。

4. **合同物流企业与客户企业之间的关系是动态联盟关系**

为满足客户企业个性化的需求，合同物流企业往往需要做出巨大的设施、人员的投资。而且合同双方企业之间所发生的关联并非一两次的市场交易，而是要维持较长一段时间，尽管合同期结束后，客户企业可以更换交易对象，但要面临较大的更换成本。在提供服务过程中，合同物流企业与客户企业之间需要充分共享信息。这就要求双方能够相互信任，以获得比单独从事物流活动所能取得的更好效果，它们之间是共担风险、共享收益的关系，而且是通过契约结成优势互补、风险共担、要素双向或多向流动的动态联盟。

5. 合同物流是以现代信息技术为基础的物流服务

信息技术的发展是第三方物流出现的必要条件,信息技术实现了数据快速、准确传递,提高了仓库管理、装卸运输、采购、订货、配送发运、订单处理的自动化水平,使订货、仓储、运输、流通加工实现一体化;企业可以更方便地使用信息技术与物流企业进行交流和协作,这种交流和协作有可能在短时间内迅速完成;同时物流管理软件的飞速发展也使混杂在其他业务中的物流活动的成本能被精确计算出来,还能有效管理物流渠道中的商流,这就使企业有可能把原来在内部完成的作业交由物流公司运作。

建发股份 Lift 供应链服务

合同物流服务与传统物流服务的具体差异见表 2-1。

表 2-1 合同物流服务与传统物流服务的具体差异

项目	合同物流	传统物流
服务功能	提供功能完备的全方位、一体化物流服务	仓储或运输单项功能服务
物流成本	由于具有规模经济性、先进的管理方法和技术等使物流成本较低	资源利用率低,管理方法落后,物流成本较高
增值服务	可以提供订单处理、库存管理、流通加工等增值服务	较少提供增值服务
与客户关系	客户的战略同盟者,长期的契约关系	临时的交易关系
运营风险	需要较大的投资,运营风险大	运营风险小
利润来源	与客户一起在物流领域创造新价值	客户的成本性支出
信息共享程度	每个环节的物流信息都能透明地与其他环节进行交流与共享,共享程度高	信息的利用率低,没有共享有关的需求资源

2.1.2 合同物流企业

我国合同物流企业的来源,大致可分为三类。

第一类是大型制造业或流通业企业的物流部门社会化的产物,它们的原身都是由这些企业以前的一个业务部门分裂而成,现在仍保留原业务的社会化的物流公司。如京东物流、海尔的日日顺、美的的安得智联等。

第二类是由传统物流企业转型而来,它们在做合同物流之前就从事物流运输工作,有丰富的仓储及运力资源,为了扩大市场机会而进入第三方市场。如中外运、招商物流等。

2020 中国合同物流发展报告

第三类是市场自然培育的合同物流企业,它们产生于制造业或零售业的大发展时期,社会对物流的需求十分强烈,而运力市场相对紧缺。如新宁、海格等。

2021 年 1 月,研究机构运联智库发布了我国合同物流百强企业榜单,其中前 50 强见表 2-2。本榜单基于各公司 2019 年营收数据,仅计算企业合同物流业务收入,剔除商流收入、网络货运、快递与快运、技术服务等其他业务的收入这一基本口径。例如,长久物流营收中含 7 500 万的国际货代业务,这部分收入都不属于合同物流业务,就需要剔除。同时按照实际经营主体来统计,例如希杰中国、希杰荣庆、希杰速必达这三家就按三个主体独立统计排名。

表 2-2 2020 年全国合同物流企业前 50 强

排名	企业名称	主营业务	营业收入/亿元	排名	企业名称	主营业务	营业收入/亿元
01	安吉物流	汽车	240.83	26	长城蚂蚁物流	整车运输	27.50
02	京东物流	家电、快消、医药	234.74	27	音天物流	汽配、食品、电子	26.10
03	外运股份	快消、工程、机械	202.30	28	飞力达	电子	26.05
04	一汽物流	汽车	129.00	29	大田物流	快消、工业、危化	26.03
05	日日顺	家电	104.50	30	宝供物流	快消等	26.01
06	准时达	电子	94.20	31	科捷	电子	24.20
07	安得智联	家电、3C	85.00	32	盛丰	综合	23.40
08	中邮供应链	综合	81.10	33	速必达物流	家电	22.00
09	苏宁物流	家电、家居	80.17	34	密尔克卫	危化	21.95
10	中都物流	汽车	72.00	35	百世供应链	电商、快消、服装	21.90
11	四川安吉物流	酒类	59.40	36	长虹民生	综合	21.38
12	林森物流	危化	54.30	37	中储股份	大宗	21.30
13	顺丰供应链	电子	49.18	38	德迅中国	电子、汽车、快消	21.20
14	利丰供应链	服装、快消、食品、保健品	47.49	39	郑明物流	冷链	20.80
15	长久物流	汽车	47.08	40	京博物流	危化	19.90
16	越海全球	综合	44.96	41	宇石物流	化纤	19.80
17	荣庆物流	冷链、危化	40.00	42	益嘉物流	快消	19.60
18	嘉里物流	快消	39.30	43	广州风神	汽车	19.50
19	长安民生	汽车	39.28	44	佳怡物流	汽配、快消	18.00
20	中通服供应链	通信设备	38.30	45	华通物流	汽车、零部件	17.50
21	建华物流	基建、建材	37.20	46	京津港国际物流	快速消费品等	16.80
22	正本物流	石油化工	35.20	47	拓领环球	服装	15.50
23	宝象物流	钢铁、大宗	34.30	48	顶通物流	快消	15.00
24	远孚物流	快消、电子、服装	28.50	49	北芳储运	危化	14.50
25	安迅	电器	28.00	50	双汇物流	冷链	13.00

在榜单前 10 名中独立第三方占比为 20%，前 50 名中独立第三方约占 48%，在整个榜单中独立第三方占比约 70%。头部合同物流企业大部分是制造业或者大型商贸业的子公司或者关联公司，而独立第三方物流企业主要集中在 100 强后半部分，相比之下规模差距十分明显。从榜单排名看，安吉物流依然是合同物流这个行业的头名，然而受限于近两年整个汽车大行业总销量下行的大环境，安吉物流的营收规模相比 2018 年非但没有增长，反而下降了约 4%；京东物流猛增 100 亿元的规模，超越外运股份拿下第二名的位置；而第四名与前三名的差距依然是百亿规模，为 129 亿元。整体来看，仅前 5 名达到了百亿规模，榜单的前 20 名规模总和占 100 强总量的 64%，可见，根据二八原则在合同物流这个行业也基本适用。

美国阿姆斯特朗咨询（Armstrong & Associates）公司，根据各大公司 2018 年合同物流毛收入的统计数据，公布了一份全球合同物流 50 强的榜单，如表 2-3 所示。全球合同物流也是头部集中现象十分明显，在全球物流 50 强中，德国三巨头 DHL、Kuehne + Nagel、DB Schenker 霸占了榜首的前三名，显示出了德国企业在全球合同物流业务中的真正能量。当然美国企业也不差，头部玩家中美国企业依然是最主要的组成部分，彰显出了物流强国的本色。而在 50 强名单内，国内企业只有中外运和嘉里大通被收录其中，可能有更多的企业因为数据没披露而没有进入其中，但也从侧面反映出国内的合同物流企业还没有真正强大到都可以走出去。

表 2-3 2018 年全球合同物流 50 强企业排名

排名	企业名称	2018年收入/亿美元	所属国家	排名	企业名称	2018年收入/亿美元	所属国家
01	DHL 敦豪	281.2	德国	11	Expeditors 康捷空	81.4	美国
02	Kuehne+Nagel 德迅	253.2	德国	12	DACHSER 德国超捷	76	德国
03	DB Schenker 辛克物流	199.7	德国	13	CEVA Logistics 基华物流	73.6	美国
04	Nippon Express 通运株式会社	187.8	日本	14	GEODIS 法国乔达	66.5	法国
05	C. H. Robinson 罗宾逊	166.3	美国	15	Hitachi Transport System 日立物流	62.8	日本
06	DSV 德斯威物流	124.1	丹麦	16	Panalpina 泛亚班拿物流	61.6	瑞士
07	XPO Logistics XPO 物流	108.5	美国	17	Damco/Maersk Logistics 马士基物流	60.8	丹麦
08	中外运	105.5	中国	18	Toll Group	59.8	澳大利亚
09	UPS 联合包裹服务	98.1	美国	19	CJ Logistics 大韩通运	56.2	韩国
10	J. B. Hun JB 亨特	82.1	美国	20	GEFCO 捷富凯	54.4	法国

续表

排名	企业名称	2018年收入/亿美元	所属国家	排名	企业名称	2018年收入/亿美元	所属国家
21	Bolloré Logistics 波洛莱物流	54.2	法国	36	Sankyu 山九	26.4	日本
22	Kintetsu World Express 近铁国际货运	53.1	日本	37	Landstar	25.4	美国
23	嘉里大通	48.8	中国	38	Echo Global Logistics 回声全球物流	24.4	美国
24	Yusen Logistics/NYK Logistics 日邮物流	47.2	日本	39	Penske Logistics 潘世奇物流	23	美国
25	Agility 亚致力	44	美国	40	Transportation Insight	22.9	美国
26	Coyote Logistics 丛林狼物流	40	美国	41	Mainfreight 迈辉国际物流	20.4	美国
27	Imperial Logistics 茂霖运通	38.5	南非	42	NFI	20	美国
28	Ryder Supply Chain Solutions 莱德供应链	37.3	美国	43	Groupe CAT 彼得卡特	19.9	法国
29	Hub Group 美国中心集团	36.8	美国	44	Fiege Logistik 飞格集团	18.2	德国
30	Hellmann orldwide Logistics 海尔曼	36.5	德国	45	APL Logistics 美集物流	17.7	日本
31	Total Quality Logistics	36.4	美国	46	ID Logistics Group	16.5	法国
32	FedEx Logistics 联邦快递	31.7	美国	47	Worldwide Express/Unishippers	16.5	美国
33	Burris Logistics 伯里斯物流	30.2	德国	48	Americold 美冷	16	美国
34	Transplace	28.9	美国	49	BDP International	15.5	美国
35	Schneider Logistics & Dedicated 施耐德物流	27.1	美国	50	Night-Swift Transportation	15.5	美国

2.1.3 合同物流服务采购的一般过程

1. 表达需求

这一步包括物流服务使用方完全意识到对第三方物流服务的需求，并把这些需求明确表达出来。物流服务需求必须被表示成对潜在第三方物流服务供应商的服务需求。由于大多数第三方物流决策关系重大，决策的过程复杂，开始时需要花较长时间把需求厘清并表达出来。

2. 确定候选公司

该步骤的一半时间用来确定合同物流企业的选择标准，应使候选公司的数量在可管理的范围内。很明显，物流服务使用方的物流经理参与对合同物流服务商选择的决策，其他部门的经理也需要参与其中，包括财务、制造、营销、信息系统、人力资源部等部门。另外，公司总经理参与合同物流的选择决策也是常见的。确定选择对象的过程包括要求感兴趣的第三方物流提供建议书（request for proposal，RFP）。

3. 选择合同物流供应商

这一步是物流采购过程中关键的一步。合同物流供应商的选择决策只有对可能的候选公司的信誉作非常详细的考虑后才能做出。必须对最终的候选公司进行专业性的接触与了解。如第二步讨论的，在公司里有好几个相关的经理在决定合同物流购买过程中起着至关重要的作用。在最终选择的决策中，应鼓励在它们之间进行一定程度的协调。由于合同物流供应商的战略重要性，必须保证经理们对做出的决策有一致的理解，并了解对被选的合同物流公司的期望。

4. 实施合同物流服务关系

在做出选择合同物流供应商的决策后，需要认识到与该合同物流企业的相互理解是非常重要的。合作的开始阶段，运作配合难度较大，需要一定的磨合期。根据合同物流服务关系的复杂程度，整个实施过程可以是相对较短的，也可以延续一段时间。例如，如果需要对顾客物流系统网络进行较大的改变或重构，则实施花费的时间较长；当合同物流的作用较为直接与简单时，则实施过程可以较快。

5. 实施中的持续改进

传统的购买过程从实施阶段开始就已经结束，而在合同物流服务购买中，双方要知道可以持续改进的类型与可以突破的改进。合同物流供应商应对这种类型的改进负责。同时突破性的改进也是必需的，它可以增加公司的竞争优势。要达到此目标，需要鼓励合同物流打破传统的思维方式，创造性地进行思维。但这也包含风险，必须冒险才能获得物流过程显著改进的益处。

2.1.4 合同物流服务的招投标

招标采购是指在一定范围内公开货物、工程或服务采购的条件和要求，邀请众多投标人参加投标，并按照规定程序从中选择交易对象的一种市场交易行为。招标分为公开招标和邀请招标：公开招标，是指招标人以招标公告的方式邀请不特定的法人或者其他组织投标；邀请招标，是指招标人以投标邀请书的方式邀请特定的法人或者其他组织投标。

物流服务的需求方通过物流服务项目的招标方式进行业务外包，将使其以较低的成本得到较高质量的物流服务。随着物流市场的进一步规范与发展，进行物流项目招投标将成为物流服务交易的主要形式。为了使招标得以成功，必须做好招标的每一步工作，一般包括以下几步。①需求表述。分析自身的物流服务需求，并明确地表达出来。②招标前的准备工作，如物流企业资格审查、研究招标方案、制定招标文件、确定招标形式及标的等。③公开发布招标公告或书面邀请投标人。④出售或派发招标文件。⑤接受投标。⑥进行开标和评标。⑦根据评标结果，结合企业自身需要，选择中标人签订物流服务合同。表2-4为某物流项目招投标采购的组织过程。

表 2-4 某物流项目招投标采购的组织过程

工作目标	具体工作
项目确定	召开招标碰头会
	用标杆法对各公司进行调查
	准备初步邀请名单
投标邀请	起草招标文件初稿,包括给投标方的邀请函
	预审评价标准制定,评标小组讨论通过
	发出邀请函
预审	投标候选人递交以下各类证明: ① 营业执照、税务登记证、专业证书、委托代理证书; ② 其他能证明合同履行能力的材料
	预审潜在投标方,筛选竞标者:法人资格、经验、技术竞争力、合同履行能力
发标书	发出招标书与合同文本
交标书	递交投标书(技术标)
评标过程控制	评标标准: ① 所有的投标将由招标小组进行公开评估; ② 评标要符合招标要求,如法人资格、合同履行能力等; ③ 评标要在公开、公平、公正、可信赖的原则下进行; ④ 评标要审慎地进行
技术标评审	专业化评审、评审小结
现场考察	分别对 8 家公司进行现场考察
	评分及小结
候选人陈述	投标方对投标书的澄清及交纳押金
定标	招标小组决定中标方
合同的签订	通知、商洽并与中标方签订合同
业务交接准备	检查仓库设施、系统、人员培训、机械、流程制度是否准备就绪
业务交接	安排培训:门对门、商家送货、仓库运作等

2.1.5 合同物流招标文件

招标文件是提供给合同物流企业的投标依据。在合同物流招标文件中应准确无误地向合同物流企业界定物流服务的详细内容,以便合同物流企业据此投标。合同物流招标文件也是签订合同的基础。合同物流招标书大部分的内容将成为合同的内容,尽管在招标过程中物流服务使用方可能会对合同物流招标文件的内容和要求做出一定的补充和修改,在投标和谈判过程中合同物流企业一方也会对招标文件提出一些修改要求和建议。但是无论如何,招标文件是物流服务使用方对物流服务的基本要求,一般不会做出大的变动,而合同则是整个物流服务项目实施和完成过程中最重要的文件。因此,编制招标文件对物流服务使用方来说是非常重要的。目前,许多物流服务使用方在寻找合同物流供应商时,招标文件的编制还不够规范与完整,导致合同物流企业的投标书不一致,难以做出进一步的评价。

合同物流招标文件一般由招标书、合同条款和附件三部分组成。由于合同标的的不同特点,不同招标项目的招标文件会有差异。

1. 招标书

在招标书中应写明招标人对投标人的所有实质性要求和条件。包括以下五个方面。

1)项目概况

项目概况主要包括:物流项目招标目的、物流项目实施的地区、物流项目主要运作的产品情况、物流项目运作的内容、物流项目运作的范围。

2)投标人资质要求

投标人资质要求主要包括:合同物流企业注册资金要求、合同物流企业质量体系认证要求、合同物流企业业绩要求、因项目运作对合同物流企业的其他要求,如危险品运输资质等。

3)投标文件的要求

投标文件的要求主要包括:对投标文件的组成、投标文件的编制格式和内容范围、投标报价、投标文件的递交、无效投标进行明确的说明,使投标人投标时能有所遵循。

4)评标原则和方法

评标原则和方法是招标书中的重要项目之一,主要包括:评标对象和依据、评标因素、评标程序以及评审的方法。招标投标法规定,评标的方法只能根据招标文件的规定进行,所以对于这一项应该认真编制。

5)招标程序

招标程序主要是对整个物流项目招标过程所涉及的时间和地点做出规定。

2. 合同条款

合同条款的拟订要尽可能详细、准确。物流外包合同通常应包括以下方面的条款:定义、合同标的、服务范围、合同价格、付款、交货和运输、保证与索赔、保险、税费、分包、合同的变更、中止和终止、不可抗力、合同争议的解决、合同生效等。

3. 附件

附件既是招标文件的组成部分,也是未来合同的重要组成部分。附件的内容有一部分是招标人实施本合同对承包人的要求,另一部分需要由投标人填写作为承诺文件。一般包括以下几方面的内容。

(1)产品情况。包括产品的名称、性质、用途、规格、分类等,目的是使合同物流企业充分了解所要操作的产品的特性,以使其在运输和储存等操作环节中注意到产品的这些特性。

(2)仓储管理要求。主要包括成品的出入库操作要求、不良品和保质期管理要求、库存产品准确率规定、仓库单据的管理要求以及成品的退货操作管理要求等。

(3)运输(配送)管理要求。包括物流运输(转储服务)操作要求、配送服务操作管理要求等。

(4)货物的装卸要求。

(5)物流运作费用报价单。

（6）保密协议。

招标书、合同条款和附件这三部分内容构成一个整体，缺少任一方面，都会影响招标人真实意图的表达。如果表述不明或者过于简单，将使投标人方向不明确，出现太多的变数，增加了评标的难度，也可能导致评标结果的不客观，甚至外包合作的失败。

2.1.6 合同物流项目的投标

物流企业在投标前需要对相关资料进行研究，包括投标项目资料和竞争对手资料。在选定物流招标项目之后，合同物流企业针对具体投标项目，要收集全面、详细的情况和信息，其中包括该物流项目的具体资料和可能会参与竞标的竞争对手的相关资料。合同物流企业只有充分地掌握相关资料才能为做出正确的投标决策打下基础。

掌握投标竞争对手情况是投标策略的一个重要环节，是企业对外投标能否获胜的重要因素。准备参加投标的企业要着重掌握以下三方面的情况：①历次招标中本行业企业投标人数目；②每个企业，尤其是曾经中标企业的投标经历；③竞争对手的经营情况、物流运作能力、流程与信息系统的水平、服务质量、知名程度以及本企业相对竞争对手而言的优势和劣势等。由于这些资料关系到企业投标的成败，所以数据要保持高度的精确性。作为参加投标的企业，必须花费一定的人力和较长的时间才能建立完整的资料档案。因此，投标人对投标有关资料的调查和分析是一项长期、持久的工作。

此外，合同物流企业要仔细研究和掌握与招投标及本行业有关的法规和政策。研究招投标的法律规定以及各种与招投标有关的政策法规，是投标人在投标准备工作中的一项重要内容。通过认真学习和掌握有关的法律、法规，以便规范自己在投标活动中的行为，准确地掌握投标、开标、评标和中标各个环节的程序，确保行为不违反法律、法规，确保投标活动的正常进行。同时，通过对有关法律政策的学习，学会用法律的手段维护企业的正当权益。

在各种准备之后，正式开始编制投标文件。一般正规的招投标项目是按两阶段进行的，一般分为技术标（解决方案）与商务标（报价）两大部分。招标采购促进投标人相互竞争的一个重要因素是给供应商承包商有充分的时间来编写他们的投标文件。这一时间的长短因项目的不同而不同，取决于各种因素，如需要采购的物流服务的复杂性、所预计的分包程度，以及提交投标书所需的时间。因此，必须由招标人根据有关采购的具体情况确定提交投标书的截止日期。编制好投标文件后便要按照招标文件的要求递交投标文件，然后参加开标，并进行投标文件澄清，如果中标便要与招标人签订合同。

2.1.7 对物流服务提供商的评估

合同物流企业与客户企业签订合同之后一般形成较长期的合作关系，频繁更换合作伙伴对双方都是损失极大的事。客户企业在选择物流供应商时面临两个困难。首先，与传统供应商相比，物流服务供应商提供的是物流服务，是无形的产品，由于物流服务产品质量好坏往往与客户的主观感受有关，很难进行完全客观定量化的评价，对物流服务的定量评估是一种挑战。其次，与标准化服务不同，合同物流企业提供的服务需要根据客户企业的独特需求进行定制。合同物流企业能否高质量地完成物流项目的规划、设计和实施，很难完全准确地预测。因此，对潜在的物流服务供应商采用何种评估指标与评价体系就显得尤为重要。表2-5列出了某合同物流项目的考察与评分细则。

表 2–5　某合同物流项目的考察与评分细则

考察项目	考察前评价内容与评分			现场考察内容与评分		
	内容	权重/%	平均得分	要点与拟提出的有关问题	权重/%	评分（1～5分）
财务实力和稳定性	注册资金	3		• 资产净值是多少 • 近年业务的增长率 • 盈利能力 • 注册资金 • 其他表明财务实力与稳定性的证据	10	
	近三年营业额、业务增长率	4				
	近年是否盈利	3				
管理深度	质量保证体系	5		• ISO 9000 证书的校对，实际运作 • 是否有运输、仓储服务 • 质量的监控与改进措施 • 运输仓库管理制度是否健全，执行情况如何 • 管理人员的专业经验、学历	15	
	改进体系	5				
	管理制度	2.5				
	人员资质	2.5				
业务经验	服务范围（运输、仓储）	5		• 是否有运输、仓储及第三方物流的能力与经验 • 业务的层次：对业务仅仅是操作性的，还是具备良好的管理与监控能力	10	
	业务深度（物流管理）	5				
运作质量	目前项目的运作质量	7.5		目前运作项目质量与同行业的比较，是否有表明本企业运输、仓储等相关服务与运作质量的证据	15	
发展与合作潜力	企业的发展是否符合该公司的发展要求	7.5		• 公司的物流联盟的理念 • 公司发展是否充分考虑物流服务需求方的要求，如网点、管理能力、战略联盟等		
运输车辆	数量	10		• 自有车辆有多少（出示有关资料，如司机名单、保险单） • 这些车辆是否适合 • 外协车辆多少，外协的管理（供应商选择与管理）	20	
	适用性	10				
仓库	安全性	10		• 产权、中心仓库地理位置 • 仓库面积大小与可扩展性 • 进出交通情况、仓库结构、库房高度等 • 机械设备 • 仓库管理系统 • 防水、防火、防盗 • 全国各地的网络分布	20	
	适用性	10				
系统	硬件	2.5		• 计算机数量、通信系统（是否是宽带网）、服务器 • 是否有仓库管理系统和运输调度系统 • 公司 IT 人员的资质	10	
	软件	2.5				
	人员	5				
	合计	100			100	

2.1.8 物流服务合同

在物流合同的订立过程中,客户企业应注意物流合同中尽量包括关键性的内容,避免遗漏。物流合同中的关键内容主要有业务范围、物流服务质量标准、可扩充性、双方风险和责任、利益报酬分配机制、合同的中止等。

1. 业务范围

业务范围就是物流服务要求明细,它对服务的环节、作业方式、作业时间等细节做出明确的界定,进行具体详细的描述。工作范围的制定是物流外包最重要的一个环节。

物流外包失败或出现黑洞最终大多要归结为工作范围不明确。如在物流合同中常出现"在必要时第三方物流供应商将采取加班作业以满足客户的需求"等泛泛承诺。由于没有明确的界定,实际运作中,双方会就如何理解"必要"发生分歧。客户会认为,"提出需求时即为必要",而第三方物流供应商则认为,"客户提出需求,且理由合理时才为必要"。类似的例子,在物流外包服务中经常遇到。

2. 物流服务质量标准

物流服务质量标准的条款,不管是作为物流合同的一部分,还是单独签订的一份协议,它都是将第三方物流供应商的动力同客户企业的目标密切相连的有效工具。设立物流服务质量标准条款的关键在于较为全面地包含以下内容,对这些方面进行周全的考虑与规定,是物流外包合同的重点之一。

1)要评定哪方面的服务质量

物流服务质量标准即第三方物流业绩的评定水平。一般而言,物流服务质量的评定涉及服务的速度、有效性、可靠性、使用方的友好性、及时性、一致性、效率等。一个好的服务质量评价体系应该既能对第三方物流供应商产生影响力和控制力,又能对双方交易的成功产生关键的评定作用。而且,第三方物流外包中完善的服务质量评定还应该使合作双方的动力合成一股共同作用的力量。例如,当采用固定价格形式的合同时,会使第三方物流企业产生降低成本的动力,而合同中有关服务质量的条款,就会使得第三方物流企业相应地把重点放到质量和及时性上。

2)服务质量具体评定什么内容

第三方物流合作各方必须准确定义物流服务质量水平,否则双方之间的协议就不能真正称为达成一致。有时,会出现这样一种不协调的现象:物流服务需求企业认为要对 A、B、C 三项进行服务质量评定,而第三方物流供应商则认为仅需对 A 项与 B 项加以评定即可。在这种情况下,当 C 项出现问题时双方就会产生争执,这就称为合同中未能明示。

3)采用何种过程来评定绩效

在目前的情况下,企业对于第三方物流合同履行状况进行的评定大多是自主进行的。通常情况下,可以在第三方物流外包合同中以附件的形式对具体评定标准加以定义,也就是常说的关键绩效指标。

对于每个服务水平,都需要有一个过程来评定供应商所实现的绩效。在选择评定过程时,有三个关键因素:①准确性;②成本;③透明度。

4)要提供哪些报表文件

物流服务质量标准条款中应要求第三方物流供应商定期提交清晰、有用、及时的有关绩效的报表。条款中应详细规定报表中应该反映出哪些信息；同时，条款中还应规定供应商对未能达到规定标准的服务要从根本上分析原因，并将分析结果以报告的形式提交给第三方物流服务需求企业。

3. 可扩充性

这是对应合同灵活性原则的一项条款。服务范围可以根据一定条件进行扩充，但不能根本违背原合同的宗旨。由于物流服务合同是一项立足于长期合作的协议，在双方较长期的合作中，服务内容可能会随时间的推移有所变动，此时，就要求合同条款有一定的可扩充性，以适应变动的需求。如在某些合同中，就服务范围有"乙方应根据甲方的需要，提供甲方要求的有关运输服务，包括但不仅限于……"。

4. 双方风险和责任

明确的风险分担条款是第三方物流外包合同中必备的条款。只有对双方的责任和风险进行明确有效的划分，第三方物流外包才能走向成功。如在第三方物流外包仓储业务时，合同中应对存货方和保管方进行如下的责任划分。

（1）由于保管方的责任，造成退仓或不能入库时，应由保管方承担由此发生的往返运费，并赔偿存货方产生的一切损失。

（2）货物在储存期间，由于保管不善而发生货物丢失、短少、变质、污染、损坏的，负责赔偿损失。

（3）由保管方负责发运的货物，不能按期发货，赔偿存货逾期交货的损失，错发到货地点除按合同规定无偿运到规定的到货地点外，并赔偿存货方因此而造成的实际损失。

（4）存货方在物资出库时需要开具物资出库单，写明品名、规格、数量、质量及入库时保管方提供的入库单号。保管方凭存货方出库通知单并与出库通知单样本核对无误后方可发货，因未见存货方出库通知单及传件而发货造成的损失由保管方承担责任。存货方出库通知单正本及传真具有同等效力。

5. 利益报酬分配机制

物流外包合作的成功运作必须以公平、合理的收益分配方案的制订为基础。所谓收益分配是指合作各方成员从联盟组织的总收入或总利润中分得各自应得的份额。只有公平合理的收益分配才能保证合作过程的顺利进行和市场机遇的灵活响应，所以在订立外包合同时，双方应对收益分配问题达成共同认可的方案，作为合同中的重要条款。

6. 合同的中止

物流合同中止条款即为退出条款。物流合同中的退出条款应考虑包括以下几个方面内容。

（1）合同中止的原因。大多数第三方协议在一定条件下允许中止，即在合同有效期内，发生实质性违反合同履行的情况时，合同中止。

（2）合同物流供应商中止合作关系的权利。

（3）合同中止时，双方企业应做何处理。

为平稳过渡，要求合同物流供应商在以下几个方面提供协助：协助制订过渡计划，提交有关双方业务间的往来数据、资料及文件等的副本；雇用员工、购买资产；与过渡有关的咨询服务；过渡结束后，可继续使用共同的网络或其他类似资产。物流服务需求企业方单方面提出中止合同时，应向合同物流供应商做出补偿性措施，以及给予合同物流供应商动力，以促进其协助中止合同。

2.2　合同物流研究现状

2.2.1　合同物流企业–客户关系方面的研究

从理论上说，物流合同的正式性、合同谈判的彻底性、信任和承诺能够提高第三方物流供应商–客户关系的有效性。Hofenk 等为了进行实证验证，在第三方物流行业的供应商和客户之间进行了调查，使用偏最小二乘（partial least squares，PLS）路径模型观察到，对于第三方物流企业和客户来说，合同形式、信任和承诺都与关系有效性呈正相关，谈判的结果好坏参半。因此著者认为，"硬"的合同方面和"软"的关系方面对于有效的供应链协作都很重要。

吴忠华（2014）基于心理契约理论，根据顾客满意度和顾客忠诚度理论，构建心理契约—顾客满意度—顾客忠诚度模型进行分析，研究结果表明，第三方物流企业心理契约对顾客满意度具有重要影响，进而对顾客忠诚度产生影响，而顾客满意度在第三方物流企业心理契约与顾客忠诚度之间起中介作用。因此第三方物流企业在与顾客合作的过程中，必须及时分析顾客心理诉求，满足顾客心理需求，提高顾客满意度，以提高顾客忠诚度。

贺勇、欧阳粤青和廖诺（2016）结合资源基础和外包合作关系理论，运用单案例研究方法，从 A 公司的视角研究了其物流服务提供商的服务质量、关系质量与物流外包绩效三者间的关系。研究发现：①互补资源是合作基础，包括互补能力、合作意愿、保障机制和风险分担；②服务质量中的服务态度和关系质量中的三方沟通贯穿服务外包全过程；③市场型外包合作关系的服务质量更多以基础性服务体现，关系质量更多以计算信任与合同式承诺体现，对硬性绩效标准有促进作用；伙伴型外包合作关系的服务质量更多表现为增值服务和个性化服务，关系质量是善意信任和激励式承诺，对软性绩效标准有促进作用。

梁红艳（2021）运用改进距离协同模型测度分析了 2004—2018 年中国制造业与物流业融合的水平及其演化特征，构建联立方程模型检验两业融合的绩效，运用面板数据模型探究两业融合的提升路径。研究发现：中国制造业与物流业融合水平呈持续增长趋势，发展初期即实现了由初步融合向基本融合的阶段跃进，但深化进程缓慢，目前还未实现良好融合。四大区域中，东部地区两业融合水平领先，中部与东北次之，西部最低；劳动、资本、技术三类要素密集型制造业与物流业的融合水平无明显差异。在中国制造业与物流业的融合系统中，物流业对制造业的推动作用远大于制造业对物流业的拉动作用。

2.2.2　合同物流服务模式的研究

随着现代物流业的发展，企业将一些业务外包给合同物流企业从而专注于发展自己的核心业务已经成为企业参与激烈的市场竞争的手段和趋势。为了应对日益激烈的竞争和不断提高的客户期望，合同物流供应商需要不断创新服务模式。在物流服务创新中，外部关系是重要的资源和知识来源。Chu 等（2018）利用社会资本理论和战略–结构–绩效范式，提出"关系"（中国的社会网络系统和促进商业和其他交易的关系）促进中国第三方物流企业的物流服务创新，以及关系类型对物流服务创新的影响取决于关系类型与第三方物流企业组织结构的匹配程度。作者使用来自 165 家中国第三方物流企业的调查数据对提出的模型进行了测试。研究结果表明，政治关系和商业关系对第三方物流企业服务创新均有积极影响；然而，这些类型的关系应该考虑到第三方物流企业的组织结构。Liu 等（2019）分析了我国新型物流服务产品设计（new logistics service product design，NLSPD）的影响因素，为未来物流业的发展建立理论框架，指出新型物流服务产品设计 NLSPD 与供需匹配程度（supply-demand matching，SDM）和物流服务成熟度（logistics service maturity，LSM）直接相关。客户需求、服务能力和竞争对手通过 SDM 程度影响 NLSPD 的绩效，而 LSM 对这些影响机制起到调节作用。SDM 的程度对 LSM 有正向影响。这些研究结果可以帮助物流企业的管理者和物流行业的从业者理解 NLSPD 的复杂性。

邓延洁、黄必清和颜波（2014）为了规范复杂的第三方物流业务流程，从信息集成的角度研究其管理模式，并设计和开发了相应的管理信息系统。在分析某大型第三方物流企业业务特点的基础上，建立了"计划—运作—控制"三线一体的第三方物流管理与运作模型，开发了第三方物流管理系统。他们的研究突破了物流信息管理的系列关键技术：完备的基础信息和管理标准；基于项目和业务的合同管理规范化方法；链接企业人事管理、业务项目管理、系统权限管理、员工绩效管理的系统集成方法。

方轶和杨斌（2017）为建立起物流服务商管理库存（logistics-service-supplier managed inventory，LMI）下供应链三方长期共赢的合作方式，总结归纳出了 LMI 模式。在 LMI 模式下，在由单一制造商、单一物流服务商和单一零售商组成的三级供应链中，三方对补货方式中的库存量最小值和库存量最大值进行谈判，找到合适的库存量最小值和库存量最大值，使供应链总体利润和各方利润最优。研究显示，供应链成员中谈判能力较强的一方可能更愿意使用 LMI 模式，这可为制造企业下游库存外包提供决策依据和方法指导。

由于产品周期缩短，期权合同在供应链中的应用越来越广泛。因此，考虑期权合同下 3PL 参与管理企业采购的供应链更具有现实和理论意义。但是，现有文献很少考虑上述假设下 3PL 联合决策采购数量和服务费用的问题。基于此，周继祥和王勇（2017）考虑由一个零售商和一个 3PL 形成的供应链，分别建立了随机需求条件下，3PL 运用期权合同管理采购和零售商管理采购的模型，并运用博弈理论求解上述情况下零售商和 3PL 的均衡解。研究表明，只有在一定条件下 3PL 管理采购才能提高零售商、3PL 和系统的利润，且只有当风险非常大的时候零售商才拥有先动优势。

段沛佑（2021）等提出了场景物流，就是在各类物流服务及应用的场景中提供物流基础及相关细分场景的增值服务、迭代服务、延伸服务、敏捷响应、定制服务，高效满足特定客群需求，打造极致消费体验，实现与客户的交互。以日日顺供应链公司为代表的标杆物流企业也提出"场景替代产品，生态覆盖行业"的战略构想，在打造家电、家装、体育用品等战略级场景以及冷链、能源等重点场景时，通过不断创新物流的服务模式，提升行业客户触达和增值服务，实现对场景物流生态建设的不断探索和创新。

2.2.3 物流合同设计研究

合同物流供应商与客户企业之间的关系实质上是一种委托代理关系。客户企业以合同的方式将物流业务委托给物流服务供应商，以期提高物流服务质量，降低物流成本，实现自身效用的最大化。客户企业是委托人，合同物流企业是代理人，在客户企业和合同物流企业之间存在着信息不对称从而导致物流外包中两类委托代理问题——逆向选择和道德风险并存。这就给物流外包企业带来极大的外包风险，而通过物流合同的有效设计可以有效降低这两类风险，为外包企业的决策提供支持。

Lim（2000）建立了一个博弈论模型来研究合同物流买家面对合同物流供应商时的合同设计问题，服务质量和提供服务的成本是后者的隐私信息，将显示原理应用到分析中，并对最优契约进行了描述。研究表明，与低能力的物流服务提供商签订的合同不包括任何不遵守预设标准的惩罚，也没有包括收益分享计划，即薪酬由独立于业绩水平的初始固定报酬组成。然而，高能力物流服务提供商签订的合同包括惩罚方案或收益分享方案。此外，收益分享计划越有吸引力（或者，惩罚越严厉），最初的报酬就越少，反之亦然。最后作者还证明了最优契约决策与模型中的物流服务提供者的能力和成本这两个参数无关。

传统物流外包由于缺乏激励机制，合同物流企业一般都可以获得外包企业提供的固定收益，而不用承担相应服务风险。邹筱和顾春龙（2013）基于委托-代理理论，构建了一个信息不对称条件下的物流外包激励模型，要求第三方物流企业对外包业务投入一定比例资金。模型分析结果显示，该激励机制能有效避免第三方物流企业的逆向选择和道德风险，从而最大化降低物流外包企业的经营风险。不对称信息条件下物流外包企业风险防范的具体措施包括增加绝对信息量、建立科学合理的第三方物流企业选择体系、形成长期紧密的合作伙伴关系以及完善的物流外包合同约定等。

田刚等（2014）针对合同物流企业与制造业企业所组成的共生系统，提出了事前合同与事后调整相结合的利益分配模式，即在合作之初基于各方投入确定初始的利益分配方案，合作后综合考虑各方的实际贡献、承担的风险与合作性等影响利益分配的因素，并应用网络分析法确定各因素的权重，以对初始分配方案进行调整。鉴于激励企业创新对提高共生系统竞争力的重要性，进一步基于创新激励指数对分配策略加以修正。最后通过实例证明该分配模式更为合理、更符合实际。

Selviaridis 和 Norrman（2015）探讨了采用、设计和管理基于物流服务绩效的合同（performance-based contract，PBC）的关键挑战。采用 PBC 所面临的主要挑战包括客户和物流供应商打算协调它们的目标和激励措施，以及它们对风险和回报共享的看法。PBC 合同设计的挑战集中在绩效指标的定义和权重、设计考虑服务合作生产效应和帮助改善客户关系的绩效监控系统，并设计适当强度的激励措施。合同管理面临的挑战包括培养供应商的主动性、供应商在流程和资源投资方面的变化、设计激励机制的公平感以及合同重新设计以实现双赢的关系结果。

宋杰珍、黄有方和谷金蔚（2017）在合同物流服务商外部收益信息对称与非对称的环境下，面向物流能力预定问题研究了零售商与物流服务商之间的契约协调机制。结果发现，包含物流服务价格与闲置能力补偿费用的补偿合约在两种信息环境下都能够协调双方企业的行为，使得零售商预定的物流能力数量达到集中决策下的系统最优值。物流服务商外部收益系数越大，零售商制定的闲置能力补偿费用应当越高；在信息非对称的环境下，如果物流服务商追求的是固定保留利润，物流服务商有隐瞒外部收益的动机，如果追求的是可变保留利润，物流服务商有夸大外部收益的动机；为了甄别物流服务商真实的外部收益信息，与信息对称环境下相比，零售商应当提高物流服务价格，降低闲置能力补偿费用。最后，基于算例分析了信息非对称程度和外部收益大小对补偿合约及双方企业期望利润的影响，并在信息非对称

信息对称与非对称环境下基于补偿合约的物流能力协调研究

的环境下验证了补偿合约的有效性。

徒君、黄敏和赵世杰（2018）为了找出有效的物流服务契约以协调由一个电商与一个第三方物流供应商组成的电商供应链，考虑物流服务水平与产品销售价格同时影响产品市场需求，分别假设产品销售价格外生与内生，研究物流服务契约的设计与协调问题。针对传统物流契约的不足，分别引入成本分担契约与收益共享契约，实现对电商与第三方物流供应商的协调。结果表明，成本分担契约能够实现产品价格外生下的供应链协调；收益共享契约能够实现产品价格内生下的供应链协调；成本分担比例与收益共享比例决定协调能否成功。数值实验调查了成本分担比例与收益共享比例对电商与第三方物流供应商期望利润的影响。

冯颖等（2020）在供应商管理零售商库存且零售商按产品实际售出量转移支付的 VMCI 模式下，研究了由供应商、3PL 和零售商组成的产运销供应链的合同设计问题。考虑供需双方联合将物流服务外包给 3PL、共同承担运费的情形，构建了零售商主导、3PL 和供应商跟随的序贯非合作博弈模型，证明了均衡的订购量、物流服务价格和销售努力水平均存在且唯一。研究表明：分散决策下均衡的销售努力水平低于集中决策的情形；若系统边际利润率高于供应商边际利润率，则分散决策下均衡的寄售因子和寄售量均小于集中决策的结果。随后，在零售商和 3PL 之间引入销售努力成本共担合同，给出了系统实现帕累托改进和获得最大期望收益的参数条件；考虑到 VMCI 下的寄售因子大小关系不明确，进一步在二者之间构造了具有反等价关系的销售收入共享合同和销售补贴合同，给出了系统实现完美协调和帕累托改进的条件。最后，通过算例验证了上述结论，对物流费用分摊系数和转移支付价格进行了灵敏度分析，并证实了系统在完美协调的基础上实现帕累托改进的可行性。

客户企业的物流服务需求，有时是物流服务核心企业通过对服务流、物流、信息流和资金流的控制，整合链上所有物流资源，将服务能力管理、服务流程管理、服务绩效管理和顾客价值管理集成，共同来完成的。这时就会涉及物流服务集成商与物流服务提供商之间的契约选择问题。

卢安文、王儒和荆文君（2018）综合考虑了物流服务供应链中存在的多代理人与双向道德风险问题，以及相关研究中被忽视的代理人之间竞争效应对其产出的影响。运用委托—代理理论，构建了更加契合物流服务供应链环境的收益共享契约和锦标赛契约的契约模型，基于优胜劣汰与合作共赢的视角，对比分析了二者在物流服务供应链中的激励效果，并以实际企业的数据进行了契约效果的检验。研究表明，在物流服务供应链中，锦标赛契约比收益共享契约效果更优：在激励方面，更能提高参与人的努力程度；在收益方面，实现了参与人收益的帕累托改进。

在物流服务供应链中，第四方物流企业（4PL）委托第三方物流企业（3PL）完成从客户那里收到的任务。第四方物流企业无法观察第三方物流企业在交付质量上的努力/投资水平，但只能观察交货后的质量。Huang 等（2019）在委托-代理框架下研究了 4PL 和 3PL 之间的物流外包的风险管理问题，提出了一种基于交付质量的合同，以激励 3PL 对外包任务发挥最优的努力/投资。首先推导出在对称和非对称信息环境下的最优合同内容，显示在不对称信息环境下尽管合同菜单可以诱导 3PL 说实话，但效率信息的不对称会导致交付质量以及整个系统层面福利的下降。最后，作者将研究扩展到一个离散效率分布的案例，并分析了不同类型的合同及其含义。

2.3　合同物流案例分析

2.3.1　合同物流服务实践案例分析

1. 企业概况

为客户提供最优的供应链解决方案——这是 DHL 供应链一直不变的企业信条。DHL 供应链是德国邮政 DHL 旗下的全资子公司,业务主营汽车、消费品、生命科学和医疗保健、能源、零售业、科技产品六大模块,涉及仓储、配送、运输服务、增值业务、业务流程外包等多个领域,服务 60 多个国家和地区。作为世界领先的合同物流供应商,DHL 供应链自成立伊始就始终恪守着"客户为先"的服务准则,以高品质的服务和对市场的深入理解不断满足客户对于供应链的不同需求,深得客户信赖。

在中国,DHL 供应链同样业绩不俗。目前已拥有超过 60 万 m^2 的仓储设施,拥有 4 000 多名员工的服务团队,为 200 多家优质客户提供服务。目前中国区域已成为整个 DHL 供应链里面成长最快的一个区域,DHL 供应链也已成为中国合同物流解决方案的领先服务商。DHL 供应链在合同物流方面如此备受行业瞩目,秘诀何在?

2. 合同物流服务举措

1)周到的定制服务

定制化的服务考验合同物流企业的是非常强的社会资源和自有资源的整合能力,这里面有仓储的环节,有运输的环节,不过更多的是供应链管理的环节,强调为不同的行业、企业提供不同的解决方案。而周到的定制化服务恰恰是 DHL 供应链的一个最显著特点。

比如消费品行业。一个奶粉公司有很多原料都是国外进口的,需要在国内做一些分装和生产测试,最后把产品运到全国各地。DHL 供应链为这个奶粉公司提供的服务就是整个定制化的物流服务方案。DHL 供应链会在离奶粉公司工厂不远处建一个仓库,把所有从国外运来的原料集合到这个仓库里面,然后通过专车把原料运送到工厂生产。与此同时再通过回程车辆把成品运送到上述仓库,然后配送到全国各地。从整个进料物流到出去的成品物流,DHL 供应链把它们全部整合在一个体系里面,帮奶粉公司同时管理材料仓库和成品仓库。有效地解决了原料和配送问题,节约了大量成本。

而对高科技产品,则需要另外一种解决方案。比如一个 IT 企业,它的电脑产品可能需要在规定的时间、规定的地点送到不同的指定的渠道或者是零售终端。DHL 供应链则负责帮 IT 企业运作它的总仓、各地分拣的仓库,最后分布到成百上千个最终的配送点,满足它的多种配送需求。

如果在定制服务里面有标准模块的,DHL 供应链会给客户提供最好的标准服务。但如果没有一家标准服务商可以提供这个服务,DHL 供应链就要投资自己的资源来满足客户这方面的要求。对 DHL 供应链来讲,在理解客户需求方面,希望做到理解得越深越好,这样才能为客户解决更多的实际要求,进而赢得客户的青睐。

2)多元的创新模式

周到的定制化服务为 DHL 供应链提供了良好的服务基础,不断创新的服务模式则为

DHL 供应链提供了更加宽阔的增长空间。

DHL 供应链模式上的革新是针对不同行业的特点而进行的。随着不同行业不同市场的发展，会催生一些新的业务形式，进而推动新的服务模式的诞生。汽车进场物流就是 DHL 供应链积极开拓的服务模式之一。汽车进场物流，就是在汽车整车制造的过程中，所有的供应商会把零部件放在厂房边上，DHL 供应链会根据生产的需要，把这些零部件组装好以后直接送到生产线。

DHL 供应链最近几年来涉足的 LLP（lead logistics provider）模式，也得到了客户的广泛认可。据了解，LLP 模式就是优化现有的社会资源，让 DHL 供应链取代所服务企业的物流部门，帮客户整合整个物流方案，降低整个物流成本，进而为客户提供更好的供应链服务。

技术方面的创新同样不可或缺。DHL 供应链在信息系统方面投资非常大。目前的核心运作平台是运输管理系统和仓储管理系统模块。在这个核心运作平台上又增加了很多本地化的革新，如全程可视化方面、与客户的电子数据交换、一级客户的订单管理等，让 DHL 供应链与客户之间的合作关系更加紧密。

就拿促销品的配送来说，因为促销品门类众多，而且应用具有一定的季节性，所以其存货管理往往被很多公司忽略。为此，DHL 供应链特地建立了一个全国促销品的信息平台，给客户提供了一套全国促销品库存的可视系统。也就是说，上千名促销员都有手持终端，当某个门店需要促销品时，他们就可以直接在手持终端上订购货物。DHL 供应链会在指定时间内把货物准时配送到指定地点，便捷、高效。

3）优化的供应链条

优化服务、提高效率就是最好的节能减排，也是最优的供应链合同物流解决方案。而在这方面，DHL 供应链的做法可圈可点。在"最后一公里"路线的优化上，DHL 供应链在每个所服务的城市都设有一个规划小组，每个小组配备 1~2 人，从而为客户提供最优的路线设计，以确保顾客的运输车辆尽可能地满载、跑更多的地点，进而提高车辆配送的效率。

节约能源消耗方面，DHL 供应链也为客户提供了大量的合同解决方案。如仓库照明节约方面，DHL 供应链提供了很强的控制方案，并且有一些很明显的指标和完善的机制，能够保证在碳排放方面每个月都有记录，进而可以跟客户共同分享。如汽车能源的节约，DHL 供应链对司机有一个保守驾驶的课程，避免急驾驶、急刹车，而且车辆配备流线型的风挡，可以保证司机在用油经济效率最佳的情况下进行驾驶。

另外，DHL 供应链还帮顾客做一些网络优化。DHL 供应链专门为此成立了一个叫作 Go Green 的团队。目前正在与一些顾客进行交流，如何把双方的网络优化团队整合在一起，节约运营成本，推动节能减排，进而达到共同优化的目的。

3. 物流服务成效

早在 2010 年，DHL 供应链合同物流在全世界的市场占有率约达到 8.3%，居行业首位。据报道，目前我国国内汽车进场物流几乎被所有的合资企业垄断，所以这块领域很少有独资企业能轻易进入。而 DHL 供应链在这方面不断探索，开创了中国物流界的先例，成为国内唯一一家独立做汽车进场物流、没有任何合资背景的第三方企业。DHL 供应链也为客户提供了大量的供应链优化方案，实现了物流中的节能降耗。DHL 供应链在绿色供应链方面工作突出，深受顾客的信赖，2008 年还获得了"绿色供应链大奖"。

2.3.2 合同物流项目管理实践案例分析

1. 项目概况

武汉麦克维尔公司是麦克维尔集团在武汉成立的外商独资企业。该公司主要生产和销售麦克维尔品牌中央空调制冷设备和部件,生产能力位居国内行业同类厂家前列。其产品主要发往全国各大中型城市,年物流运作市场规模预计超过2 000万元。

2011年12月,武汉麦克维尔公司面向社会公开发布了物流供应商招标公告。湖北中邮物流武汉分公司的领导获知此消息后十分重视,一面积极筹备竞标工作,一面针对客户的物流运作方式、物流规模、操作要求和目前的物流运作情况等进行了全面的调研。

通过对武汉麦克维尔公司的实地走访,中邮物流武汉分公司了解到,目前客户的物流业务由一家中外合资的物流企业和本地一家民营物流企业共同参与运作,但由于该项目的物流规模十分庞大,第三方物流企业在自身运能、现代物流管理理念及运作模式上又存在着不足,需要借助社会运输资源才能满足客户的物流运输需求,因此运行效能和运作质量均不能保持稳定。

2. 项目开发

得知这些情况后,2012年1月,中邮物流武汉分公司市场开发部又专门组织人员,详细了解了武汉麦克维尔公司目前的承运商所选择的社会运输资源情况,以及市场上有能力承接此项目的社会物流运输公司的具体运作方式和运作价格。与此同时,结合客户物流运输的特点,分公司领导经过研究后决定,将此项目列为公司的重点合同物流项目进行开发。

2012年2月,中邮物流武汉分公司市场开发部开始着手寻找合适的外协运作渠道,实施物流资源的整合利用,同时结合客户需求,开始定制包括项目管理方案、品质管理方案、应急管理方案、风险控制与时效控制方案、信息服务方案等在内的一系列个性化物流服务方案。

"从今年2月中旬到3月底这一个多月的时间,可以说是我们公司针对麦克维尔物流项目的集中公关期。"中邮物流武汉分公司市场开发部经理陈建武感慨道。这段时间内,分公司高永红总经理、高永琪副总经理多次上门与武汉麦克维尔公司的负责人进行洽谈,主动推介公司在合同物流项目运作能力和后期管理上的优势,双方初步达成了合作意向。

与此同时,中邮物流武汉分公司市场开发部的相关人员开始就物流项目的服务报价问题,与客户物流部门的经理和主管人员进行沟通。他们结合承运货物的特性和运输装卸中存在的特殊要求,在详细测算了每台设备的收入、车辆装载系数、单台设备的发运成本及毛利润后提出报价。在经过10余次的协商和5轮的价格调整后,双方最终就价格问题达成一致。中邮物流武汉分公司也顺利地从10多家竞标的物流企业中脱颖而出,成为武汉麦克维尔公司成品销售物流服务商。值得一提的是,除成品制冷设备的运输外,客户还主动提出,希望中邮物流武汉分公司能提供从苏州压缩机工厂将设备的成品原部件运回武汉工厂的入厂物流服务,同时负责将武汉工厂的配件发往全国各地。这意味着分公司在麦克维尔项目的服务范围,由成品物流拓宽到配件销售物流和入场物流等领域。

2012年3月底,双方就新增的服务项目达成协议,并签订了物流服务合同。

3. 项目质量管理

虽然近年来中邮物流武汉分公司成功运作的合同物流项目众多,但此次的麦克维尔物流项目,无论是从运营规模还是从货品运输难度而言,都是对分公司物流服务能力的一次巨大的考验。

该项目主要涉及超大型件、异型件的运输及配送服务，而这是中邮物流武汉分公司在此前从未涉及的领域。更为关键的是，在全面介入客户大规模的物流供应环节后，中邮物流武汉分公司将面临巨大的资金占用压力。因此，只有依托社会运输资源，加强运营调度和后期管控，才能确保项目的高效运行。

为此，中邮物流武汉分公司成立了麦克维尔物流项目组，借助项目经理负责制、KPI（key performance indicator）质量考核、CRM（customer relationship management）等一系列合同物流项目管理制度来强化项目管理，实现与客户需求的无缝对接。

中邮物流武汉分公司从合作的多家社会物流公司中挑选出 10 家服务质量好、信誉高，且具有大型设备运输能力的物流公司作为麦克维尔项目的外协单位。2012 年 4 月初，中邮物流武汉分公司相关部门联合召开了项目外协单位运营协调会，详细介绍了项目的运营要求和相关合同事宜，并与上述 10 家单位的负责人现场签订了外协承运合同。

在项目运营的过程中，一方面，中邮物流武汉分公司积极强化对社会物流运输公司的管控，对调拨车辆不及时、运输配送质量不达标、配送不及时的外协单位及时进行劝诫和考核，并建立相应的淘汰机制；另一方面，随时保持与客户物流部门的沟通，及时解决项目运行过程中出现的问题。

麦克维尔项目组以运输质量为重点，制定了详细的 KPI 质量考核体系，对提货及时率、配送及时率、货物完好率、客户满意率等关键绩效指标进行重点考核，全面掌控项目运行质量。发运过程中，客服人员会实时跟踪车辆运营状态，及时上报相关信息。项目组会针对物流运输环节出现的问题，对作业流程进行优化和改造；对于外协单位没有达到预期 KPI 考核指标的，项目组会责令其及时查找原因，并按照合同中的相关约定进行处理。

经过一段时间的实践、摸索和总结，项目组逐渐掌握了麦克维尔物流项目的运作特点和规律，与外协单位的配合也更加默契，得到了客户的高度肯定。

4. 项目成本控制

物流行业的利润率不高，这是业内的普遍共识。对于中邮物流武汉分公司而言，麦克维尔项目涉及的是一个全新的物流领域，不可控成本相对较多。因此，项目组自成立以来，就高度重视成本管控问题，权衡好成本控制与提升客户满意度两者之间的关系，在不降低项目服务质量的前提下，强化项目的损益管理工作。

首先，及时转嫁运作风险。项目组将客户要求的物流运作质量及考核指标，转嫁给社会资源运作单位进行承担。对于项目运行中出现的责任事故，分清责任，考核到位。

其次，加强成本费用预算管理。早在项目组成立伊始，分公司财务部就下达了项目运营的各项成本和经营指标作为项目经理的考核依据。同时，运用完全成本法来定期开展项目的损益核算工作。

最后，加强运营调度管理。项目组在调拨车辆时，根据发运货物的特殊要求，计算发运货物的体积、质量，精准调拨所需要的车辆，有效避免了车辆放空和车货不匹配的情况，节约了运能。据统计，目前麦克维尔物流项目的利润率已达到 15%。

5. 项目成效

2012 年 8 月底，中邮物流武汉分公司麦克维尔项目组传来佳音：该项目自今年 4 月份上线以来，仅仅 4 个月的时间已实现物流业务收入近 200 万元，预计年收入规模可超过 500 万元。这意味着凭借完善的物流项目开发体系和突出的项目后期管理能力，中邮物流武汉分公司已成功切入了麦克维尔空调制冷（武汉）有限公司（以下简称武汉麦克维尔公司）的物流供应环节。对于中邮物流武汉分公司而言，麦克维尔物流项目是它们在大型件、异型件物流项目开发和运作上的一次成功探索。这一项目开辟了公司全新的物流服务领域，实践了项目外包这一全新的物流运作模式，并借此摸索出一条强化项目管控的全新路径。

2.3.3 合同物流项目招标文件案例分析

1. 项目背景

某啤酒销售公司是世界知名企业，1993年同时在沪、港两地上市。产品拥有近百年历史，远销40多个国家和地区。2000年其品牌价值已达46多亿元。但优秀的产品品质和一度供不应求的市场状况让该公司长期停留在计划经济时代的产销模式。直到1996年，迫于激烈的市场竞争，啤酒销售公司才开始着手建立自己的营销队伍和营销模式，在短短的几年时间里迅速建立起遍布全国的营销网络，并在实战中逐步摸索出一套行之有效的销售模式——直销模式。与此同时，啤酒销售公司逐渐认识到建立现代物流系统对企业进一步发展壮大的重要性，并在1998年根据集团提出的"全面实施新鲜度管理"的发展战略，正式进行物流改革。本项目属于其物流改革长期规划中的一部分。目前，由该公司物流项目推进小组来负责项目的招标工作。

啤酒销售公司的物流改革在于着手建立现代物流系统，凭借强大的技术平台实现公司物流、资金流、信息流的三流统一，以供应链管理为指导思想，重组企业业务流程，最终实现：①全国范围内的市场快速响应能力，通过进一步提升产品的新鲜度，来强化在消费者心目中啤酒销售公司的优秀品质；②企业的核心竞争力得到进一步强化，高层决策更加规范、准确、有效；③在市场反应速度得到持续提升的前提下，成本得到有效的控制和降低。

2. 产品类别

1）产品种类

啤酒销售公司的产品品种主要有125种。其中规格主要有640×12、640×10、500×12、355×24、640×24、330×24、500×24等，另外，还有桶装的啤酒（30 L和20 L）。包装物主要有纸箱装、周转箱装、捆装及桶装。

2）产品销售情况

啤酒销售公司在全国以及山东境内的产品销售情况（略）。

3）产品销售的季节性

产品销售的旺季主要集中在春夏秋，特别是节假日期间。一般来说，淡季（冬季）的销售量为旺季的85%左右。

3. 服务要求

1）仓储设施以及处理设备

为了满足当前分销标准与特殊的客户要求，装备操作流程及规范的成功运作系统应提供以下服务。

（1）位置设定。各应标物流公司需在啤酒销售公司地区性销售公司所在点设分销设施与运作支持点。

（2）安全措施。啤酒销售公司对其产品在转运过程中特别是在投标方的停泊点或仓库操作过程中的安全性非常关注。投标方需提供其设施的安全说明。

（3）系统建立。投标方在全国或地区性配送中心需装备仓储管理系统，以便能够高效率地处理啤酒销售公司的需求。在各分销设施也需装备现代化处理设备以提供高效专业的服务。

（4）设备提供。投标方在其仓库里应装备有相关的处理设施与工具，如货架、叉车、拣货车等。

投标方需有足够的能力与设施、设备完成支持啤酒销售公司在全国范围内各销售点销售的仓储及配送操作业务，并同时满足啤酒销售公司在服务上以及安全上的要求。啤酒销售公司鼓励各物流公司以其独创性提供配送中心以及分销设施的实施方案。同时，物流公司在某些城市、地区设施及人力资源的匮乏并不意味着它的方案一定不会被啤酒销售公司考虑。

2）运输服务

（1）订单配送（外向）运输服务。这一款设定了对啤酒销售公司客户的配送要求的标准。合同的首要目标是要保证啤酒销售公司产品能准时、准量、准质地按客户订单要求处理，并最大可能地降低转运之间的破损率。成功的第三方物流企业应有能力在提升服务品质的同时，达成成本的优化。根据初步预测，在运输及其安排协调方面存在着很大的潜在机会。

潜在的中标方应能为啤酒销售公司客户提供低成本、实用、度身定制的配送服务，并需说明其运作如何能同时与啤酒销售公司本身的运作协调并与其建议的分销体系协调匹配。啤酒销售公司在运输方面需达到以下目标。

目标1：向客户提供在同行业内具有竞争性的系列配送服务。

目标2：提供的配送服务应该符合在成本、质量、安全系数上的既定标准。

目标3：需有一个灵活应变的运作系统能对市场与客户的要求与变化做出迅速反应。

目标4：服务提供商需有货物追踪系统，以便啤酒销售公司能向客户随时提供即时准确的送货信息。

（2）配送（内向）运输服务。第三方物流企业需提供以下服务：从酿造厂到啤酒销售公司全国或区域性分销中心的整车或零担运输。

3）分销设施以及服务

合格的第三方物流企业在解决方案中的分销中心以及分销设施所应提供的主要服务功能包括：货物的快速、高效操作，随时在线追查跟踪货物品种、数量及其状态，存储空间有效管理，集运管理，对特殊订单的快速及特殊处理，通过周期性的盘点以达到常规的库存状况及时更新，为客户提供增值服务，运作绩效的监控与跟踪，反向物流的运作与管理（包括空瓶的回收与周转箱的回收），运输的规划与安排，整箱订单的处理，散箱订单的处理。

4）设施及其他要求

为能达到当前的分销要求和客户的需求，理想的分销设施应总体上达到高效、准确、可靠、安全、符合环境要求，具备以下装备及功能。

（1）对货物数据的录入与转换能通过条码技术以及无线射频技术来实现。

（2）能够用不同的标码技术打印出条码，打印单位价格标签，具备通过应用一系列装备达到出色的高效拣货及日常运作的能力，提供高密度的拣货区域，并且最大可能地减少纸质凭证的应用。

除此以外，还有以下功能也是非常重要的：高水准的设施内部保持系统，控制灰尘、防火、控制室温等,以及 24 小时的安全监控。

在最后选择时,啤酒销售公司会以综合功能性为原则。

5)库存管理的准确性

啤酒销售公司希望成功的投标方对库存的流动和持有水平的控制准确率能达到 98%。啤酒销售公司的审计人员会在财政年度里实施定期和不定期的库存审计。第三方物流企业应能提供所有相关库存历史记录,并能提供库存差异的原因报告。

6)信息技术

(1)分销设施的系统要求。投标商应就此招标项目拟采用的信息技术系统方法提交方案,包括能力、优势及预测的方案实施时间框架及所需资源。成功的投标商也可选择通过使用合适的仓储管理系统与当前啤酒销售公司自有的 ERP 系统进行短期或长期的合作,所选用的仓储管理系统需有收货管理、库存管理、订单处理、发货管理等功能。与当前既有系统接口,为客户提供实时的运单信息也是啤酒销售公司客户增值服务的重要组成部分。因此,各系统间的沟通集成也将是支持与保证运作水平的稳定及提高的前提。

(2)总的系统要求概述。潜在的第三方物流企业可就以下有关系统要求的要点进行概要性的描述。

描述 1:当前公司拟订的方法论,就如何发展、集成运作以及支持啤酒销售公司所要求的系统进行描述。

描述 2:当前公司在财务上如何支持信息系统,包括最近的信息系统软件购置及客户化发展的预算。

描述 3:建议支持该项目的信息系统运作结构。

建议啤酒销售公司采用何种仓储管理系统及原因,对所建议系统的功能做以下主要描述:绩效控制、库存盘点、库存管理工作量的规划、自动化操作系统、商标操作、与 EDI 系统的接口。

啤酒销售公司需要潜在的第三方物流企业指出为此项目将要应用的信息技术系统,包括能力、优势与可能的解决方案的框架性描述。

潜在的第三方物流企业也同时可以选择短期或长期地与啤酒销售公司的 ERP 系统合作,选用合适的仓储管理系统、订单管理系统、运输管理系统,从而有效地对收货、库存控制、订单处理、运输等环节实施管理。

4. 意向书回复格式

为了确保有效的评估,对意向书的回复需要强调几个主要特殊的要素。所有投标方均需按以下内容格式来进行回复。

1)基础设施

基础设施主要指仓储设施与设备。这一条款里需对提供的仓储设施作简要描述,如地点面积、层高、容量等,以及设施里的温度控制情况、地点的安全措施、物料处理设备、货架、装卸道口、月台等。

2)技术

技术主要指应用的商业管理系统或仓储管理系统。描述内容包括系统名称、所采用的系统的应用时间、系统供应商对系统的维护及支持、提供的主要功能、与其他客户系统的接口实例。

3）公司简介
（1）财务的稳定性。提供公司营业执照复印件以及最近三年的财务状况表。
（2）职业技能与资历。提供公司或组织与项目相关主要管理人员的简历。同时，啤酒销售公司希望在将服务外包之后，第三方物流企业能保留啤酒销售公司的部分员工。
（3）已有的相关类似任务的操作经验或成功案例。提供客户名称、案例情况介绍。
（4）提供成为行业领袖的机会。投标方应能根据公司自有的能力与行业优势，同时作为物流业的领袖来帮助客户在其行业当中通过改善供应链而取得竞争力。
4）项目总的标准
（1）滚动式运作计划。投标方对项目的实施提供两个初步的可行性实施计划。
（2）关系结构描述。对以后潜在的服务关系做一个综合性描述，对投标方与啤酒销售公司之间的关系的性质也应有一个初步的确认。
（3）合同条款的确定。
（4）服务水平的提高。啤酒销售公司以客户为中心，本着长期稳定以及不断提高服务水平的原则对客户提供服务。这包括：按时准确地送货、正确无误地结账、对紧急订单或要求能迅速地做出反应、完好无损地送达货物。投标方需对此做出必要的描述，表示如何在服务期间达到这个目标。
（5）成本的降低。啤酒销售公司本着在服务水平保持不变的情况下，达到成本的持续降低。投标方需提供必要的描述，即如何在服务期达到持续改善成本的目标。

5. 项目时间表
1）评标要求综述
啤酒销售公司为招标工作的进行拟订了一个时间进程表。投标方在投标书中应就以上问题纲要做出充分的回答并提出可行性解决方案。
啤酒销售公司在全国范围内已经建立起庞大的分销体系，产品直接发往各终端客户，如超市、酒店等，更多的是遍布各地的经销商。75%的产品在出厂后进入了经销商自有的仓库，再等待发往下级客户。建议的解决方案同时也应描述出在方案实施过程中可能出现的情况，也就是现有库存与物流处理设备的物理位置的转移，以及对这个流程的安排与计划。同时，描述出如何在转移管理的过程中使客户的需求得到满足，也使啤酒销售公司的产品流动得到最大限度的保障。
评标标准将主要关注问题的解决程度，与企业长期发展规划的适应性，可持续发展性及投标人的综合实力、业绩信誉等方面。
2）评标时间表及重要日程
以下是招标项目的几个重要日程。
（1）某个时间前发送给第三方物流企业。
（2）意向书回复，筛选出有意向的初步合格投标商，发出正式招标书，收到应标书，评标分析，实地考察，有选择地挑选投标商做演示，与有意向的投标商谈判，达成协议，最后决策。
（3）答复的递交。
（4）投标方需在规定日期前将对此意向书的答复以书面形式递交给啤酒销售公司。意向书答复文本须以中文写成。答复可以以电子邮件形式发给相关人员，也务必同时发出信函文本确认。

2.3.4 物流服务合同研究案例分析

本节以徒君、黄敏和赵世杰的论文《电商供应链物流服务契约设计与协调》作为案例，说明如何针对特定的物流服务来设计物流服务合同。

1. 研究背景与思路

随着经济社会的快速发展与互联网技术的不断革新，电商（网络零售商）之间的竞争日趋激烈。屡见报端的电商价格战与并购揭示着电商的命运。恶性循环的电商价格战既有害于电商，又阻碍着网络购物市场的健康发展，然而电商之间也存在除产品价格外的良性竞争。事实上，在网络购物渠道下，消费者线下的消费体验往往影响与决定着线上的产品市场选择，如物流服务。在传统实体店购物渠道，消费者选择产品后往往通过自提的方式获得产品；在网络购物渠道，物流服务将消费者虚拟的订单转化为实际产品，物流服务将电商与消费者紧紧联系在一起，只有通过物流服务才能实现消费者的需求。因此，物流服务成为电商网络销售渠道的重要环节。物流服务水平的高低、物流服务质量的优劣直接影响消费者的客户体验与反馈，及其对电商的信任与忠诚，并最终决定消费者对产品的选择行为。因此，物流服务理应成为电商提高竞争力、争取消费者与扩大市场的重要工具。目前，电商的物流运作模式主要分为自营物流、外包物流（第三方物流（3PL））、自营物流与外包物流结合三类。自营物流的优点是电商可以完全控制物流环节，缺点是电商需要投入较大的物流成本；外包物流的优点是电商可以节省资金用于核心业务，缺点是物流环节不能由自己掌控。

在外包物流模式下，由于电商不能实时掌握物流状况，物流服务质量和物流配送时间将主要依赖 3PL 供应商的配送努力程度。然而，作为代理人，由于存在努力成本，3PL 供应商总是不愿意过多努力。因此，实现对 3PL 供应商的有效激励、促进电商与 3PL 供应商之间的协调成为电商供应链管理研究的重点与难点。现有文献对物流服务水平影响产品需求的服务供应链的契约设计与协调问题进行了广泛研究。需要指出，当前研究主要针对物流服务影响产品需求的一般情况，对具体背景供应链的契约设计问题缺乏关注，特别缺乏对电商供应链的契约设计与协调问题的深入研究。然而，如上所述，物流服务水平对电商供应链产品需求的影响是显著的。因此，有必要研究考虑物流服务的电商供应链契约设计与协调问题。

综上，针对电商供应链，考虑物流服务水平影响产品的市场需求和产品价格外生，引入成本分担契约，研究电商供应链的契约设计与协调问题，具有一定的理论价值和现实意义。

2. 问题描述与模型假设

本案例研究对象是由一个电商与一个 3PL 供应商组成的两层供应链，电商通过网络平台销售某种产品，产品由 3PL 供应商完成物流配送，交付消费者。电商与 3PL 供应商签订物流配送契约，基于契约确定的物流配送价格向 3PL 供应商提供支付。产品销售价格记为 p，由市场决定，即产品价格外生。物流服务水平记为 e，体现为供应商在配送过程中投入的努力程度。尽管物流努力程度的表现形式多种多样，却均可体现为某种程度的物流投资，因此投资水平是度量物流努力程度的一种方式。遵循委托代理理论，因为电商不能实时监控配送过程，并且 3PL 供应商的配送努力产出受到随机因素的干扰，3PL 供应商的努力程度不能写入配送契约中，所以，3PL 供应商可能偷懒以降低努力成本，即存在道德风险。电商单位产品成本为 c_R，3PL 供应商单位产品物流成本为 c_L。不失一般性，令 $p > c_R + c_L$。电商与 3PL 供应商之间的决策关系存在多种情况，本案例假设的决策时序如图 2–1 所示。

电商设计物流配送契约，确定单位产品物流配送价格 p_L，对 3PL 供应商进行激励。3PL 供应商选择接受或拒绝契约，若拒绝，则关系结束；否则，3PL 供应商决策物流配送努力，提供物流服务，当物流任务完成后，接受电商的契约支付。

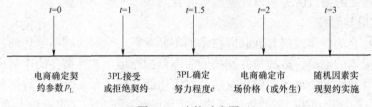

图 2-1 决策时序图

假设 1：考虑到产品市场需求同时受产品销售价格与物流服务水平的影响，令产品需求函数为 $D = D_0 - ap + be + \varepsilon$，其中 D_0 为基础需求，$D_0 > ap$，a 为产品价格对市场需求的边际影响，b 为物流服务水平对市场需求的边际影响，ε 是影响市场需求的随机因素，$\varepsilon \sim N(0, \sigma^2)$。这里假设物流服务商的服务质量影响产品需求。

假设 2：3PL 供应商的配送努力成本为 $c_q = ke^2/2$，平方形式意味着努力程度递增的边际成本，除以 2 是为了简化数学表达，不失一般性。需要指出，此处 3PL 供应商提升物流服务水平的努力程度可能包括建立高规格的仓库、引入新的包装流水线等，主要涉及一定规模的固定投入，而与实际配送的产品数量关系不大。

假设 3：接受契约所获利润不低于保留利润时，3PL 供应商选择接受契约。不失一般性，3PL 供应商的保留利润标准化为 0。

假设 4：电商与 3PL 供应商均为风险中性，且双方的所有信息均为共同知识。

本案例规定下标 C 表示集中式决策，T 表示传统契约，SC 表示成本分担契约，SI 表示收益共享契约；上标 X 表示产品价格外生，N 表示产品价格内生。

3. 模型求解

产品价格外生指电商销售的产品由外部市场确定销售价格，不是决策变量。产品价格外生的例子比较常见，例如，对于普通日用品来说，由于激烈的市场竞争，多个电商给出的销售价格基本一致，或差别很小，此时物流服务水平对产品市场需求的影响尤为重要，物流服务水平决定供应链的整体收益水平。在产品价格外生情况下，电商决策单位物流配送价格 p_L 以最大化自身期望利润，3PL 供应商决策物流配送努力 e 以最大化自身期望利润。电商的期望利润为：

$$\Pi_R = E[(p - c_R - p_L) \cdot D] = (p - c_R - p_L)(D_0 - ap + be) \quad (2-1)$$

3PL 的期望利润为：

$$\Pi_L = E[(p_L - c_L) \cdot D - ke^2/2] = (p_L - c_L)(D_0 - ap + be) - ke^2/2 \quad (2-2)$$

1）集中式决策

为建立供应链整体最佳表现的标准，假设电商与 3PL 供应商组成一个联合公司，也可理解为电商使用自家的物流公司提供物流服务（自营物流）。在集中式决策下，联合公司最优决策物流服务努力 e，以最大化期望利润：

$$\psi = \Pi_R + \Pi_L = (p - c_R - c_L)(D_0 - ap + be) - ke^2/2 \quad (2-3)$$

易见，式（2-3）关于 e 是凹的。

由 $\dfrac{\mathrm{d}\psi}{\mathrm{d}e}=b(p-c_{\mathrm{R}}-c_{\mathrm{L}})-ke=0$，解得 $e^{*}=b(p-c_{\mathrm{R}}-c_{\mathrm{L}})/k$。

命题 1： 若产品价格外生，在集中式决策下，联合公司最优配送服务努力 $e^{*}=b(p-c_{\mathrm{R}}-c_{\mathrm{L}})/k$，产品期望需求 $D^{*}=D_{0}-ap+b^{2}(p-c_{\mathrm{R}}-c_{\mathrm{L}})/k$。

易得，系统期望利润 $\psi^{*}=(p-c_{\mathrm{R}}-c_{\mathrm{L}})\left[D_{0}-ap+b^{2}(p-c_{\mathrm{R}}-c_{\mathrm{L}})/2k\right]$。

假设电商与 3PL 供应商各自独立做决策，即分布式决策，分别基于传统契约与成本分担契约，研究电商供应链的契约设计与协调问题。

2）传统契约

在传统契约下，电商基于事先确定的物流配送价格支付 3PL 供应商。基于决策时序（见图 2-1）采用逆推解法，首先，3PL 供应商决策配送服务努力 e 以最大化期望利润，式（2-2）关于 e 是凹的，利用一阶条件，由 $\dfrac{\mathrm{d}\Pi_{\mathrm{L}}}{\mathrm{d}e}=b(p_{\mathrm{L}}-c_{\mathrm{L}})-ke=0$，解得 $e^{*}=b(p_{\mathrm{L}}-c_{\mathrm{L}})/k$；其次，电商决策物流配送价格 p_{L} 以最大化期望利润，将 e^{*} 代入式（2-1），得：

$$\Pi_{\mathrm{R}}=(p-c_{\mathrm{R}}-p_{\mathrm{L}})\left[D_{0}-ap+b^{2}(p_{\mathrm{L}}-c_{\mathrm{L}})/k\right] \quad (2\text{-}4)$$

对上式求一阶导数并令其为零，得：

$$\dfrac{\mathrm{d}\Pi_{\mathrm{R}}}{\mathrm{d}p_{\mathrm{L}}}=-\left[D_{0}-ap+b^{2}(p_{\mathrm{L}}-c_{\mathrm{L}})/k\right]+b^{2}(p-c_{\mathrm{R}}-p_{\mathrm{L}})/k=0$$

$p_{\mathrm{L}}^{*}=\left[p-c_{\mathrm{R}}+c_{\mathrm{L}}-k(D_{0}-ap)/b^{2}\right]/2$，$e^{*}=b\left[p-c_{\mathrm{R}}-c_{\mathrm{L}}-k(D_{0}-ap)/b^{2}\right]/2k$。

注意，3PL 供应商愿意接受契约的前提是期望利润不能低于保留利润（个体理性约束），即 $\Pi_{\mathrm{L}}\geqslant 0$，将 $e^{*}=b(p_{\mathrm{L}}-c_{\mathrm{L}})/k$ 代入，可得 $p_{\mathrm{L}}\geqslant 2k(ap-D_{0})/b^{2}+c_{\mathrm{L}}$。因为 $D_{0}>ap$，所以 p_{L}^{*} 满足 3PL 供应商个体理性约束。

命题 2： 若产品价格外生，在传统契约下，物流服务努力和电商制定的物流配送价格分别为 $e^{*}=b\left[p-c_{\mathrm{R}}-c_{\mathrm{L}}-k(D_{0}-ap)/b^{2}\right]/2k$ 和 $p_{\mathrm{L}}^{*}=\left[p-c_{\mathrm{R}}+c_{\mathrm{L}}-k(D_{0}-ap)/b^{2}\right]/2$。产品的期望需求 $D^{*}=(D_{0}-ap)/2+b^{2}(p-c_{\mathrm{R}}-c_{\mathrm{L}})/2k$。

在传统契约下，电商的期望利润 $\Pi_{\mathrm{R}}^{*}=b^{2}\left[p-c_{\mathrm{R}}-c_{\mathrm{L}}+k(D_{0}-ap)/b^{2}\right]^{2}/4k$，3PL 供应商为 $\Pi_{\mathrm{L}}^{*}=\left[p-c_{\mathrm{R}}-c_{\mathrm{L}}-k(D_{0}-ap)/b^{2}\right]\left[3(D_{0}-ap)/4+b^{2}(p-c_{\mathrm{R}}-c_{\mathrm{L}})/4k\right]/2$。

通过对比命题 1 和命题 2 可以看到，相对于集中式决策，在分布式决策下，3PL 供应商的物流服务努力减小了（$D_{0}>ap$），即努力程度发生了扭曲，这是由分布式决策下电商与 3PL 供应商双重边际效应造成的。在产品价格外生的前提下，努力程度的降低直接导致产品的期望需求下降，从而使整个供应链的期望利润相对于集中式决策下降。易见，传统配送价格契约不能协调电商供应链，下面基于成本分担契约研究供应链的协调问题。

3）成本分担契约

由于传统契约下物流配送努力发生了扭曲，为了促使 3PL 供应商在配送中投入更大努力，电商愿意分担部分物流服务努力成本，假设电商努力成本分担比例为 δ（$0\leqslant\delta\leqslant 1$），则电商的期望利润为：

$$\Pi_R = (p - c_R - p_L)(D_0 - ap + be) - \delta k e^2 / 2 \qquad (2-5)$$

3PL 供应商的期望利润为：

$$\Pi_L = (p_L - c_L)(D_0 - ap + be) - (1-\delta)k e^2 / 2 \qquad (2-6)$$

利用一阶条件，$\dfrac{\mathrm{d}\Pi_L}{\mathrm{d}e} = b(p_L - c_L) - (1-\delta)ke = 0$，解得 $e^* = b(p_L - c_L)/[k(1-\delta)]$。将 e^* 代入式（2-5），得

$$\begin{aligned}\Pi_R = & (p - c_R - p_L)\{D_0 - ap + b^2(p_L - c_L)/[k(1-\delta)]\} - \\ & \delta b^2 (p_L - c_L)^2 /\left[2k(1-\delta)^2 \right]\end{aligned} \qquad (2-7)$$

由 $\dfrac{\mathrm{d}\Pi_R}{\mathrm{d}p_L} = 0$，解得 $p_L^* = [(1-\delta)(p - c_R) + c_L - k(1-\delta)^2(D_0 - ap)/b^2]/(2-\delta)$。易得 $e^* = b[p - c_R - c_L - k(1-\delta)(D_0 - ap)/b^2]/[k(2-\delta)]$。

命题 3：若产品价格外生，在成本分担契约下，3PL 供应商的物流服务努力水平 $e^* = b[p - c_R - c_L - k(1-\delta)(D_0 - ap)/b^2]/[k(2-\delta)]$，电商制定的物流配送价格 $p_L^* = [(1-\delta)(p - c_R) + c_L - k(1-\delta)^2(D_0 - ap)/b^2]/(2-\delta)$。产品的期望需求 $D^* = (D_0 - ap)/(2-\delta) + b^2(p - c_R - c_L)/[k(2-\delta)]$。

易见，当 $\delta = 0$ 时，电商不分担 3PL 供应商的努力成本，努力程度与传统契约下的结果一致；当 $\delta = 1$ 时，电商完全承担物流服务努力成本，物流努力程度与集中式决策下的结果一致；当 $\delta > 0$ 时，由一阶条件，$\dfrac{\mathrm{d}e^*}{\mathrm{d}\delta} = b[p - c_R - c_L - k(1-\delta)(D_0 - ap)/b^2]/\left[k(2-\delta)^2 \right] > 0$ 可知，在成本分担契约下，3PL 供应商的物流服务努力相对于传统契约得到提高，努力程度扭曲现象得到改善，此时由于产品价格是外生的，产品的期望需求增大，整个供应链的期望利润增加。即成本分担契约协调了电商与 3PL 供应商，改善了的供应链的总体表现。进一步需要分析努力成本分担契约对电商与 3PL 供应商期望利润的影响。

在成本分担契约下，电商的期望利润为：

$$\Pi_R^* = b^2 \left[p - c_R - c_L + k(1-\delta)(D_0 - ap)/b^2 \right]^2 /[2k(2-\delta)]$$

当 $\delta = 0$ 时，成本分担契约退回到传统契约，电商期望利润与传统契约下的结果一致。为了研究成本分担契约对电商期望利润的影响，需要分析电商期望利润随成本分担系数 δ 的变化规律。

利用一阶条件，有：

$$\begin{aligned}\mathrm{d}\Pi_R^* / \mathrm{d}\delta = & \left[p - c_R - c_L + k(D_0 - ap)(\delta - 3)/b^2 \right] b^2 \times \\ & \left[p - c_R - c_L + k(1-\delta)(D_0 - ap)/b^2 \right]/[2k(2-\delta)^2]\end{aligned},$$

因为 $b^2 \left[p - c_R - c_L + k(1-\delta)(D_0 - ap)/b^2 \right]/[2k(2-\delta)^2] > 0$，所以利用一阶导数条件，得 $\delta^* = 3 - b^2(p - c_R - c_L)/[k(D_0 - ap)]$。需要讨论 δ^* 与 δ 的取值区间 [0, 1] 的关系，常规地，当 $0 < \delta < \delta^*$ 时，由于 $\dfrac{\mathrm{d}\Pi_R^*}{\mathrm{d}\delta} < 0$，电商期望利润随着成本分担比例的增大而减小；当 $\delta^* < \delta < 1$ 时，由于 $\dfrac{\mathrm{d}\Pi_R^*}{\mathrm{d}\delta} > 0$，电商期望利润随着成本分担比例的增大而增大。对电商来说，$\delta^* = 1$ 是

最优的成本分担比例。然而，即使实际成本分担比例不是 1，电商依然可以通过成本分担契约获得更多的期望利润，直到 $\delta = \delta_1$，其中 δ_1 是方程 $\Pi_{SC,R}^* - \Pi_{C,R}^* = 0$ 的根，$\Pi_{SC,R}^*$ 与 $\Pi_{C,R}^*$ 分别为成本分担契约与传统契约下电商的期望利润。需要指出，物流服务成本分担比例可以通过双方的谈判确定，因此其依赖于双方的谈判能力。事实上，当 $\delta < \delta_1$ 时，电商将拒绝分担 3PL 供应商的努力成本。物流服务成本分担比例的取值范围为 $\delta_1 \leqslant \delta \leqslant 1$。

推论 1：若产品价格外生，则在成本分担契约下，当电商物流成本分担比例满足 $\delta_1 \leqslant \delta \leqslant 1$ 时，电商通过分担物流成本获得更多的期望利润；否则，电商将拒绝提供成本分担契约。

接下来，研究成本分担契约对 3PL 供应商期望利润的影响。在成本分担契约下，3PL 供应商的期望利润：

$$\Pi_L^* = \frac{1-\delta}{2-\delta}\left[p - c_R - c_L - k(1-\delta)(D_0 - ap)/b^2\right] \times$$
$$\left\{D_0 - ap + \frac{b^2}{2k(2-\delta)}\left[p - c_R - c_L - k(1-\delta)(D_0 - ap)/b^2\right]\right\}$$

当 $\delta = 0$ 时，成本分担契约退回到传统契约，3PL 供应商的期望利润与传统契约下的结果一致；当 $\delta = 1$ 时，$\Pi_L^* = 0$，3PL 供应商的期望利润为 0，此时 $p_L^* = c_L$，电商承担了 3PL 供应商的所有努力成本，同时也攫取了整个供应链的利润，显然这是 3PL 供应商不愿意看到的。为了研究成本分担契约对 3PL 供应商期望利润的影响，需要分析 3PL 供应商期望利润随成本分担系数 δ 的变化规律。利用一阶条件，有：

$$\frac{d\Pi_L^*}{d\delta} = -\frac{1}{2k(2-\delta)^3}\left\{2k\delta(D_0 - ap)(p - c_R - c_L) + b^2\delta(p - c_R - c_L)^2 - k^2(1-\delta)(D_0 - ap)^2\left[(\delta - 5/2)^2 + 7/4\right]/b^2\right\}$$

当 $\delta = 1$ 时，$\frac{d\Pi_L^*}{d\delta} = -(D_0 - ap)(p - c_R - c_L) - b^2(p - c_R - c_L)^2/2k < 0$；当 $\delta = 0$ 时，$\frac{d\Pi_L^*}{d\delta} = k(D_0 - ap)^2/2b^2 > 0$。当 $0 \leqslant \delta \leqslant 1$，随着 δ 的增大，$(\delta - 5/2)^2(1-\delta)$ 逐渐减小，因此 $\frac{d\Pi_L^*}{d\delta}$ 随着 δ 递减，即 $\frac{d^2\Pi_L^*}{d\delta^2} < 0$。由 $\frac{d\Pi_L^*}{d\delta} = 0$ 可解得 3PL 供应商最优的成本分担比例 δ^*。然而，由于表达式较复杂，难以获得 δ^* 的解析表达，不过当给出相关参数的数值后，可以获得 δ^* 的数值解，这部分内容将在数值实验部分做出探讨。

另外，需要讨论 3PL 供应商接受成本分担契约的条件。令 δ_2 是方程 $\Pi_{SC,L}^* - \Pi_{C,L}^* = 0$ 的根，$\Pi_{SC,L}^*$ 与 $\Pi_{C,L}^*$ 分别为成本分担契约与传统契约下 3PL 供应商的期望利润，则当电商成本分担比例满足 $0 < \delta < \delta_2$ 时，相对于传统契约，3PL 供应商获得了更大的期望利润，故接受成本分担契约；否则，3PL 供应商将拒绝接受成本分担契约，而选择接受传统契约。

推论 2：若产品价格外生，在成本分担契约下，当电商物流成本分担比例 $0 \leqslant \delta \leqslant \delta_2$ 时，3PL 供应商通过成本分担契约获得更多的期望利润；否则，3PL 供应商将拒绝接受成本分担契约。

注意，电商愿意接受成本分担契约的前提是 $\delta \geqslant \delta_1$，而 3PL 供应商愿意接受成本分担契约的前提是 $\delta \geqslant \delta_2$，这一点与常规认知不一致。通常认为，电商成本分担比例越大，对电商越不利，对 3PL 供应商越有利。出现这一现象的原因在于，当成本分担比例较小时，成本分担对3PL供应商有利；当成本分担比例较大时，3PL供应商失去决策权，电商实现对3PL供应商的控制，成本分担反而对电商有利。

综上，当电商成本分担比例满足一定条件时，成本分担契约能够提高3PL供应商的物流服务努力水平，增加产品市场需求，从而使电商与3PL供应商同时获利，改善供应链整体表现。因此，成本分担契约能够实现对电商供应链的协调。需要指出的是，在成本分担契约下，当$\delta = 1$时，3PL供应商努力程度与集中式决策下一致，达到供应链的最佳表现。然而，此时3PL供应商仅能获得保留利润，它将拒绝成本分担契约而选择传统契约。

4. 数值实验

本节首先研究在产品价格外生情况下，成本分担契约中电商的物流服务成本分担比例对电商与3PL供应商期望利润的影响。由于实际数据获取的困难与可信性，数值实验主要基于计算机仿真。在市场调查与调研的基础上，基于行业现状，经过适当假设与调整来满足可行性，给出本案例的参数设置：$D_0 = 100$，$a = 4$，$b = 8$，$k = 10$，$c_R = 5.5$，$c_L = 5.8$，$p = 20$，$\varepsilon \sim N(0, 5^2)$。令成本分担比例$\delta \in [0, 1]$，所得电商与3PL供应商的期望利润随$\delta$的变化规律分别如图2-2和图2-3所示。

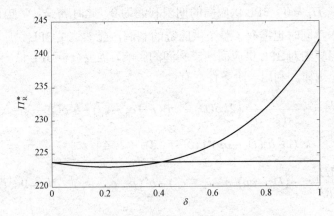

图2-2 成本分担比例对电商期望利润的影响

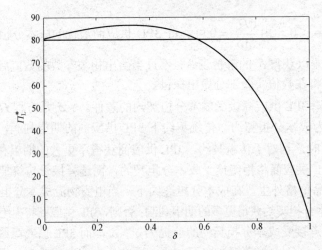

图2-3 成本分担比例对3PL供应商期望利润的影响

由图 2-2 可以看到，随着成本分担比例 δ 的增大，电商期望利润呈现先减后增的单调特性。当 δ 取值较小时，电商通过成本分担契约获得的利润低于传统契约，因此电商将提供传统契约给 3PL 供应商；当 δ 取值较大时，电商通过成本分担契约能获得更多利润，其将提供成本分担契约。然而，3PL 供应商是否会接受相关契约依赖于其所获得的利润。由图 2-3 可知，随着成本分担比例 δ 的增大，3PL 供应商所得期望利润呈现先增后减的单调特性。当 δ 取值较小时，3PL 供应商通过成本分担契约获得的利润高于传统契约，其将倾向于接受成本分担契约；当 δ 取值较大时，3PL 供应商通过传统契约能获得更多利润，其将倾向于接受传统契约。当然，3PL 供应商能够接受哪种契约的前提是电商提供哪种契约，若仅提供一种契约，则 3PL 供应商只能选择接受，只要契约所得不低于保留利润即可。此外，若电商提供成本分担契约，则电商与 3PL 供应商也可就成本分担比例 δ 进行谈判。

需要指出的是，尽管 δ 对电商与 3PL 供应商期望利润的影响规律不同，但是 δ 能使电商与 3PL 供应商同时获利。由图 2-2 可见，当成本分担比例 $\delta \in [0.4, 0.5]$ 时，电商与 3PL 供应商均能从成本分担契约中获得更大的期望利润，同时由命题 3 可知成本分担契约提高了物流服务努力程度，因此可以认为成本分担契约实现了对电商供应链的协调，提高了物流服务水平，增加了产品市场需求，改善了供应链整体表现。

5. 案例总结

在网络销售渠道下，物流服务水平直接影响产品的市场需求，研究考虑物流服务的电商供应链契约设计与协调问题具有重要意义。本案例在建立了考虑产品销售价格与物流服务水平的产品需求函数的基础上，针对产品销售价格外生，研究了电商供应链的物流契约设计问题。研究表明，在物流服务水平影响产品需求的背景下，传统物流契约不能协调电商供应链；成本分担契约能够实现产品销售价格外生情况下的电商供应商协调。由于数值实验部分主要基于计算机仿真，未来应进一步结合行业实际数据进行对比校验分析。另外，未来研究还可引入其他类型协调契约并考虑决策人之间可能存在的不对称信息等情况。

本章思考题

1. 合同物流和第三方物流有什么异同？
2. 确定合同物流服务商的一般步骤是什么？
3. 物流服务项目招标文件由哪几部分组成？
4. 物流服务合同应包括哪些关键条款？

第3章
智慧物流

▶ 本章导读

　　IBM 公司（International Business Machines Corporation）于 2009 年提出建立一个面向未来的具有先进、互联和智能三大特征的供应链，通过感应器、RFID 标签、制动器、GPS 和其他设备及系统生成实时信息的"智慧供应链"。"智慧物流"（intelligent logistics system）的概念由此延伸而出。IBM 是全球最大的信息技术和业务解决方案公司，1954 年基于真空管的 704 机使 IBM 计算机第一次成为市场标准；1958 年基于晶体管的 7090 机使 IBM 计算机第二次成为市场标准；1965 年基于集成电路的 360 系列机使 IBM 第三次成为市场标准；1981 年，IBM 进入微机市场之后，其个人计算机又立即设立为标准：这是 IBM 的计算机第四次成为市场的领导者。

　　上述 IBM 的背景资料对我们理解为什么是 IBM 提出供应链的"智慧"问题，以及紧接着延伸出"智慧物流"的概念及其发展，非常重要。即物流的"智慧"是以计算机及其软件技术为处理节点的互联网为基础和支撑的，工业化阶段、信息技术及其基础设施应用普及的国家，才有望推进"智慧物流"的发展。

　　智慧物流在美国的发展。2009 年，奥巴马提出将"智慧的地球"作为美国国家战略，认为 IT（information technology）产业下一阶段的任务是把新一代 IT 技术充分运用到各行各业。具体地说，就是把感应器嵌入和装备到电网、铁路、桥梁、隧道、公路、建筑、供水系统、大坝、油气管道等各种物体中，并且被普遍连接，形成所谓"物联网"，然后将"物联网"与现有的互联网整合起来，实现人类社会与物理系统的整合，在这个整合的网络当中，存在能力超级强大的中心计算机群，能够对整合网络内的人员、机器、设备和基础设施实施实时的管理和控制，在此基础上，人类可以以更加精细和动态的方式管理生产和生活，达到"智慧"状态，提高资源利用率和生产力水平，改善人与自然间的关系。"智慧的地球"将之前的互联网——"人与人"的连接拓展到"人与物""物与物"的连接，美国在该领域主要着眼于智慧城市、智慧建筑、智慧交通等的研究，从局部"智慧"逐步实现整体"智慧"。

　　智慧物流在我国也受到了极大重视。2009 年 8 月，国务院总理温家宝在无锡提出了"感知中国"的理念，表示中国要抓住机遇，大力发展物联网技术。同年 11 月，温家宝总理再次指示要着力突破传感网、物联网关键技术。2009 年 12 月，由中国物流技术协会信息中心、华夏物流官网、《物流技术与应用》编辑部联合提出了"智慧物流"的概念，我国学术界和产业界随即展开了研究。进入2010年，物联网成为当年"两会"的热门话题，"积极推进'三网'融合，加快物联官网的研发应用"也首次写入政府工作报告。国务院2017年7月颁布的《新一代人工智能发展规划》在"加快推进产业智能化升级"中列出了六项产业，其中"智慧物流"是其中之一。2018年，中国外运与中国物流与采购联合会携手发布了《新时代中国智慧物流发展报告》：以"智于科技，慧于生态"为主题。"智于科技"强调科技是第一生产力，科技是推动物流业从高速生产向高质量发展的重要抓手，智慧物流则是最重要的工具；"慧于生态"体现了物流业发展的"终极"目标——构建"生态圈"。2019年，国家发展和改革委发布的《关于推动物流高质量发展促进形成强大国内市场的意见》中提出"实施物流智能化改造行动"。实现智慧物流，克服技术羁绊，目标降本增效，无疑对物流企业提出了严峻的挑战。

本章将首先介绍智慧物流的概念、主要特征、基本技术和作用等内容，其次介绍计算机、互联网和物联网等相关的关键技术，概括智慧物流相关的研究内容和研究方法，最后分析信息化和传感器应用的几个案例。

3.1 智慧物流概述

3.1.1 智慧物流的概念

1. 智慧物流的内涵

智慧物流是指通过智能软硬件、物联网、大数据等智慧化技术手段，实现物流各环节精细化、动态化、可视化管理，提高物流系统智能化分析决策和自动化操作执行能力，提升物流运作效率的现代化物流模式。

中国物联网校企联盟认为，智慧物流是利用集成智能化技术，使物流系统能模仿人的智能，具有思维、感知、学习、推理判断和自行解决物流中某些问题的能力。即在流通过程中获取信息从而分析信息做出决策，使商品从源头开始被实施跟踪与管理，实现信息流快于实现物流。即可通过RFID、传感器、移动通信技术等让配送货物自动化、信息化和网络化。与传统物流不同，智慧物流会"动脑筋"计算出最科学合理的方法帮助企业解决货放哪儿、货从哪儿配、车走哪儿三类供应链决策问题，使货物在需要移动的时候能够更有效、更安全地移动，货物在不需要移动的时候可以不移动或者少移动，进而大幅降低制造业、物流业等各行业的成本，实打实地提高企业的利润。

2. 智慧物流的外延

外延是指一个概念所概括的思维对象的数量或者范围。智慧物流强调构建一个虚拟的物流动态信息化的互联网管理体系，将物联网、传感网与现有的互联网整合起来，通过以精细、动态、科学的管理，实现物流的自动化、可视化、可控化、智能化、网络化，提高资源利用率和生产力水平。智慧物流这一概念所概括的思维对象涵盖的范围包括：计算机和互联网、物联网、传感网。

3.1.2 智慧物流的主要特征

1. 智能化

智能化是物流业发展的必然趋势,也是智慧物流的典型特征,它贯穿于物流活动的全过程。随着人工智能技术、自动化技术、信息技术的发展,物流业智能化的程度将不断提高。智慧物流不仅仅体现在库存水平的确定、运输道路的选择、自动跟踪的控制、自动分拣的运行、物流配送中心的管理等方面,随着时代的发展和技术的进步,也将不断地被赋予新的内容。

2. 柔性化

柔性化的概念,原本是为实现"以顾客为中心"的理念在生产领域提出来的,即真正根据消费者需求的变化来灵活调节生产工艺。物流服务业的发展也是如此,必须按照客户的需求提供高度可靠的、特殊的、额外的服务,因此"以顾客为中心"服务的内容将不断增多,服务的重要性也将越来越大,如果没有智慧物流系统柔性化,这个目标是不可能实现的。

3. 一体化

智慧物流活动既包括企业内部生产过程中的全部物流活动,也包括企业与企业、企业与个人之间的全部物流活动等。智慧物流活动的一体化体现在物流活动的整体化和系统化,它是以智慧物流管理为核心,将物流过程中运输、存储、包装、装卸等诸环节集合成一体化系统,以最低的成本向客户提供"智慧+共享"模式的最满意的物流服务。

4. 社会化

随着物流设施的国际化、物流技术的全球化和物流服务的全面化,物流活动并不仅仅局限于一个企业、一个地区或一个国家。为实现货物在国际的流动和交换,以促进区域经济的发展和世界资源优化配置,一个社会化的智慧物流体系正在逐渐形成。构建智慧物流体系对于降低商品流通成本将起到决定性的作用,并成为智能型社会发展的基础。

3.1.3 智慧物流的基本技术

1. 先进的信息采集技术

面对各种复杂的数据,智慧物流的实现是建立在物联网基础之上的,因此基于传感器技术的信息采集、实现物物互联,为智慧物流提供了实现"智慧"的先进的信息采集技术。

2. 可靠的数据传输技术

随着移动互联网、无线传感网、GPS、北斗等网络技术的发展和融合,可靠的数据传输技术为智慧物流提供了信息交流和共享的安全通道。

3. 基于信息技术平台的物流过程控制技术

先进的信息技术平台、信息处理和控制技术,可以实现对物流运输、仓储、配送等作业的高效管理和控制,达到降低成本、优化服务、提高效率的目标。

4. 物流信息安全保障技术

基于云计算、大数据、区块链等新技术的应用,不但能实现物流信息的分析,为企业决策提供支持,而且有望为物流信息安全提供保障。

3.1.4 智慧物流的作用

1. 降低物流成本，提高企业利润

智慧物流能大大降低制造业、物流业等各行业的成本。生产商、批发商、零售商三方通过智慧物流相互协作，信息共享，物流企业便能节省成本。其关键技术，诸如物体标识及标识追踪、无线定位等新型信息技术应用，能够有效实现物流的智能调度管理、整合物流核心业务流程，加强物流管理的合理化，降低物流消耗，从而降低物流成本，减少流通费用、增加利润。

2. 借助信息技术支撑，加速物流产业的发展

智慧物流的建设，在计算机技术、互联网技术、传感网技术、物联网技术支撑下，集仓储、运输、配送、信息服务等多功能于一身，打破行业限制，协调部门利益，实现集约化高效经营，优化社会物流资源配置，将加速当地物流产业的发展。将物流企业整合在一起，发挥整体优势和规模优势，实现传统物流企业的现代化、专业化和互补性，推动物流产业快速发展。

3. 为企业生产、采购和销售系统的智能融合奠定基础

随着 RFID 技术与传感器网络的普及，物与物的互联互通将给企业的物流系统、生产系统、采购系统与销售系统的智能融合奠定基础，从而向智慧供应链迈进。

4. 使消费者节约成本，轻松、放心购物

智慧物流可以为消费者提供便捷的货物源头自助查询和跟踪服务，尤其是对食品类货物的源头查询，能够让消费者买得放心，吃得放心，对市场上商品质量监控产生作用。

5. 提高政府部门工作效率，推进政治体制改革

智慧物流可以全方位、全程监管食品的生产、运输、销售，大大节省相关政府部门的工作压力。同时，使得监管向更彻底、更透明的方向发展。通过计算机、互联网、传感网、物联网等技术的应用，一方面，政府部门的工作效率将大大提高，另一方面，有助于我国政治体制改革，精简政府机构，裁汰冗员，从而削减政府开支。

6. 促进当地经济进一步发展，提升综合竞争力

智慧物流集多种服务功能于一身，体现了现代经济运作特点的需求，即强调信息流与物流快速、高效、通畅地运转，从而降低社会成本，提高生产效率，整合社会资源，提升综合竞争力。

3.1.5 我国智慧物流发展存在的问题

1. 智慧物流信息基础标准体系落后

目前，以信息化为主体的智慧物流遍地开花，但智慧物流仍然处于局域网状态，各智慧物流系统之间不能实现协同共享。智慧物流运行实现的一个必要条件就是建立统一的基础标准体系，只有如此才能真正做到物与物、数据与数据的相互联通，进而实现信息共享与智慧应用。发挥智慧物流作用的核心是将物流企业的局域网打造成智慧物流的互联网，其关键在于制定智慧物流互联网的 TCP/IP 标准化协议，而目前我国在智慧物流信息的基础标准体系建设方面明显落后于发达国家。

2. 传统物流企业思想不够解放，转型速度较慢

面对新一轮技术革命，传统物流企业观念转变与战略转型速度略显不足，对智能信息技术重视程度不够。尽管个别物流企业开始引进智慧物流技术，但由于缺乏配套的基础设施与人才储备，无法显著提高企业效益。因此，如何推动物流企业拥抱智能技术，加入智慧物流生态体系构建行列，形成协同共享的产业新生态是智慧物流下一步发展面临的艰巨挑战。

3. 智慧物流可持续发展模式尚处于探索阶段

许多初创的技术公司依靠资本市场融资，纷纷进入物流领域，但智慧物流取得成功的关键依然在于物流需求与智能科技的深度融合。现有的许多概念仍然处在试运行阶段，智慧物流可持续发展模式仍处于探索之中。

4. 物流行业小、散、乱

物流行业的企业规模普遍不大，整个行业小、散、乱现象明显，有效管理手段不足，存在诸多难以治理的状况。这种状况的存在导致生产要素难以自由流动，资源配置效率低下，难以形成统一、开放、有序的市场。

5. 信息技术落后，信息系统不完善

信息技术落后，信息系统欠完善，导致目前我国拥有信息系统的物流企业难以形成物流信息资源整合能力，货物跟踪、仓储管理、运输管理能力均受到严重制约。如果信息技术不能实现对物流全程作业的覆盖和跟踪，那么信息化和物流数据的应用价值将大打折扣。

3.2 智慧物流的关键技术

智慧物流的关键技术包括计算机和互联网、传感器与传感器网络（各种无线网络系统）。物联网可以看作是智慧物流技术融合的一种静态表现形式。

3.2.1 智慧物流的基础技术支撑——计算机和互联网

"物的流通"是动态的，运输、储存、搬运、包装、流通加工、配送等物流服务业的典型操作，都伴随着物的动态变化。通过信息流监控物的实时动态变化情况，就是物流动态信息化。实际的而不是真实的物的流动世界，却能够让人们全身心沉浸其中，便捷掌控物的状态变化，控制的是物的流动信息。因此，基于计算机及其软件技术为处理节点的互联网，构成了贯穿整个物流活动所伴随的信息流动的基础设施。如图3-1所示。

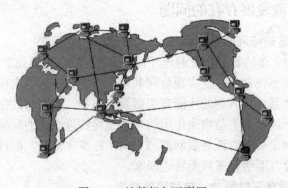

图3-1 计算机与互联网

3.2.2 智慧物流的感知技术支撑——传感器与传感器网络

传感器网络（sensor networks）也称传感网，了解传感网须先了解传感器。

智慧物流需要通过物体自动感知信号，这是实现"智慧"的第一道关口。传感器相关技术的发展为智慧物流目标的实现提供了感知技术支撑。

1. 传感器及其智能发展

1）传感器

传感器是指那些对被测对象的某一确定的信息具有感受（或响应）与检测功能，并使之按照一定规律转换成与之对应的可输出信号，以满足信息的传输、处理、存储、显示、记录和控制等要求的元器件或装置的总称，它是实现自动检测和自动控制的首要环节。例如，温度传感器、压力传感器、液位传感器等。广义地说，传感器就是一种能将物理量或化学量转变成便于利用的电信号的器件。

传感器是传感器系统的一个组成部分，它是被测量信号输入的第一道关口。传感器可以直接接触被测对象，也可以不接触。通常对传感器设定了许多技术要求，有一些是对各种类型传感器都适用的，也有对某些类型传感器适用的特殊要求。各传感器在不同场合均应符合以下要求：高灵敏度、抗干扰的稳定性、线性、容易调节、高精度、高可靠性、无迟滞性、工作寿命长、可重复性、抗老化、高响应速度、抗环境影响、互换性、低成本、宽测量范围、小尺寸、重量轻、高强度、宽工作范围等。

传感器一般由敏感元件、转换元件和转换电路三部分组成，如图3-2所示。传感器的功能可以概括为：一感二转。

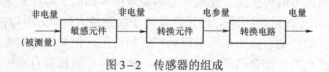

图3-2 传感器的组成

敏感元件直接感受被测量信息，并输出与被测量信息有确定关系的物理量信号。敏感元件的输出是转换元件的输入，转换元件将敏感元件输出的物理量信号转换为电信号，电信号进入转换电路，转换成电量输出。这个过程是实现自动检测和自动控制的首要环节。广义的理解：传感器就是一种能将物理量或化学量转变成便于利用的电信号的器件。

例如，光电传感器就是接受相应的光的照射，通过类似光敏电阻这样的器件，将光能转换成电能，然后通过放大和去噪处理，即可得到所需要的输出的电信号。在物流行业中，机场物流系统的行李处理系统就用到了光传感器：由于机场的行李基本上属于"通过型"物流运作，所以平面库的设施需要更加流畅的作业，货架通常有不同的尺寸规格，因此货物在放入哪一货架之前，需要按照货物的大小进行分类，即分拣测量，可以借助测量光幕实现货物分类的自动化和货物体积的测量。

2）集成传感器

集成传感器是采用专门的设计与集成工艺，把构成传感器的敏感元件、晶体管、二极管、电阻、电容等基本元器件，制作在一个芯片上，能完成信号检测及信号处理的集成电路。集成传感器具有功能强、精度高、响应速度快、体积小、微功耗、价格低、适合远距离传输信号等特点。集成传感器可以分为三个部分，如图3-3所示。

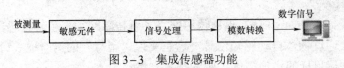

图3-3 集成传感器功能

敏感元件本身产生的信号经常受噪声等干扰的影响，为了减小传感器非理想状态的影响，必须采用诸如放大、线性化、过滤等信号调理、信号处理技术。因为计算机进行数据采集时，传感器信号必须以串行或并行数字格式进行通信。这个功能就通过模数转换器实现，即将模拟信号转换成计算机能够接收、软件能够处理的数字信号，并传输给计算机。

例如，热敏电阻就属于敏感元件，是一种传感器电阻，热敏电阻的电阻值，随着温度的变化而改变。热敏电阻广泛应用于家用电器、电力工业、通信、军事科学、宇航等各个领域。半导体陶瓷热敏电阻是负温度系数，温度越高，电阻值越低；铜热电阻和铂热电阻是正温度系数，温度越高，电阻值越高。转换元件将接收到的、热敏电阻输出的物理量信号，转换成电信号。那么为什么要转换成电信号呢？①电信号容易传送和控制；②电信号是随时间变化的电压或电流，在数学描述上可将它表示为时间的函数，并可画出其波形；③可以通过模数转换器对其进行调制解调，从而由模拟信号转变成计算机能够接收、软件能够处理的数字信号；④非电的物理量可以通过各种传感器较容易地转换成电信号，再由模数转换器负责对转换元件输出的电信号进行调制解调，成为计算机能够接收、软件能够处理的数字信号，并传输给计算机。

再如，光敏传感器对外界光信号或光辐射有响应或转换功能。光敏传感器是利用光敏元件将光信号转换为电信号的传感器，光敏传感器中最简单的电子器件是光敏电阻，它能感应光线的明暗变化，输出微弱的电信号，通过简单电子线路放大处理，可以控制LED灯具的自动开关。因此，在自动控制、家用电器中得到广泛的应用，例如，光敏传感器可在电视机中作亮度自动调节，照相机中作自动曝光等；另外，在路灯、航标等自动控制电路、卷带自停装置及防盗报警装置中也有广泛应用。光传感器是产量最多、应用最广的传感器之一，在自动控制和非电量检测技术中占有非常重要的地位。

在物流行业，要实现对冷链物流车的运行过程中状态的远程监控，就要用到集成温度传感器，集成温度传感器采集的信息是冷链物流车可编程控制器完成冷藏环境调节的依据。通常，根据传感器基本感知功能，分为热敏元件、光敏元件、气敏元件、力敏元件、磁敏元件、湿敏元件、声敏元件、放射线敏感元件、色敏元件和味敏元件等十大类。它是实现自动检测和自动控制的首要环节，在物流行业的许多智能控制领域有不同的应用，例如，半导体集成电路生产物流中，就必须密切依赖湿度、温度等传感器完成对生产环境苛刻要求的监测。

3）无线传感器

无线传感器的设计以省电、价格低廉、体积小且具有感知环境的能力为目标。无线传感器节点的硬件一般由四个模块组成，如图3-4所示。其中，数据采集模块（传感器模块）负责检测区域内信息的采集和数据转换；数据处理模块（处理器模块）负责控制整个传感器节点的操作，存储和处理本身采集的数据以及其他节点发来的数据；数据传输模块（无线射频模块）负责与其他传感器节点进行无线通信、交换控制消息和收发采集数据；电池及电源管理模块为传感器节点提供运行所需的能量。

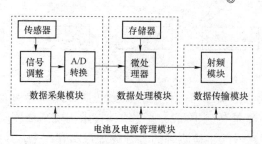

图 3-4 无线传感器的硬件组成

可以看出,无线传感器本身就像是一台微型计算机,配备了简单的感知、运算处理、无线传输等装置。因此,无线传感器是有操作系统和数据库的,例如,美国加州大学伯克利分校开发的开源操作系统 TinyOS 和数据库 TinyDB。感知装置可以针对环境中我们所感兴趣的事物进行侦测,例如,温度、声音、光源等,并将收集的数据先做简单的运算处理,再通过无线传输装置将数据回传给汇聚节点,最后,根据汇聚节点收集的资料,即可了解环境的状态,编程实现相应的控制指令。

多个无线传感器可以组建无线传感器网络,此时,称每个无线传感器为一个无线传感器节点。在军事物流领域,由无线传感器节点构成的无线传感器网络就成为以网络为中心的"感知-反应型"军事物流模式强有力的技术支撑。按照任务的运行周期(开始、执行、结束),"感知-反应型"军事物流系统的运行可以划分为感知、反应、实施、持续四个阶段。

以油料保障为例,"感知-反应型"军事物流系统的运作程序如下。

(1)感知。作为需求节点,当战地指挥员需要更多的油料时,无线传感器网络会监测、查询附近的战斗部队和保障部队,看何处有油料。无论是其他军种或其他建制的后勤单位,还是盟军或战场承包商,无论是战略级、战役级还是战术级军事物流。

(2)反应。此时,这些相关的单位就成了可能提供相应保障的供应节点。它们会以自动方式或手工方式做出回应,而信息管理系统能够根据距离、运输工具、所需时间、任务优先顺序等变数,确定由哪些部队来满足这一申请最为合适,为指挥员做出保障决策提供参考依据。

(3)实施。一旦确定并发出保障需求,能够满足其需求的单位就会为其提供油料保障。针对这一具体保障事件,两个单位就构成了保障与被保障的关系。依照效果最优原则,是配送还是自领,采用空中、地面或管线运输,这些具体保障细则则由相关单位经过平等协商后,视情况而定。

(4)持续。当提供保障的这个单位因行动任务需要也发生了油料短缺时,它也按这一机制运作,直至向后延伸到本土保障基地和生产商那里。

我们可以看到,"感知-反应型"军事物流系统的运行过程是一个自发组织过程。在这个过程中,通过这种运作方式,就构成了一个自主协调、实时互动的军事物流网络,能够解决应急和持续补给问题。

4)智能传感器

智能传感器就是带微处理器、兼有信息检测和信息处理功能的传感器。其最大的特点是将传感器检测信息的功能与微处理器的信息处理功能有机地融合在一起。从一定意义上讲,它具有类似于人工智能的作用。智能传感器可以分为三个部分,如图 3-5 所示。

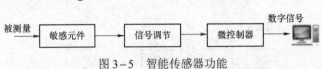

图 3-5 智能传感器功能

其中的微控制器主要包括数字信号处理、模数转换、计算等功能。

与一般传感器相比，智能传感器可以通过软件技术实现高精度的信息采集，具有一定的编程自动化能力。智能传感器能将检测到的各种物理量储存起来，并按照指令处理这些数据。

与内置数据处理电路的集成传感器的本质区别是，智能传感器具有智能，即自诊断、自识别或者自适应功能。这些功能一般由微控制器实现。

2. 无线传感器网络

无线传感器网络（wireless sensor network，WSN）是多学科高度交叉的前沿研究领域，是集计算机、通信、网络、智能计算、传感器、嵌入式系统、微电子等多个领域交叉综合技术构建的感知网络，网络中包含大量的、多种类的传感器节点，集传感、采集、处理、收发于一身，组成自治的网络，实现对物理世界的动态智能协同感知。因此，无线传感器网络综合了传感器、嵌入式计算、网络与通信、分布式信息处理等技术。

无线传感器网络借助于节点中内置的传感器测量周边环境中的热、红外、声呐、雷达、地震波等信号，从而探测包括温度、湿度、噪声、光强度、压力、土壤成分、移动物体的大小、速度和方向等物质现象。

无线传感器网络结构可以分为感知域、网络域和应用域三个域。其中感知域主要实现传感网信息采集和处理，目前采用的主要技术有 RFID、Zigbee、Bluetooth 等；网络域主要实现传感网信息的承载和传输，无线传感器网络利用大量的微型传感计算节点、通过自组织网络以协作方式进行实时监测、感知和采集各类环境或监测对象的信息，以一种"无处不在的计算"的新型计算模式，成为连接物理世界、数字虚拟世界和人类社会的桥梁；应用域主要实现信息的表示和应用。无线传感器网络的系统结构如图 3-6 所示。

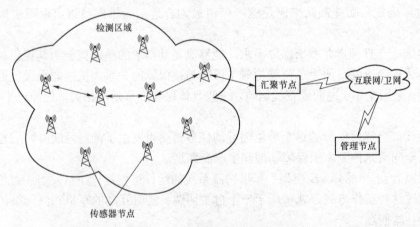

图 3-6 无线传感器网络的系统结构

在图 3-6 中，大量传感器节点随机分布于整个被观测区域中，通过自组织的方式构成网络。传感器节点在对所探测到的信息进行初步处理后，以多跳中继的方式将其传送给汇聚节点，然后经卫星、互联网或移动通信网络到达最终用户所在地的管理节点。终端用户可以通过管理节点对无线传感器网络进行管理和配置、发布监测任务或者收集回传数据。

1）传感器节点

传感器节点通常是一个嵌入式系统，由于受到体积、价格和电源供给等因素的限制，它的处理能力、存储能力相对较弱，通信距离也很有限，通常只与自身通信范围内的邻居节点交换数据。如果访问通信范围以外的节点，必须使用多跳路由。为了保证采集到的数据信息能够通过多跳送到基站，节点的分布要相当密集。从网络功能上看，每个传感器节点都具有信息采集和路由的双重功能，除进行本地信息收集和数据处理外，还要存储、管理和融合其他节点转发过来的数据，同时与其他节点协作完成一些特定任务。

2）汇聚节点

汇聚节点通常具有较强的处理能力、存储能力和通信能力，它既可以是一个具有足够能量供给和更多内存资源与计算能力的增强型传感器节点，也可以是一个带有无线通信接口的特殊网关设备。汇聚节点连接传感器网络与外部网络，通过协议转换实现管理节点与传感器网络之间的通信，把收集到的数据信息转发到外部网络上，同时发布管理节点提交的任务。

例如，在物流行业的农产品物流过程中，为了保证食品的质量，需要及时确定物流中的某一农产品的精确位置和状态，无线传感器网络可以实现这一控制目标。基于无线传感器网络的农产品物流跟踪监控系统将传感器节点安装在每个物质上，组成具有动态拓扑能力的无线传感器网络，传感器节点能跟踪每个物质在仓库和运输途中的位置和状态，能够很好地掌握农产品流向和状态，使得管理者能更有效地管理和调度物质，确保农产品的品质和商业运作的有效性。另外，为了实现对物流运输车行程过程的全程监控和跟踪定位，以保障物流运输环节的安全性，以及实现优化调度，可以利用包括传感器技术在内的多种技术融合，开发设计出物流车载终端系统。

3. 传感器的集成化和智能化发展趋势

1）微型化

例如，微型压力传感器已经可以小到放在注射针头内送进血管测量血液流动情况；装在飞机或者发动机叶片表面，用以测量气体的流速和压力。

2）结构一体化

例如，用于测量微小压力或流速的硅杯型集成压力传感器，它将敏感元件与信号放大电路以及恒流供电电路都集成在同一芯片内，实现了硅杯型压力传感器的单片集成。由于采用微机械加工和集成化工艺，不仅"硅杯"一次整体成形，而且电阻变换器与硅杯是完全一体化的，进而可在硅杯非受力区制作调理电路、微处理器单元，从而实现不同程度乃至整个系统的一体化。

3）高精度

比起分体结构，传感器结构本身一体化后，迟滞、重复性指标将大大改善，时间漂移大大减小，精度提高。例如，自动调零、自动补偿、自动校准等，使得其测量精度及分辨率都得到了大幅度提高。

4）宽量程

传感器的测量范围很宽，而且具有很强的过载能力。

5）多功能

传感器能进行多参数、多功能测量。例如，能同时测量相对湿度、温度和露点等参数，兼有数字温度计、湿度计和露点计三种仪表的功能，可以广泛应用于工农业生产、环境监测、医疗仪器、通风及空调设备等领域。再如，内含混浊度传感器、电导传感器、温度传感器、A/D 转换器、微处理器和单线 I/O 接口的多功能智能化传感器，可以同时测量液体的混浊度、电导及温度，并通过模/数转换（A/D 转换器）转换成数字输出，是进行水质净化和设计清洗设备的选用传感器。

6）自适应能力

例如，能实现人眼仿真的集成化可见光亮度传感器，其光谱特性及灵敏度都与人眼相似，能代替人眼去感受环境亮度的明暗程度，自动控制 LCD 显示器背光源的亮度，以充分满足用户在不同时间、不同环境中对显示器亮度的需要。

7）网络化

传感器网络化的终极目标是物联网。

4. 无线传感器网络的应用前景

人们在利用信息的过程中，首先要解决的就是要获取准确可靠的信息，传感器是获取自然和生产领域中信息的主要途径与手段。在现代工业生产尤其是自动化生产过程中，要用各种传感器来监视和控制生产过程中的各个参数，使设备工作在正常状态或最佳状态，并使产品达到最好的质量。因此可以说，没有众多的优良的传感器，现代化生产也就失去了基础。

此外，还出现了对深化物质认识、开拓新能源、新材料等具有重要作用的各种极端技术研究，如超高温、超低温、超高压、超高真空、超强磁场、超弱磁场等。显然，要获取大量人类感官无法直接获取的信息，没有相适应的传感器是不可能的。许多基础科学研究的障碍，首先就在于对象信息的获取存在困难，而一些新机理和高灵敏度的检测传感器的出现，往往会导致该领域内的突破，例如，生产物流领域半导体集成电路的生产过程中就要用到灰尘传感器来监测人所达不到的、对"超净间"灰尘监控的目标。一些传感器的发展，往往是一些边缘学科开发的先驱。

因而，传感器的应用很早就已经渗透到工业生产、宇宙开发、海洋探测、环境保护、资源调查、医学诊断、生物工程，甚至文物保护等极其广泛的领域。从茫茫的太空，到浩瀚的海洋，以至各种复杂的工程系统，几乎每一个现代化项目，都离不开各种各样的传感器。随着网络技术和传感器集成化技术的发展，赋予了无线传感器技术广泛的应用前景。目前，无线传感器已经广泛应用于军事、环境科学、健康护理、智能家居、建筑物状态监控、空间探索等领域。

传感器广泛的领域应用，使得物联网的实现成为可能。因为物联网需要通过传感器去感知周边物体和物理环境，从而为物联网应用层的数据分析提供依据。所以从技术上说，传感器是物联网系统数据的重要入口。而智慧物流是在物联网技术的基础上实现的，可以认为，物联网是智慧物流技术融合的一种静态表现形式。

基于人工智能技术的
现代智慧物流仓储园区
安全感知系统

在物流行业，车载式货物列车车辆运行状态无线监测系统即是将传感器技术、信息处理技术和无线传感网络的通信方式相融合用于动态在线测量货运车辆相应的响应数据，实时监测运行车辆的状态，并对异常情况进行实时报警。

3.2.3 智慧物流技术融合的一种静态表现形式——物联网

物联网（internet of things，IoT）的概念首先由麻省理工学院（MIT）的自动识别实验室在 1999 年提出。它的定义很简单：把所有物品通过视频识别等信息传感设备与互联网连接起来，实现智能化识别和管理。也就是说，物联网是指各类传感器和现有的互联网相互衔接的一个新技术。

在 2005 年突尼斯举行的信息社会世界峰会（WSIS）上，国际电信联盟（ITU）发布的报告系统地介绍了意大利、日本、韩国与新加坡等国家的案例，并提出"物联网时代"的构想。无所不在的"物联网"通信时代即将来临，世界上的万事万物，小到钥匙、手表、手机，大到汽车、楼房，只要嵌入一个微型的视频标签芯片或者传感器芯片，通过互联网就能够实现物与物之间的信息交互，从而形成一个无所不在的"物联网"。物联网中的射频识别技术（RFID）、传感器技术、纳米技术、智能嵌入技术，在此之后得到了更加广泛的应用。

2009 年 8 月，时任国务院总理温家宝到无锡微纳传感器工程技术研发中心视察并指出"在国家重大科技专项中，加快推进传感网发展""尽快建立中国的传感信息中心，或者叫'感知中国'中心"。

1. 物联网概念的典型论述

除上述麻省理工学院对物联网的简单明了定义，常见的物联网界定有以下几种。

物流行业常用的界定是：通过各种信息传感器、射频识别技术、全球定位系统、红外感应器、激光扫描器等各种装置与技术，实时采集任何需要监控、连接、互动的物体或过程，采集其声、光、热、电、力学、化学、生物、位置等各种需要的信息，通过各类可能的网络接入，实现物与物、物与人的无缝连接，实现对物品和过程的智能化感知、识别和管理。

一种更为简洁的定义是：物联网，即"万物相连的互联网"，是在互联网基础上延伸和扩展的网络，是将各种信息传感设备与互联网结合起来而形成的一个巨大网络，实现在任何时间、任何地点，人、机、物的互联互通。

IT（internet technology）行业称物联网为"泛互联"，意指物物相连，万物万联。即"物联网就是物物相连的互联网"。这里有两层含义：①物联网的核心和基础仍然是互联网，是在互联网的基础上延伸和扩展的网络；②其用户端延伸和扩展到了在任何物品与物品之间进行信息交换和通信。据此给出物联网的定义是：通过射频识别、红外感应器、全球定位系统、激光扫描器等信息传感设备，按约定的协议，把任何物品与互联网相连接，进行信息交换和通信，以实现对物品的智能化识别、定位、跟踪、监控和管理的一种网络。

2. 物联网系统结构

物联网系统结构的研究大致有三层结构和五层结构模式。

1）三层结构

三层结构包括感知层、网络层、应用层。

感知层实现物联网数据的获取，主要用于采集物理世界中发生的物理事件和数据，包括各类物理量、标识、音频、视频数据。物联网的数据采集涉及传感器、RFID、二维码、多媒体信息采集和实时定位等技术。传感器网络组网和协同信息处理技术实现传感器、RFID 等数据采集技术所获取数据的短距离传输、自组织组网以及多个传感器对数据的协同信息处理过程。

网络层是将感知层所获得的数据在一定范围内进行长距离传输。数据传输可以通过移动通信网、国际互联网、企业内部网、各类专网、小型局域网等网络传输。网络层所需要的关键技术包括长距离有线、无线通信技术，网络技术等。

应用层是信息处理和人机界面的问题。网络层传输过来的数据在这一层进入各类信息系统进行处理，并通过各种设备与人进行交互，为用户提供特定的服务。应用层也可按形态直观地划分为以下两个层次。①应用程序层。应用程序层进行数据处理，它涵盖了国民经济和社会的每一个领域，包括电力、医疗、银行、交通、环保、物流、工业、农业、城市管理、家居生活等，包括支付、监控、安保、定位、盘点、预测等，可用于政府、企业、社会组织、家庭、个人等。这正是物联网作为深度信息化的重要体现。②终端设备层。该层为用户提供人机界面。物联网虽然是"物物相连的网"，但最终是要以人为本的，最终还是需要人的操作与控制，不过这里的人机界面已经远远超出人与计算机交互的概念，而是泛指与应用程序相连的各种设备与人的反馈。在各层之间，信息不是单向传递的，可有交互、控制等，所传递的信息多种多样，这其中关键是物品的信息，包括在特定应用系统范围内能唯一标识物品的识别码和物品的静态与动态信息。此外，软件和集成电路技术都是各层所需的关键技术。

2）五层结构

五层结构是将三层结构细分后的结构，包括感知层、接入层、网络层、支撑层、应用层。感知层主要完成信息的收集与简单处理，由传统的无线传感器网络、RFID 和执行器组成。接入层主要完成各类设备的网络接入，重点在于从感知层接入网络层的各类接入方式，比如，3G/4G/5G、Mesh 网络、WiFi、有线或者卫星等方式。

网络层为原有的 Internet、移动和电信网络（3G/4G/5G）或者电视网，主要完成信息的远距离传输等功能。

支撑层主要实现对感知层所采集的数据进行处理，通过接口为应用层提供服务。支撑层的主要功能有：①向下需要对网络资源进行认知，进而达到自适应传输的目的；②完成信息的表达与处理，最终达到语义互操作和信息共享的目的；③向上提供统一的接口与虚拟化支撑，虚拟化包括计算虚拟化和存储虚拟化等，较为典型的技术是云计算。

应用层主要完成服务发现和服务呈现的工作，并通过各种软件和设备与人进行交互，为用户提供特定的服务。

3. 物联网功能的技术支撑

基于上述讨论，我们就能理解计算机技术、互联网、传感网是如何通过技术支撑，实现万物互联，并在此基础上实现智慧物流的。如图 3-7 所示。

智慧物流管理与智能服务关键技术研究

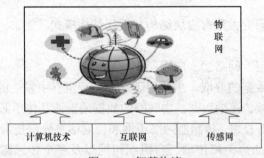

图 3-7 智慧物流

4. 物联网与传感网、互联网、泛在网之间的关系

1）物联网与传感网

物联网的实现基础之一是实物介质——传感器构成的传感网提供信息。物联网强调的是

物与物之间的连接，接近于物的本质属性。传感网强调的是技术和设备，是对技术和设备的客观表述。总体上，物联网与传感网具有相同的构成要素，它们实质上指的是同一种事物。物联网是从物的层面上对这种事物进行表述，传感网是从技术和设备的角度对这种事物进行表述。物联网的设备是所有物体，突出的是一种信息技术，它建立的目的是为人们提供高层次的应用服务。传感网的设备是传感器，突出的是传感器技术和传感器设备，它建立的目的是获取更多的海量信息。

物联网注重对物体的标识和指示，如果要标识和指示物体，需要同时用到传感器、射频识别等装置。构成传感网需要两种模块：一种是"传感模块"；一种是"组网模块"。传感网注重对物体信号的感知，例如，感知物体的状态、外界环境信息等。这样来看，也可以认为传感网是物联网的一部分，是局部与整体的关系，或者说，物联网包含传感网。

传感器行业是物联网的上游行业，处于泛物联网产业的最前端。传感网的发展和需求依托物联网的发展和需求，可以认为，物联网的发展需求带动了传感网技术的发展。现在，微系统处理技术已经比较成熟，芯片级的计算机可能只有 1~2 mm。同时微机电系统和微控制单元的应用成本也比较低，因此，传感器技术已经基本上可以满足物联网行业的需求。

2）物联网与互联网

互联网是物联网的基础，而物联网是升级换代的互联网，或者说，是基于计算机互联网的进一步延伸和发展。也可以认为，物联网是互联网的高级形态。互联网连接的主体是人，物联网的参与者已经从人和计算机扩展到所有可感知的设备和对象，但物联网不是单纯对物的连接，而是先连接了人之后，才延伸到对物的连接。互联网以人工为主进行信息的采集与处理，物联网以"云脑"等人工智能为主进行信息的采集与处理。

从覆盖范围上看，物联网的覆盖范围比互联网的覆盖范围大很多。

从作用上看，互联网的服务对象是人，人能通过互联网相互交换信息，为日常的生产生活带来便利。物联网的诞生，主要是为人类管理物。互联网直接服务于人类，物联网间接服务于人类。未来，无论在经济带动性上还是社会影响力上，物联网产业的发展，都要比互联网的作用更强。互联网解决了人类的沟通问题，实现了人与人之间的信息互通和共享，物联网不仅沟通了人与人，还沟通了人与物、物与物，利用物联网开发技术，人类可以实现对物的智能管理和控制。

从复杂性上来看，物联网比互联网更复杂。与互联网相比，物联网的实现相对困难，因为互联网服务过程由人类直接参与，由于自身的主观能动性，人可以对互联网中出现的问题进行及时发现并解决，但是，物联网却脱离了人的直接参与，物体出现的问题也都由人工智能进行分析、管理和纠正。鉴于人工智能还远远没有达到人脑处理各种问题的灵活程度，所以，物联网中的一些特殊问题很难得到及时解决。

从连接方式和应用系统上看，互联网终端包括台式计算机、笔记本、智能手机等，利用这些互联网终端，人们可以看新闻、看电影、发邮件、买股票、订外卖、订机票等，这些终端与互联网的连接方式可以是有线连接，也可以是无线连接。物联网的终端是无数的传感器，这些传感器连接成网，并通过汇聚节点与互联网连接，主要连接方式是无线连接，这需要两个过程：①利用读写器连接 RFID 芯片和控制主机；②通过控制节点控制主机和互联网。由此可以看出，物联网与互联网的接入方式和应用系统都是不同的。无线传感器网络和 RFID 应用系统是物联网接入的两种主要方式，物联网获取数据的方式通常有两种：①由传感器自动感应；②由RFID读写器自动读出。

从实现技术上看，与互联网相比，物联网需要更多的技术，包括互联网技术、计算机技术、无线网络技术、信息通信技术、智能芯片技术等。也就是说，互联网技术是物联网所涉及的技术的一个方面。此外，物联网技术作用于虚拟世界，互联网技术作用于现实世界。

3）物联网与泛在网

物联网与互联网相结合，称为"泛在网"。利用物联网的相关技术，例如，射频识别技术、无线通信技术、智能芯片技术、传感器技术等，以及互联网的相关技术，例如，软件技术、人工智能技术、大数据技术、云计算技术等，可以实现人与人、人与物、物与物的沟通，使得沟通的形态呈现多渠道、全方位、多角度的整体态势。可以说，泛在网包含了物联网、互联网、传感网的所有内容。

泛在网实现了人类信息的无缝连接。无论是人们日常生活中的交流、管理、服务，还是生产中的传送、交换、消费，抑或是自然界的灾害预防、环境保护、资源勘探，都需要通过泛在网连接，才能实现一个统一的网络。这是物联网不具备的。

综上所述，互联网技术是物联网、传感网、泛在网的网络基础。传感网是物联网、泛在网的组成部分。物联网是泛在网发展的物联阶段。互联网、物联网、传感网之间协同融合是泛在网发展的终极目标。

5. 物联网中典型传感器及其功能

为了理解智慧物流的感知技术支撑，下面分析典型传感器及其功能。

从传感器应用普遍性上看，有统计认为，物联网应用最多的是环境传感器，可以测量湿度、温度和压力等。其次是安装于各种类型的运动健身器材上的运动传感器，通过蓝牙传输到智能终端设备。最后是光学/图像传感器，以及健康监测传感器和音频传感器。

从传感器类型上看，有分析认为物联网中应用最广泛的传感器包括以下10种。

1）声音和噪声传感器

这类传感器能够监测给定环境中的噪声水平，声音传感器系统能够测量并提供数据，以帮助防止噪声污染，在智慧城市解决方案中越来越受到重视。

2）温度传感器

这类传感器用于跟踪空气、工作环境、机器或其他物体的热状况。在制造工厂的生产物流、仓库、冷链食品运输、天气预报系统和农业中特别有用。就农业而言，土壤温度传感器可以监测土壤的温度，土壤温度的高低与农作物的生长发育、肥料的分解和有机物的积聚等有着密切的关系，是农业生产中重要的环境因素。

3）湿度传感器

最广泛的用途是在气象站中报告天气，也广泛用于农业、环境监测、食品供应链、暖通空调和健康监测。在物流行业，如鲜食葡萄冷链物流的监测。

4）光传感器

依靠环境光线强度，智能电视、手机或电脑屏幕能够通过光传感器来调节亮度。在智慧城市应用中，光传感器越来越多地用于调节路灯或城市照明水平，以提高经济性。

5）水位（液位）监测传感器

为了防止自然灾害，水位监测传感器收集的数据可提供给洪水预警系统进行分析和预测。除环境保护之外，还可以用于各种工业应用，以控制和优化制造流程。物流行业危化品运输的监控预警系统中会用到液压、气压传感器。

6）存在与接近传感器

通过发射电磁辐射束，这种类型的传感器能够感测其目标物体的存在并确定两者之间的距离。凭借其高可靠性和长寿命，迅速进入智能汽车、机器人、制造、机械、航空甚至智能停车解决方案等众多物联网领域。

7）图像传感器

图像传感器将光学数据转换成电脉冲，使联网设备能够观察周围环境，并利用从所提供的数据分析中获得信息，以采取行动。每当需要"看到"周围环境时，就会使用图像传感器，其中包括智能车辆、安全系统、雷达和声呐等军事设备、医疗成像设备，以及数码摄像机等。

8）运动传感器

智能建筑系统是运动传感器最常见的物联网用例。除了帮助监控私人或公共空间免受入侵和盗窃，运动传感器的使用正在扩展到能源管理解决方案、智能摄像头、自动化设备等许多其他方面。

9）陀螺仪传感器

这种传感器的任务是检测旋转并测量角速度，非常适合导航系统、机器人、消费电子产品和涉及旋转的制造流程。对于更日常的物联网应用，陀螺仪传感器越来越多地被装在运动员使用的物联网设备中，用以精确测量身体运动，分析和改善他们的运动表现。

10）化学传感器

检测化合物（固体、液体和气体）的传感器，用于工业安全系统、环境保护解决方案以及科学研究。在物联网支持的空气质量监测中广泛应用，有助于城市抗击空气和水污染的有害影响。

中国物联网行业研究报告

传感器是一种看似微不足道的小型设备，但它可将数据馈送到物联网系统，而这是构建机器智能的真正基础。

3.3 智慧物流研究内容与方法

3.3.1 智慧物流的研究内容

1. 国内外关于智慧物流概念的研究

"智慧物流"的概念是 2009 年 12 月由中国物流技术协会信息中心、华夏物流官网、《物流技术与应用》编辑部联合提出的。提出的背景是 IBM 公司提出的"智慧供应链"概念和奥巴马提出将"智慧的地球"作为美国国家战略。

"智慧物流"概念提出后，国内学术界和企业界随之展开了研究。

国外并无严格的"智慧物流"概念，研究体现在"智慧交通""智慧城市"和物联网的技术应用等方面。

2. 智慧物流发展动因的研究

1）政府高度重视

2009 年，国务院《物流业调整和振兴规划》提出，积极推进企业物流管理信息化，促进信息技术的广泛应用；积极开发和利用全球定位系统（GNSS）、地理信息系统（GIS）、道路交通信息通信系统（VICS）、不停车自动交费系统（ETC）、智能交通系统（ITS）等运输领域新技术，加强物流信息系统安全体系研究。同年，温家宝总理在无锡提出了"感知中国"的理念，表示中国要抓住机遇，大力发展物联网技术。指示要着力突破传感网、物联网关键技术。2010年，物联网成为当年"两会"的热门话题，"积极推进'三网'融合，加快物联网的研发应用"也首次写入政府工作报告。2011年，《国务院办公厅关于促进物流业健康发展政策措施的意见》持续强调，加强物流新技术的自主研发，重点支持货物跟踪定位、无线射频识别、物流信息平台、智能交通、物流管理软件、移动物流信息服务等关键技术攻关。适时启动物联网在物流领域的应用示范。政策从国家宏观层面，强调了发挥地理信息系统等关键信息技术在物流信息化中的重要作用。2017年7月，国务院颁布了《新一代人工智能发展规划》，在"加快推进产业智能化升级"中列出了六项产业，其中"智能物流"是其中之一。2019年，国家发展和改革委发布的《关于推动物流高质量发展促进形成强大国内市场的意见》中提出"实施物流智能化改造行动"。2022年1月，国务院正式发布《"十四五"数字经济发展规划》，全文12处提到物流，推出的第四大工程"重点行业数字化转型提升工程"把"智慧物流"与农业、工业、商务、金融等并列为七大重点行业，提出"大力发展智慧物流"，第七大工程提出了"打造智慧供应链体系"。

2）学术界高度关注

胥军等（2011）对我国制造业企业物流配送现状的研究认为：缺乏现代化智能化配送信息系统支撑、缺乏统一的物流信息共享体系等。他们指出很多大型国际物流企业已经采用了红外、激光、无线、编码、认址、自动识别、定位、无接触供电、光纤、数据库、传感器、RFID、卫星定位等高新技术，认为现代物流系统已经具备了信息化、数字化、网络化、集成化、智能化、柔性化、敏捷化、可视化、自动化等先进技术特征，而这就是智慧物流。并对智慧物流系统关键技术的应用如何提高效率、精准管理货物进行了案例分析。

石亚萍（2011）阐述了物联网与智慧物流的内在联系，系统分析了智慧物流应用到的物联网关键技术，认为：物联网的核心理念是实现物物联通，这样人们就可以以更加精细、动态的方式管理生产和生活，从而达到"智慧"的状态。

董淑华等（2012）研究了智能物流系统架构和解决方案，从不同国家高度重视智能物流发展问题，以及当今信息技术具备的能力和物流业发展现状，分析了为什么构建智能物流系统在我国是必要的，给出了智能物流系统的物理架构和解决方案。

叶层程等（2018）综述了智慧军事物流的研究进展，认为：随着大数据、云计算、物联网等信息技术的发展，智慧军事物流成为现代军事物流发展的方向。由于军事物流是军事后勤的重要组成部分，对于将国家经济实力转化为军事实力以及保障国防建设和军事行动都发挥着关键作用，因此美军在该领域的率先研究和军事应用值得关注，文章对此提供了较多的线索。

王帅、林坦（2019）研究认为，智慧物流的发展受五方面因素驱动：①物流行业规模和网络经济达到拐点；②资源整合红利吸引科技企业进入；③物流需求快速迭代升级；④智能技术逐步实现商业化应用；⑤人工智能替代劳动力以应对劳动力供给长期短缺。

在高校硕博研究生中，智慧物流也已经成为研究的热点之一：例如，王献美（2015）对基于大数据的智慧云物流理论、方法及其应用进行了研究；朱一青（2017）研究了城市智慧配送体系；陈燕（2018）研究了基于Hadoop的智慧物流平台车辆调度优化算法；王子成（2019）

研究了安徽省智慧物流的支撑体系。

上述研究角度多样，有从管理学科展开的，也有从工学学科深入的；有民用，也有军事应用；有理论层面的研究，也有技术视角的探讨。各路研究，成果丰富，在此不一一赘述。学术研究成为推动我国智慧物流发展的重要力量。

3）企业界积极推动

企业界着眼于智慧物流的技术解决方案，从专利的角度贡献很大：平台、运输、仓储、包装、分拣、配送、装卸、调度等都有专利技术问世，予以解决物流企业实现智慧物流的作业问题。一些物流相关企业以解决企业自身智慧物流问题为目标，有研发成果问世，例如，九龙智慧物流管理平台；特大型煤炭港口智慧物流系统集成与创新；面向快速响应的企业智慧物流关键技术及应用，等等。

企业界的推动力量通常体现在解决作业层面智慧物流实际问题方面，有较强的针对性。

3. 智慧物流框架研究

智慧物流是一个比较新的概念，2009年一经提出，立即引起学术界高度关注，一些学者对智慧物流的体系结构、实施框架进行了研究。石亚萍（2011）探讨了"基于物联网的智慧物流体系架构"，如图3-8所示。认为：物联网体系架构由应用服务层、网络传输层、感知互动层组成。感知互动层是物联网的基础，是物理世界和信息世界的衔接层。网络传输层主要实现信息的传输和通信。应用服务层主要将物联网技术与行业系统相结合，实现广泛的物物相连的应用解决方案。

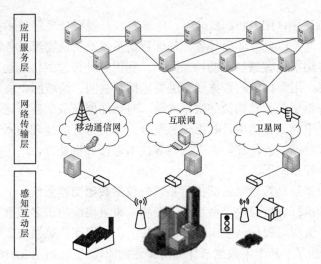

图3-8 基于物联网的智慧物流体系架构

王帅、林坦（2019）研究了智慧物流的核心框架，如图3-9所示。智慧物流的核心框架由基础层、作业层、感知层、传输层、分析层、决策层组成。

（1）基础层。基础层是智慧物流的基础设施，包括物流基础设施的智能化改造以及地理信息数据、货物数据、数据交换等行业基础标准的建立。

（2）作业层。作业层是智慧物流的物理活动，既是一切物流活动的起点，也是智慧物流决策反馈作用的终点，形成智慧物流系统闭环。

（3）感知层。感知层是智慧物流的数据入口，是实现物流全程可视、可控、可追溯的基

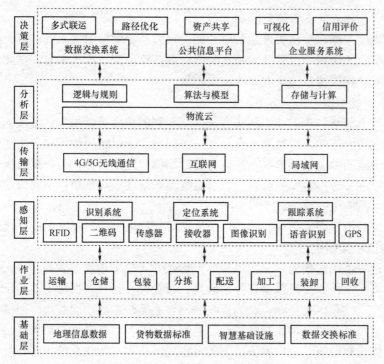

图 3-9 智慧物流的核心框架

础和前提，通过射频识别（RFID）、二维码、传感器、音视频处理等技术捕捉物流运作过程中的流体、流速、流向、流量、环境等各种基础数据参数，实现物流业务数字化。

（4）传输层。传输层是智慧物流的神经网络，利用各种传输网络和通信技术，及时、安全地传输所收集信息。用于传输的数据通路主要包括互联网、局域网、移动通信技术等。

（5）分析层。分析层是智慧物流的决策大脑，对感知层获取的数据进行处理和加工，把各种物流信息数据集中到云存储中，利用信息整合、分类与智能处理技术，按照预先设定的逻辑与规则，利用大数据、云计算、人工智能等技术进行分析处理，产生决策指令，进而通过感知通信技术向执行系统下达。

（6）决策层。决策层是智慧物流的执行系统，包括数据交换系统、公共信息平台、企业服务系统等，接收和执行分析层决策命令。现在和未来主要应用于多式联运、车货匹配、需求预测、路径优化、流程可视化、空闲资产协同共享、信用评价等领域。

李佳（2019）分析了"基于大数据云计算的智慧物流模式"，如图 3-10 所示。研究认为，基于大数据云计算的智慧物流模式重构路径可以通过三个主体平台和一个核心模块实现。

（1）物流电子商务平台。从信息流动和服务流动来看，物流电子商务平台主要从需求端连接到智慧物流模式中，渗透到供应链各环节，充分利用物联网技术，以原材料为起点，以消费者为终点，将整个供应链条中所涉及的商流、物流、资金流、信息流汇集到物流电子商务平台，形成大数据系统的输入信息。

（2）电子物流平台。该平台从供给端连接到智慧模式中，汇总物流活动中的仓储、人力资源、库存等实时静态信息，并录入大数据系统，通过物联网技术对物流进程实施全程监控，形成动态信息实施传输到大数据系统中。

（3）物流电子政务平台。主要从政府监管的角度出发，对智慧物流模式进行微观调控和宏观把控，将物流相关政策信息，各区域间物流条例信息，政府对物流系统的规划、调控和设计指示等信息汇总，录入平台，以方便政府监管。

（4）大数据系统核心模块。主要由通信层、隔离层、云计算和大数据四部分组成。作为关键技术进行信息的处理。

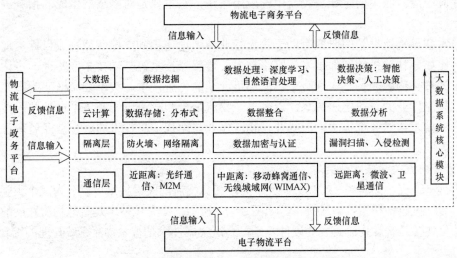

图3-10 基于大数据云计算的智慧物流模式

杨北等（2019）研究给出了智慧物流的体系框架，如图3-11所示。

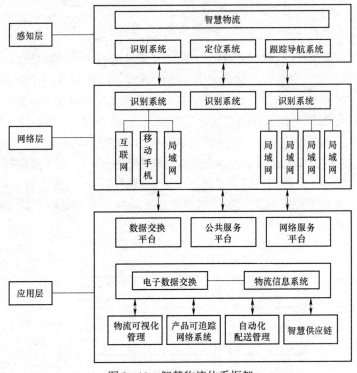

图3-11 智慧物流体系框架

（1）感知层。感知层是物流系统对运输中货物进行感知的基础，是智慧物流的起点。常用到的感知技术包括：条码技术、RFID 技术、传感器技术、GPS 技术、红外感知技术等。

（2）网络层。网络层相当于物流系统的神经网络。它将感知层所收集到的信息传输到网络层，利用大数据、云计算、人工智能等高新技术对这些数据进行分析，产生决策指令，再通过通信技术将指令下达给执行系统。

（3）应用层。应用层是智慧物流中的应用系统，它主要是对网络层生成的指令进行具体执行。

上述对智慧物流框架的研究有助于物流行业清晰地认识到支撑智慧物流目标实现的技术有哪些。比如，计算机软硬件技术、网络技术、传感器技术等基础技术，并进一步认识到大数据、云计算、物联网等是实现智慧物流不可或缺的先进技术。智慧物流框架的研究还提供了技术与物流作业的对应层次关系，以及电子物流平台和物流电子商务平台涉及的技术功能模块融合的技术，这些都提醒物流行业，物流作业与现代信息技术的融合是开展智慧物流研究的未来方向。

4. 智慧物流关键技术研究

姜大立、张巍、王清华（2018）研究认为，智慧物流的关键技术可以分为三个大类：信息化技术、智能化装备和系统集成技术。如图 3-12 所示，信息化技术是智慧物流发展的软件基础；智能化装备是智慧物流发展的硬件基础；系统集成技术是智慧物流系统管理的综合技术。

图 3-12 智慧物流关键技术

其中，信息化技术由信息获取关键技术、网络传输关键技术和数据处理关键技术三部分组成。如图 3-13 所示。在信息获取关键技术中，RFID 和定位导航技术应用最为广泛。中国的北斗导航，美国的 GPS 都有重要而广泛的应用。在网络传输关键技术中，物联网是将各种信息传感设备（如 RFID、GPS、传感器、扫描器等）与 Internet 结合而形成的网络，这个网络可以自动对物体进行监控并触发相应事件。区块链技术的核心思想是：用户以去中心化的方式共同维护一个数据库，确保数据库无法被更改。在数据处理关键技术中，在大数据技术的支撑下开展各种应用，例如，通过"大数据—信息系统"实现数据展示；通过大数据分析实现时效评估；通过大数据对历史数据的分析实现预测；基于大数据的深度学习实现决策支持。

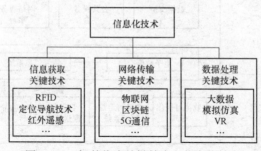

图 3-13 智慧物流关键技术之信息化技术

智能化装备由智能存储设备、智能包装设备、智能搬运设备、智能分拣设备和智能配送设备五部分组成。如图3-14所示。

（1）智能存储设备。例如，AS/RS自动托盘堆垛系统，即自动化仓储系统，由高层立体货架、堆垛机、输送机系统、计算机控制系统、通信系统等组成。Miniload高密度自动箱式堆垛机，用来存取周转箱和硬纸箱，体积小，灵活。SCS旋转货架是一种高度动态而且完全自动的仓储系统，能处理绝大部分拆零品类的物品。

（2）智能包装设备。例如，全自动纸盒压泡机实现自动生产、包装成型极速高效，进料输送带高度可以调节，纸盒全自动视觉定位机实现自动诊断、自动目标识别、自动定位。

（3）智能搬运设备。例如，AGV小车；智能搬运机器人；自动输送设备：链式、垂直式、辊道式等。

（4）智能分拣设备。智能分拣设备是先进物流系统的必备设施之一，也是提高运作效率的关键因素。例如，智能分拣小车是一种具有快速准确分拣、智能调度功能的分拣机器人，已经用于药品、食品、日化等领域；各类自动分拣机等。

（5）智能配送设备。例如，无人机，无人车，无人站等。无人化不仅仅是物流配送设备的发展趋势，也是智慧物流智能化装备未来的发展指向。

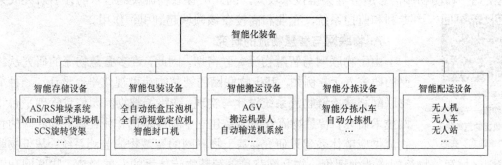

图3-14 智慧物流关键技术之智能化装备

系统集成技术由物流集成网络、数据流集成技术、信息流集成技术和物流业务流程集成技术四部分组成，如图3-15所示。

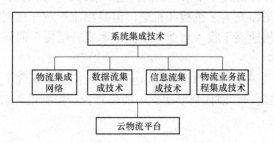

图3-15 智慧物流关键技术之系统集成技术

5. 智能物流监控系统的研究

智能物流监控系统通过实时信息采集，并对采集的信息进行分析处理，监控物流作业情况。已有的研究包括：物流配送监控管理系统；农产品物流监控系统；冷链物流监控系统；

仓库火情智能监测系统；基于物联网的智慧物流监测系统；多传感信息融合的集装箱异常状态监测；产品挤压监测设备；基于北斗定位的物流箱及其实时监控系统；基于大数据的物流监控系统；物流智能铅封监控系统；基于北斗定位和 GIS 技术的物流车辆定位监控系统；物流金融货物监控系统；仓库物流的监控方法和系统，等等。

  6. 智慧物流专利申请

  从我国智慧物流相关的专利申请情况，可以考察我国智慧物流突破技术障碍的方方面面。现有资料表明，该领域申请发明专利和实用新型专利比较多，也有少量的外观设计专利申请。①发明专利包括：用于智慧物流的装箱机器人及其装箱方法；智慧物流转运设备；基于信息技术的智慧物流配送无人机及其使用方法；智慧物流精准定位导航的方法及智慧物流系统；基于移动物联网管理的智慧物流箱；智慧物流分拣工作台；智慧物流生鲜系统；叉车式 AGV 布筐转运系统及其自动控制方法；采用标签传感网跟踪与定位集装箱的方法等。②实用新型专利包括：智慧物流车；智慧物流用输送机；智慧物流用具有安全保护功能的扫码枪；智慧物流存货仓；基于无线传感网的智慧物流车载终端信息采集装置等。③外观设计专利包括：智慧物流车等。

  智慧物流专利大多出自高校和企业。由于国家重点支持货物跟踪定位、无线射频识别、智能交通、移动物流信息服务等关键技术攻关，因此，智慧物流关键技术的许多研究成果是专利和监控系统，企业和高校在该领域起到引领作用。

  7. 物联网与智慧物流的研究

企业案例：重庆长安民生物流——基于物联网大数据的汽车物流"快递式"在途

  由于物联网与智慧物流关联密切，因此，许多智慧物流的研究从物联网的研究入手。例如，基于物联网的智慧物流可视化平台设计；一种窄带物联网智慧冷链物流系统设计与实现；铁路智慧物流园信息管理平台物联网技术研究；智慧物流管理体系建立中物联网的作用；基于物联网的智慧物流供应链体系建设研究；基于物联网的智慧物流监测系统；基于物联网的我国区域智慧物流配送能力评价；物联网背景下智慧物流体系的发展趋势；物联网和智慧物流在企业管理中的应用研究等。

3.3.2 智慧物流的研究方法

  智慧物流是新概念，对物流行业来说，是新的、高级的、充满现代先进技术的服务模式。因此，实现智慧物流的道路充满了挑战和机遇，需要物流行业开拓创新，以降本增效为突破口，解决现阶段"成本增速高于收入增速，物流效率提升缓慢"的问题，其中研究方法的突破和选择是非常重要的。

  实现智慧物流需要关键技术支撑，因此，多学科合作从事研究工作应该是未来物流行业（企业）重要的研究方法之一。现代科学研究中的信息论、控制论、系统论、协同论在智慧物流研究过程中必不可少。

  1. 学科交叉法

  多学科交叉研究方法是实现智慧物流的首选方法，原因在于，智慧物流本身依托多学科技术才能实现。如前所述，在计算机学科领域，计算机硬件、软件、互联网技术是智慧物流实现的关键技术；在传感器学科领域，传感器、集成传感器、无线传感器、智能传感器等"感知"技术也是智慧物流实现的关键技术；而由这些技术实现的物联网进一步催生了物流行业

"智慧物流"服务目标的提出。因此,学科交叉研究方法用于未来如何实现智慧物流的研究既重要又恰当。

近些年,我国物流企业自动化、信息化转型升级,实际上就是在逐步向智慧物流迈进的过程中,然而,智慧物流是以降本增效为前提的,是物流行业的目标,物流行业主动参与和承担关键技术研发,无疑是解决问题的根本。

在具有较强实力的大型物流企业开展学科交叉研究推进智慧物流,很有必要,可操作性和可实现性也比较强。传统上,物流行业以服务大类的形象出现,我国物流业经过了20多年的发展(以我国高校2001年首招物流管理专业为准),已经成长起来的大型物流企业为数不少,但是,令人瞩目的以技术研发为主的物流企业为数不多,尤其是具有实现智慧物流所需要的融合计算机、互联网、传感器领域技术的企业内部研发团队更是难寻。

下面以当今我国物流行业人工智能(AI)技术应用为例来说明这个问题。

人工智能在物流中的应用方向大致有两种:一是以AI技术赋能的无人卡车、AMR、无人配送车、无人机、客服机器人等智能设备代替部分人工;二是通过计算机视觉、机器学习、运筹优化等技术或算法驱动的如车队管理系统、仓储现场管理、设备调度系统、订单分配系统等软件系统提高人工效率。AI技术虽然应用前景和市场广阔,但受技术水平等因素影响,应用条件欠成熟。这就需要物流行业企业自身也参与到该技术的研究中,根据实际需要开展研究、解决行业问题,而AI的研究离不开信息论、控制论、系统论、协同论,因此,当跨学科的研究方法成为技术研发不可回避的方法时,在大型物流企业里组建学科交叉研发队伍,以解决行业问题,就很有必要。

AI技术无论应用在哪个服务业,都会为该行业带来降本增效,然而,AI技术最好缘于本国,最好出自本行业,或者本企业。国外产品和技术有三个问题:一是非常昂贵;二是很可能不是最新技术;三是用了这个技术之后,从长期来看,有可能遭受"瓶颈技术"的服务制约而花费更高的成本,使得"降本"成为泡影。这是我国改革开放40多年来被无数次事实证明了的。在我们不具备研发实力时,我们通过进口产品和技术长见识,或者合作的技术溢出积累技术,付出高昂学费是不得已;但是,当我们具备一定的研发能力时,将研发产品和技术置于企业内部,从组织结构上变革,才是智慧物流降本增效的根本途径。

我国人力资本成本激增与AI技术非自主而成本高昂,是我国物流行业或企业积极进入智慧物流技术研发"降本增效"的现实理由。机遇和挑战并存。

对中型物流企业来说,也应该主动选择进入智慧物流相关技术的研究领域,可以采用与国内AI公司和传感器企业合作的方式,开展研究。在避免因研发人力资本薄弱和研发资金不足而难以开展智慧物流相关技术研究的同时,尽最大可能不失时机地参与到智慧物流目标中,迎难而上,通过克服现代技术羁绊,增强企业实力,真正从技术角度做强企业。

"人工智能落地"物流行业的途径大致可以分为以下几种:一是物流行业或企业拥有自主知识产权的技术,即拥有研发产品的技术能力而让技术"落地";二是物流行业或企业与国内相关技术公司合作,以国内AI、传感器等技术企业为核心研发单位,拥有"落地"技术;三是物流行业或企业购买国外或国内相关技术呈现的技术"落地"形式。

对上述三种情况进行分析:

第一种情况是真正实现了技术"落地":①物流企业掌控技术,因此应用成本低,解决了降本增效问题;②可以在日后为缺乏研发能力的中小型物流企业提供自主知识产权的技术服务，并获得资本收益；③拥有自主的技术，为做强企业奠定了基础。

与此同时，也应该看到面临的挑战：①从事研发的物流企业研发成本高，如果没有资金实力和人力资本，难以实现；②技术研发可能周期比较长，不能立竿见影，短期难见效果。

第二种情况在一定程度上实现了技术"落地"：①与专业技术公司的合作能够较快解决企业技术难题，实现智慧物流的服务目标，使客户满意；②在与相关技术公司合作研发的过程中，本物流企业的合作研发人员会从技术外溢中获得收益，为物流企业的人力资本积累经验。

存在的问题可能是：①后续的技术服务依赖于合作的研发公司，可能会不断产生服务费用；②可能带来"降本增效"不够显著，甚至不能实现的问题；③如果提供技术服务的研发公司倒闭或者出现其他问题，合作不再可能，后续作业中的技术问题解决、功能进一步增加和完善就会成为泡影，这种情况并不少见。

第三种情况，实现的技术"落地"动态而不稳定：①因购买技术成本高，"增本增效"可能性很大；②购买技术后续服务可能还会不断增加成本，实现"降本增效"困难；③一旦提供技术的公司因故不能再提供服务，物流企业完全处于被动，实现智慧物流可能面临更高的成本代价（购买其他信息技术平台或设备等）；④没有技术研发硬实力的企业，在智慧物流面前，步履维艰，难以摆脱对外部技术的依赖性，导致成长受挫。

综上分析，学科交叉法是智慧物流背景下，我国物流行业（企业）迎难而上、增效做强的首选研究方法。

2. 物流作业分类法

以物流行业（企业）所从事的物流作业实现"智慧"化为目标，选择相关的某一类或者某几类技术展开技术攻关，从专业化的角度做精、做强技术。这种方法有几点好处：①在一定程度上克服了物流行业（企业）因人力资源、资金不足而难以攻克技术壁垒的问题；②目标专一，技术研发历程有望加快；③一劳永逸地解决本企业难以"降本增效"的问题，实现盈利高的目标；④专业的、先进的技术成果为其他作业趋同的中小物流企业提供服务，还可能为本企业带来额外的收益。

3. 研究方法总结

智慧物流的研究方法多样，现有的研究成果已经显示出多角度、多方法的特征。这里讨论的研究方法基于以下考虑：①以物流行业（企业）为背景，如何开展智慧物流的研究，更有助于突破当前"增本增效"的难题；②国务院《物流业调整和振兴规划》，国务院2017年7月颁布的《新一代人工智能发展规划》在"加快推进产业智能化升级"中六项产业之一是"智能物流"、《国务院关于印发物流业发展中长期规划（2014—2020年）的通知》（国发〔2014〕42号）等，都特别强调了需要攻克的关键技术。产业政策的大力支持，为物流行业（企业）进行新技术研发提供了条件；③上述研究方法迎合了我国未来产业高质量发展方向：增强自身技术实力，突破制约产业发展的技术瓶颈，是物流企业发展的终极目标。

3.4 智慧物流案例分析

3.4.1 信息化在安徽江汽物流整车仓储调度系统的应用案例

安徽江汽物流有限公司，隶属于江淮汽车集团，核心客户是安徽江淮汽车股份有限公司。公司业务范围几乎涵盖江淮汽车产品线的全部物流过程，包括原材料进出、仓储配送、生产物流、产成品物流等，属于从第一方物流剥离出来的第三方物流企业。

1. 未实施前公司在"整车调度"方面存在的问题

1）系统运行和维护低效

由于公司只有一个功能简单的发运调度系统，只能实现简单的调度管理。在信息技术领域，公司缺乏相应的组织结构及人力资源，因此不具备系统运行和维护的能力，即便是简单的调度系统，系统的软硬件都托管于主机厂，系统一旦出现问题，解决问题依赖于主机厂技术支持，常常难找到问题的根本原因。在无法实现对系统自己管控的现实条件下，导致低效。

2）无法对公司现有整车业务实施系统管控

首先，公司所有整车入库、出库都由主机厂 ERP 系统操作控制，数据查询等工作也都借助于 ERP 系统进行。其次，由于公司使用的调度系统功能有限，无法对发运流程的各个节点实施管控，导致无法实现对物流业务各个节点的实时跟踪。

3）缺少业务核算系统

公司有两个整车事业部，每年业务发行量在 40 万辆以上，成本和收入的核算要确保及时、准确。但现有的调度系统不具备核算功能，核算只能通过人工方式进行，工作量巨大，效率低下，缺乏准确性。

4）系统自动化程度有限

由于仓储系统是主机厂的 ERP 系统，技术上限制了定制开发，使得公司的入库、出库等操作无法通过自动扫码实现，需要手工输入库位号等信息，不但操作效率低下，而且容易出错，还存在一定的滞后性。

上述问题不解决，公司业务低效的问题就会一直制约公司的发展。据此，"整车仓储调度系统"研发和实施就提上了议事日程。

2. 技术解决方案与业务目标实现情况

公司自主开发了"唯智物流管理系统"以解决物流运输管理的智能化问题。"唯智物流管理系统"是一个集多平台数据集合、多技术支持、多运输联运的综合平台系统，也是一个充分利用与整合可用资源、降低物流作业成本、提高运营效率的解决方案，可促进第三方物流运输融入第四方物流管理的解决方案。目标实现情况如下。

（1）基于可实现多基地、多平台、多仓库、多种运输方式联运的运作要求，较大程度地实现了整合可用资源、降低物流作业成本的目标。

（2）研发的物流运输管理系统与 GPS 平台进行交互，能够实时跟踪板车的在途情况，回放轨迹，查看车辆行驶轨迹。当车辆进入目的地 20 千米范围时，系统可以自动判断运抵，降低超期率。

（3）整车仓储管理系统（WMS）通过系统实车扫码出入库，自动为商品车分配库位、释放库位。同步通过RFID视频识别技术将流转驾驶员与商品车绑定，实现了过程的可追溯。

（4）装载现场管理包含运力上报管理和预约管理，系统实现了承运商上报运力资源的管理，要求在发送计划的前一天上报运力，进行三日滚动，综合入场作业及出库作业节拍核定时间轴，优化调度板车进出场装车秩序，实现以系统固化的手段降低管理难度。

（5）计费管理系统（BMS）实现了商品车出车在途即开始计算成本和收益的预结算管理，结合管理指标项目的控制，可以为公司决策者提供更直观、准确的经营指标数据。针对公司财务管理细化与下沉的需求，以内部二级核算为需求，提供一系列核算报表功能，大大减少了核算人员的工作量，有效提高了核算数据准确性和及时性。

（6）订单管理方面，实现了闲置订单的回收再分配，保障了整体订单及时交付。管理功能包含：订单分配承运商自动化管理；建立在承运商拼板业务模式下物流公司的调度审核与退回机制，包括通过报表、消息的手段对紧急或邻近超期订单的预警信息推送，在多种业务模式下，为企业提供多种相对有效的管理手段与IT解决方案。

（7）实现了主机厂、承运商与经销商等多方基于订单的关键节点实时查询。对于整车物流来说，主机厂、承运商、经销商及物流公司关注的点有所不同，主机厂更关注业务链条的两端，即入库与经销商收车的情况；承运商则关注车辆的配载、路线与运抵情况；经销商关注质量与交期；物流公司总是从整体保障着眼于整个业务链的顺畅。该系统能够确保每个管理角色都能得到有效的业务管理。

（8）帮助主机厂实现了从单纯的物流管理方到第四方物流管理者的角色转变。随着物流业的快速发展，第三方物流的局限性逐渐显现，向第四方物流角色的转变成为一种新的尝试，物流公司不仅要关注自身，还要关注更为广泛的行业链条，从供应商、主机厂、第三方物流企业、IT信息中心等多角度解决企业存在的问题。基于这种发展趋势，物流公司积极推动业务链条智能化纵向整合，将IT的产品链覆盖到整个运输过程中的零部件入场运输、备件运输、备件仓储、整车仓储、整车运输等所有环节，能够极大地支撑第三方物流向第四方物流转变。

（9）在实现协同运作的基础上，达到增效降本的目的。将主机厂、经销商、承运商、仓库纳入一个信息化平台进行统一管理，不仅保障了物流信息链的完整与及时，提高效率和精准性，也使企业在提升上下游资源整合能力的基础上，降低了管理成本。

3. 效益分析

1）优化管理

整车从仓储到运输整个过程的系统控制，使得整个业务运行管理具有了主动权，各个环节的责任和要求明确，任务分配清晰，业务开展准确而有序。系统中引入的良性竞争机制，降低了管理风险，发挥了供应商的优势，实现了多方共赢。

2）提高了效率

整车仓储和运输效率获得提升。业务管理部门借助信息系统，快捷准确地下达各种命令的同时，能够及时获取业务运行状态的信息，从而迅速进行调整，提升了管理部门的运作效率。供应商在业务流程和系统的帮助下，按照规范和要求操作，减少了各个层面的模糊意见和反复操作，提高了现场作业效率，并能有效地完成各项考核要求。

3）提升了现场管理的准确率

由于入库、出库、车道点检、发运等环节都使用系统扫描，因此，在库区分配、车辆拣选、出库、车道点检、发运等业务上有效防止了人为操作容易出现错误的情况，现场管理的准确率得以提升。

4）提高了核算效率

由于系统支持多种不同的结算方式，自动结算收入和成本，并快速及时地提供各种支持公司二级核算的财务报表，因此，公司财务核算效率大大提高。

5）管理考核成本降低

通过 RFID 扫描等设备的使用，对入库作业、分拣出库作业等业务过程中所有的信息进行自动采集，并形成考核报表，对外部和内部考核提供了有效的数据支撑，减少或消除了人工统计过程中的大量成本浪费。

3.4.2　英特尔公司生产物流中传感器的智能化监测作用

无线传感器网络（WSN）是由部署在监测区域内大量的廉价微型传感器节点组成，通过无线通信方式形成一个多跳的自组织网络系统，其目的是协作感知、采集和处理网络覆盖区域中感知对象的信息，并发送给观察者。

无线传感器网络对生产物流中的设备监测起着重要作用。英特尔公司是美国一家设计和生产半导体的科技企业，由罗伯特·诺伊斯、戈登·摩尔和安迪·格鲁夫于 1968 年在美国加州联合创立。1971 年，英特尔公司推出全球第一个微处理器。

英特尔公司的每个半导体装配工厂中大约有 3 000 台机器，由于半导体集成电路制造过程中对环境的要求和污染的控制非常严格，特别是，对生产环境有严格的要求，集成电路的工艺水平进入深亚微米以后，对其加工的环境提出了更加苛刻的要求，这是因为任何粒径超过 0.18 μm 的尘埃杂质团都将破坏微精细加工图形，产生加工缺陷，甚至使加工图形报废。污染来源哪里呢？各种形式的污染一部分来源于化学试剂不纯、气体纯化不够和去离子水质量不合格；另一部分来源于空间的尘埃杂质、有害气体和操作人员加工所使用的各种设备引入的尘埃毛发、油脂、手汗、烟雾等。制造都在净化间（超净间）内完成，净化间除了需要保持一定的净化级别，还要满足恒温、恒湿等环境要求。

据此，在半导体集成电路生产过程中传感器的智能化监测必不可少。例如，灰尘传感器可监测集成电路生产过程中接触到的污染物；湿度和温度传感器等也同样用于生产过程中的温湿度监测。英特尔公司曾经对工厂中的一个无线传感器网络进行测试，这个传感器网络由 210 个传感器组成，这些传感器分布在工厂中的 40 台机器上，完成生产过程中的灰尘、湿度、温度等监测任务。实际上，英特尔公司的每个半导体装配工厂中大约有 3 000 台机器，而不是 40 台机器，这种微尘无线传感器节点构成的监测系统有效保证了生产过程中半导体器件的质量要求。在英特尔公司，这种监测系统几乎用于所有组装线或引擎，大幅度降低了检查设备的成本，同时由于可以提前发现问题，因此可以缩短停机时间，提高效率，还延长了设备的使用寿命。

3.4.3　箱式穿梭车在自动立体化仓库中的应用

本案例根据"物流指闻"公众号文章《直击：仓储革新！从单体迈向全系统，普罗格推出箱式穿梭车》资料整理。

1. 案例背景

1）自动立体化仓库的"穿梭车+立体货架"模式

仓储作为独立封闭空间，一直都是智慧物流技术应用的首选。当下，在运输、仓储、配送三大物流场景中，只有仓储实现了规模化的自动无人操作。而从历史渊源看，仓储自动化也有着更为丰富的历史积淀。资料显示，最早的自动化立体仓库可追溯到20世纪60年代，尽管当时只有堆垛机和高位货架两部分构成。随着时代的变革、技术的革新以及市场需求的更迭，如今仓储升级也呈现出了新的特征。

从应用领域看，仓储自动化逐渐从传统的烟草、医药、汽车行业深入拓展到了电商、快递、3C、日化品等行业，通过自动化智能仓储技术逐步取代传统人工仓储；从应用技术看，智慧物流仓储不局限于单一作业环节的自动化，而是大量应用智能化设备与软件，实现整个仓储物流的自动化与智能化；从需求方角度看，虽然智慧物流仓储的应用领域与应用技术越来越多样，但核心目标却未改变，那就是追求存储空间与存储效率的最大化。

事实上，当下我们也可以看到，无论是传统生产制造业还是新型互联网电商，为了提升配送效率，和对时间、空间利用率的极致追求，纷纷建造可容纳众多SKU的仓储物流中心，仓储物流从二维空间向三维空间进行升级，工作主体也由"机器人+平面货架"存储转变成"穿梭车+立体货架"的立体柔性存储解决方案。

不仅如此，商流的变革，也在促使着仓储作业进行新的优化。比如电商渠道订单小批量、多频次、种类多、需求变化快的特性，将越来越多的整箱拣选转化为拆零拣选。而这也倒逼着技术环节进行升级。早前，业内即有观点指出，拆零拣选作业是仓库内部最耗时、最复杂、技术含量最高的环节。在此背景下，为了响应客户需求，也为了拓展市场，众多企业纷纷发力于此，输出了多种解决方案。其中，有着多种优势的穿梭车，能力被广泛验证，进而脱颖而出。

2）穿梭车的能力与价值在应用中不断提升

作为现代物流仓储系统中"货到人"拣选的典型代表，穿梭车系统主要由货架、轨道、穿梭车、提升机等设施以及拣选工作站组成。凭借着独特的作业方式，在仓储环节，穿梭车带来了多种价值。

（1）存储量提升。在存储方面，穿梭车往往依赖于采用固定在地面的货架存储，而货架高度可达数10 m，进而大幅提升了存储密度。

（2）效率提升。和普通托盘货架、移动货架系统相比，穿梭车系统存储容器为料箱，通过系统控制，穿梭车在货架轨道识别编码进行拣选，再和提升机进行垂直运行，将货品推送到工作站。据业内人士表示，目前多层穿梭车系统完成600箱/h是基本能力，更高的可以达到每个巷道1 000箱/h。综合来看，一台小车全天的作业量，至少相当于6个工人。

（3）灵活柔性。穿梭车因不受空间限制从而能够充分利用空间，实现三维空间内的跨巷道运行，较原有的密集存储设备更加具有柔性，已经成为立体柔性存储解决方案的核心。

当然，技术迭代永不止步。为了满足不同行业客户、不同应用场景的多样化需求，穿梭车产品也在不断迭代升级。事实上，国内企业推出的穿梭车系统已经经历了四次迭代。一方面与需求场景越来越契合，另一方面技术越来越先进。作为这一领域当中的领先者，普罗格在继托盘车之后，又在近日推出了一款自研发的智芯箱式二向/四向穿梭车，如图3-16所示。该款穿梭车，除了依然具备前文提到的提升存储密度与作业效率等优势，在其他方面也颇有亮点。

第3章 智慧物流

图3-16 智芯箱式穿梭车

2. 智芯箱式二向/四向穿梭车的创新点

随着订单碎片化趋势越发明显和随着"货到人"技术的成熟,实际作业中的拆零订单也更需要体积小、灵活性强、速度快、准确率高、可模块化配置轻型穿梭车系统。而普罗格推出的"智芯箱式二向/四向穿梭车",某种程度上就是为了响应上述需求。智芯箱式二向/四向穿梭车产品具备存配一体、动态监管、模块化配置、立体配置和可延展性,可根据企业业务需要,随时进行设备扩充。同时,为了将控制做得更智能和精准,控制器也是专为穿梭车定制开发,具有稳定性强,安全性高等特点。

具体而言,该产品的优势特征概括为以下6个方面。

1)稳定

智芯箱式穿梭车的机械结构设计合理,系统以模块化设计,运用了先进的运动控制算法,据介绍,产品经过 10 000 次连续取放货测试,无故障发生。此外,穿梭车根据企业需求来进行配置,投入成本较低,并且易耗品少,更换周期长,使用期间维护简单,无须专门的设备人员维护,维护成本低。

2)安全

相关资料显示,该产品采用"编码器+激光传感器"的方式,可以实时反馈车体所在位置,定位精度可达 ±2 mm,如果超出范围,穿梭车则会进入报警状态。此外,车体上设置有急停、掉电刹车等保护功能。而在为穿梭车搭配的箱式提升机上,普罗格也在其中搭配了升降条码定位,通过"内置编码器+外部检测定位"等功能,可以实现对货品的安全保护。

3)先进

箱式穿梭车的机械结构、控制器以及软件由普罗格自研,采用超级电容的供电方式,充放电寿命达百万次,也极大提升了充电效率,缩减了充电时间,增长了待机时间,提高了产品利用率。资料显示,其超级电容充电时间为 5~10 s,每次完成充电后的使用时间最长可达 240 s。同时,车体搭载有普罗格智芯独立研发的控制器,具有智能的四向车调度系统,可以根据当前的任务指令和四向车当前运行的状态进行任务作业的全局优化,从而最大化地实现四向车系统的整体效率,以最小的成本投入来满足仓储系统的需求。

4)高效

和其他产品相比,该穿梭车高度仅 325 mm,中间的料箱位可满足(≤600)×400×(≥200)mm 的货物运输。设备单元的变小、变轻,也意味着运行速度和加速度都有着更优秀的表现,同时,占地面积也更小,可以在货架上下层空间内任意布局,可以广泛应用于电商、3C、智能制造、医药、服装、美妆等细分行业。不仅如此，据介绍，箱式穿梭车的出入库处理能力是堆垛机立体仓的3～4倍。在路径规划上，系统采用S曲线算法，根据目的地位置，穿梭车可以自动规划加速路程、匀速路程、减速路程，以最快的速度、最短的时间精准到达目标位置。

5）经济

除技术与效率之外，需求方也关注产品的经济性与适用性。根据介绍，该款穿梭车的研发与制造技术由普罗格自行开发，团队深度掌握技术难点，在满足智能仓储要求的前提下，可以达到投资少、运营成本和维护成本低的效果。而且穿梭车系统对厂房高度要求不高，企业在厂房上、下层空间任何地方都能布局。

6）适用

过去，多层穿梭车因为无法切换所在巷道，导致在同一巷道的各层穿梭车仅依靠一台提升机进行料箱出入库或穿梭车换层工作，导致提升机成为效率瓶颈，但箱式穿梭车可以灵活切换作业巷道，灵活选择搭配任意空闲提升机，提高作业流畅度，从而提升效率。箱式穿梭车是根据市场需求而设计的，而且能根据客户的需求进行设计变更，按需定制。箱式穿梭车不仅应用于电商、医药领域，在制造业的应用也同样广泛，普罗格"智芯箱式二向/四向穿梭车"也是如此。

不仅如此，该款穿梭车的能力也已经被验证。以普罗格南京某客户为例，该客户属于制造行业，需要存储螺丝螺母等细小零部件产品，SKU多、库存很浅。通过使用普罗格的仓储方案，以料箱为单位进行存储，通过智芯箱式穿梭车拣选系统，搭配普罗格自研发的EIS仓储智能设备集成控制系统和WCS控制系统，实现了自动化仓库内部的信息化管理，并实时掌握了存品动态并实现快速调度。

3. 总结

当下，仓储物流升级的方向十分明确，而普罗格此时推出的智芯箱式二向/四向穿梭车，也可谓恰逢其时。比如，自动化仓储朝着"密度更高、更快存取"的方向发展。普罗格智芯箱式穿梭车正是此方向上"货到人"技术的一项代表性应用。再比如，有观点指出，当下仓储建设目标始于存量，发于效率，追求数据效能。从存储效率，到化整为零、引入箱单元概念，再到专注于效率优化、强调高扩展，模块化，仓储面临着从单体走向全系统的趋势。从前述介绍中，也不难看出，普罗格智芯箱式穿梭车也顺应了这一趋势。

而基于上述优势，普罗格智芯箱式穿梭车也在拓展应用范围。未来，智芯箱式穿梭车不仅局限于电商、医药、零部件等领域，还会为鞋服、3C等行业提供仓储智能解决方案，帮助客户实现高效灵活的拣选作业。

本章思考题

1. 解释智慧物流的概念和内涵。
2. 试分析智慧物流的传感器技术应用。
3. 试分析智慧物流与物联网的关系。
4. 综合分析智慧物流的关键技术如何支撑物流作业的实际应用。
5. 从物流行业的角度，思考未来智慧物流的研究方法。

第4章
农产品物流

▶ 本章导读

根据物流对象的不同,常见的物流可分为家电物流、电子物流、服装物流、医药物流、农产品物流等。其中的农产品物流由于供应主体分散,是由众多小规模、分散无差异的农户组成的;加之有些农产品,特别是生鲜农产品具有的生物特性,如易腐性、易损性等,规定了物流活动时间的上限,也限制了物流地域范围,使其在物流运作上与其他物流存在非常大的区别。同时,由于大多数农产品单位价值低、体积大,使得其物流成本相对较大,有的甚至超过其售价的一半以上。另外,由于农产品质量参差不齐,决定了对农产品进行标准化的分类、分级、包装等合理的初加工,也具有十分重要的意义。

农业生产的季节性与农产品消费的持续性、农产品生产的地域性与消费的普遍性,导致农产品消费的时空矛盾。同时,随着经济的发展和人民生活水平的提高,消费者对农产品质量、价格、安全、多样化、准时化等方面的要求越来越高,导致农产品商品化越来越困难。农产品物流作为连接农产品生产与消费的桥梁,对于解决我国"三农问题"、保护消费者权益、保障社会稳定具有重要意义。伴随农业现代化和新型城镇化的推进,生鲜农产品需求量不断增加,由田间地头到居民餐桌的流动日益频繁。生鲜农产品物流服务业连接着生鲜农产品的生产、交换与消费,在经济和社会发展中的地位越来越重要。

我国农产品生产量和流通量很大,需求量和消费量也很大,而农产品物流在我国社会总物流中占有很重要的地位。据不完全统计,我国农产品的损耗率常年居高,有时甚至高达30%。在一些一线城市,农产品的损耗率也高达20%~30%,造成的社会福利损失也是巨大的。

农产品物流服务成本居高不下,成为制约生鲜农产品物流业更进一步发展的瓶颈。通过对生鲜农产品经营主体、消费者以及相关专家的访谈和调研发现,目前市场上生鲜农产品"卖难"和"买难"并存,且80%以上的受访者谈到了成本高、利润低、损耗大、无规模以及物流慢等问题。据统计,农产品产后产值与采收时自然产值的比例,美国为3.7:1,日本为2.2:1,我国仅为0.38:1。

随着我国市场经济体制的完善,国务院办公厅、商务部、农业农村部、财政部等先后出台了一系列有关农产品物流政策。2011年出台的《国务院办公厅关于加强生鲜农产品流通模式建设的意见》是我国第一次针对生鲜农产品流通问题出台的国家性指导意见,其中不仅包括价格补贴、品质安全、仓储设备等间接性生鲜农产品物流政府规制,也包括生鲜农产品物流体系、生鲜农产品冷链物流等直接性政府规制。同年出台的《关于促进物流业健康发展政策措施的意见》文件中指出，需提高我国生鲜农产品物流效率，要加大物流基础设施建设和冷链物流体系建设的投入力度。2013 年的《国务院办公厅关于落实中共中央国务院关于加快发展现代农业进一步增强农村发展活力若干意见有关政策措施分工的通知》中就生鲜农产品物流仓储设施建设向国家发展和改革委、商务部、农业部等部门提出了落实有关补贴的要求。2014 年的《关于全面深化农村改革加快推进农业现代化的若干意见》提出在完善各地大小型农产品集散中心建设的同时，应更进一步完善生鲜农产品的冷链物流体系建设。2015 年商务部和农业部联合印发了《关于大力发展电子商务加快培育经济新动力的意见》，针对生鲜农产品质量问题，指出应建立生鲜农产品物流可追溯的安全体系，增强生鲜农产品冷链物流的发展力度。2016 年的《关于深入推进农业供给侧结构性改革，加快培育农业农村发展新动能的若干意见》指出要结合时代背景特别是"互联网+"的背景，以生鲜农产品冷链物流为支撑推动现代农业的发展，从而进一步构建并完善生鲜农产品的物流供销体系。2017 年的《关于加快构建政策体系培育新型农业经营主体的意见》再次强调要加快生鲜农产品物流绿色通道的建设、加快增值税减免政策的实施、加快批发市场建设、加快社区直销点的建设等。2019 年财政部办公厅、商务部办公厅联合印发《关于推动农商互联完善农产品供应链的通知》，强调要加强产后商品化处理设施建设、发展农产品冷链物流、各地中央财政资金支持农产品产后商品化处理设施和冷链物流的比例不得低于 70%。

本章将介绍农产品物流的基本概念、分类、特点、遵循原则、基本模式等理论，介绍农产品物流的研究框架和内容，分析目前国内外研究现状，最后以两篇文献为例讲述农产品物流的研究思路和方法。

4.1 农产品物流概述

4.1.1 农产品物流的概念

农产品是指来源于农业的初级产品，即在农业活动中获得的植物、动物、微生物及其产品。农产品作为农业活动中出产的产品，与工业品相对应，它的范围非常广泛，既包括植物类、畜牧类、渔业类等食用类农产品，又包括甘草、香精油、动物皮毛等非食用类农产品。

农产品物流是指为满足用户需求、实现农产品价值而进行的农产品物质实体、服务及相关信息从生产者到消费者的物理性经济运动。具体地说，它包括农产品生产、收购、运输、储存、装卸、包装、配送、流通加工、分销、信息活动等一系列环节，并且在这一过程中实现农产品价值增值以及特定组织的利润目标。

严格来说，农产品物流不同于农业物流。一般认为农业物流是指从农业生产资料的采购、农业生产的组织到农产品加工、储运、分销等，实现从生产地到消费地、生产者到消费者的过程中所形成的物质流动。从概念来看，农业物流包含农产品物流。随着农产品物流内涵的扩充和供应链管理理论的提出，农产品物流同农业物流的界限已经不太明显。

农产品物流作为物流业的一个分支，是以农业（畜牧、渔业）产出物为对象的，包括农产品产后加工、包装、储存、运输和配送等物流环节。农产品物流的发展目标是增加农产品附加值，节约流通费用、提高流通效率，降低不必要的损耗，从而在某种程度上规避市场风险。由于商品化农产品的主要消费群体在城市，所以农产品物流的主要方向是从农村到城市。

4.1.2 农产品物流的分类

农产品物流有很多种分类方法，可根据生物特性、物流特性、消费需求、在社会再生产过程中的地位与作用等进行分类，主要有如下几种分类。

1. 根据农产品物流的具体对象分类

1）粮食作物物流

粮食是人类赖以生存的主要物质资源，主要用作主食，包括人的口粮、牲畜饲料和其他工业用粮。具体有水稻、小麦、玉米、谷子、高粱、大麦、荞麦、大豆、油菜籽、向日葵、芝麻、花生等。粮食作物物流量大，搞好粮食物流，对促进国民经济健康稳定发展具有重要意义。

2）经济作物物流

经济作物除能满足人们食用需求外，还是工业尤其是纺织工业和食品工业的原料，其商品化率远高于粮食作物，物流需求大。经济作物主要包括纺织原料，如棉、麻、丝、毛等；轻工业原料，如糖、烟、茶、可可等。经济作物物流依经济作物品种还可以进行细分。

3）鲜活食品物流

鲜活食品主要包括鲜食的猪（牛、羊）肉、禽、蛋、水产品、蔬菜、水果等。鲜活食品物流可细分为果蔬物流、畜产品物流和水产品物流。畜产品物流可进一步分为肉类、蛋类、奶类产品物流等。水产品物流分为淡水水产品物流和海洋水产品物流。鲜活食品在储运过程中损失率比较高，对物流技术和装备水平要求也比较高。一般而言，淡水水产品比较分散，要求灵活性较强的短物流；海洋水产品因常常需要加工，对物流的技术要求高。严格来说，鲜活食品物流100%需要冷链，但我国鲜活食品仍以常温和自然物流为主，只有25%的农产品通过公路运输达到冷藏水平。有数据表明有些鲜活食品在物流作业过程中损失率有时高达30%~35%，即有约1/3的鲜活食品在物流作业中被消耗掉。

4）林产品物流

林产品是重要的工业原料，营林和竹木采伐对物流需求大，主要体现在林产品的运输、装卸和搬运物流上。

2. 根据农产品物流的储运条件不同分类

1）常温链农产品物流

常温链农产品物流是指在通常的自然条件下对农产品进行的储存、运输、装卸搬运以及流通加工处理，目的是创造农产品物流过程中的时间价值、空间价值以及流通加工价值。大多数非鲜活类农产品物流过程不需要特殊条件就可以完成，如各种粮食作物、经济作物、活的牲畜等物流。

2）冷链农产品物流

冷链最早源于食品保鲜。《物流术语》（GB/T 18254—2021）定义冷链为："根据物品特性，从生产到消费的过程中使物品始终处于保持其品质所需温度环境的物流技术与组织系统。" 2010年出版的《农产品冷链物流发展规划》把农产品冷链物流定义为："使肉、禽、水产、

果蔬全程冷链物流
保鲜技术

蔬菜、水果、蛋等生鲜农产品从产地采收（或屠宰、捕捞）后，在产品加工、储藏、运输、分销、零售等环节始终处于适宜的低温控制环境下，最大限度地保证产品品质和质量安全、减少损耗、防止污染的特殊供应链系统。"因此，冷链农产品物流泛指使冷藏冷冻农产品在生产、储藏、运输、销售及消费前的各个环节中始终处于规定的低温环境下，以保证产品质量、减少产品损耗的一项系统工程。

3. 根据农产品物流在供应链中的作用分类

1）农产品生产物流

农产品生产物流是指从农作物耕作、田间管理到农作物收获的整个过程中，由配置、操作和回收等各种劳动要素所形成的物流。生产物流是生产农产品的农户或农场所特有的，它需要与生产过程同步。

农产品生产物流按照生产环节又可以分为三种形式。一是产前物流，包括耕种养殖物流及相关的信息物流，即为耕种、养殖配置生产要素的物流，如农业拖拉机等农业机械设备及生产工具的调配和运作，种子下种，化肥、地膜布施等。二是产中物流，主要指培育农作物生长的田间物流管理活动和养殖畜禽、鱼类等的管理活动，包括育苗、插秧、锄田、除糵、整枝、杀虫、追肥、浇水等作业所形成的物流。三是产后物流，即为了收获农作物形成的物流，其中包括农作物收割、回运、脱粒、晾晒、筛选、处理、包装、入库作业或动物捕捞和处理等作业所形成的物流。农产品生产物流的合理化对生产成本有很大的影响。保持农产品生产的稳定性，才可以保证农产品的顺畅流转，缩短农产品的生产周期，减少生产成本，可避免由于生产物流不畅而导致的农业生产减产甚至停顿。

2）农产品销售物流

农产品销售物流是指为了实现农产品的保值增值，农产品生产企业、流通企业在出售农产品时，伴随销售和加工活动将农产品所有权转移给客户而产生的一系列物流活动。它包括为了销售农产品而进行的收购、保鲜、运输、检验、储存、装卸，以及为了满足用户需要而实施的包装、配送、加工、分销等活动。

在销售物流中参与者较多。按在销售物流的上下游中有无中介主体参与来分，农产品销售物流又可以分为两种形式：①无中介主体参与的"单段二元式"物流；②有中介主体参与的"双段三元式"，甚至"多段众元式"物流。

3）农产品废弃物物流

在农产品生产、销售和消费过程中，必然产生大量废弃物、无用物。对这些废弃物的处理主要从两方面进行。一是将其中有价值的部分加以分拣、加工，使其成为有用的物资重新进入生产和消费领域，以实现资源的再利用，这叫回收或者再生，如废纸和其他可回收包装物。二是对已丧失再利用价值的废弃物，基于环境保护的目的，将其送到指定地点堆放焚烧、掩埋或采取其他特殊方法处理，这叫废弃。在农产品物流中，必然要产生各种排放物（或称废料）。借助现代科学技术和生产工艺，可以从初始排放物中回收可再生利用的部分——再生资源。

4.1.3 农产品物流及其运作的特点

1. 农产品的特征

和其他产品相比，农产品具有许多不同特征。

1）部分基于生物过程的生产性质增加了可变性

农产品生产时间较长，意味着生产新的或额外的产品需要较长的时间。农产品生产具有季节性，其供应可能需要全球采购。生物变异、季节性、天气、害虫和其他生物危害等因素常常会造成农产品产量和质量的变化。

2）具有特定属性的产品性质

如易腐性和易变性，使产品需要某种特定的供应链。原材料的保质期限制、产品的易腐性、中间体和成品以及在供应链中不断发展的产品质量的变化（如衰变），需要调整运输和储存条件。储存缓冲容量限制，使得物料或产品只能保存在特殊容器中。物流运作时还要考虑农产品的附加功能，例如即食食品的便利性。

3）兼顾社会和消费者对食品安全、动物保护、环境压力等问题的态度

要注重产品的物理特性，如味觉、气味、外观颜色、大小和图像等感官特性；要符合关于环境保护、消费者权益维护等的政策规定。消费者越来越关注产品安全和生产安全，不允许食品对消费者有风险。另外，感知质量（来自广告或品牌效应）也与食品应用相关。

以上农产品的生物基础增加了风险和变异性，以及环境问题，（快速）易腐影响运输方式和成本，以及供人类消费的农产品的产品安全问题。农业食品的生物基础的另一个结果是对生产者集中的限制。只要生产与土地挂钩，生产者就会倾向于分散在地理位置上，这就会增加运输成本，尤其是那些很快就会变质的产品。在农产品中，有关标准和生产方法的信息流可能比其他产品更重要。生鲜产品的初级产品属性与最终产品属性之间的紧密联系，对消费者需求沿产业链向农户转移提出了更高的要求。由于在中间阶段调整产品属性的可能性有限，因此需要在初级生产中考虑消费者的需求。此外，对于极易腐烂的产品，链上的环节数量可能是有限的，而为了保存产品，对运输方式提出了很高的要求。当产品需要专门的存储和运输时，可能会导致产能限制，从而影响整个供应链的供应响应。由此，在农产品物流过程中，需要考虑的运作因素非常复杂，物流运作要求也会更高。

2. 农产品物流的特征

1）物流设施专用性强

农产品种类繁多，需求和物流性质各异，导致农产品物流，尤其是冷链物流的配套设施专用性强。由于农产品生物特性不同，其物流运作过程涉及的保管或运输设备可能需要具备保温、或通风、或干燥、或保湿功能，或有氧环境。

2）物流体系化要求高

农产品物流需要仓储、运输、配送、加工、包装等各环节协同保障。因农产品生产具有独特季节性、地域性与消费的持续性、普遍性，导致了农产品在消费环节存在时空矛盾。同时，农产品具有的生物特性，使得其物流运作涉及的仓储、运输、配送、加工、包装等各环节需具备很强的专业性，物流运作的时间要求长，确保各个环节协调和农产品流通环境的稳定。

3）物流体量大，链条长

随着人们生活水平的提高，农产品特别是生鲜农产品的消费需求量也越来越大。同时，由于物流技术和物流管理水平的提高，农产品流通辐射距离越来越长、环节越来越多，形成了体量大、批发层级多的物流体系，需要物流企业之间更高效率的配合运作才能保证农产品的质量。

4）供应链不确定性强，物流风险大

农产品生产分散、季节性强，其物流主要是从广大农村流向城市。农产品的自然属性决定了其物流具有很强的季节性和地域性，供需两端容易产生波动，物流各环节面临较大的不确定性，物流运营风险高。

3. 农产品物流运作特点

1）生鲜农产品物流的仓储现状及特点

2010年以来，随着农产品物流园区的兴建、物流配送网络的蓬勃发展，生鲜农产品的仓储水平和管理技术方法迈上了一个新的台阶。仓储承接了生鲜农产品流通加工、分拣配货、信息服务等多个职能。生鲜农产品仓储量大、操作频繁、季节性明显和易损耗等特点，决定了仓储在生鲜农产品供应链运作过程中的复杂性。

（1）仓储物流基础设施不足。农产品仓储基础设施和装备较为薄弱，使得生鲜农产品物流和食品安全存在隐患。

（2）链条冗余，难以形成集聚。由于中间流通环节过多（且以个体经营为主），生鲜农产品仓储难以形成规模效应。

（3）移动式冷库/冷藏设备兴起。随着生鲜农产品电商兴起，同时，为了满足消费者和社区冷链需求，各种新型的冷藏设备和移动冷库纷纷进入市场。

2）生鲜农产品物流的运输配送特点

生鲜农产品生产上的区域性和消费上的分散性决定了其物流运输配送网络的复杂性。尤其在目前，物流运输配送还不具备标准化、规模化的运输能力，这使得配送网点分布不均，主要的运输配送方式还是专线运输。同时，由于冷链监控是生鲜农产品运输环节的关键点，完备的技术监控体系尤为重要。技术上的难点和农产品的生鲜属性，都给生鲜农产品的运输配送环节带来极大的安全风险。

（1）运输配送网络复杂，网点分布众多。目前主流的运输方式为产、销地之间的多级仓储模式。在此模式下，生鲜农产品的运输装卸次数多，加之网点分布不均，造成运输配送质量不高、货损率大等。因此在建构产地直供前置仓模式中，网点区位规划成为最核心的要素。

（2）生鲜冷链质量体系技术要求高。生鲜农产品运输对于运输工具、包装、养护技术、信息监控技术等要求远高于其他产品的运输。尤其是需采用冷链流通的高附加值的生鲜农产品，如果蔬、水产、肉禽等，其运输配送技术体系要求更为严苛。冷藏车的运营成本是普通车辆的3倍，导致冷链物流的资产专用性更高。

（3）运输配送安全风险较大。生鲜农产品供应的周期性、品质的易腐性决定了运输配送商在交付质量上需要承担更大的风险。在交付的数量上有一定的资源弹性，生鲜运输配送的售后风险和损耗程度较其他产品运输配送高出很多。同时市场体系不完善带来的农产品价格波动使得运输配送成本也随之波动。

（4）运输配送范围受限，区域性强。农产品消费的多样性、生产的区域性和季节性，决定了其运输配送的时空半径。尤其是鲜活类农产品，其本身限制了运输配送的时空范围，导致部分生鲜只能在区域内流通。

4.1.4 农产品物流的实现条件

产品的特征不同、物流所处环境不同和物流经历时间不同,农产品物流实现的条件也就不同。其中生鲜农产品因为易腐烂,其物流实现对时间要求、保鲜要求特别高,通常需要按冷链物流要求运作,即需要以下实现条件。

1. 3P 条件

"3P"是指易腐农产品的品质(products)、处理工艺(processing)、货物包装(package)。3P 条件就是要求农产品品质好、处理工艺质量高、包装符合货物的特性。这是农产品进入物流时的"早期质量"要求。

2. 3C 条件

"3C"条件是指在整个加工与流通过程中对农产品的爱护(care)和清洁卫生(clean)条件,以及低温(cool)环境。这是保证农产品"流通质量"的基本要求。

3. 3T 条件

3T 条件是指产品最终质量取决于冷链的储藏与流通的时间(time)、温度(temperature)、产品耐藏性(容许变质量)(tolerance)。"3T"条件产品的品质主要取决于温度,温度越适宜,冷藏产品保持优良品质的时间越长。由于冷藏产品在流通中因温度的变化而引起的品质降低是累积和不可逆的,因此对有不同品质要求的不同品种的农产品物流都有相应的产品控制和储藏时间的技术经济指标。

4. 3Q 条件

"3Q"条件是指冷链中设备的数量(quantity)协调、设备的质量(quality)标准一致以及快速的(quick)作业组织。冷链中设备数量(能力)的协调能够保证农产品总是处在适宜的环境(温度、湿度、气体成分、卫生、包装)之中,并能提高各项设备的利用率。因此,产销部门的预冷站、各种冷库、运输工具等,都得根据农产品物流的客观需要,互相协调发展。

设备的质量标准一致,是指各环节的标准,包括温度条件、湿度条件、卫生条件以及包装条件都应当统一,如包装与托盘、车厢之间的模数配合就能充分发挥各项设备的综合利用效率。

快速的作业组织则是指加工部门的生产过程、经营者的货源组织、运输部门的车辆准备与途中服务、换装作业的衔接、销售部门的库容准备等,均应快速组织并协调配合。

"3Q"条件十分重要,具有实际指导意义。例如,冷链中各环节的温度标准若不统一,则会导致农产品品质极大下降。这是因为暴露在常温中 1 h 的某些农产品的质量损失可能就达到了其贮存在 $-20\ ℃$ 下半年的质量损失。因此,对冷链各接口的管理与协调是非常重要的,应避免冷冻农产品在高温下的暴露时间。限于成本、空间、水源等一系列的因素,在难以保持运输工具与地面冷库两者完全一致的温湿度条件时,经济的补救办法就是尽量加快作业过程与运输速度。如在铁路冷链运输过程中,可通过缩短装卸作业时间、加速车辆取送挂运等方法来减少品质损失。

5. 3M 条件

"3M"是指保鲜工具与手段(means)、保鲜方法(methods)和管理措施(management)。"3M"条件,即在冷链中所使用的贮运工具及保鲜方法要符合农产品的特性并能保证既经济又取得最佳的保鲜效果。同时,要有相应的管理机构和行之有效的管理措施,以保证冷链协调、有序、高效地运转。

在上述条件中,属于产品特性的有原料品质和耐藏性;属于设备条件的有设备的数量、质量,低温环境和保鲜储运工具;属于处理工艺条件的有工艺水平、包装条件和清洁卫生;属于人为条件的有管理、快速作业和对食品的爱护。其中,有些因素是互相影响的。

4.1.5 农产品物流的基本模式

我国农产品物流模式呈现多元化特征,主要有自营物流模式(包括加工企业主导型、流通企业主导型和批发市场主导型)、第三方物流模式、物流园区模式等。

1. 自营物流模式

自营物流模式主要指农产品的生产者、加工者或者流通企业,自主组织物流活动,为自己的农产品生产销售进行服务,连接农产品的生产与消费。这种自营模式实际上可以分为三种类型:加工企业主导型、流通企业主导型和批发市场主导型。

1)加工企业主导型物流模式

以农产品加工企业为核心,直接与农户或者通过合作社或生产基地和农户签订合作协议,加工企业自己组织物流运作,通过批发商、零售商或者一些直销网点把农产品送到消费者手上,如图4-1所示。

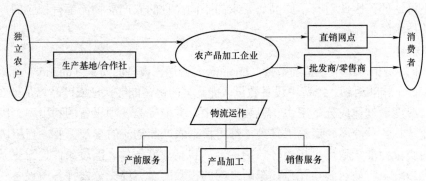

图4-1 加工企业主导型物流模式

2)流通企业主导型物流模式

流通企业(主要指大型超市、大卖场、仓储式商场)组织物流运作,通过配送中心把农产品送到消费者手中。配送中心有两种配送途径:一种途径是"配送中心—批发商—零售商—消费者",另一种途径是直接或者通过自己的连锁店将农产品送达消费者,如图4-2所示。

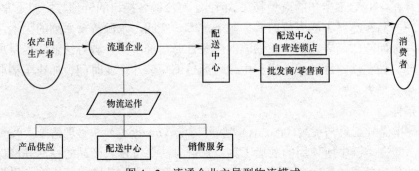

图4-2 流通企业主导型物流模式

在流通企业主导的物流模式中,农超对接模式(见图4-3)近年来得到大力发展。"农超对接"模式是指超市与农户签订供销协议书,农户直接向超市或平价商店供应农产品的一种新型流通模式。这种流通模式为高质量农产品进入超市搭建了平台,使农产品跳过众多的流通中间环节直接进入超市,实现了超市与农户的直接合作。农超对接的实质是,使众多的小生产与变幻莫测的大市场对接,将先进的流通方式引入农村,构建生产和销售一体化的链条,即先由超市或农产品销售企业制定农产品的质量标准、种类等,再由农产品合作社通知农户按照要求进行生产,最终农产品直接进入超市或零售终端。

在农超对接模式下,农户的生产有了规范。市场需要什么农产品,农户就生产什么农产品,不仅避免了无方向无目的的生产,也使农产品有了稳定的销售渠道,能卖出高价格。同时,由于流通环节的减少、流通效率的提高和流通成本的降低,使得农户、商家、消费者三方受益,实现了共赢。从全国的发展情况看,"农户+合作社+超市"是目前我国农超对接的主要模式,也是我国大力支持发展的模式。

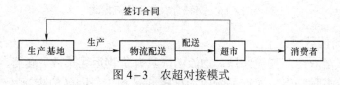

图4-3 农超对接模式

在流通企业主导的物流模式中,农宅对接模式(见图4-4)也是国家提倡的。随着数字化变革不断加强和对食品安全要求不断提高,城市居民线上购物方式越来越深入,从农超对接模式向农宅对接模式发展是必然趋势。通过网上下单,实现农产品从生产者手中直接送到消费者家里,这将极大方便城市居民日常生活,而从物流整体成本来说也是节约的。

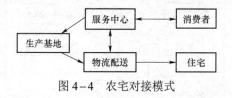

图4-4 农宅对接模式

3)批发市场主导型物流模式

我国有非常多的农产品专业批发市场。在批发市场主导型物流模式中,以批发市场为主导,生产者或者一些中介组织把农产品组织起来,然后再通过批发商、零售商将农产品送到消费者手中。具体参见图4-5。

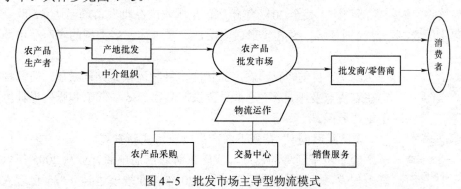

图4-5 批发市场主导型物流模式

2. 第三方农产品物流模式

所谓的第三方农产品物流是指农产品物流活动的组织者既不是农产品生产者，也不是农产品的需求者。在该模式下，第三方物流企业受托把农产品从生产者手中运送到需求者手中。实际上这是一种物流代理服务，内容丰富，需要对整个物流过程进行管控。具体参见图4-6。

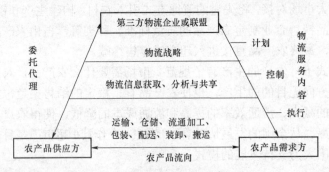

图4-6 第三方农产品物流模式

3. 农产品物流园区模式

目前我国有很多农产品物流园区。物流园区具有货物运输集散、仓储、配送、流通加工、报关、检验检疫等多种功能。农产品物流园区模式是指依托园区的物流基础设施，把农产品从生产者手中运送到需求者手中。具体参见图4-7。

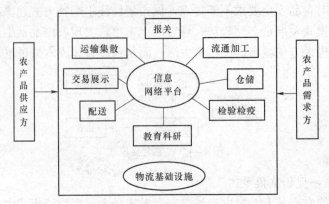

图4-7 农产品物流园区模式

实际上，目前普遍认为，以上模式中，我国当前农产品物流园区模式还主要以农产品批发市场为核心。据商务部统计，截至2013年年底，全国农产品批发市场已达4 500个，承担了70%以上的农副产品流通任务，并初步形成多层次、多主体、多类型的农产品市场流通新格局。

综上，目前我国农产品物流多种物流模式共同发展，但每种模式都存在着优点及不足。不足是导致农产品物流效率低下和质量损耗巨大的一个重要原因。

深度分析——生鲜电商战事升级，路向何方

4. "互联网+"背景下农产品物流模式新发展

随着电子商务的发展，我国生鲜农产品电商行业从2005年以易果生鲜为代表，开始快速发展，到2020年行业规模达到4 585亿元人民币，占 5 万亿生鲜市场规模的近 10%。其中，生鲜农产品电商零售模式主要有自营模式和平台模式两种，包括传统生鲜农产品电商，如天猫生鲜、京东生鲜；O2O 平台模式，如京东到家；"到店+到家"模式，如盒马鲜生；社区团购模式，如美团优选、多多买菜、兴盛优选；前置仓模式，如叮咚买菜、每日优鲜等。考虑物流运营成本和生鲜质量两个效益背反因素，农产品物流运作越来越重视其供应链环节。"互联网+"背景下最具代表性的农产品物流模式为社区团购模式和前置仓模式。

1）社区团购模式

社区团购模式充分整合了社区经济和电子商务模式的特点。目前最普遍、最容易操作的社区团购模式是次日达。它采取的是"预售+自提"的运营方案。

社区团购模式中的"团长"为各类社区门店的店主，供应商主要为本地批发商。第一天，"团长"在平台发布一波预售商品链接，社区居民根据链接下单后，第二天就可以在家门口拿到所购产品。该模式的优点是在满足用户性价比要求的同时，解决了商家的成本问题。预购模式可以获得一定的现金流。平台团长拿到订单资金后向供应商订货，订单批量越大，供应商给团长的农产品采购价格可能就越低，因此，团长就可以让利给社区居民（消费者），居民获得实惠后更愿意在平台上下单，如此形成良性的商业循环。社区团购模式如图 4-8 所示。

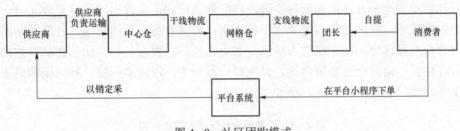

图 4-8　社区团购模式

社区团购模式供应商可以采用共享仓或加工仓、网格仓存放标准产品，以及包装、加工货物等，并可以委托第三方提供服务，实现短时间内将货物运至中心仓的需求。中心仓通常采用租赁自营模式。在经济发达省市可建 3～5 个中心仓，所有货物都得经过中心仓。网格仓通常采用外包加盟模式，由平台承担成本。每个网格仓平均覆盖 30～50 个团点，通常按件数、团数计价，并按履约指标完成情况给予相应奖励。在"共享仓、中心仓、网格仓"三级仓体系下，物流时效性高、供应商备货时间少；物流计划性较强，配送低频率、高密度；不需库存备货。

社区团购模式是目前最为普遍、成本最低的农产品物流模式，有很大的发展潜力，可以扩展业务。周边门店服务是社区团购一种新的可扩展的运营模式，可以与其他商业结合在一起，如美食店、奶茶店、家政服务、旅游服务等。居民通过社区团购平台，可以享受到多种多样的生活服务，这有利于商家实现流量变现。

2）前置仓模式

前置仓模式就是将农产品仓库前移到消费者附近，从而使农产品能更快地被送到消费者手中（见图 4-9）。前置仓的出现，将线上交易的线下配送推进到一个新的竞争状态。在前置仓模式中，每个零售店都是一个中小型的仓储配送中心，总部中央大仓只需对零售店供货。消费者下单后，农产品从消费者附近的零售店里发出，而不是从较远的某个仓库发出。这是零售门店能基本做到 3 km 范围内 30 min 送达的重要保障。简言之，前置仓就是用小店的低成本模式，做出大门店的品类广度和服务深度。

前置仓之所以能得到较快发展，其中一个重要的原因就是它的前期建设投入成本较传统的开门店要低很多，特别是在一、二线城市。前置仓的建设投入为刚性成本，属一次性投入，随着前置仓规模的增加，成本可以摊薄。虽然前置仓的名字里带"仓"字，但这并不是说前置仓就是仓。前置仓的本质其实是店，因为前置仓需要上一级的配送中心。为了维持价格优势，前置仓必须采取"直采"的方式，这也就意味着需要完整的供应链体系，这对运营提出了更高的要求。

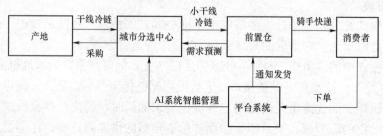

图4-9 前置仓模式

3）前置仓和社区团购模式比较

综合比较前置仓和社区团购两种生鲜农产品物流模式，具体比较指标见表4-1。前置仓满足"好"的需求，社区团购满足"省"的需求；前置仓面向发达地区，社区团购面向下沉市场，前置仓与社区团购用户在城市层级分布上错开；前置仓与社区团购在品类结构、SKU容量上存在错位，前置仓是高质高价，以生鲜产品为主，日用品为辅。社区团购追求极致性价比的生活用品，生鲜产品只是一个大类。

表4-1 前置仓和社区团购模式比较

比较指标	社区团购	前置仓
经营模式	代销	自营
主要货源	本地批发商	原产地直采
时效	次日达	30～40 min 送达
配送模式	团长处自提	骑手送货上门
SKU 数量	500～1 000 个，勉强满足日常基本需求，选择有限	4 000 个以上，基本满足大部分日常需求
典型单价	件单价约7元，客单价为15～30元	均价60～100元
履约成本	约 1 元/单	20～25 元/单
生鲜 GMV 占比	约 30%	约 60%
用户画像	追求低价	追求质量和便利性
主要分布区域	中低线城市和乡镇（除偏远地区）	一、二线城市

续表

比较指标	社区团购	前置仓
核心产品	直接盈利+用户资源	直接盈利
建仓投入	网格仓由加盟商运营管理，投入低	大多数前置仓自营自建，资本支出高，经营杠杆高
存货风险	以销定采，周转高，部分存货风险转移给供应商	直接承担几乎所有存货风险（包含损耗、退货等）
供应链管理	本地批发商进货，货源要求宽松，省略了部分经营细节	深入供应链上游直采体系构建，涉及选品、需求预测等大量经营细节

4.1.6 我国农产品物流发展现状

深度采访：与中心仓模式相比，前置仓有哪些优势待挖掘？

农产品物流中最具代表性的属于生鲜农产品物流。生鲜农产品具有鲜活性、难存储、易腐坏等特点。为了确保生鲜农产品的质量，对其物流配套设施（如冷库、冷藏车、温湿监测仪器等）必须要有针对性的购置和使用，对其全链条的监控实施的标准也有很精准的要求。同时，生鲜农产品是消费必需品，需求弹性小，其物流规模大且物流类型复杂，使得对应的农产品市场具有高频、刚需、短半径属性。我国生鲜农产品的物流规模超过万亿元，但流通环节多、损耗高，冷链水平仍旧较低。农产品以品类和产地区分为主，缺乏品牌效应，同质化严重，毛利率较低，需大力培育产品、品牌和渠道价值。

生鲜农产品在其整个保质期内，从收获或屠宰到包装、分销、营销和销售，都在不断代谢和消耗营养，导致其质量或数量不断下降。整个过程都高度依赖于温度，通过冷链物流可以有效减少损耗和确保食品质量。这比单纯追求生产更有效率。冷链物流体系构建的关键在于"链"。生鲜农产品只有在物流的各个环节均保持标准的温控环境，农产品的品质安全才能得到最大保证，从而降低损耗。

农产品冷链物流是一个包含产地预冷、冷藏车运输、冷库储存、配送、零售等环节的一体化供应链网络。它是一个多元化、多层次、多功能因素的系统工程，各要素相互制约、相互支持，形成彼此呼应的供应链结构，从而形成冷链物流产业链。

我国农产品物流存在的主要问题是成本高、损耗大、增值能力弱。中美农产品物流主要指标比较见表4-2。我国农产品物流损耗大的最主要原因是农产品冷链物流服务少，国内果蔬农产品冷链运输率不到20%，而国外发达国家冷链运输率达到了80%~90%；增值能力弱的主要原因是我国农产品以初级产品为主，深加工能力比较低，分级简单粗糙，包装比较简陋，甚至无包装等现象普遍存在。国内果蔬农产品冷链加工率20%~30%，而发达国家果蔬农产品冷链加工率达到了90%~95%。

表4-2 中美农产品物流主要指标比较

比较指标	中国	美国
成本	粮食物流成本占比在40%左右，蔬菜、水果等鲜活农产品的物流成本占比在60%以上	粮食物流成本占比一般在10%~20%，鲜活农产品物流成本占比30%左右

续表

比较指标	中国	美国
损耗率	农产品在物流环节的平均损耗率为30%，水果、蔬菜等鲜活农产品在物流环节的损耗率高达35%左右	水果、蔬菜在物流环节的损耗率仅2%左右
增值能力	农产品产值与加工产值之比只有1:1左右；水果加工增值比例约为1:2	农产品产值与加工产值之比在1:3以上；水果加工增值比例约为1:4

4.1.7 农产品物流研究的内容

农产品物流研究涉及经济学、管理学、生物学、工学等多个学科，其内容既包括一般物流的研究内容，如物流作业（运输、仓储、包装、流通加工等）的优化、物流设施的选址和设计（物流中心的选址、物流中心规划与设计）等，还应重点研究农产品因生物特性或产销特性而特有的物流问题。农产品物流研究的内容已经从物流运作本身延伸到供应链管理，可从不同学科层面加以概括。

经济学层面，如农产品物流园区建设与宏观经济、区域经济的关系；农产品物流运作的经济学分析；采用不同物流模式的农产品物流运营经济性分析等。

管理学层面，如农产品物流网络的建立与农产品物流系统的建设；农产品的采购、运输、仓储、流通加工、包装、配送、信息系统建设等一体化管理；农产品物流系统的组织管理、企业物流系统的绩效评价等。

技术层面，农产品的货架期特性影响因素、农产品保鲜加工工艺、生鲜农产品冷库布局与规划、生鲜农产品运营管理、冷藏运输技术、信息技术和智能技术等。

当前，农产品物流管理研究的前沿问题主要有生鲜农产品供应链集成设计问题，供应链管理协调问题，第三方物流企业、第四方物流企业运作问题，配送网络优化问题，信息技术、环境保护和绿色物流等。典型的理论方法有 T.T.T 理论、蛛网理论、运筹学理论等，其中运筹学理论有路径优化、选址优化、模式优化、层次分析法、模糊评价法、DEA、博弈论等。

4.2 农产品物流研究现状

如4.1节所讨论的，相对其他对象物流而言，农产品物流由于产品具有不同的地域特征、季节性特征、较短的寿命周期特征以及明显不同的流通环境条件特征，成本巨大、损耗率也非常高，其中以生鲜农产品物流最为突出。如何降低农产品物流成本、提高物流效率、保持农产品在物流过程中的新鲜度，以及如何协调农产品供需平衡等，成为农产品物流研究的热点问题。因此，弄清楚农产品物流参与主体有哪些，如何激励这些参与主体；农产品物流的绩效和物流水平的影响因素有哪些，如何对绩效水平进行评价；流通过程中关键环节的具体运营技术有哪些，如何实现等，都是学者积极研究要解决的问题。本节将对这些与农产品物流相关的内容进行总结，并详细介绍和总结农产品物流模式及物流体系、物流管理及协调机制、物流效率及物流水平和物流运营技术的研究现状。

4.2.1 农产品物流模式及物流体系研究现状

为了提高农产品流通效率，构建合理的农产品物流渠道，建立高效的物流模式和物流体系十分必要。为此，许多学者展开了研究，尤以生鲜农产品为研究对象居多。以下是近十多年部分学者的研究成果。

黄祖辉（2005，2006）从分析农产品的物流特性入手，提出农产品物流体系主要包括物流主体、物流通道和功能性物流业务三个要素，概括了10种类型的物流通道，并从组织化程度和物流活动综合程度2个维度形成了4种类型的物流链（见表4-3），并从物流资产的专用性程度讨论了其治理形式。

表4-3 4种典型的生鲜农产品物流链类型

		物流活动综合程度	
		低	高
组织化程度	低	随机型物流链	计划型物流链
	高	农户自助型物流链	准时制物流链

黄勇等（2007）、张京卫（2008）分别分析了国外具有代表性的农产品物流模式，如以批发市场为主渠道、以拍卖为手段的东亚模式，坚持公益性原则的西欧模式，直销为主的北美模式等，并根据我国农产品物流现状提出了组建以农产品批发市场为主体的物流体系，探讨了农协流通组织机构发展措施。

施先亮等（2015）介绍了五种物流模式，从成本、损耗率以及增值能力方面比较了中美农产品物流的差距，认为未来我国农产品物流发展主要呈现园区主导、多产业融合、电子商务化、农宅对接、"最后一公里"配送智能化的趋势。

丁俊发（2010）认为促进我国农产品冷链物流发展的六个需要：需要政府统筹规划，大力推动；需要把冷链产业上下游结成供应链，形成一个完整的体系，改变各自为战的局面；需要加强冷链物流技术研究与新技术推广，加强现代冷藏车、冷库建设；需要加快发展第三方冷链物流企业，建立冷冻冷藏产品加工配送中心，推进集约化共同配送；需要进一步扩大对外开放，派出去和请进来相结合，引进国外先进的冷链物流技术和装备、运作模式和管理经验；需要大力培养冷链物流专业人才，解决冷链物流人才短缺问题。

陈治国等（2015）采用VAR模型对1990年以来中国农村金融变迁与农产品物流发展的长期动态关系进行实证研究，认为农村金融发展在很大程度上促进了农产品物流发展，而农产品物流发展却没有对农村金融发展起到应有的拉动作用。我国农村金融仍处于有效供给主体不足的状态。从破除农村金融抑制现象、培育面向农产品物流的多元化私人融资担保主体、大力发展农产品物流金融、创新农产品物流金融产品等方面提出了完善我国农村金融市场、促进农产品物流快速发展的对策建议。

陈碧芬等（2015）认为农民合作社能够把分散的农民联合起来，形成一股相对强大并且一致的力量，是农民保护和增进自身利益的最佳形式。建议建立国家政策引导与农民内生组织相合的机制，实行部门联合评定示范社机制，分级建立示范社名录，把示范社作为政策扶持的重点。安排部分财政投资项目直接投向符合条件的合作社，引导将国家补助项目形成的资产移交合作社管护，指导合作社建立健全项目资产管护机制。增加农民合作社发展资金，支持合作社改善生产经营条件、增强发展能力。逐步扩大农村土地整理、农业综合开发、农田水利建设、农技推广等涉农项目由合作社承担的规模。对示范社建设鲜活农产品仓储物流设施、兴办农产品加工业给予补助。建立合作社带头人的人才库和培训基地，广泛开展合作社带头人、经营管理人员和辅导员培训，引导高校毕业生到合作社工作。

赵英霞等（2016）从流通效率的角度，分别对以农户、经济合作组织、批发市场、龙头企业、超市为中心的农产品物流模式的优劣进行了分析，提出优化农产品物流模式的可行性建议。

徐光顺等（2016）研究发现生鲜农产品生产水平与集中的生产方式，以及物流通道建设水平，对生鲜农产品物流发展水平均产生正向影响，并提出以下建议：一是改变分散的生鲜农产品生产方式，加大农民专业合作社和家庭农场等新型经营主体的培育力度，鼓励发展"合作社（家庭农场）+物流企业+超市""合作社（家庭农场）+物流企业+龙头企业"等物流模式；二是重视物流通道建设，加快高速公路等基础设施建设；三是加强物流节点建设，包括物流节点的基础设施建设和信息化平台建设，前者主要包括生鲜农产品冷链设施的建造和保鲜技术的研发与运用，后者主要包括生鲜农产品供应方、需求方与物流企业的综合化信息平台建设。

Soto-Silva 等（2016）对新鲜水果供应链的运作模型进行了综述，认为已有研究主要集中在战术和运作决策上，较少考虑战略决策。引起更多注意的问题是涉及生产和分配阶段的运输、路线选择、规划和分配问题。在建模技术和数学方法方面，线性规划、整数或混合整数是最主要的方法。提出新的研究机会，如生产有机水果的挑战性问题，提出可持续的新鲜水果供应链的季节性问题等。

黄福华等（2018）通过选取满足不同区域差异性指标来评价生鲜农产品物流能力，并提出了产销协同的生鲜农产品物流模式及物流能力提升对策。

宋山梅等（2018）通过分析贵州省特色农产品物流模式及其存在问题，提出了大数据优化下的冷链物流模式、大数据透明追踪下物流模式和虚拟无水港联动物流模式等三种创新物流模式，并提出对策建议。

张喜才（2019）结合中国农产品冷链物流现状和文献梳理归纳了冷链物流的五大经济特征，分别为冷链物流的中间性、冷链物流产业存在信息不对称的隐蔽性、冷链物流资产投资的专用性、冷链物流产业的集散性、冷链物流溢出效应明显的外部性。探讨了我国冷链物流的八大发展困境，如我国冷链物流总量需求预测的模糊、由于公益性和市场性特征如何界定政府和市场作用、冷链物流断链的关键环节、冷链物流企业的发展方向是多元化还是一体化、如何制定全程标准确保全程执行、全方位的安全观、冷链物流发展的制约因素是硬件还是软件、国内外流通体系的区别以及如何借鉴国外经验。

陈秀兰等（2020）认为以批发商为主体、批发市场为主渠道、对手交易为主要手段的买断加价制的农产品流通模式是我国农产品价格在特定时期出现异常波动和农产品流通始终呈现"两头叫—中间笑"的利益分配格局的重要原因，农产品流通模式从"买断加价制"向"委托代销制"转变是解决问题的可行途径。

王志刚等（2020）从资源依赖与联盟结构角度构建了供应链分配治理的一般性分析框架，

厘清了"资源—依赖—权力""位置—资源—权力""风险—贡献—权力"三条影响扶贫绩效的核心路径，并从组建限制联盟结构、创建"结构洞"和建立风险共担机制等角度，为打破供应链"强者恒强"和"分配失灵"格局提供可行思路。

李源等（2020）认为既有的 O2O 电商在商业模式和食品安全两个层面存在一些问题，具体包括同质化竞争、盈利模式单一、产品质量保障不足等。为此，应更进一步加强商业模式创新，构建"个性化定制+线上消费+线下体验+延伸服务"的发展思路，加强冷链物流体系建设，并推动产品质量追溯机制建立，促进 O2O 平台信息化发展。

陈勇等（2020）针对高残值易逝性产品的特性，基于产品生命周期理论建立了双渠道环境下的再制造闭环供应链网络模型。该模型主要创新点是分析产品在各个渠道的回收时间和所处的生命周期长度之间的关系，最终目的是减少产品在其他渠道的回收时间，极大地利用产品的剩余价值。

Melkonyan 等（2020）在分析食品"最后一公里"物流代表性的三种分销渠道模式基础上，特别考虑食品供应链的可持续性，通过设置网络和需求参数的经济、环境、社会和技术的权重，建立了模型，研究结果表明分布式网络解决方案符合共享经济的概念，如点对点配送的众包物流模式表现最佳。

从以上文献梳理中，现有文献对农产品物流模式和物流体系进行了比较充分的研究，为农产品物流企业选择物流模式、建立物流体系等实践工作提供了理论指导。

4.2.2　农产品物流管理演变及协调机制研究现状

农产品物流管理水平直接影响农产品流通效率，其重点是通过建立合理的激励机制对流通过程中的参与主体进行协调，激励参与主体进一步缩短农产品物流周期、保证农产品质量，从而尽量使供需平衡，减少农产品变质的比例。许多学者从农产品供应链的角度对农产品物流管理演变和协调机制进行了广泛的研究，主要成果如下。

丁华（2004）认为我国农产品物流企业供应链管理水平低下，需要从管理方式、渠道、信息服务、建立质量管理体系、规范行为以及标准化建设等方面着手加以提高。

Timothy 等（2004）针对食品和农业部门的供应链的供应提前期长、供需不确定性大、利润率相对较低的特点，探讨了未来研究方向，如产品差异化、精确生产、农业全球化、农产品供应链各阶段的承包和问责制、农业供应链溯源等。

Lusine 等（2009）总结出农产品的主要特征是其生物基础增加了风险和变异性，以及环境问题，（快速）易腐影响运输方式和成本，以及供人类消费的农产品的产品安全问题。确定了分析农产品供应链价格传递的三个关键挑战。

（1）供应链的结构。根据农产品价格、经营成本、利润和运输成本对消费者价格进行分解，同时考虑生产者和消费者空间分布的差异。

（2）价格的传播。价格可能不会完全传递，也可能只是有延迟，或者价格传递可能取决于变化的方向。解释这一现象的因素有：市场力量、调整成本、公共干预、宣传，以及农产品的易腐性。

（3）供应方的反应。即使价格完全传递，由于可能发生在供应链的一个或多个阶段的能力限制，供应方可能不会做出反应。

Cai 等（2010）根据相关报告发现中国只有近 15% 的易腐品是采用冷链运输，而发达国家易腐品冷链运输比例接近 90%。使用更好的包装、更有效的制冷设备或更快速的运输方式，投入更多资源防腐可以使腐损最小化，但是生产商或分销商必须承担相当大的成本。通过分销商确定采购量、保鲜努力、销售价格决策；供应商决策批发价，考虑了分散式和集中式两种情况下的决策，并设计了一个价格折扣共享机制和补偿方案来协调供应商—分销商的激励方案。

黄桂红等（2011）提出运用供应链一体化思想，对农产品物流进行集成式管理，构建供应链一体化的农产品物流模式，推动农产品生产环节的集成、流通环节的集成以及生产与流通环节的供应链一体化集成，实现农民增收、提高农产品物流效率、降低物流成本。

Yanee 等（2012）以泰国的小农为研究对象，对以超市采购系统为主要环节的不同新鲜果蔬营销链进行研究和分析。认为农业合同或发展伙伴关系是促进小农（主要新鲜果蔬生产者）和超市（主要市场渠道）之间联系的有力措施。同时公共部门应促进对农业合同和生产合同提供激励的明确法律框架，其中包括监督和物流管理。

Xiao 等（2012）考虑需求对销售价格、公布的交货期和满足交货期公告的可靠性等多因素敏感的两阶段供应链。研究全单位数量折扣契约下供应链的均衡决策问题。并考虑了四种情况，即生产周期标准、交付可靠性标准和制造商的能力是否内生，以及制造商的生产成本是否为其私人信息。发现在大多数情况下，全单位数量折扣方案能够协调供应链。

但斌等（2013）给出一种由销地批发市场运营商主导的协调策略，在该策略中，一个足够强的信号在双方博弈开始时传递给批发商，使其相信共享采购价格信息是最优策略。

考虑消费者效用的
生鲜农产品供应链
保鲜激励机制研究

王磊等（2015）发现当零售商具有强势地位时，其在"基于生鲜农产品新鲜度的采购价"契约下比"批发价+保鲜成本分担"契约下能够获得更高的利润。

Partha 等（2014）提出了一个联合 RS（收益共享）和 QD（数量折扣）契约模型，以协调一个分散的供应链在价格敏感和库存依赖需求下的运作。认为随着库存依赖系数的增加，零售价格和订单量都有增加的趋势。随着价格敏感性的增加，零售价格和订单量都会下降。随着需求不确定性的增加，价格和订单量都会增加。在库存依赖性、价格敏感性和需求不确定性条件下，RS 和 QD 契约下的协调效益和供应链绩效随价值的增加而增加。

冯颖等（2015）针对供应商、TPL 服务商和零售商组成的生鲜农产品三级供应链，建立了确定性需求情形下，供应商主导的物流服务水平影响市场需求的三方竞合博弈模型。研究表明，引入物流服务成本分担契约和物流服务数量折扣契约，可同时协调物流服务水平和零售价格。

杨磊等（2015）通过分析影响农产品供需平衡的天气因素，结合蛛网理论设定农产品供需系统，构建了基于提前期、气候温度以及订购量的回扣契约。在该契约中，批发商将自己的一部分利润以回扣形式补偿给零售商，刺激零售商增大订购量，这部分增加的订购量又进一步影响上游农户以及下游消费者的行为，最终提升整个农产品供应链的盈利能力，实现供应链协调。

Bai 等（2015）考虑一个市场需求同时受到促销力度、销售价格、库存水平和时间等多种因素影响的由一个制造商和一个零售商组成的不允许缺货的两级易变质物品供应链系统。在制造商和零售商平均分担促销努力投资成本的系统中，收益共享契约和收益与成本共享契约都能实现完美的协调。通过对这两种合同的比较，发现后者更容易被系统所接受。

Zhang 等（2015）考虑易变质物品会随着时间的推移而退化，导致效用或数量比原来的减少。这些项目包括水果、蔬菜、血液、时尚商品、电子产品等。建立了退化率可控、需求价格依赖的单制造商—零售商供应链模型。研究认为：①在没有收益共享机制的情况下，合作社的保全技术投资策略只对制造商有利，却损害了零售商和整个供应链的利润；②没有合作投资（成本分担机制）的收益共享契约无法完美实现供应链协调；③结合收益共享和成本共享的合作投资契约可以实现供应链协调。具体来说，当收益分成率大致在 1/2～3/4 时，契约能在大多数参数环境情况下完美协调供应链。如果收入分成率很小（少于一半）或太大（超过 3/4）时，供应链很难完美协调。这些结果对变质物品的供应链协调具有重要的指导意义。

Wu 等（2015）考虑生鲜产品的外包物流渠道，第三方物流服务的质量和价格影响到产品在市场上的可销售数量和质量，以及经销商的订单决策。经销商设定他的订单数量和产品销售价格。物流服务质量和价格的决定取决于渠道权力结构。通过对三种机制，即单位定价合同（TUP）、收入和服务成本分摊合同（RSCS）、折扣价格和库存风险分摊合同（PDIRS）的分析比较，发现随着物流服务质量对产品数量和质量影响的增加，权力结构的影响也会增加，这些激励机制可以实现全渠道协调和双赢，对第三方物流服务商而言，TUP 导致渠道性能次优，PDIRS 是中度风险合同，而 RSCS 是高风险合同。但 RSCS 可以激励经销商从无采购或少订单的原始状态开始采购或提高订单数量。因此，RSCS 可能成为一种有效的合作策略，以抑制或避免在日常生活中发生的生鲜产品滞销事件。

Shibaji 等（2017）讨论了一个考虑易变质产品的三级分销渠道中的渠道协调与利益共享问题。在推导分散决策、半集中决策和集中决策的基础上，提出了两种解决渠道冲突和渠道成员利益分配的合同谈判过程。在合同议价过程中，使用了数量折扣和处置成本补偿以及纳什议价产品。该模型得出以下结论：在分散环境下，零售商的利益最大化，而在集中环境下，分销商和制造商的利益最大化，且在集中式场景下，渠道的总体效益是最好的；为了达到最佳渠道绩效和在渠道成员之间分配利益，可以采用两种合同谈判过程中的任意一种。

邬文兵等（2017）从前提、诱因和动力三方面揭示了我国农产品物流系统自组织演化机制，认为政府要以自组织机制作为政策制定的基本依据。

丁秋雷等（2017）综合考虑多个主体的利益，针对干扰事件导致鲜活农产品冷链物流配送难以顺利实施这一难题，以生成扰动最小的调整方案为突破口，运用干扰管理思想，结合行为科学中行为感知的研究方法与运筹学中定量优化的研究手段，分析干扰事件对生产商、客户和物流配送运营商三个行为主体的影响，创建鲜活农产品冷链物流配送的干扰管理模型。

黄福华等（2018）对我国 1949 年以来的生鲜农产品物流政府规制的演进过程从单一化、多元化到系统化规制时期的规制内容进行了探讨，并从规制依据、规制过程以及规制结果三个方面分析了提升我国生鲜农产品物流政府规制有效性的框架。

王俣含等（2018）通过对比分析我国农产品物流在不同演化阶段下的发展变化，运用序参量自组织原理，解析其主导因素，挖掘新型城镇化的内涵及其对主导因素的影响，明确新型城镇化对农产品物流的作用机理。结果表明，社会空间结构、农业生产经营方式、物流技术三者交替主导我国农产品物流发展。

蒋渊等（2018）针对一个仅存在易逝产品质量信息不对称的供应链系统，考虑需求同时受产品质量和价格影响的情况下供应链的最优决策问题。建立了零售商和制造商的 stackelberg

博弈模型，探究零售商的预售决策和制造商的质量披露决策对双方均衡期望收益的影响。结果表明，预售模式下零售商的利润总是优于不采取预售策略的情形。但是对于零售商来说，制造商的质量披露行为会损害其利益。此外，计算得到了制造商进行质量披露的临界质量披露成本。

郑琪等（2018）将生鲜农产品的新鲜度和风险偏好程度作为变量，引入了风险偏好因子，并考虑对生鲜农产品质量安全科技投入等情况，分别建立了完全信息和不完全信息的超市与生鲜农产品生产商之间的激励契约模型。

曹裕等（2018）构建了单周期下生鲜农产品生鲜度激励模型，供应商和零售商利润与消费者价格敏感系数呈反向变化，与新鲜度敏感系数呈同向变化。在价格竞争市场，供应商保鲜努力程度和利润与价格替代率呈反向变化；在生鲜度竞争市场，供应商保鲜努力程度和利润与新鲜度替代率呈同向变化。

姚冠新等（2018）认为物流服务商的保鲜能力及努力水平影响生鲜农产品物流过程中的新鲜度损耗，基于客户企业角度研究了此双重信息不对称情形下生鲜农产品物流外包的保鲜激励问题。主要是运用委托代理理论建立了以线性分成契约为基础，物流服务商保鲜能力为连续类型的激励模型，并运用最优化原理求解得到最优激励机制。

Ma 等（2018）研究季节性生鲜农产品供应商、第三方物流服务商和零售商组成的三级供应链系统的协调问题，建立了一个成本收益共享的协调合同。研究结果表明：①通过改变每单位产品的质量弹性和生产成本，分析了最优保鲜努力、需求量和总渠道利润。对于数量（质量）弹性较大或单位生产成本较高的生鲜产品，即保鲜努力对产品保存量和新鲜度的影响增大，TPLSP 将提高其保鲜努力水平。因此，需求数量会减少，所有供应链成员的预期利润会显著下降。一般来说，对于具有较高数量弹性的新鲜产品，TPLSP 的保鲜效果会降低。②集中式模型是实现渠道总利润和需求数量最大化的最佳协调机制。此外，集中式系统的最优保鲜率与分散式系统的最优保鲜率相同。因此，协调的重点应该是降低产品的供应成本，促进供应链成员之间的信息共享，而不是提高保鲜率。③理论证明所设计的激励机制既能实现渠道全协调，又能实现双赢。激励机制可以激励供应链所有成员共同承担风险和信息。

雷俊丽等（2018）借鉴刺激—机体—反应（stimulus-organism-response，SOR）理论及 Fishbein 多属性态度模型，基于消费者感知视角，构建了消费者对易逝品不透明销售模式接受意愿的概念模型。研究表明：消费者感知价值、消费者态度和消费者个性偏好特征是影响消费者对不透明销售模式接受意愿的主要积极因素；并且消费者个性偏好特征及消费者产品价值体验可以通过消费者态度间接显著正向影响消费者对不透明销售模式的接受意愿。消费者感知价值越高、消费者态度越积极、消费者个性偏好特征越佳，消费者对不透明销售模式的接受意愿就越强；同时，消费者个性偏好特征和产品价值体验越好，其通过消费态度对不透明销售模式接受意愿的间接正向影响也越强。

邵腾伟等（2018）考虑顺应消费者参与消费体验，追求产品质量安全保障，构建了社区化消费者与组织化生产者通过电商平台进行点对点的生鲜农产品供应链纵向一体化众筹预售与众包生产联合决策模型及机制，对促进我国生鲜农产品以销定产，消费者参与质量安全监督和农产品流通"最初一公里"与"最后一公里"问题解决及生鲜电商发展有参考价值。

郑宇婷等（2019）针对新鲜产品供应链（冷链）中分销商，引入保鲜努力刻画分销商投入的保鲜工作，考虑新鲜产品到达市场的数量与质量，分析冷链分销商的最优决策问题。与前人研究相比,该文献使用加法形式需求函数刻画市场需求,并使用相关企业数据验证加法形式需求函数的合理性,完善了冷链分销商决策问题的相关研究。研究发现,当保鲜努力外生时,分销商的最优订货数量和最优零售价格只与保鲜努力有关;当零售价格外生时,分销商的最优保鲜努力与产品实际单位成本关于保鲜努力函数的一阶最优条件有关;当订货数量外生时,分销商制定的零售价格随保鲜努力增加而增大,所获得的利润也随保鲜努力递增,但边际利润随保鲜努力递减。

Amirmohsen 等(2019)认为内部跨职能部门的整合是外部农产品供应链运作的先决条件;由于农业整合,传统上作为价格接受者的农民变成了价格制定者;作为农产品供应链的两个主要参与者农民和经营者应该合并分担风险,而非以前主要由农民负责产量风险。同时在供应和价格敏感需求不确定的情况下,考虑了有能力联合批量和定价问题。在产能过剩的情况下,决策者可以选择租用自己的产能。建立了两种情形的模型,一种是在产量实现之前价格和产量已确定(联合决策),另一种是在产量已知之后价格已确定(顺序决策)。在联合决策案例中引入了期望需求填充率弹性的概念,并刻画了单边生产和单边定价的条件。推广到有固定生产成本的情况,并证明了双边生产和定价政策是最优的,最后探讨了决策者租用产能的最优条件。

冯颖等(2020)考虑生鲜农产品随机产出和价值损耗的特性,分别构建了离岸价格和到岸价格两种商务模式下的分散决策博弈模型,发现当转移支付价格和外购成本分别变化时,到岸价格模式下的零售商期望利润总是高于离岸价格模式,满足特定条件时,到岸价格模式是离岸价格模式的帕累托改善,到岸价格模式的实施有利于改善供应链系统的整体运作状况。

李玉民等(2020)讨论存在退货且有退货期限的冷链宅配供应链协调问题时,发现集中式决策允许更长的退货期限,在配送企业的收费策略满足一定条件时,可以实现帕累托最优,调整契约分摊系数可以实现利润在生鲜电商企业与配送企业间的不同分配。

王海南等(2020)对我国生鲜农产品供应链演进过程、动力机制进行了分析,并对新型冠状病毒性肺炎疫情对我国生鲜农产品供应链转型的潜在影响进行了预判。针对疫情暴露的生鲜农产品供应链问题,该文最后提出了促进生鲜农产品供应链发展优化的政策建议。

曹晓宁等(2020)以供应商主导的双渠道供应链为研究对象,考虑新鲜度衰减且扰动需求和供应商保鲜努力,对比分析集中和分散决策模型,论证构建协调模型的必要性。从渠道合作和利润最大化的角度出发,设计两部定价契约、批发价协调契约和由成本分担与补偿策略构成的混合协调契约,三种契约均能在一定范围内有效实现供应链协调,提高各成员的利润。

杜建国等(2021)通过构建由生产商和销售商组成的 Stackelberg 博弈模型,发现引入收益共享契约后,在合适的共享系数范围内,生产商的农资投入量会增加,农产品的绿色度会比批发价契约的分散决策时高,同时销售商的销售价格降低;当农产品订购量变大后,引入契约后的生产商和销售商各自的利润相较于分散决策时更高。

从以上文献的梳理中,我们发现在农产品物流管理及农产品供应链协调机制的研究中,大多数学者采用了博弈论的方法,有合作博弈,也有非合作博弈,从主导对象、协调主体、考虑因素不同等方面研究,研究的热点集中在生鲜农产品的管理上,这些研究成果为从事农产品物流管理的决策者提供了提高农产品物流管理效率的理论依据。

4.2.3 农产品物流效率及物流水平评价研究现状

想要提高农产品物流效率,首先需要分析影响农产品物流效率的主要环节或关键因素有哪些，这不仅需要考虑农产品物流运作网络布局、经营规模、主要流程因素，还需要考虑影响产品质量的其他因素，如天气、时间、腐损、温度等。因此，如何建立农产品物流效率评价体系对一些具体的农产品物流效率指标进行分析，并通过构建效率评价模型来对农产品物流水平进行分析评价，成为很多学者研究的方向。主要研究成果如下。

庞胜明等（2007）将规模收益率引入物流中心经营规模优化中，建立了一种基于生产函数和规模收益率的物流中心经济规模优化模型，计算了物流中心经营规模与规模收益率的关系。以寿光市农产品物流中心为例，对优化模型进行了应用，结果表明，随着物流中心资本与劳动力投入的增长，物流中心规模收益率呈现先递增后递减的特征，结果表明优化模型是可行的，可以用来衡量物流中心经营规模的经济性。

潘福斌等（2014）用专家评分法及层次分析法找出了影响农超对接农产品物流系统绩效的关键因素，提出农产品物流系统改进可通过建立安全追溯机制、扩大合作社规模、加强冷链和信息化建设，有助于更好地完善农超对接农产品物流系统。

王程等（2014）用层次分析法对西部地区生鲜农产品的物流水平进行综合评价，通过农产品物流发展水平和供需失衡程度，用聚类分析方法对农产品物流模式选择提出了建议。

汪旭辉等（2015）采用随机性前沿模型（SFA）对比分析了我国不同区域的物流效率不平衡情况。

Kazaz（2015）分析了易腐产品的不确定经济权衡，风险规避和不确定性需求和/或供应的来源如何影响可处理性和最优决策。研究发现当不确定性来源为需求时，引入风险规避后，最优决策方向不受影响，而当不确定性来源为供给时，最优决策方向性可能会变化。

张可明等（2016）利用突变级数法与离差最大化法构建农产品物流产业评估模型，对农产品物流产业发展水平进行客观、准确的分析与评估，结果表明：广东省农产品物流产业发展的优势主要体现在信息化水平与经济基础两方面，基础设施建设则是当前制约其产业发展的关键因素；而庞大的产业规模是现阶段支撑山东省农产品物流产业发展的重要力量。

曹小英等（2016）利用模糊综合评判法构建了农产品物流企业核心竞争力评价模型，从服务力、创新力、营销力、管理力、文化力五个一级指标对四川两个代表性公司进行评价，其结果符合实际。

黄福华等（2017）从物流规模、物流损耗、物流费用和物流滞销四个方面构建了生鲜农产品物流效率评价指标体系，并以长沙生鲜农产品为研究样本，利用灰色关联模型分析了影响生鲜农产品物流效率的因素，主要包括产品售价、运输综合费用、仓储综合费用、订单响应时间、销售量、总批量、滞销量及损耗量。通过系统把握主要影响因素，构建了基于规模化定制、共同物流及流通方式变革的生鲜农产品物流效率提升模式。

程书强等（2017）利用 DEA-Malmquist 指数法对其农产品物流效率变化、省际差异性变化及原因进行探讨。研究认为：西部地区农产品物流效率逐年升高但增速放缓，技术进步是效率提高的主要动力，技术效率和规模效率则起到阻碍作用；各省市差异逐年缩小，技术应用水平是其存在差异的主要原因；产业结构对效率的影响在不同阶段表现作用不同。

张磊等（2018）采用随机前沿生产函数模型，利用来自山东省寿光农产品物流园蔬菜一级批发商户的调查数据，分析蔬菜一级批发商户的技术效率及其影响因素。研究表明，蔬菜一级批发商在蔬菜批发过程中存在着显著的效率损失，商户主要决策者的年龄、在园区的经营时间、固定客户采购量占批发总量的比重、固定代收户的收购量占其总收购量的比重、蔬菜一级批发商是否拥有自己的种植基地，对商户的技术效率影响显著，而商户单次批发的蔬菜品种数量、是否投资购买大型运输车辆、商户决策者的文化程度、蔬菜一级批发商的从业经历、从事蔬菜批发的年限等因素对商户的技术效率影响不显著。

从以上文献中可知，大部分学者对农产品物流效率的评价采用了模糊综合评价法、层次分析法等效率评价模型，并把这些模型进行了实证分析，评价结果对促进农产品物流效率的提高具有一定的促进作用。

4.2.4 农产品物流运营技术研究现状

对农产品物流运营技术的研究，大多以生鲜农产品作为研究对象。其研究的重点是农产品新鲜度保持、物流时间缩短、物流运作环境和过程监控、确保运作主体之间的信任等。主要研究成果如下。

Ferguson（2006）探索了销售易逝品的零售商通过信息共享的产生价值，发现经营需求变化大、产品生命周期短、产品成本高等类型产品的零售商通过信息共享获益最大。而且信息共享时采用先进先出（FIFO）策略比后进先出（LIFO）策略满足需求更有利，随机分配（SIRO）策略也比后进先出策略要好。

杨华龙等（2010）为优化生鲜农产品物流网络布局，以从产地、预冷站、配送中心到各个需求点总物流费用最小为目标函数，并结合生鲜农产品时间敏感特征，通过采集腐烂指数经验数据，测算出因腐烂变质造成的物流损失成本，建立生鲜农产品物流网络布局非线性规划模型，设计相应的遗传算法验证其有效性。

Melanie等（2009）以粮食或农产品等作物的生产供应处理网络为例，发现由于公司之间缺乏信任，基于IT网络的供应链管理提高效率的障碍包括与网络结构条件相关的技术问题和人员问题。技术障碍产生于简化IT应用程序的需要。网络的先决条件是数据的通用交换格式，以促进链级之间的规划和交易。

齐林等（2010）针对无线传感器网络实时监控的农产品冷链物流环境中，传感器节点的感知数据传输频率高、能耗高和监测时间短的问题，提出基于统计过程控制（SPC）的感知数据压缩方法，设计了适用于传感器节点数据处理的动态—单值—滑动极差（D-X-RS）算法。

杨信廷等（2011）针对农产品物流配送过程追溯信息采集不易、监管不利的状况，设计了农产品物流过程追溯模型，综合采用地理信息系统技术、全球定位技术、条码扫描技术和无线通信技术，构建具有产品自动配载、配送最佳路径选择、运输过程实时监控和配送到货智能更新功能的系统，系统包括车载信息采集子系统和配送中心管理与决策子系统，实现了系统功能，并解决了系统实现的关键技术。跟踪测试结果表明，系统能实现配送过程信息的快速采集与过程追溯。

王国利等（2012）根据农产品温控物流具有跨专业、跨地区、多环节和多主体的特点，在综合考虑农产品温控物流当前技术需求与社会发展需求的基础上，通过对农产品物流领域的多个制约元素的分析，提出了农产品温控物流技术集成理论体系，即"三硬一软"核心技术支撑体系。

佟金等（2013）提出并开发了一种基于RFID、GPS和GPRS技术的冷链物流状态和质量监控信息系统实时监控生鲜农产品在运输过程中的状态和质量，通过网络发布包括温度、货物状态图片和GPS定位信息、食品状态和质量信息，保证生鲜农产品在运输过程中处于安全状态，从而有效降低运输过程中的损耗。

Stefanie 等（2013）建立了一个适用于新鲜猪肉和新鲜禽肉的通用货架期预测模型，以假单胞杆菌的生长为基础，将 Gompertz 模型作为主要模型，Arrhenius 模型作为次要模型，建立了适合的预测模型。新鲜家禽的相关微生物生长参数（生长率和最大生长率反转点的时间）与新鲜猪肉的相应参数相关，从而建立了一个通用的货架期模型。所开发的模型可以很好地预测假单胞菌的生长，从而预测新鲜猪肉和新鲜家禽的货架期。在实际的肉类供应链中实施，需要使模型适应具体的产品和供应链特点。随后，该模型可以被认为是一个有效的工具（结合适当的温度监测解决方案），以改善肉类供应和分销链内的质量管理。

向敏等（2015）利用遗传算法考虑总配送费用最小和最小客户满意度最大为目标设计了生鲜农产品配送路径优化问题。

李晔等（2015）利用可靠性理论，将生鲜农产品物流耗损与物流系统的不可靠度对应起来，构建了生鲜农产品物流耗损测量模型，定量计算生鲜农产品的物流耗损。

Jedermann 等（2015）聚焦于监控产品保质期变化的技术、模型和应用程序，保质期的定义是食品质量下降到接受限度以下的剩余时间，并据此规划连续的连锁过程和物流，以发现和防止产品质量的无形或潜在损失，特别是遵循先过期先出的策略，以优化剩余货架期和预期运输时间之间的匹配。并用三个关于浆果、香蕉和肉类冷链的案例研究，概述了收获后的不同处理方法。提出所需的技术解决方案，如用于远程质量监督的无线传感器和通信系统，用于检测乙烯作为有害成熟指标的气体传感器。

张弛等（2016）为解决中国农产品冷链物流行业中信息化应用系统由于研发成本、个性化需求响应速度以及与第三方系统集成度低等因素造成的推广应用难等问题，对 12 家从事生鲜农产品冷链物流相关业务的企业信息化需求进行深入调研分析，基于云服务及组件集成技术设计了生鲜农产品冷链物流云服务系统。

张永军等（2016）设计基于无线传感器网络的气体传感器在线校准方法，显著地提高了气体浓度监测精度，为有效精准调节冷链运输微环境气体浓度提供了调控依据。

李昌兵等（2017）综合考虑物联网技术优势和生鲜农产品的特点，引入模糊时间窗函数、客户满意度函数、农产品损耗函数等主要约束条件，构建以客户满意度最大、配送费用最小为目标的物联网环境下多目标路径优化模型，并用改进后的遗传算法进行仿真模拟。

张虎等（2017）考虑到现有的 TTI 匹配条件在一定程度上限制了 TTI 的应用范围，即使 TTI 满足了传统匹配条件的要求，但应用效果也会受到农产品采收品质波动的影响。通过使用反应动力学方程和等量线方法，在原有的匹配过程中引入了 TTI 的校准过程，并借此推导 TTI 匹配所需的基本条件，以及校准过程所需的参数。

Michael 等（2017）解决了在定期检查情况下零售商如何销售随机寿命产品为易腐产品设置有效期的问题。以新鲜西红柿为例，利用一种创新的方法来设置过期日期，将基于食品科学的货架期建模与随机库存控制框架相结合。模型认为食品的变质是不可观察的，来自连续订单的库存可能会随机消失，同时考虑了随机需求和销售损失。研究结果表明：正确设置有效期确实非常有价值，零售商的总成本对最佳有效期选择相当敏感。由于保质期太短，处理仍在销售的产品的成本迅速增加，从而使提供高服务水平成为一项昂贵的任务。结果表明，设置过短的过期日期相对于设置过长的过期日期成本要昂贵得多。然而，如今零售商的普遍做法是设定保守的（故意缩短）保质期，这恰恰是成本更昂贵的主张。因此，这些观察证实了关注保质期设置问题和控制配送零售中的食品浪费问题的价值所在。

在制定政策时，基本的权衡是销售已经变质的产品和处理仍然可以销售的产品。成本包括典型的库存持有成本、用于持有多余的库存和未满足需求的惩罚成本，加上处理过期库存和销售已经损坏的产品的额外成本。对于新鲜水果和蔬菜等易腐食品来说，后两项成本通常相当高。

付焯等（2018）借鉴传染病学的疾病传播原理，将传染源、传播载体、受染者三个传染要素引入物流风险传递识别中，获取物流超期风险五个要素，即物流作业标准、管理能力、环境保障、物流延期和空间风险传递，并构建了生鲜农产品供应链物流风险的传递模型。

李超玲（2019）认为第三方物流信息平台可以集成先进的物流技术，将零散的物流信息进行整合，并提供共用空间，减少资源成本消耗，有利于提高农产品物流的集约化、精细化管理水平，提高客户满意度，实现企业良性发展，是农产品现代物流发展的助推器，对促进我国农产品物流发展具有重要的推动作用。并在阐释信息化对农产品市场选择的影响机理及其边际效应的基础上，研究了广西农产品物流信息平台的构建和总体设计。

Christian 等（2019）以运送易腐烂的食品，如新鲜水果和蔬菜到客户场所为研究对象，并以奥地利的草莓配送进行调查，在基于代理的决策支持系统中引入了消费者偏好和货架期数据的集成，以帮助建立杂货服务。研究结果表明，考虑了剩余的货架期、不同的交货日期、时间窗口、交货费用和延误，并整合这些数据对服务提供和物流绩效的联合考虑非常重要。送货费用是最重要的客户因素。对于物流系统来说，车辆利用率和货架期要求对准时和高质量交付易腐食品都很重要。因此，如果时间窗很紧或保质期很长，那么优化车辆路线的灵活性就会降低，这可能会增加行驶距离，从而延迟交货和降低食品质量，这些负面的客户体验会更进一步限制未来的订单。

李敏等（2020）采用 MILP 建模求解鲜活农产品物流配送系统网络选址问题，以成本控制为基础建模目标，以净菜为例，分析鲜活农产品特性和物流网络流动特点，从约束规划的角度改进该模型求解问题，提出了一个约束规划模型，使鲜活农产品物流配送系统能够有效控制运行成本和提升输出产品品质。

胡森森等（2020）针对农产品供应链外部农产品信任度低，而供应链内部成员之间信任缺失等问题，分析了适用于农产品供应链的共识机制，认为区块链技术能建立农产品供应链上的消费者信心，增强供应链企业之间的信任。

朱雪丽等（2020）分析我国生鲜农产品供应链运行现状，并指出结合智慧物流关键技术促进生鲜农产品供应链升级发展的必要性。

吕靖等（2020）基于改进的 GM（1,1）模型和 BP 神经网络提出了一种新的预测模型，使其充分发挥各自优势，并用此组合预测模型对大连水产品冷链物流需求进行预测。

刘艳利等（2020）通过对浙江省 2003—2018 年影响水产品冷链物流指标的数据进行整理，建立基于需求的水产品冷链物流预测模型，采用主成分分析和 BP 神经网络组合法对 2019—2023 年浙江省水产品冷链物流需求量进行预测。

从以上分析可以看出，在农产品物流的运营管理中，第三方物流信息平台、区块链技术、无线传感器网络实时监控技术、物联网技术、远程质量监督的无线传感器和通信系统、RFID、GPS 和 GPRS 等先进技术发挥了重要的作用，并且在运营中遇到的需求预测、库存控制、选址配送等问题均有相应的模型可以解决。

4.3 农产品物流案例分析

4.3.1 农产品物流效率研究案例分析

本节以黄福华、蒋雪林的文章《生鲜农产品物流效率影响因素与提升模式研究》作为案例，介绍农产品物流效率方面的研究思路和研究方法。

该案例梳理了国内外相关文献和生鲜农产品经营主体、消费者以及相关专家对生鲜农产品的关注点，从物流规模、物流损耗、物流费用和物流滞销四个方面构建了生鲜农产品物流效率评价指标体系，并以长沙生鲜农产品为研究样本，利用灰色关联模型分析了影响生鲜农产品物流效率的因素，主要包括产品售价、运输综合费用、仓储综合费用、订单响应时间、销售量、总批量、滞销量及损耗量，指出生鲜农产品各级市场的主要影响因素及其影响程度不尽相同。综合主要影响因素，构建了基于规模化定制、共同物流及流通方式变革的生鲜农产品物流效率提升模式。最后，从政府规制、经营主体组织化程度、基础设施及信息化建设等方面提出发展建议。

1. 研究背景及思路

生鲜农产品物流作为解决"三农"问题的重要抓手之一，一直是学者关注的焦点。我国生鲜农产品物流总体存在成本高、损耗高、效率低等问题，这在一定程度上制约了我国农业产业化的进程。其中，提升生鲜农产品物流效率尤显关键。

政府规制影响生鲜农产品物流效率，如生鲜农产品"绿色通道"的开设加快了生鲜农产品的运输效率。同时，生鲜农产品流通方式也影响着物流效率，如"农超对接"模式的物流效率就高于传统多环节流通模式。再者，生鲜农产品物流效率也因物流内部系统中不同经营主体的规模、损耗、费用等的不同而不同。因此，找准影响生鲜农产品物流效率的主要因素，对于提升生鲜农产品物流效率具有重要意义。

该案例选取以"农产品现代物流"作为主导产业的现代服务业综合试点城市长沙为调研地点，并以长沙生鲜农产品为研究样本，研究发现长沙生鲜农产品的流通渠道为"农户—一级批发商—二级批发商—零售商—消费者"，受流通环节和物流效率影响较大。因此，该案例的研究思路为：在现有的政府规制条件下，通过文献梳理和实地调研，应用灰色关联模型分析方法，重点探究影响生鲜农产品物流效率的主要因素，然后根据这些因素构建提升生鲜农产品物流效率的模式，以期为生鲜农产品物流实践提供一个参考。

2. 生鲜农产品物流效率的评价指标选取

物流效率是指物流的投入和产出之比，而由于生鲜农产品物流的投入和产出涉及物流的成本、数量、质量、柔性等众多方面，因此并不能直接以某个数值来体现投入和产出，需要构建一个指标体系对生鲜农产品物流效率进行综合评价。

通过对生鲜农产品经营主体、消费者以及相关专家的访谈和调研发现，目前市场上生鲜农产品"卖难"和"买难"并存，且80%以上的受访者谈到了成本高、利润低、损耗大、无规模以及物流慢等问题。通过文献整理和实际调研发现，文献和受访者的关注点都集中在规模、损耗、费用以及滞销等问题上，故可从费用、规模、损耗及滞销这四个方面来构建生鲜农产品物流效率的评价指标。

围绕流通规模、损耗、费用以及滞销 4 个方面，本案例设定的生鲜农产品物流效率评价指标体系包括 4 个二级指标和 10 个三级指标。

1）物流规模指标

一般而言，生鲜农产品经营主体的规模越大，交易批量和销售量就会越大，且规模效应使得单位经营成本降低，生鲜农产品流通的速度也会越快，从而影响物流效率的提升。本案例选取单次批量、总批量和销售量来体现生鲜农产品经营主体的物流规模指标。

2）物流损耗指标

生鲜农产品在物流过程中产生的损耗是一种资源的浪费，无疑也影响着物流效率。不同于一般的农产品，生鲜农产品具有易变质的特性，因而对冷链设施设备要求较高，企业拥有先进的冷链物流设施设备就能有效降低生鲜农产品物流损耗。故本案例选取损耗量和冷链物流能力作为反映生鲜农产品经营主体的物流损耗指标，其中损耗量表示生鲜农产品的损耗量；冷链物流能力表示生鲜农产品企业的冷链水平，在此用冷链资源占企业物流资源的百分比来表示。

3）物流费用指标

成本和费用是企业经营生产投入的体现，生鲜农产品经营的重要目标就是要降低成本，提高收益，因而物流费用与物流效率密切相关。本案例选取物流费用指标来衡量生鲜农产品物流效率，且为方便收集数据，采用生鲜农产品经营的运输综合费用和仓储综合费用来体现物流费用。

4）物流滞销指标

刘浩指出，生鲜农产品的市场价值随着其新鲜程度的递减而递减，一旦出现滞销，就会因为新鲜度损耗和价值损耗而更难卖出，这无疑会影响生鲜农产品的物流效率，故选取物流滞销指标来衡量生鲜农产品物流效率。滞销量是物流滞销的直接体现，而产品售价和订单响应时间也会影响生鲜农产品的销售，故用生鲜农产品的滞销量、产品售价和订单响应时间来反映物流滞销指标。

综上，生鲜农产品物流效率评价指标体系如表 4-4 所示。

表 4-4 生鲜农产品物流效率评价指标体系

一级指标	二级指标	三级指标
物流效率	物流规模指标（G）	G1：单次批量/kg
		G2：总批量/kg
		G3：销售量/kg
	物流损耗指标（S）	S1：冷链物流能力/%
		S2：损耗量/kg
	物流费用指标（F）	F1：运输综合费用/元
		F2：仓储综合费用/元
	物流滞销指标（Z）	Z1：滞销量/kg
		Z2：产品售价/元
		Z3：订单响应时间/min

3. 生鲜农产品物流效率影响因素实证分析

1）数据获取

（1）调研方案设计。我国生鲜农产品物流发展水平存在着区域差异，而湖南省生鲜农产品物流发展水平正处于发达与不发达之间，在一定程度上能代表全国平均发展水平；且湖南省是农业大省，其柑橘、肉类和淡水产品类等生鲜农产品的产销量均排名全国前五，故选择湖南省作为生鲜农产品物流效率的重点研究区域。为方便研究，本案例选取湖南长沙进行生鲜农产品调研。长沙不仅是湖南的省会城市，更是将"农产品现代物流"作为试点主导产业的国家现代服务业示范城市，因此选择长沙进行生鲜农产品物流效率研究具有示范性和代表性。

调研主要采用问卷调查与访谈法两种，通过对长沙市生鲜农产品相关经营主体，包括农户、批发商以及零售商等进行访谈与问卷调查来收集数据，每次调查都需要做详细的记录。

调研发现，长沙生鲜农产品的流通渠道为农户——一级批发商——二级批发商——零售商——消费者，流通链条较长，流通环节和流通主体较多。为方便研究，文章假设在现行政府法规政策不变的前提下，长沙生鲜农产品的流通渠道为农户——一级市场——二级市场——三级市场——消费者。其中，一级市场是指较大型的批发市场，如长沙马王堆蔬菜批发市场等；二级市场是指中小型的批发市场，如长沙河西湘仪菜市场等；三级市场是指社区生鲜门店或生鲜超市。在后文的分析中，将"农户——一级市场——二级市场——三级市场——消费者"这整个链条称为整体市场。

（2）数据选择。生鲜农产品的种类很多，包括蔬菜类、水果类、肉类以及水产类等，本案例以调研中获得的蔬菜类数据为例，将筛选后的数据作为对生鲜农产品物流效率研究的数据源。选择蔬菜类作为代表，是因为蔬菜类作为大众商品，其流通量大、流通过程完整且能比较好地反映市场价格，是生鲜农产品的典型代表。

获得的蔬菜类生鲜农产品数据主要包括生鲜农产品经营业主的单次批量、总批量、销售量、损耗量、冷链物流能力、运输综合费用、仓储综合费用、滞销量、产品售价以及订单响应时间。通过剔除无效样本，并对数据进行取均值处理，得到生鲜农产品市场各业主的物流效率指标数据（见表4-5）。

表4-5　生鲜农产品市场各业主的物流效率指标数据

市场	业主	单次批量	总批量	销售量	冷链物流能力	损耗量	运输综合费用	仓储综合费用	滞销量	产品售价	订单响应时间
一级市场	A1	152	300	271	35	50	1 125	350	29	2.2	30
	A2	205	450	404	45	66	936	300	46	2	24
	A3	321	605	501	50	98	1 353	352	55	2	34
	A4	178	362	308	40	93	914	280	54	2.3	21
二级市场	B1	63	315	218	15	36	837	209.3	67	2.6	16
	B2	45.2	225	178	20	31	640	160	47	2.5	12
	B3	63.8	162	114	25	19	750	187.5	48	2.5	15
	B4	32.8	64	192	15	25	400	100	58	2.6	14.2
	B5	26.4	82	115	20	28	678	169.5	43	2.5	11

续表

市场	业主	单次批量	总批量	销售量	冷链物流能力	损耗量	运输综合费用	仓储综合费用	滞销量	产品售价	订单响应时间
三级市场	C1	7.8	60	45	5	17	245	62.8	15	3	7.8
	C2	3.8	45	34	10	15	229	58.7	11	3	9.8
	C3	3.5	75	58	10	15.7	336	86.2	17	3.2	11.6
	C4	5.6	57	41	5	18	267	68.5	16	3.2	11.5

2）生鲜农产品物流效率影响因素分析

本案例利用灰色关联模型分析法，通过一定的数据处理来确定各因素与目标值的关联性，以期找出影响长沙市各级市场生鲜农产品物流效率的主要因素。灰色关联分析理论对数据的要求较低，能以小样本系统为研究对象，通过少量已知信息来获取未知信息，因而应用非常普遍。

（1）指标值的标准化处理。由于不同指标具有不同的量纲，因此对指标数据进行标准化处理。本案例采取初始值法对数据进行无纲量化处理，得到长沙生鲜农产品物流效率各指标标准化数据（见表4-6）。

表4-6 生鲜农产品物流效率各指标标准化数据

市场	业主	单次批量	总批量	销售量	冷链物流能力	损耗量	运输综合费用	仓储综合费用	滞销量	产品售价	订单响应时间
一级市场	A1	1.000	1.000	1.000	1.000	1.000	1.000	1.000	1.000	1.000	1.000
	A2	1.349	1.500	1.491	1.286	1.320	0.832	0.857	1.586	0.909	0.800
	A3	2.112	2.017	1.849	1.429	1.960	1.203	1.006	1.897	0.909	1.133
	A4	1.171	1.207	1.137	1.143	1.860	0.812	0.800	1.862	1.045	0.700
二级市场	B1	0.414	1.050	0.804	0.429	0.720	0.744	0.598	2.310	1.182	0.533
	B2	0.297	0.750	0.657	0.571	0.620	0.569	0.457	1.621	1.136	0.400
	B3	0.420	0.540	0.421	0.714	0.380	0.667	0.536	1.655	1.136	0.500
	B4	0.216	0.213	0.708	0.429	0.500	0.356	0.286	2.000	1.182	0.473
	B5	0.174	0.273	0.424	0.571	0.560	0.603	0.484	1.483	1.136	0.367
三级市场	C1	0.051	0.200	0.166	0.143	0.340	0.218	0.179	0.517	1.364	0.260
	C2	0.025	0.150	0.125	0.286	0.300	0.204	0.168	0.379	1.364	0.327
	C3	0.023	0.250	0.214	0.286	0.314	0.299	0.246	0.586	1.455	0.387
	C4	0.037	0.190	0.151	0.143	0.360	0.237	0.196	0.552	1.455	0.383

（2）计算绝对差值。绝对差值分为最小差值和最大差值，以标准化后指标值全为 1 的数列作为参考数列，对标准化后的比较值和参考值进行差值计算，取绝对差值中的最小值或最大值。其计算公式分别如下：

$$\Delta \min = \min_{j} \min_{i} |r_i^* - r_{ij}| \qquad \Delta \max = \max_{j} \max_{i} |r_i^* - r_{ij}|$$

式中：i——业主；

j——评价指标；

r_i^*——第 i 个业主的参考值；

r_{ij}^*——第 i 个业主在第 j 个指标上的数值。依据计算公式，得到各个指标与参考数列的绝对差值（见表4-7）。

表4-7 生鲜农产品物流效率各指标与参考数列的绝对差值

市场	业主	单次批量	总批量	销售量	冷链物流能力	损耗量	运输综合费用	仓储综合费用	滞销量	产品售价	订单响应时间
一级市场	A1	0.000	0.000	0.000	0.000	0.000	0.000	0.000	0.000	0.000	0.000
	A2	0.349	0.500	0.491	0.286	0.320	0.168	0.143	0.586	0.091	0.200
	A3	1.112	1.017	0.849	0.429	0.960	0.203	0.006	0.897	0.091	0.133
	A4	0.171	0.207	0.137	0.143	0.860	0.188	0.200	0.862	0.045	0.300
二级市场	B1	0.586	0.050	0.196	0.571	0.280	0.256	0.402	1.310	0.182	0.467
	B2	0.703	0.250	0.343	0.429	0.380	0.431	0.543	0.621	0.136	0.600
	B3	0.580	0.460	0.579	0.286	0.620	0.333	0.464	0.655	0.136	0.500
	B4	0.784	0.787	0.292	0.571	0.500	0.644	0.714	1.000	0.182	0.527
	B5	0.826	0.727	0.576	0.429	0.440	0.397	0.516	0.483	0.136	0.633
三级市场	C1	0.949	0.800	0.834	0.857	0.660	0.782	0.821	0.483	0.364	0.740
	C2	0.975	0.850	0.875	0.714	0.700	0.796	0.832	0.621	0.363	0.673
	C3	0.977	0.750	0.786	0.714	0.686	0.701	0.754	0.414	0.455	0.613
	C4	0.963	0.810	0.849	0.857	0.640	0.763	0.804	0.448	0.455	0.617

（3）求灰色关联系数。灰色关联系数的计算公式为：

$$\varepsilon_i^j = \frac{\min\limits_j \min\limits_i |r_i^* - r_{ij}| + \rho \max\limits_j \max\limits_i |r_i^* - r_{ij}|}{|r_i^* - r_{ij}| + \rho \max\limits_j \max\limits_i |r_i^* - r_{ij}|}$$

式中：ε_i^j——灰色关联系数，代表指标对物流效率的关联系数；

ρ——分辨系数，是为了减小最大绝对差值的影响，进而提高关联系数的差异性，且 $\rho \in [0,1]$，一般取 $\rho = 0.5$。根据上面绝对差值的计算结果，可知 $\Delta_{\min} = 0$，$\Delta_{\max} = 1.310$，代入灰色关联系数的计算公式中，即可得到各个指标与其灰色关联系数如表4-8所示。

表4-8 生鲜农产品物流效率指标与其灰色关联系数

市场	业主	单次批量	总批量	销售量	冷链物流能力	损耗量	运输综合费用	仓储综合费用	滞销量	产品售价	订单响应时间
一级市场	A1	1.000	1.000	1.000	1.000	1.000	1.000	1.000	1.000	1.000	1.000
	A2	0.653	0.701	0.705	0.804	0.786	0.875	0.891	0.667	0.928	0.854
	A3	0.371	0.536	0.580	0.732	0.550	0.853	0.995	0.567	0.928	0.898
	A4	0.793	0.850	0.896	0.891	0.577	0.862	0.854	0.576	0.963	0.796

续表

市场	业主	单次批量	总批量	销售量	冷链物流能力	损耗量	运输综合费用	仓储综合费用	滞销量	产品售价	订单响应时间
二级市场	B1	0.528	0.959	0.857	0.672	0.807	0.821	0.745	0.472	0.866	0.715
	B2	0.482	0.824	0.774	0.732	0.755	0.731	0.684	0.654	0.896	0.661
	B3	0.530	0.718	0.669	0.804	0.654	0.779	0.716	0.642	0.896	0.701
	B4	0.455	0.598	0.801	0.672	0.701	0.645	0.621	0.540	0.866	0.690
	B5	0.422	0.617	0.671	0.732	0.727	0.747	0.695	0.708	0.896	0.649
三级市场	C1	0.408	0.594	0.584	0.578	0.640	0.600	0.588	0.708	0.763	0.613
	C2	0.402	0.580	0.573	0.621	0.626	0.595	0.585	0.654	0.763	0.635
	C3	0.401	0.610	0.599	0.621	0.631	0.626	0.609	0.739	0.721	0.657
	C4	0.405	0.591	0.580	0.578	0.647	0.606	0.593	0.723	0.721	0.655

（4）求灰色关联度。灰色关联度表示的是被评价数列与参考数列两者之间相互关联的程度，其值越大，表示两者之间关联度越大，反之则越小。因为各个指标在各级市场的关联系数信息较分散，难以直观比较，所以利用各个指标在各级市场中灰色关联系数的算术平均值来表示灰色关联度，计算公式为：

$$e = \frac{1}{n}\sum_{i=1}^{n}\varepsilon_i^j$$

式中：e——灰色关联度，数值越大代表关联度越强。当$e>0.5$时，则代表着评价指标与目标值有较强的关联度。通过计算，得出生鲜农产品物流效率指标在长沙生鲜农产品各级市场的灰色关联度，见表4-9。

表4-9 生鲜农产品各级市场物流效率指标的灰色关联度

市场	单次批量	总批量	销售量	冷链物流能力	损耗量	运输综合费用	仓储综合费用	滞销量	产品售价	订单响应时间
整体市场	0.529	0.706	0.714	0.726	0.700	0.749	0.737	0.665	0.862	0.733
一级市场	0.704	0.772	0.795	0.857	0.728	0.897	0.935	0.702	0.955	0.887
二级市场	0.488	0.743	0.754	0.723	0.729	0.745	0.692	0.603	0.884	0.683
三级市场	0.404	0.594	0.584	0.600	0.636	0.607	0.594	0.706	0.742	0.640

3）结果分析

从表4-9中可看出，生鲜农产品物流效率指标在各级市场的关联度均大于0.5或接近0.5，说明评价指标与物流效率有着较强的关联度，也再次证明本案例指标选取的科学性。根据生鲜农产品物流效率评价指标关联度结果，可以找出影响各级市场生鲜农产品物流效率的主要因素，文章选取各级市场物流效率指标灰色关联度值排名前四的因素为主要因素。

（1）整体市场生鲜农产品物流效率主要影响因素分析。在整体市场中生鲜农产品物流效率指标的灰色关联度值排名前四的分别为产品售价、运输综合费用、仓储综合费用和订单响应时间。其中产品售价的关联度值最大，为0.862，其后三个指标的关联度值分别为0.749、0.737和0.733。因此产品售价、运输综合费用、仓储综合费用和订单响应时间是生鲜农产品整体市场中影响物流效率的主要因素。其余指标的关联度值均大于0.5，但小于这四个指标，属于次要影响因素。

（2）一级市场生鲜农产品物流效率主要影响因素分析。在一级市场中生鲜农产品物流效率指标的灰色关联度值排名前四的分别为产品售价、仓储综合费用、运输综合费用和订单响应时间。其中产品售价和仓储综合费用的关联度值分别达到0.955、0.935，均大于0.9，关联度极高；运输综合费用和订单响应时间的关联度值分别为0.897、0.887，关联度也很高。因此产品售价、仓储综合费用、运输综合费用和订单响应时间是生鲜农产品一级市场中影响物流效率的主要因素。其余指标的关联度值均大于0.7，但相比产品售价、运输综合费用、仓储综合费用和订单响应时间，则是次要影响因素。

（3）二级市场生鲜农产品物流效率主要影响因素分析。在二级市场中生鲜农产品物流效率指标的灰色关联度值排名前四的分别为产品售价、销售量、运输综合费用和总批量。其关联度值分别为0.884、0.754、0.745和0.743。因此产品售价、销售量、运输综合费用和总批量是生鲜农产品二级市场中影响物流效率的主要因素。单次批量指标的关联度值为0.488，小于0.5，在二级市场中单次批量对生鲜农产品物流效率的影响最小；其余指标的关联度值均大于0.6，是次要影响因素。

（4）三级市场生鲜农产品物流效率主要影响因素分析。在三级市场中生鲜农产品物流效率指标的灰色关联度值排名前四的分别为产品售价、滞销量、订单响应时间和损耗量。其中产品售价的关联度值最大，为0.742，其后三个指标的关联度值分别为0.706、0.640和0.636。因此产品售价、滞销量、订单响应时间和损耗量是生鲜农产品三级市场中影响物流效率的主要因素。单次批量指标的关联度值为0.404，小于0.5，可见在三级市场中单次批量对生鲜农产品物流效率的影响最小；其余指标的关联度值均大于0.5，属于次要影响因素。

综上可知，在生鲜农产品的各级市场中，影响生鲜农产品物流效率的因素主要包括产品售价、运输综合费用、仓储综合费用、订单响应时间、销售量、总批量、滞销量和损耗量，但各级市场的主要影响因素和影响程度不尽相同，如整体市场和一级市场的主要影响因素侧重于物流费用指标和物流滞销指标，二级市场的主要影响因素侧重于物流规模指标和物流费用指标，而三级市场的主要影响因素侧重于物流滞销指标和物流损耗指标。通过找出影响生鲜农产品物流效率的主要因素，可以在生鲜农产品物流的实际运作过程中系统协调各个影响因素，从而有针对性地提升生鲜农产品物流效率。

4. 生鲜农产品物流效率提升模式的构建

通过系统分析产品售价、运输综合费用、仓储综合费用、订单响应时间、销售量、总批量、滞销量和损耗量这些影响生鲜农产品物流效率的主要因素，准确把握这些因素在生鲜农产品各级市场的影响程度，可以构建提升生鲜农产品物流效率的模式。基本思路是通过生鲜农产品规模化定制、共同物流及流通方式变革的方法来系统协调这些主要因素对各级市场生鲜农产品物流效率的影响，有针对性地增大或减小某些影响因素的值，进而提升生鲜农产品物流效率。

1）基于规模化定制的生鲜农产品物流效率提升模式

生鲜农产品规模化定制是指生鲜农产品经营主体以消费者需求为导向，根据需求进行标准化、规模化生产，从而高效率满足顾客需求的过程。基于规模化定制的生鲜农产品物流效率提升模式（见图4-10），能够有效协调产品售价、销售量、总批量、滞销量、运输综合费用和仓储综合费用在各级市场对生鲜农产品物流效率的影响，进而提升生鲜农产品物流效率。

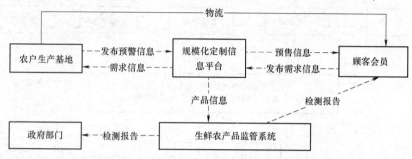

图4-10 基于规模化定制的生鲜农产品物流效率提升模式

①生鲜农产品生产者将顾客（包括生鲜农产品经销商、消费者等）发展成为会员，通过快速响应会员在规模化定制信息平台上发布的需求来安排生产。所有会员的需求加在一起形成稳定的消费需求，而消费需求一旦稳定，生鲜农产品的销售价格也会在合理的区间波动，这样生鲜农产品交易总批量和销售量都能够得到保障。②通过采取"预售"模式，生产者根据生鲜农产品的种植或养殖情况在信息平台上发布预售信息，预先收集顾客需求订单，然后依照顾客订单调整生产，这样就不愁农产品卖不出去，从而减少生鲜农产品的滞销量。③规模化定制使得生鲜农产品企业能够充分发挥规模效应，降低分摊在每一单位产品上的经营成本，此时运输综合费用和仓储综合费用也会相应减少。④整个模式中都由生鲜农产品监管系统进行质量监控，以保证生鲜农产品的安全可靠性。因此，基于规模化定制的生鲜农产品物流效率提升模式能够通过将生鲜农产品售价控制在合理区间，稳定生鲜农产品销售量和总批量，减少生鲜农产品滞销量，降低生鲜农产品运输综合费用和仓储综合费用，从而有效提升生鲜农产品的物流效率。

2）基于共同物流的生鲜农产品物流效率提升模式

生鲜农产品共同物流主要是为了解决单个经营主体在生鲜农产品物流过程中所出现的高成本、高损耗和低效率等问题而形成的物流联盟组织。基于共同物流的生鲜农产品物流效率提升模式（见图4-11）以第三方物流企业联盟为主导，专业的物流企业之间通过建立长期的战略同盟关系，将各自所拥有的运输资源、仓储资源以及配送资源等在空间范围内汇聚形成共同物流平台，为生鲜农产品生产者、一级市场、二级市场、三级市场以及消费者等提供高效的物流服务。基于共同物流的生鲜农产品物流效率提升模式能够有效协调订单响应时间、滞销量、运输综合费用和仓储综合费用在各级市场对生鲜农产品物流效率的影响，进而提升生鲜农产品物流效率。

①通过组建联盟，每个物流企业的经营规模和实力都可以得到增强，从而能够大幅度缩短订单响应时间，以更快的速度将产品运送到消费者手中，有效减少生鲜农产品的滞销量。

②通过共同物流平台对生鲜农产品实行共同采购、共同仓储、共同运输以及共同配送等管理措施，合作企业可以分摊生鲜农产品的运输综合费用和仓储综合费用，有效降低物流成本以获得价格优势。③共同物流的运作离不开一个完善的信息与监管中心，它使得生鲜农产品经营企业和共同物流中心能够准确地把握物流需求的变化并及时做出反应。因此，基于共同物流的生鲜农产品物流效率提升模式能够通过缩短订单响应时间，减少生鲜农产品滞销量，降低生鲜农产品运输综合费用和仓储综合费用，进而提升生鲜农产品物流效率。

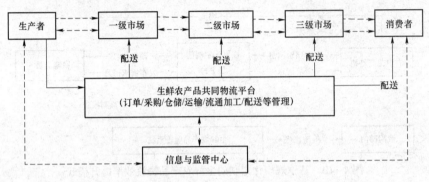

图4-11 基于共同物流的生鲜农产品物流效率提升模式

3）基于流通方式变革的生鲜农产品物流效率提升模式

批发市场在生鲜农产品市场中占据主导地位，是连接生产与消费的重要节点和中心枢纽，但随着流通方式的变革，生鲜农产品流通会朝着流通环节更少和流通方式更多元化的方向发展。基于流通方式变革的生鲜农产品物流效率提升模式（见图4-12）能够有效协调订单响应时间、滞销量、损耗量、运输综合费用、仓储综合费用和产品售价在各级市场对生鲜农产品物流效率的影响，进而提升生鲜农产品物流效率。

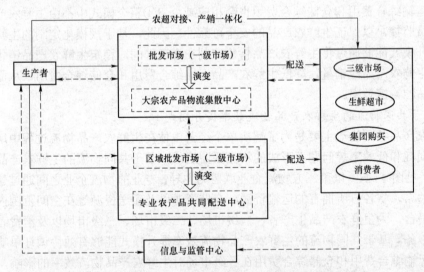

图4-12 基于流通方式变革的生鲜农产品物流效率提升模式

①农户组织起来形成生鲜农产品生产基地，扩大其经营规模和市场竞争力，能够有效缩短订单响应时间，快速响应消费者需求，从而减少生鲜农产品的滞销量。②随着一级批发市

场升级为大宗农产品物流集散中心,二级区域批发市场转变为专业的农产品共同配送中心,能够实现生鲜农产品从生产基地到三级市场、零售商和消费者之间的高效物流,极大减少生鲜农产品在运输过程中的滞销量和损耗量。③通过创新发展"农超对接"及产销一体化等新型流通方式,由需求方直接向生鲜农产品生产者进行规模化采购,能够大幅降低中转运输所产生的运输综合费用和仓储综合费用,从而节约成本以获取产品价格优势。④生鲜农产品信息与监管中心的建设,不仅有利于保障生鲜农产品质量,而且可以对生鲜农产品经营者胡乱设定生鲜农产品价格的行为进行监控。因此基于流通方式变革的生鲜农产品物流效率提升模式能够通过缩短订单响应时间,减少生鲜农产品滞销量和损耗量,降低生鲜农产品运输综合费用和仓储综合费用,并合理制定生鲜农产品售价,进而提升生鲜农产品物流效率。

5. 提升生鲜农产品物流效率的建议

1)加大政府规制生鲜农产品物流发展的执行力度

建议政府制定和完善生鲜农产品物流发展扶持政策,为生鲜农产品规模化定制平台建设、共同物流平台建设以及流通方式变革提供政策指引和资金支持。同时,统筹建立生鲜农产品物流产业发展基金,帮助生鲜农产品相关企业拓宽融资渠道,以提高企业经营规模,保障企业生鲜农产品的销售量以及降低物流费用。此外,要加强对生鲜农产品质量追溯体系和经营者诚信体系等方面的建设,这样既能稳定消费需求,又能避免生鲜农产品经营者随意提价损害消费者利益,进一步提升生鲜农产品物流效率。

2)提高生鲜农产品经营主体的组织化程度

生鲜农产品经营主体分散而无规模的生产和经营方式影响着物流效率水平,因而基于规模化定制、共同物流和流通方式变革的生鲜农产品物流效率提升模式都强调要提高经营主体的组织化程度。建议培育一批生鲜农产品的新型物流组织,如生鲜农产品专业合作社、产销联盟组织以及物流联盟组织等。这将有助于提高经营主体的规模和市场竞争力,保障生鲜农产品的销售量和总批量,并降低滞销量和损耗量。同时,生鲜农产品经营主体之间通过联盟还能分摊成本和物流费用,帮助其获得产品价格优势以及缩短订单响应时间,从而提高生鲜农产品的物流效率。

3)完善生鲜农产品物流基础设施

物流基础设施是保障生鲜农产品规模化定制平台建设、共同物流平台建设和流通方式变革的基石,因此完善物流基础设施对于提升生鲜农产品物流效率意义重大。建议一是要加快交通运输网络的建设,规划好生鲜农产品运输路线,以缩短订单响应时间,让生鲜农产品能够在最短时间内从生产地运送到目的地;二是要加大对生鲜农产品冷链设备的投入力度,促进生鲜农产品的保质保鲜,从而提高生鲜农产品销售量以及降低滞销量和损耗量;三是要引进新技术,通过技术创新来降低生鲜农产品的经营成本和物流费用,进而提升生鲜农产品物流效率。

4)加强生鲜农产品信息化建设

基于规模化定制、共同物流和流通方式变革的生鲜农产品物流效率提升模式都离不开完善的生鲜农产品信息体系。因而,建议一是要建设生鲜农产品销售信息平台,及时将生鲜农产品的生产、价格及质量监测等信息传递给消费者,这样既能缩短订单响应时间,也能保障生鲜农产品价格的公开透明;二是要建设生鲜农产品物流信息平台,使企业能够通过物流信息平台实现车辆配载与共同物流,以更快的速度将产品运送到消费者手中,有效减少生鲜农产品的滞销量和损耗量，降低物流综合费用，从而有效实现生鲜农产品物流效率的提升。

4.3.2 农产品供应链协调研究案例分析

以作者但斌、丁松、伏红勇的文章"信息不对称下销地批发市场的生鲜供应链协调"为例来介绍农产品供应链协调的研究思路和研究方法。

该案例针对我国生鲜农产品销地批发市场内普遍存在的产品价格信息不对称现象，基于博弈论方法建立了销地批发市场运营商与批发商之间的主从博弈模型，在批发商完全隐藏、部分隐藏和共享采购价格信息三种情形下，分析了双方的动态博弈过程，并进行了比较。给出一种由销地批发市场运营商主导的协调策略，在该策略中，一个足够强的信号在双方博弈开始时传递给批发商，使其相信共享采购价格信息是最优策略。结果表明，批发商共享采购价格信息，不但提高了批发市场运营商的期望利润，更有助于稳定生鲜农产品的供给，平抑生鲜农产品价格波动。最后通过对相关参数的讨论，从终端消费者的角度，给出了具体的管理建议。

1. 研究背景及思路

作为城市居民生活必需品和农民重要收入来源的生鲜农产品具有易腐性、产出随机波动大、需求点分散等特点。如何快速、有效地实现生鲜农产品从生产者到消费者的流通是生鲜农产品供应链研究与实践的重要问题。我国生鲜农产品销地批发市场作为生鲜农产品的区域集散中心，是生鲜农产品供应链中的重要环节。它们既承担了企业职能，又肩负着社会责任，在保障城镇居民供应、平抑物价、协调供应链等方面具有重要作用。因此，研究销地批发市场主导的生鲜农产品供应链的运作与管理具有重要意义。

目前，国内外批发市场（包括销地批发市场和产地批发市场）主导的生鲜农产品供应链的研究热点主要有批发市场的作用、批发市场的价格形成机制以及对特定批发市场的实证研究。由于我国当前农产品具有远距离批发集散的特点，导致信息流和物流的不匹配与错位，在传递过程中很容易出现信息不对称的情形。特别是在销地批发市场，批发商来自全国各地，拥有产品的产地价格信息，此类市场的信息不对称也已经是一种普遍现象。隐藏信息的目的是希望通过垄断信息资源，独占高额利润。而批发市场作为重要的流通环节，在追求自身利益的同时，应该起到相应的协调信息不对称的作用。鉴于此，本案例综合考虑生鲜农产品销地批发市场的保障供应、平抑物价和支持生鲜农产品供应链运作等作用，以博弈理论为基础，侧重点集中于以批发市场为主、批发商为从的主从博弈，研究完全信息不对称、部分信息不对称和信息对称三种情形下，销地批发市场运营商（简称运营商）和批发商的多周期动态博弈问题；通过动态揭示双方的博弈过程，给出一种运营商主导的协调策略，使得批发商的最优策略是共享其私有的采购价格信息，销地的产品供给和供应价格也更加稳定，最终达到预期的协调目标。

2. 问题描述及假设

在我国农产品销地批发市场与批发商的关系中，由于批发商规模较小，批发市场往往占据主动权，而批发商之间保持一种默契，共谋以增加和批发市场博弈的话语权，以此保护自身的利益。其运营状况是以批发市场与批发商之间的博弈为主。在一种典型的生鲜供应链中（见图4—13），产品初始价格由生产者确定，经产地批发市场和销地批发市场后，价格信息传递到终端消费市场。其中，批发商在产地批发市场采购产品后，进入销地批发市场，需要向批发市场运营商交纳固定额度的经营场地管理费和变动的单位产品交易管理费，以下统称单位产品管理费。

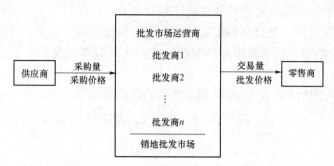

图 4-13 我国一种主要的生鲜农产品供应链运作模式

生鲜农产品是生活必需品，需求比较稳定，但需求不可能是固定不变的。在一个合理的范围内，产品价格将影响需求，且根据经济学的基本原理，两者具有反比例关系。不失一般性，本案例采用 $Q=a-bp$ 的形式表示销地批发市场所在地区产品总需求与批发价格的关系，其中 Q 表示产品的总需求即总交易量，p 表示产品的批发价格。其中产品批发价格指批发商在销地市场把产品销售给零售商的价格，而产品采购价格指批发商在产地市场购买产品的价格。

本案例的研究基于以下假设。

（1）销地批发市场内有 n 位批发商经营某种生鲜产品，每个批发商只有一个经营场地，在计划销售期的每个单销售周期内，所有批发商以相同的采购价格采购产品，但不同销售周期的采购价格是随机波动的变量。

（2）生鲜农产品具有固定的损耗率 $k \in [0,1]$，若批发商 i 在第 j 周期的订货量为 q_{ij}，则该周期内 kq_{ij} 部分产品将在运输和交易过程中损耗，只有 $(1-k)q_{ij}$ 部分是可交易的有效产品，且产品的残值为零，批发商会决策其最优采购量，使得产品在销售期内得以销售完。

（3）当批发商隐藏产品采购价格信息时，运营商不知道采购价格的确切值，只掌握了它是已知区间 $[A,B]$ 上的随机变量，且已知其概率分布函数 $F(\cdot)$ 和概率密度函数 $f(\cdot)$。

（4）生鲜农产品批发商和销地批发市场运营商均为风险中性。

其他符号及释义：N 表示计划期内包含的周期数；n 表示销地批发市场内经营场地数或批发商数；W_i 表示第 i 位批发商，$i=1,2,\cdots,n$；q_{ij} 表示第 j 周期 W_i 采购的产品数量；Q_j 表示第 j 周期销地批发市场内产品的总交易量；w_j 表示第 j 周期 W_i 的产品采购价格，是私有信息；c_f 表示批发市场的运营成本，包括土地租金、设施设备以及管理人员工资等，是固定值；c_t 表示批发商的单次运输成本，是固定值；c_0 表示批发市场运营商对每个经营场地收取的经营场地管理费，是固定值；c_{ja} 表示完全信息不对称情形下，第 j 周期运营商收取的单位产品管理费，是决策变量；c_{jv} 表示部分信息不对称情形下，第 j 周期运营商收取的单位产品管理费，是决策变量；c_{js} 表示信息对称情形下，第 j 周期运营商收取的单位产品管理费，是决策变量；c_{jc} 表示协调决策情形下，第 j 周期运营商收取的单位产品管理费，是决策变量；π_{W_i} 表示批发商 W_i 的利润；π_m 表示运营商的利润。其中下标 a、s 和 v 分别表示完全信息不对称情形、信息对称情形和部分信息不对称情形。

3. 批发市场不参与协调时的博弈模型

在产品销售季节内，批发商的计划期持续 N 周期。销地批发市场的运营模式为，运营商向批发商收取固定的经营场地管理费和单位产品管理费。在任意第 j 周期内，批发商和运营商存在一个动态博弈过程：批发商假定运营商收取的单位产品管理费 c_j 不变，决策其最优采购量 q_{ij}，它是 c_j 的函数；运营商根据批发商确定的 q_{ij}，决策最优的 c_j；最后批发商由此确定 q_{ij} 的具体值。

考察第 j 周期内的情形。批发商 W_i 和运营商的利润分别为：

$$\pi_{w_{ij}} = \left[p_j(1-k) - w_j - c_j\right]q_{ij} - c_0 - c_t \tag{4-1}$$

$$\pi_{m_j} = nc_0 + c_j \sum_i q_{ij} - c_f \tag{4-2}$$

$$Q_j = (1-k)\sum_i q_{ij} = a - bp_j \tag{4-3}$$

将式（4-3）代入式（4-1）中，得到 W_i 的利润关于 q_{ij} 开口向下的二次函数，存在定义域内的极大值。求一阶导数得：

$$\frac{\partial \pi_{w_{ij}}}{\partial q_{ij}} = \frac{a(1-k)}{b} - \frac{(1-k)^2}{b} \times (q_{ij} + \sum_i q_{ij}) - w_j - c_j \tag{4-4}$$

令式（4-4）为零，得到 W_i 的利润取到极大值时的充分条件为：

$$q_{ij} + \sum_i q_{ij} = \frac{a}{1-k} - \frac{b}{(1-k)^2}(w_j + c_j) \tag{4-5}$$

完全理性的 n 位批发商必定均分式（4-5）的总量，否则所有批发商都无法达到最优利润。由式（4-5），解出均衡状态下 W_i 第 j 周期内的最优采购量为：

$$q_j = \frac{1}{n+1}\left[\frac{a}{1-k} - \frac{b}{(1-k)^2}(w_j + c_j)\right] \tag{4-6}$$

将式（4-6）代入式（4-3），得到均衡状态下产品的批发价格为：

$$p_j = \frac{a}{b(n+1)} + \frac{n}{n+1}\frac{w_j + c_j}{1-k} \tag{4-7}$$

由式（4-7）容易看出，产品的均衡价格与产品采购价格、批发市场收取的单位产品管理费和产品单位损耗率均成正比例关系。批发价格和产品管理费都直接增加了单位产品的成本，而产品单位损耗率越大，批发商批发一次产品的损耗成本就越大，这间接增加了单位产品成本。式（4-7）较好地反映了实际情况。

将式（4-6）代入式（4-2），得到运营商第 j 周期内的利润为：

$$\pi_{m_j} = nc_0 + \frac{n}{n+1}c_j\left[\frac{a}{1-k} - \frac{b}{(1-k)^2}(w_j + c_j)\right] - c_f \tag{4-8}$$

1）完全信息不对称情形

运营商根据式（4-8）决策向批发商收取的单位产品管理费 c_{ja}，使得其利润最大。由于完全信息不对称，运营商始终不知道批发商确切的采购价格，根据假设（3）和式（4-8）得：

$$c_{ja} = \frac{a}{2b}(1-k) - \frac{1}{2}\int_A^B xf(x)\mathrm{d}x > 0 \tag{4-9}$$

然后将式（4-9）分别代入式（4-6）和式（4-7），得到均衡状态下批发商 W_i 的最优采购量和产品均衡批发价格为：

$$q_{ija} = \frac{\left[\dfrac{a}{2(1-k)} - \dfrac{b}{(1-k)^2}\left(w_j - \dfrac{1}{2}\int_A^B xf(x)\mathrm{d}x\right)\right]}{n+1} \tag{4-10}$$

$$p_{ja} = \frac{a(n+2)}{2b(n+1)} + \frac{n\left[w_j - \dfrac{1}{2}\int_A^B xf(x)\mathrm{d}x\right]}{(n+1)(1-k)} \tag{4-11}$$

再将式（4-11）分别代入式（4-1）、式（4-3）和式（4-8），得到批发商 W_i 和运营商的最优利润分别为：

$$\pi_{ija} = \left[\frac{a}{2b}(1-k) - \left(w_j - \frac{1}{2}\int_A^B xf(x)\mathrm{d}x\right)\right]^2 \times \frac{b}{(n+1)^2(1-k)^2} - c_0 - c_t \tag{4-12}$$

$$\pi_{mja} = \frac{nb}{(n+1)(1-k)^2}\left[\frac{a}{2b}(1-k) - \frac{1}{2}\int_A^B xf(x)\mathrm{d}x\right]\left\{\frac{a}{2b}(1-k) - \left[w_j - \frac{1}{2}\int_A^B xf(x)\mathrm{d}x\right]\right\} + nc_0 - c_f \tag{4-13}$$

2）信息对称情形

同理，运营商根据式（4-8）决策向批发商收取的单位产品管理费 c_{js}，使得其利润最大。由于批发商共享了采购价格信息，运营商始终知道采购价格的确定值。仍由式（4-8）得：

$$c_{js} = \frac{a}{2b}(1-k) - \frac{1}{2}w_j > 0 \tag{4-14}$$

同理，由式（4-14）依次得到均衡状态下批发商 W_i 的最优采购量、产品均衡价格、批发商 W_i 和运营商的最优利润分别为：

$$q_{ijs} = \frac{1}{n+1}\left[\frac{a}{2(1-k)} - \frac{b}{(1-k)^2}w_j\right] \tag{4-15}$$

$$p_{js} = \frac{a(n+2)}{2b(n+1)} + \frac{nw_j}{2(n+1)(1-k)} \tag{4-16}$$

$$\pi_{ijs} = \left[\frac{a}{2b}(1-k) - \frac{1}{2}w_j\right]^2 \times \frac{b}{(n+1)^2(1-k)^2} - c_0 - c_t \tag{4-17}$$

$$\pi_{mjs} = \frac{nb}{(n+1)(1-k)^2}\left[\frac{a}{2b}(1-k) - \frac{1}{2}w_j\right]^2 + nc_0 - c_f \tag{4-18}$$

3）部分信息不对称情形

研究表明，价格传递的不对称依赖于价格变化的方向。在生鲜农产品批发市场中，如果批发商的产品采购价格下降，批发商不会向供应链下游传递这个信息，而把这个作为信息垄断利润，从而运营商不知道具体的采购价格；如果采购价格上升，批发商则会充分传递这个信息，以保障自己的利润不受价格增加的影响，从而运营商知道具体的采购价格。此时根据以上分析和式（4-9）和式（4-14），运营商向批发商收取的单位产品管理费 c_{jv} 为：

$$c_{jv} = \begin{cases} c_{ja}, w_j < w_{j-1}, P(w_j < w_{j-1}) = 1 - F(w_j) \\ c_{js}, w_j > w_{j-1}, P(w_j > w_{j-1}) = F(w_j) \end{cases} \quad (4-19)$$

其中当且仅当 $w_j < w_{j-1}$ 时，有；当且仅当 $w_j > w_{j-1}$ 时，有 $c_{jv} = c_{js}$。而 $w_j < w_{j-1}$ 的概率为 $P(w_j < w_{j-1}) = 1 - F(w_j)$，$P(w_j > w_{j-1}) = F(w_j)$ 表示 $w_j > w_{j-1}$ 的概率。

由式（4-19），依次得到均衡状态下批发商 W_i 的最优采购量、产品均衡价格、批发商 W_i 和运营商的最优利润分别为：

$$q_{ijv} = [1 - F(w_j)]q_{ija} + F(w_j)q_{ijs} \quad (4-20)$$

$$p_{jv} = [1 - F(w_j)]p_{ja} + F(w_j)p_{js} \quad (4-21)$$

$$\pi_{ijv} = [1 - F(w_j)]\pi_{ija} + F(w_j)\pi_{ijs} \quad (4-22)$$

$$\pi_{mjv} = [1 - F(w_j)]\pi_{mja} + F(w_j)\pi_{mjs} \quad (4-23)$$

4）三种情形的比较

计划期内 w_j 是一个已知概型分布的随机变量，满足以下性质：

$$E(w_j) = \int_A^B xf(x)\mathrm{d}x \quad (4-24)$$

$$V(w_j) = \int_A^B \left[x - \int_A^B xf(x)\mathrm{d}x \right]^2 \mathrm{d}x > 0 \quad (4-25)$$

命题1：计划期内，完全信息不对称和部分信息不对称情形下，批发商的期望利润大于信息对称情形下的期望利润。批发商具有隐藏采购价格信息的动机。

证明：由式（4-12）可得完全信息不对称情形下，计划期内批发商 W_i 的期望利润为

$$E(\pi_{ia}) = -N(c_0 + c_t) + \frac{bN}{(n+1)^2(1-k)^2} \times \left\{ \left[\frac{a}{2b}(1-k) - \frac{1}{2}\int_A^B xf(x)\mathrm{d}x \right]^2 + V(w_j) \right\} \quad (4-26)$$

同理，由式（4-17）可得对称信息情形下，计划期内批发商 W_i 的期望利润为：

$$E(\pi_{is}) = -N(c_0 + c_t) + \frac{bN}{(n+1)^2(1-k)^2} \times \left\{ \left[\frac{a}{2b}(1-k) - \frac{1}{2}\int_A^B xf(x)\mathrm{d}x \right]^2 + \frac{1}{4}V(w_j) \right\} \quad (4-27)$$

由式（4-26）和式（4-27）得，

$$E(\pi_{iv}) = [1 - F(w_j)]E(\pi_{ia}) + F(w_j)E(\pi_{is})$$

$$\Rightarrow E(\pi_{ia}) > E(\pi_{is}); E(\pi_{iv}) > E(\pi_{is})$$

证毕。

命题2：计划期内，完全信息不对称和部分信息不对称情形下，运营商的期望利润小于信息对称情形下的期望利润。运营商具有希望批发商共享全部采购价格信息的动机。

证明：由式（4-13）可知信息不对称的情形下，计划期内运营商的期望利润为：

$$E(\pi_{ma}) = nNc_0 - Nc_f + \frac{nbN}{(n+1)(1-k)^2}\left[\frac{a}{2b}(1-k) - \frac{1}{2}\int_A^B xf(x)\mathrm{d}x\right]^2 \quad (4-28)$$

同理，由式（4-18）可得信息对称情形下，计划期内运营商的期望利润为：

$$E(\pi_{ms}) = nNc_0 - Nc_f + \frac{nbN}{(n+1)(1-k)^2}\left\{\left[\frac{a}{2b}(1-k) - \frac{1}{2}\int_A^B xf(x)\mathrm{d}x\right]^2 + \frac{1}{4}V(w_j)\right\} \quad (4-29)$$

由式（4-28）和式（4-29）得：

$$E(\pi_{mv}) = [1-F(w_j)]E(\pi_{m,a}) + F(w_j)E(\pi_{ms})$$，证毕。

$$\Rightarrow E(\pi_{m,a}) < E(\pi_{ms}); E(\pi_{mv}) < E(\pi_{ms})$$

从命题1和命题2可以看出，批发商的最优策略是隐藏采购价格信息，这与现实情况是符合的；而运营商的最优策略是让批发商与其共享采购价格信息。这是一个对立的结果，一方达到最优的代价是另一方无法达到最优。但由于在批发商和运营商的博弈过程中，批发商实际上是运营商收取管理费用决策的追随者，从而运营商有动机改变决策方式，使得批发商的最优策略就是共享其采购价格信息。而批发商共享采购价格信息不但可以增加运营商的期望利润，其重要意义还在于，一旦信息得以共享，批发市场所在地区的批发价格将处于更加稳定的状态，这对稳定城镇居民生活具有重要意义。

4. 批发市场主导协调时的博弈模型

在信息不对称的前提下，运营商可通过收取不同的单位产品管理费，达到协调信息不对称的效果。为此，令单位产品管理费为 c_{jc}，其中 $0 \leq \phi < 1/2$ 为常数；且根据式（4-9），$0 \leq \phi < 1/2$ 保证了 c_{jc} 的值始终为正。

$$c_{jc} = \frac{a}{2b}(1-k) - \phi\int_A^B xf(x)\mathrm{d}x \quad (4-30)$$

其中 $0 \geq \phi < 1/2$ 为固定值；根据式（4-9），可得 $c_{jc} > c_{ja} > 0$ 的结论，这保证了 c_{jc} 的值始终为正。批发商是这个决策的接受者。

由式（4-30）得计划期内批发商 W_i 的期望利润为：

$$E(\pi_{ic}) = -N(c_0 + c_t) + \frac{bN}{(n+1)^2(1-k)^2}\left\{\left[\frac{a}{2b}(1-k) - (1-\phi)\int_A^B xf(x)\mathrm{d}x\right]^2 + V(w_j)\right\} \quad (4-31)$$

命题3：当 ϕ 满足式（4-32）时，$E(\pi_{ic}) < E(\pi_{iv}) < E(\pi_{is})$ 成立，此时批发商的最优策略是共享采购价格信息

$$\phi < \min\left\{1 - \left[\int_A^B xf(x)\mathrm{d}x\right]^{-1}\left[\frac{a(1-k)}{2b} - \sqrt{\left(\frac{a(1-k)}{2b} - \frac{1}{2}\int_A^B xf(x)\mathrm{d}x\right)^2 - \frac{3}{4}V(w_j)}\right], \frac{1}{2}\right\} \quad (4-32)$$

证明：由式（4-22）和式（4-26）有

$$E(\pi_{ic}) - E(\pi_{is}) = \frac{3}{4}V(p_{0j}) - \left[\frac{a}{2b}(1-k) - \left(\frac{3}{2} - \phi\right)\int_A^B xf(x)\mathrm{d}x\right] \times \left(\frac{1}{2} - \phi\right)\int_A^B xf(x)\mathrm{d}x \quad (4-33)$$

令 $E(\pi_{ic}) < E(\pi_{is})$，由式（4-33）及 $0 \leq \phi < 1/2$ 可得式（4-32）所示结果，而由 $E(\pi_{iv})$ 表达式可知 $E(\pi_{ic}) < E(\pi_{iv}) < E(\pi_{is})$ 成立。证毕。

命题3表明，运营商至少存在一种策略，使得批发商愿意共享其私有的采购价格信息。在计划期内，批发商和运营商需要进行 N 次博弈；而每周期的开始，都是批发商先决定自己的采购量和是否共享其采购价格信息，然后运营商再决定自己收取的单位产品管理费。可以预见的是，在计划期开始时双方的第一次博弈中，批发商肯定会选择隐藏采购价格信息；但

如果运营商开始时就确定 ϕ 满足式（4-32）的条件，则从第二个周期开始直到计划期结束，批发商都必然会选择与运营商共享采购价格信息，因为此时共享采购价格信息是其最优策略。从而 ϕ 在这里事实上只起到了一个信号传递的作用，使得批发商明白其试图隐藏采购价格信息的行为，将带来确定性的置信成本；而 ϕ 的值越小，这种置信成本就会越大。但 ϕ 对计划期内批发商和运营商的期望利润的影响很小，因为在 N 周期内 ϕ 只影响了第一周期的利润。

命题 4：计划期内，信息对称情形下产品的供应量和批发价格的波动幅度，小于完全信息不对称和部分信息不对称情形下对应的波动幅度；批发商共享采购价格信息的行为，起到了良好的稳定生鲜农产品供给、平抑生鲜农产品物价的作用。

证明：由于产品的供应量和批发价格仍然为随机变量，故可以采用方差指标反映其波动幅度；方差较小则说明波动幅度较小，从而也更稳定。分别由式（4-10）、式（4-11）、式（4-15）和式（4-16）可得：

$$V(q_{ija}) = \frac{b^2}{(n+1)^2(1-k)^4} V(w_j) \tag{4-34}$$

$$V(q_{ijs}) = \frac{b^2}{4(n+1)^2(1-k)^4} V(w_j) \tag{4-35}$$

$$V(p_{ja}) = \frac{n^2}{(n+1)^2(1-k)^4} V(w_j) \tag{4-36}$$

$$V(p_{js}) = \frac{n^2}{4(n+1)^2(1-k)^4} V(w_j) \tag{4-37}$$

结合式（4-20）和式（4-21）即可得：

$V(q_{ija}) > V(q_{ijv}) > V(q_{ijs})$；$V(p_{ja}) > V(p_{jv}) > V(p_{js})$。证毕。

命题 4 表明，批发商共享采购价格信息的行为，有助于减小批发价格因采购价格波动造成的波动幅度，使得批发价格处于相对更加稳定的状态。从而，销地批发市场运营商协调批发商共享采购价格信息的行为，起到了良好的稳定生鲜农产品供给和平衡物价的作用，实现了批发市场追求利润的企业职能，同时也肩负起了稳定供给、平抑物价的社会责任，具有重要的现实意义和必要性；同时，销地批发市场也有这样做的动机。

5. 参数影响的讨论

据中新网 2012 年 8 月 17 日报道，山东某水果批发商在长沙某一农产品批发市场从事西瓜批发销售，3 天赚了 1 700 元，却被批发市场方扣除各种费用 1 620 元。该报道成为当时社会关注和讨论的热点。如果赋予批发市场理性经济人定位，其追求利益最大化的行为，往往会导致供应链的失衡，甚至扰乱市场秩序。从最终消费者的角度考虑，农产品批发市场在主动发挥其协调控制功能的同时，还应受到一定的监管与约束。以下基于本案例讨论的农产品批发市场运作模式，分别从这两个角度，对参数 n、c_0 和 c_j 做进一步讨论。

1）参数 n

农产品销地批发市场一般都具有一定的地域性垄断，因此事实上从事某种产品批发的批发商数量 n 主观上可控。由式（4-7），n 越大，产品批发价格越低；再由式（4-3），批发总量也越大。反之则批发价格越高，而批发总量也越小，一个不容忽视的事实是，在一部分农产品批发市场，某些种类农产品。批发商的数量很小，甚至只由一家批发商垄断经营，它们通过交纳较高数额的进场费和各种费用，达到排斥其他竞争对手、垄断高额经营利润的目的。

由于是垄断经营，产品的批发价格就处于高位水平，同时产品的质量也无法得到保证，最终损害的是终端消费者的利益。新闻报道中经常出现的"菜霸""肉霸"等内容，就是最直接的体现。所以农产品批发市场有责任适当降低批发商的进入门槛，让更多批发商进行竞争性经营，这样一方面可以促进市场的良性发展，另一方面也维护了终端消费者的切身利益，有利于促进消费、安定民生。

2）参数 c_0

c_0 直接反映了批发商进入批发市场的门槛。由式（4-7），c_0 并不影响批发商对批发价格的决策，也不会影响总批发量的大小；但 c_0 影响批发商的利润。当批发市场运营方调整 c_0 时，批发商的利润随之波动，但由于批发价格及批发量保持不变，这种行为对终端消费者并没有直接影响。然而随着 c_0 的值不断提高，批发商利润不断下降，许多中小型批发商甚至可能会选择退出批发市场，从而导致上述垄断经营局面的出现。在批发市场运营方降低 c_0 无利可图的情形下，就需要相关监管部门的严格监督，达到有效约束的效果。

3）参数 c_j

由式（4-3）和式（4-7），c_j 和批发价格成反比关系，和批发总量成正比关系。基于前文讨论，在达到协调目标的基础上，如果批发市场方能适当调低 c_j，则可以增加批发总量，降低批发价格，提高消费者的福利水平。同样批发市场运营商没有动力这么做，需要相关管理部门的监督和约束，以凸显批发市场的社会属性。

总之，我国农产品批发市场仍处于发展和调整阶段。在加强监管力度的同时，应从市场体制、收费制度、功能定位等方面进行积极的探索和改革，促进农产品批发市场的健康良性发展，避免和杜绝类似乱收费、垄断经营等社会问题。

6. 算例分析

现在以一个具体的销地批发市场上的一种生鲜农产品为例，阐述和验证本案例的主要结论。令单位价格为千元，单位数量为 t。该产品的单位采购价格服从已知区间 $[A, B]$ 上的均匀分布，基本参数为：$N=100$，$n=4$，$a=200$，$b=45$，$c_f=10$，$c_t=0.25$，$c_0=0.1$，$k=0.05$，$A=1.4$，$B=2.6$。从而 $E(w_j)=2.0$；$V(w_j)=0.12$。

完全信息不对称情形下，由式（4-9）得，第 j 周期运营商最优单位产品管理费为 $c_{ja}=1.11$；由式（4-10）和式（4-11）得，第 j 周期批发商 W_i 的最优采购量和批发价格为 $q_{ija}=31.02-9.97w_j$，$p_{ja}=1.82+0.84w_j$；由式（4-26）和式（4-28）得，计划期内批发商 W_i 和运营商的期望利润为 $E(\pi_{ia})=235.16$，$E(\pi_{ma})=3\,472.13$。

信息对称情形下，由式（4-14）得，第 j 周期运营商最优单位产品管理费为 $c_{js}=2.11-0.5w_j$；由式（4-15）和式（4-16）得，第 j 周期批发商 W_i 的最优采购量和批发价格为 $q_{ijs}=21.05-4.99w_j$，$p_{js}=2.67+0.42w_j$；由式（4-27）和式（4-29）得，计划期内批发商 W_i 和运营商的期望利润为 $E(\pi_{is})=217.21$，$E(\pi_{ms})=3\,591.80$。

部分信息不对称情形下，由式（4-19）得，第 j 周期运营商最优单位产品管理费以概率 $1-F(w_j)=(w_j-1.4)/1.2$ 为 1.11，以概率 $F(w_j)=(2.6-w_j)/1.2$ 为 $2.11-0.5w_j$；由式（4-20）和式（4-21）得，第 j 周期批发商 W_i 的最优采购量和批发价格为 $q_{ijv}=-4.15w_j^2+9.13w_j+9.42$，$p_{jv}=0.35w_j^2-0.78w_j+3.66$；由此得到计划期内批发商 W_i 和运营商的期望利润为 $E(\pi_{iv})=226.19$，$E(\pi_{mv})=3\,531.97$。

根据以上讨论,得到图 4-14 和图 4-15 所示的三种情形下采购量和产品批发价格与采购价格的关系图。

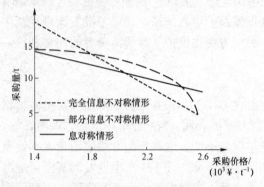

图 4-14 三种情形下采购量与采购价格关系　　图 4-15 三种情形下批发价格与采购价格的关系

由图可知,在每个周期内,随着批发商产品采购价格的增加,批发商的采购量会逐渐减少,但信息对称情形下采购量的减少幅度始终小于信息不对称（包括完全信息不对称和部分信息不对称,下同）情形;产品批发价格逐渐增加,但信息对称情形下批发价格的增加幅度始终小于信息不对称情形。这说明相对于信息不对称情形,批发商共享采购价格信息起到了良好的稳定批发量特别是批发价格的作用,这对稳定城镇居民生活水平具有重要的意义,在一定程度上也有助于稳定和控制本地区 CPI 的增长。

现在考察在运营商参与供应链协调时,批发商计划期内的期望利润水平。由式（4-31）得 $E(\pi_{ic}) = 797.782\phi^2 + 88.64\phi - 8.60$。特别地,当 $\phi = 0.06$ 时,$E(\pi_{ic}) = 0$。结合上述讨论,对比运营商在参与和不参与供应链协调时批发商的期望利润水平,得到如图 4-16 所示的结果。

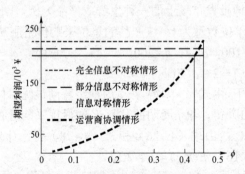

图 4-16 运营商参与和不参与协调时批发商期望利润与 ϕ 的关系

由图可知,当 $\phi = 0.5$ 时,则运营商与批发商的博弈过程等同于完全信息不对称情形下的博弈过程,此时批发商会选择隐藏采购价格信息;而根据式（4-32）可得,当 $\phi < 0.48$ 时,批发商的期望利润还要小于其共享采购价格信息时的期望利润,且随着 ϕ 的减小,期望利润单调递减。特别的,当 $\phi < 0.06$ 时,期望利润为负值。这说明当 $\phi < 0.48$ 时,批发商的最优策略是与运营商共享采购价格信息。这说明,运营商的协调策略是有效的。

事实上在计划期开始的第一个周期内,批发商决策的批发量为信息不对称情形下的最优值（式（4-10）),且认为运营商会收取式（4-9）所示的单位产品管理费;而实际上运营商会选择式（4-30），其中 $\phi < 0.48$。显然在第一个周期内，批发商和运营商都不能达到最优；特别的，根据命题 4 的结论，批发商的期望利润还要小于共享采购价格信息时的期望利润。但从第二个周期开始，批发商在决策批发量时就会考虑继续隐藏采购价格信息的置信成本，从而决策其批发量为信息对称情形下的最优值（式（4-15）），而因为批发商共享其采购价格信息，运营商自然会收取式（4-14）所示的单位产品管理费，以最大化自身的期望利润。

在这个过程中，ϕ 具有明显的信号传递作用，且从图 4-16 可以看出：ϕ 越小，这种传递作用越强；而运营商第一周期内如何对 ϕ 取值，对计划期内批发商和自身的期望利润影响都非常小，这是因为 ϕ 的取值只影响第一周期的利润，对其后的博弈过程没有影响。为验证这一性质，考察计划期内不同 ϕ 值下批发商和运营商的期望利润，得到如表 4-10 所示的结果。

表 4-10　计划期内 ϕ 对批发商和运营商期望利润的影响

ϕ	0.00	0.08	0.16	0.24	0.32	0.40	0.48
$E(\pi_{W,c})$	214.78	214.90	215.12	215.45	215.88	216.41	217.04
$E(\pi_{mc})$	3 555.64	3 567.38	3 577.08	3 584.74	3 590.36	3 593.93	3 595.46

注：利润单位为 10^3¥。

由表 4-10 可知，随着 ϕ 在可行域区间上的变动，计划期内批发商和运营商的期望利润都只发生了很小的变化，如批发商的期望利润只变化了 $[(217.04-214.78)/217.04] \times 100\% = 1.04\%$，运营商的期望利润只变化了 $[(3\,595.46-3\,555.64)/3\,595.46] \times 100\% = 1.11\%$，这种变化在误差范围内几乎可以忽略。所以运营商第一周期内如何对 ϕ 取值，对计划期内批发商和自身的期望利润几乎没有影响；而随着 ϕ 的减小，批发商的期望利润是逐渐减小的，于是运营商确定的 ϕ 值越小，批发商隐藏采购价格信息的置信成本也就越大。

算例表明，销地批发市场运营商的协调策略起到了良好的协调作用。虽然批发商的期望利润因为共享了采购价格信息而有所降低，但这也是其追求利润最大化的自然结果；同时，运营商的期望利润因为批发商的共享采购价格信息行为有所增加，这是运营商愿意进行协调的最根本动机，同样是追求利润最大化的结果。但运营商追求利润最大化的行为，同时也起到了良好的稳定生鲜农产品供给和平抑物价的社会作用，对稳定城镇居民的日常生活水平具有非常重要的作用和现实意义。

最后以参数 n 为例，探讨批发市场控制批发商数量对终端消费者产生的直观影响。在达到信息对称的协调基础上，令第 j 周期的采购价格为 $w_j = 2.0$，由此结合式（4-15）和式（4-16），得到如表 4-11 所示的结果。

表 4-11　批发商数量 n 对批发价格和批发总量的影响

n	1	4	5	6	7	8
p_j	3.86	3.51	3.47	3.44	3.42	3.40
Q_j	27.70	44.32	46.17	47.49	48.48	49.26

由表 4-11 可以看出，在批发市场的协调机制有效的情形下，与原来的 4 家批发商的数量规模相比较，批发市场通过适当降低门槛，引入更多数量的批发商进行竞争性经营，产品的批发价格不断降低，批发总量不断变大，消费者可以更优惠的价格消费更多产品，大大增加了消费效用和福利水平；反之，如果由少量批发商甚至 1 家批发商独断经营，则批发价格处于很高的价位，而总的批发量也会大幅降低，该结果很好地印证了前文的论述。

7. 结论

我国生鲜农产品销地批发市场在实现其企业职能的同时，也应肩负起稳定生鲜农产品供给、平抑生鲜农产品物价等社会职能。如何协调流通渠道中的信息不对称等影响供给和价格波动的因素，是销地批发市场能否实现上述社会职能的关键。本案例通过建立和分析销地批发市场运营商与批发商之间的动态博弈模型，得到如下主要结论。

（1）计划期内，完全信息不对称和部分信息不对称情形下，批发商的期望利润大于信息对称情形下的期望利润；批发商具有隐藏采购价格信息的动机。该结论也很好地体现了现实中的情形。

（2）计划期内，完全信息不对称和部分信息不对称情形下，销地批发市场运营商的期望利润小于信息对称情形下的期望利润；运营商具有希望批发商共享全部采购价格信息的动机。这也说明本案例由运营商主导协调策略的合理性。

（3）计划期内，信息对称情形下产品的供应量和批发价格的波动幅度，小于完全信息不对称和部分信息不对称情形下对应的波动幅度；批发商共享采购价格信息的行为，起到了良好的稳定生鲜农产品供给、平抑生鲜农产品物价的作用。

结论（1）和（2）的对立情形，是销地批发市场运营商愿意进行协调的根本动机。而在本案例给出的由运营商主导的协调策略中，通过一种足够强的信号传递机制，使得批发商的最优策略是共享私有的采购价格信息；运营商则成功达到协调的目的，增加了计划期内自己的期望收益水平。但运营商的协调策略除具有经济效应外，还具有结论（3）的社会效应，增强了销地批发市场的稳定供给和平抑物价的社会职能，具有较强的现实意义。

本案例的思想和结论同样适用于其他存在信息不对称，特别是双方存在多阶段（周期）动态博弈的情形。只要决策制定者在双方第一次博弈时给出足够强的信号（如本案例的 ϕ），使得决策追随者明白并且相信自己隐藏私有信息的置信成本很大，而共享私有信息则是最优的策略。因此，在双方随后所有阶段的博弈中，私有信息都将得以共享；而双方的期望利润受到的影响也将维持在很小的范围内。

本章思考题

1. 农产品物流的主要特征有哪些？
2. 农产品与其他产品相比，你认为其物流研究和运作重点是要解决什么问题？
3. 如果你将以生鲜农产品物流作为本科毕业论文的选题方向，你会选择哪一种产品作为研究对象？为什么？主要采用哪种理论方法？
4. 农产品物流的主要研究内容有哪些？

第5章
绿 色 物 流

▶ 本章导读

　　随着世界经济的不断发展，人类的生存环境也在不断恶化。具体表现是：能源危机、资源枯竭、臭氧层空洞扩大、环境遭受污染和生态系统失衡。于是，绿色消费运动在世界各国兴起。消费者不仅关心自身的安全和健康，还关心地球环境的改善，拒绝接受不利于环境保护的产品、服务及相应的消费方式，进而促进了绿色物流的发展。与此同时，绿色和平运动在世界范围内展开，环保勇士以不屈不挠的奋斗精神，给各种各样危害环境的行为以沉重打击，对于激励人们的环保热情、推动绿色物流的发展，起到了极其重要的作用。

　　环保事业是关系到人类生存与发展的伟大事业，国际组织为此做出了极大的努力并取得了显著成效。1992年，第27届联大决议通过把每年的6月5日作为世界环境日，每年的世界环境日都规定有专门的活动主题，以推动世界环境保护工作的发展。联合国环境署、世贸组织环境委员会等国际组织展开了许多环保方面的国际会议，签订了许多环保方面的国际公约与协定，也在一定程度上为绿色物流发展铺平了道路。随着经济全球化的发展，一些传统的关税和非关税壁垒逐渐淡化，环境壁垒逐渐兴起。为此，ISO 14000成为众多企业进入国际市场的通行证。ISO 14000的两个基本思想是预防污染和持续改进，它要求建立环境管理体系，使其经营活动、产品和服务的每一个环节对环境的影响最小化。ISO 14000不仅适用于第一产业、第二产业，也适用于第三产业，更适用于物流业。物流企业要想在国际市场上占有一席之地，发展绿色物流是其理性选择。

　　绿色物流是现代物流可持续发展的必然。物流业作为现代新兴产业，有赖于社会化大生产的专业分工和经济的高速发展。而物流要发展，一定要与绿色生产、绿色营销、绿色消费等绿色经济活动紧密衔接。人类的经济活动不能因物流而过分地消耗资源、破坏环境，以至于造成重复污染。此外，绿色物流还是企业最大限度降低经营成本的必由之路。一般认为，产品从投产到销出，制造加工时间仅占10%，而几乎90%的时间为仓储、运输、装卸、分装、流通加工、信息处理等物流过程。因此，物流专业化无疑为降低成本奠定了基础。

　　本章将首先介绍绿色物流的内涵、发展现状和作用、装备与工具、绿色评价等基本内容，其次分析在绿色物流领域的研究与应用情况，分别从绿色配送运输、绿色流通加工和能源效率研究等几个方面开展，最后介绍航空运输、水路运输、铁路运输、公路运输方面的绿色低碳实践案例。

5.1 绿色物流概述

5.1.1 绿色物流的内涵

1. 绿色物流的含义

1987年国际环境与开发委员会发表了名为《我们共有的未来》的研究报告。报告认为，为了实现长期、持续、稳定的发展，就必须采取各种措施来维护我们的自然环境。环境共生型的物流就是要改变原来经济发展与物流、消费生活与物流的单向作用关系，在抑制物流对环境造成危害的同时，形成一种能够促进经济发展和人类健康发展的物流系统，即向绿色物流、循环型物流转变。

绿色物流也称为生态物流或环保物流，是指在物流作业环节和物流管理的过程中尽可能降低物流对环境带来的污染，包含资源集约利用与物品包装、物资仓储、货物运输、废弃物物流等五个方面。绿色物流也是为了实现顾客满意，连接绿色供给主体和绿色需求主体，克服空间和时间阻碍的有效、快速的绿色商品和服务流动的绿色经济活动过程。绿色物流强调全局利益和长远利益，强调全方位对环保的关注，体现了企业的绿色形象，是一种全新的物流形态。

根据中华人民共和国国家标准《绿色物流指标构成与核算方法》（GB/T 37099—2018），绿色物流（environmental logistics）是指通过充分利用物流资源，采用先进的物流技术，合理规划和实施运输、储存、装卸、搬运、包装、流通加工、配送、信息处理等物流活动，降低物流对环境影响的过程。

绿色物流可理解为共生型物流、资源节约型物流、低熵型物流、循环型物流。要实现绿色物流，则必须通过改革运输、储存、包装、装卸、配送、流通加工等物流环节，在物流过程中抑制物流对环境造成的危害，并实现对物流环境的净化，使物流资源得到最充分利用。新时代的物流迫切希望实现物流绿色发展、循环发展和低碳发展。

2. 绿色物流的三个要点

结合现阶段物流业发展现状，可以总结出绿色物流的三个要点。

（1）绿色物流是可持续发展的必然要求，可持续发展的战略要求物流业发展必须做到绿色可持续，因此绿色物流是物流发展的必然选择。

（2）绿色物流不但可以使对环境的破坏降到最低，还可以促进物流体系的优化升级，这对于节约资源、减少环境污染具有十分重要的意义。

（3）绿色物流贯穿于物流业的全过程、各方面，绿色物流不仅仅指快递包装要做到可循环使用，还要求提高物流效率、降低能耗，减少对环境的影响等。

因此，发展绿色物流是一个系统化的工程，需要社会各界共同参与、一起发力。

5.1.2 绿色物流的发展现状

物流被视为经济的大动脉，也被历史证实能起到抵御经济危机的作用。随着物流业的迅速发展，国外针对现代物流与经济发展的关系主要存在两种观点：物流推动论和经济拉动论。

前者主要探讨现代物流的发展对经济增长的推动作用，后者则认为现代物流是经济发展的产物，经济发展程度决定了物流的需求，从而决定物流的发展水平。

物流发展与经济增长的相互促进关系一直备受赞誉。随着世界各国对环境问题的日益重视，有关绿色物流的研究和法规渐渐增多，有些学者认为政策应该刺激低碳技术广泛应用于交通运输业中，如南非政府应采取有效的运输管理政策，以抑制南非运输业日益增长的能源需求和环境恶化问题。

在相关法令法规方面，早在1991年，德国就开始实施《避免包装废弃物法令》。该法令对销售包装、运输包装均有约束作用。法令规定：①制造商有义务回收销售与运输包装物；②规定了主要产品和运输包装物的回收比例（牛奶17%，饮料72%，纸张、塑料64%，运输包装100%）；③对进口包装物实行押金制度。

迄今为止，国内外一些企业在绿色低碳物流方面已经有了一定的发展基础，如欧洲物流企业积极提倡二氧化碳减排的交通运输模式。世界著名物流TNT集团于2008年年初在荷兰发起"行星与我规划"，其中包括不断扩大使用电动车辆，减少内燃机车辆，计划到2025年减少该公司车辆二氧化碳废气排放量的一半，进一步扩大该公司二氧化碳温室气体排放量透明度。进一步大幅度提高物流效率，减少环境污染风险，在物流服务全程操作中的公路和铁路运输模式不分家，所有的集装箱和托盘等货运设备全部通用于公路和铁路，至少提高短途和远程等交通运输物流服务效率50%，其中仅德国每年可节约至少580万张办公用A4纸用量，从根本上控制温室气体排放和有力确保环境保护。

目前德国大部分物流集团和相关服务公司均在积极开发"生态物流概念"，其主要参与者是汽车制造商和汽车零部件供应商，从产品始发地到终点客户的全程中，按照相关环保法律法规严格实施包装品和废品管理，主要目标任务就是鼓励使用经久耐用和环保功能优异的集装箱设备。严禁使用容易造成环境污染的托盘和包装材料，促进木材、纸张和金属等包装材料循环使用和废品及时回收再生，减少二氧化碳等温室气体排放。

当今，绿色物流在朝以下方向发展。

1. 绿色仓储

绿色仓储是指绿色仓库建设、节能照明、光伏发电等清洁能源应用等多个方面的内容，应满足能耗低、环境污染小等要求。在一些仓储中，仓库消费的能源最严重的部分就是照明设备，如果应用绿色仓储的理念，通过安装窗户和天窗，采用高效的荧光灯进行照明就能使情况大为改观。例如，DHL为美国一家业务跨多个领域的客户建造了一个23 000 m²的可持续配送中心，新配送中心通过最大限度地减少能源和水的消耗、减少温室气体排放和降低成本，确保为居民、工作者和当地社区提供一个更健康的环境。此外，该中心还获得了美国绿色建筑委员颁发的领先能源与环境设计（LEED）证书。

2. 绿色配送与运输

绿色配送是指为实现节能减排和低碳发展，物流企业需要重新配置资源，减少车辆配送过程中温室气体的排放，科学地规划车辆路径，在满足顾客需求的前提下降低成本，实现绿色配送。DHL为客户已投入使用399台在空气动力学方面经过优化的水滴形拖车，每年能够帮助客户减少碳排放量超2 000 t。

总的来说，绿色仓储和配送是一个庞大的系统，不仅体现在仓储业务的各个方面，还体现在配送的各个业务过程中，以达成节约能源、降低碳排放、减少货物损失、缩短运输里程、降低运营成本等目的。

3. 绿色包装

绿色包装是指包装商品从原料选择、生产制造、应用使用、舍弃废弃的全过程都应该满足自然生态环保需求，是一种没有伤害的包装；其制作主要使用纯天然植物和相关矿物质原料，对自然环境和人类健康没有伤害，容易降解，有助于回收再利用，是可以持续发展的一种自然环保包装。绿色包装的目标是留下最多的自然物质资源，形成最少的丢弃物品和最小幅度的环境污染伤害。

例如，圆通快递大规模应用电子运单，使用率近 80%；中通快递和申通快递正在使用绿色循环袋代替传统编织袋；2017 年"双 11"期间，菜鸟联合物流伙伴和商家推出 20 个"绿仓"，从这些"绿仓"发出的包裹，均使用免胶带的快递箱和 100%可生物降解的快递袋。

4. 绿色流通加工

绿色物流民生服务体系

根据绿色物流的定义要求，可以将绿色流通加工定义为，以减少流通加工活动造成的环境污染和降低资源消耗为目标，利用先进加工技术，规划和实施包装、分割、计量、分拣、刷标志、拴标签、组装等简单作业活动。

5.1.3 绿色物流的重要性

物流业是一个能源消耗和碳排放的大户。在全世界的二氧化碳排放中，交通运输业占 14%。而在能源消耗中，交通运输业则占到 26%。鉴于全球温室气体上升所带来的危害，因此，发展绿色低碳物流极为重要和必要。

国际社会认为，在 21 世纪，有必要通过改善物流管理、采用绿色低碳物流技术等途径，达到社会可持续发展的目的。现今，关于绿色交通运输的主要观点可概括如下。

（1）铁路运输与水路运输为最佳方式。铁路运输与水路运输单次承担的运输量相对较大，且这两种运输方式比较环保。铁路运输以两条平行的铁轨引导火车，是一种非常有效的陆上交通方式。水路运输是以船舶为主要运输工具、以港口或港站为运输基地、以水域包括海洋、河流和湖泊为运输活动范围的一种运输方式。从数量级来看，水路运输承担着我国绝大部分进出口贸易物流业务，具有举足轻重的地位。

（2）公路运输对环境影响较大。公路运输是在公路上运送旅客和货物的运输方式，是交通运输系统的组成部分之一，主要承担短途客货运输，现代所用运输工具主要是汽车。公路运输碳排放量大，相对不环保，能耗强度相对较高，但由于公路运输便捷、迅速且高效，可以实现门到门运输，该类运输方式也被大量使用。

（3）航空运输具有快速、机动的特点，也具有越来越重要的地位，但成本较高、所排放的二氧化碳也较高。

总体而言，铁路运输、水路运输相对环保，因此欧盟针对各种运输方式，建议实施经济环保的措施是多发展铁路、水路运输。

5.1.4 绿色物流的装备与工具

1. 绿色搬运与运输工具

1）电动叉车

电动叉车（见图 5-1）为绿色搬运工具，比柴油叉车环保。柴油叉车的废气排放较多，柴油叉车工人每天工作时，鼻腔吸入废气过多，会不利于身体健康，且排放的废气可能会影响搬运的产品包装外观或质量。

电动叉车每天高强度工作（15 h 左右）的使用成本（电费+电瓶折扣）约为 260 元，柴油叉车每天高强度工作（15 h 左右）的使用成本为 450~500 元（柴油较贵），不考虑电瓶的回收处理成本，在使用过程中，电动叉车的经济性比较明显。电动叉车充电器如图 5-2 所示。

图 5-1　电动叉车

图 5-2　电动叉车充电器

2）电动物流车

电动物流车（见图 5-3 和图 5-4）市场作为我国新能源汽车推广的一个重要细分领域，迄今为止，年产量达到一定水平的纯电动物流车企业近百家，北京、天津、深圳、重庆等多个示范城市开始大力推广纯电动物流车。纯电动物流车市场潜力巨大，各大车企都积极布局，未来几年，纯电动物流车行业仍将保持低集中度的局面。主要原因如下。

①纯电动物流车尚处于初级阶段，很多地区才刚刚布局，并且物流领域庞大，可发展的空间也很大；②纯电动物流车产销基数不大，与传统物流车相比差距较大；③当前的纯电动物流车技术要求低，未来还需加大技术含量，特别是关键零部件技术有待提高。长期来看，随着行业的发展，一定会出现并购、重组等重新整合的现象。

图 5-3　电动物流小货车

图 5-4　电动物流箱式小货车

电动渣土车近几年也逐渐上市，例如，比亚迪纯电动渣土（见图 5-5 和图 5-6）车开始作业，续航 280 km，成本节省近一倍。对于这款车有所关注的人可能已经知道，比亚迪 T10ZT 是一款 4 轴（前四后八）渣土自卸车，它的整车尺寸为 9 610 mm×2 550 mm×3 210 mm，但它的货箱并没有传统燃油的同类车型那么大，只有 10.6 m^2。在电池动力上，它搭载 10 组电池组，电量总计 435 kW·h，多组电池的采用也使得车辆的自重为 15 t 左右，所以它的实际载重大概为 16 t。在续航里程上，据介绍，在满载的情况可跑超过 280 km，充电方式为双枪快充，1.5～2 h 充满电。

图 5-5　比亚迪纯电动渣土车（作业中）　　图 5-6　比亚迪纯电动渣土车（展示中）

3）液化天然气动力重卡

使用天然气替代燃油，是国家能源政策的要求，可为经济发展与能源安全提供重要保障。而液化天然气（liquefied natural gas，LNG）的使用是加快天然气在汽车中使用的重要途径。汽车排放是空气的主要污染源之一，交通运输业对空气污染的"贡献率"最大，使用液化天然气作为清洁能源，与燃油车相比，有害排放物降低 85% 左右，综合碳排放降低约 95%，减排效果显著，是现阶段理想的替代燃料，是节能环保、提升空气质量的长效措施。同时，发展清洁燃料汽车有显著的经济效益，液化天然气动力汽车可以节约能耗成本 30% 以上。

如杭州某公司于 2013 年就开始使用液化天然气动力卡车，一次性购买了 20 辆，与柴油车相比，增加了近 240 万元成本，但每辆液化天然气动力卡车与柴油车相比每天燃料成本可减少 218 元，按年运营时间 350 d 计算，每年可节省燃料成本约 7.6 万元，即运营一年半后即可收回购车增加的成本。（见图 5-7 和图 5-8）

图 5-7　液化天然气牵引车　　　　　　　图 5-8　液化天然气加气站

4）液化天然气动力船

在液化天然气动力船（见图 5-9 和图 5-10）方面，据中国液化天然气网的资料显示，2018 年，全球液化天然气动力船订单 76 艘，是世界造船业史上液化天然气动力船订单最多的一年，而韩国承接 67 艘订单，占比高达 88%。2019 年全球液化天然气动力船订单成交总量为 63 艘。其中韩国船企接获 51 艘。2020 年，韩国船企依旧是液化天然气动力船建造领域的最大赢家。近年来，与液化天然气动力卡车类似，即船用燃料（如柴油或调和油）的价格下降以及水上加注站（加气站）建设的严重滞后，阻碍了液化天然气动力船的发展。

图 5-9　液化天然气动力船（1）

图 5-10　液化天然气动力船（2）

2. 绿色物流装备成本优势

设物流业低碳、高碳技术装备购置成本（价格）分别为 $C_{低}$、$C_{高}$，针对同样工作能力的装备，考虑到低碳技术装备的科技价值，应有 $C_{低} > C_{高}$。如电动叉车的购买成本大于柴油叉车，如同吨位的电动小货车的购买成本大于普通小货车，同吨位的天然气动力重卡的购买成本大于柴油重卡等。

设 t 时期内低碳、高碳能源的价格不变，为 $P_{低}$、$P_{高}$，设 t 时期内低碳、高碳能源消费的数量为 $Q_{低}(t)$、$Q_{高}(t)$，低碳技术装备的运营成本为：$C_{低} + P_{低}Q_{低}(t)$，高碳技术装备的运营成本为：$C_{高} + P_{高}Q_{高}(t)$。要使物流业有动力去使用低碳技术装备，给定确定的时间 t^*，则有下式成立：

$$C_{低} + P_{低}Q_{低}(t^*) < C_{高} + P_{高}Q_{高}(t^*) \tag{5-1}$$

因为 $C_{低} > C_{高}$，故

$$P_{低}Q_{低}(t^*) < P_{高}Q_{高}(t^*) \tag{5-2}$$

假若 $C_{低} \leq C_{高}$，式（5-2）也是成立的。式（5-1）表明，在确定的时期 t^* 内，低碳技术装备的运营成本必定小于高碳技术装备。式（5-2）表明，低碳技术装备的能源成本必定小于高碳技术装备。只有这样，才会驱动物流业加快使用低碳技术装备，用以替代高碳技术装备。

对式（5-1）进行细化分析，如对电力叉车与柴油叉车进行比较，也应有 $C_{电叉} + P_{电叉}Q_{电叉}(t^*) < C_{柴叉} + P_{柴叉}Q_{柴叉}(t^*)$ 成立。如对天然气动力重卡与柴油重卡，也应有 $C_{天卡} + P_{天卡}Q_{天卡}(t^*) < C_{柴卡} + P_{柴卡}Q_{柴卡}(t^*)$ 成立。根据我们的调研，若电力叉车替代柴油叉车，电动叉车运营一年以上（$t^* = 1$ 年）的成本优势（购置价格+能源成本）将优于柴油叉车，天然气动力重卡运营一年半之后（$t^* = 1.5$ 年）以上的成本优势（购置价格+能源成本）将优于柴油重卡。

5.1.5　物流系统的绿色评价

物流系统的绿色评价，是指把物流系统作为一个整体，将物流系统的环境影响评价适用标准框架，作为衡量物流系统与环境的友好程度的重要标志，主要包括环境影响评价与资源

消耗评价。物流系统的绿色评价不仅是一个环境效益显著的行为,也是供应商取得显著社会经济效益的有效手段。实施物流系统的绿色评价,最大限度地提高资源利用率,减少资源消耗,可降低物流成本。

1. 物流系统的环境评价

在非绿色物流活动中,可能对经济和环境造成的影响如表 5-1 所示。

表 5-1 非绿色物流活动对经济和环境的影响

物流活动	物流活动中的非绿色成分	绿色物流目标
运输	1. 交通工具产生的噪声、废弃物等; 2. 输送的有毒有害商品的破损、泄露; 3. 不合理的网点布局导致迂回运输	环境、安全及时
储存	1. 对杀虫、杀菌剂等有毒品保管用的化学方法不当; 2. 易燃、易爆品因保管不当而爆炸或泄露	保质、安全
装卸	装卸不当,商品体的损坏造成资源浪费和废弃物甚至造成环境污染	安全
包装	1. 包装材料的环境污染; 2. 过度包装、重复包装造成的资源浪费	环保、节约
流通加工	1. 加工资源的浪费、过度消费; 2. 加工产生的废气、废水、废物	节约、环保
配送	城市交通产生的阻塞和污染	及时、安全

由表 5-1 可以看出,非绿色物流活动对经济和环境存在一定的危害性。因此,有必要对物流系统进行环境评价。

在物流活动过程中(例如包装环节、运输环节、流通加工环节或配送过程)产生的大气污染物、固体废弃物、废液污染、噪声污染程度都可以作为评价环境污染的指标;另外,物流网络构建中的基础设施建设也会带来环境污染和生态环境破坏,因而,也是要考虑的影响因素。总体来说,主要有以下几类污染物。

1) 大气污染物

物流系统中的大气污染物主要来自运输环节产生的废气,运输、装卸作业中的颗粒物(烟尘、飞尘),废弃物焚烧处置时的有毒气体等几个方面。大气污染物一般用污染物的浓度值作为评价参数,即将实际排放浓度值与评价标准的浓度值进行比较,来评价物流过程对大气环境的影响。

2) 固体废弃物

从物流活动看,产生固体废弃物的最主要环节是包装材料废弃物,其次是流通加工过程中产生的边角余料及物流过程中的破损商品。从产品的寿命周期看,缺乏可重用性导致产品报废后的大部分零部件被废弃,也产生了大量的固体废弃物。

3) 噪声污染

公路运输尤其是城市配送过程中的噪声较高;此外,物流设施建设过程中及物流节点处作业过程中,均会产生较大的噪声。噪声污染程度可用噪声级来反映。

4) 废液污染物

物流过程中的废液主要来自水路运输工具的污染、物流作业机械的冷却水、洗涤水等;

另外，船舶运输事故或危险品运输事故也会造成严重的废液污染。水体污染物的评价指标有几十种。物流作业过程中，可根据对运输工具（如船舶）、包装、流通加工及装卸作业设备的冷却水排放物的检测和分析结果进行评价。

2. 物流系统的资源评价

物流系统中所提到的资源含义比较广泛，它包括物流系统活动中的原材料资源、设施设备资源和能源资源的利用率等。资源消耗速度越慢、消耗量越少或资源的重复利用率越高，就说明物流系统的资源性能越好。大体来说有以下三类资源。

1）原材料资源

包装是物流系统占用原料资源较多的环节，包装材料的回收再利用、重复使用有助于降低产品包装的原料消耗量。流通加工过程中对资源的利用率不高，会加速原料消耗。废物的回收再利用也是节约原料消耗的有效途径。

2）设施设备资源

设施设备包括物流活动所依赖的设施、设备、机械工具等资源，设备的利用率、设备的优化配置是设备资源属性的主要指标。

3）能源资源

设施设备物流系统中的能源消耗主要是运输环节及装卸搬运环节的能耗。有的能源是不可再生的，有的能源可以再生。因此，衡量能源资源特性，不能仅凭能量消耗量的绝对数据来衡量，还要考虑能源类型、再生能源利用率、能量回收等。

3. 物流系统绿色评价指标体系

1）指标体系的建立

从环境性能、资源性能、经济性能和技术性能提出物流系统绿色度评价指标体系，是对绿色物流系统绿色评价比较完整的度量。如表5-2所示。

表5-2 物流系统绿色度评价指标体系

物流系统绿色度评价指标体系	环境性能	大气污染物
		固体废弃物
		噪声污染
		废液污染
	资源性能	原料资源
		设施资源
		能源资源
	经济性能	企业物流成本
		供应链物流绩效
		社会成本
	技术性能	物流装备先进性
		物流管理的信息化
		物流系统决策的科学性

2）物流系统的绿色评价方法

物流系统的绿色评价方法比较多，而且涉及的方法相对比较复杂。例如，层次分析法（analytic hierarchy process，AHP）是美国运筹学家萨蒂教授在20世纪70年代提出的一种能有效处理决策问题的多方案或多目标的方法。它是将与决策有关的元素分解成目标层、准则层、方案层等层次，在此基础上进行定性和定量分析的决策方法。

AHP的基本原理是根据人的思维规律，面对复杂的选择问题，将问题分解成各个组成因素，再将这些因素按支配关系分组形成递阶层次结构。通过两两比较的方式确定层次中诸因素的相对重要性，然后综合决策者的判断，确定决策方案相对重要性的总的排序，从而做出选择和判断。根据层次分析法的基本原理，构建判断矩阵、计算权重及进行一致性检验等计算，给物流系统绿色度进行有序评价以有效的指导。

碳排放约束下我国三大湾区城市群绿色物流效率及影响因素研究

其他评价方法还包括：模糊评价法、模糊综合评价法、生命周期评价法、粗糙集方法等。上述评价方法的根本目的在于控制物流活动，降低其对环境的污染，减少资源消耗。

5.2 绿色物流的研究与应用

5.2.1 绿色配送运输的研究应用

1. 方法与指标介绍

1）节约里程法

基本原理：假如一家配送中心（DC）向两个用户 A、B 运货，配送中心到两客户的最短距离分别是 L_A 和 L_B，A 和 B 间的最短距离为 L_{AB}，A、B 的货物需求量分别是 Q_A 和 Q_B，且 Q_A+Q_B 小于运输装载量 Q，如图5-11所示，如果配送中心分别送货，那么需要两个车次，总路程为 $L_1=2(L_A+L_B)$。如果改用一辆车对两客户进行巡回送货，则只需一个车次，行走的总路程为 $L_2=L_A+L_B+L_{AB}$。由三角形的性质可知，$L_{AB}<(L_A+L_B)$，所以第二次的配送方案明显优于第一种，且行走总路程节约为 $\Delta L=(L_A+L_B)-L_{AB}$。如果配送中心的供货范围内还存在着 3, 4, 5, ···, n 个用户，在运载车辆载重和体积都允许的情况下，可将它们按照节约路程的大小依次联入巡回线路，直至满载为止，余下的用户可用同样的方法确定巡回路线，另外派车。

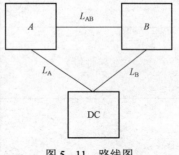

图5-11 路线图

2）货物周转量

货物周转量是指在一定时期内，由各种运输工具实际完成运送过程的以重量和运送距离的复合单位（t·km）计算的货物运输量。把各种运输工具采用各种运输形式（铁路、公路、水运、空运、管道）完成的货运量或货物周转量相加，就得到货运总量和货物总周转量。

货物周转量的计算公式是：货物周转量=实际运送货物吨数×货物平均运距。

货物周转量指标不仅包括运输对象的数量，还包括运输距离的因素，因而能够全面地反映运输生产成果。

2. 节约里程法应用举例

设 P 是配送中心所在地，A—J 是 P 的 10 个配送点。它们之间的距离如图 5-12 所示，括号内的数字是配送量。现在可以利用的配送车辆是装载量为 2 t 和 4 t 的两种厢式货车，并限制车辆一次运行距离不超过 30 km。为了尽量缩短配送距离，请求出最佳配送路线。

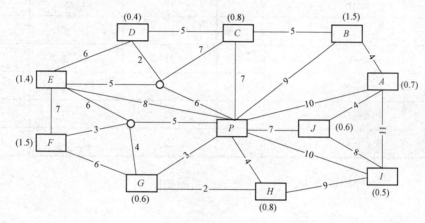

图 5-12 配送网络图

首先，计算两两客户之间的里程节约值，结果如表 5-3 所示。

表 5-3 两两客户之间的里程节约值

	A								
B	15	B							
C	8	11	C						
D	4	7	10	D					
E	0	3	3	10	E				
F	0	0	0	3	9	F			
G	0	0	0	0	1	5	G		
H	0	0	0	0	0	4	5	H	
I	9	4	0	0	0	1	2	5	I
J	13	8	1	0	0	0	0	0	9

然后，对节约里程按大小顺序进行排列，如表 5-4 所示。

表 5-4 节约里程排序表

序号	连接点	节约里程	序号	连接点	节约里程
1	A—B	15	13	F—G	5
2	A—J	13	13	G—H	5
3	B—C	11	13	H—I	5
4	C—D	10	16	A—D	4
4	D—E	10	16	B—I	4
6	A—I	9	16	F—H	4
6	E—F	9	19	B—E	3
6	I—J	9	19	D—F	3
9	A—C	8	21	G—I	2
9	B—J	8	22	C—J	1
11	B—D	7	22	E—G	1
12	C—E	6	22	F—I	1

最后，按照节约行程顺序表，组合成配送线路图如图 5-13 所示。

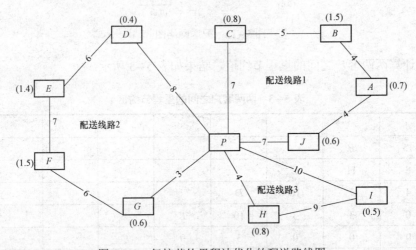

图 5-13 仅按节约里程法优化的配送路线图

在图 5-13 中，有三条配送线路：配送线路 1 只需要 1 辆 4 t 的车辆（实际装载为 3.6 t，车辆装载率为 0.9）；配送线路 2 也只需要 1 辆 4 t 的车辆（实际装载为 3.9 t，车辆装载率为 0.975）；配送线路 3 则只需要 1 辆 2 t 的车辆（实际装载为 1.3 t，车辆装载率为 0.65）。

3. 考虑货物周转量的再次优化

对于上例，将继续采用货物周转量进一步优化，以实际运送货物吨数×实际货物运距来计算货物周转量。

针对配送线路 1，有两种配送方式，即逆时针 P—J—A—B—C—P 和顺时针 P—C—B—A—J—P。

逆时针路线 P—J—A—B—C—P 的货物周转量为：3.6 t×7 km+3 t×4 km+2.3 t×4 km+0.8 t×5 km=50.4 t·km。

顺时针路线 P—C—B—A—J—P 的货物周转量为：3.6 t×7 km+2.8 t×5 km+1.3 t×4 km+0.6 t×4 km=46.8 t·km。

根据以上的计算，理应选择顺时针路线，即 P—C—B—A—J—P，此时车辆载货的货物周转量较少，即载货的行驶里程较少，运营成本也会减少。

针对配送线路 2，根据同样的计算方法，选择顺时针路线 P—G—F—E—D—P。

针对配送线路 3，根据同样的计算方法，选择逆时针路线 P—H—I—P。

考虑货物周转量的更进一步优化计算方法汇总如表 5-5 所示。

表 5-5 考虑货物周转量的最终路线选择

线路	配送线路 1 货物周转量	配送线路 2 货物周转量	配送线路 3 货物周转量
逆时针	50.4 t·km	70.5 t·km	9.7 t·km
顺时针	46.8 t·km	46.5 t·km	20.2 t·km
最终选择	顺时针路线 P—C—B—A—J—P	顺时针路 P—G—F—E—D—P	逆时针路线 P—H—I—P

本题的配送运输考虑了节约里程法以节约里程，同时考虑货物周转量以减少车辆载货的无效周转，兼具绿色经济思想和资源节约型物流思想，是非常有意义的。

5.2.2 绿色流通加工的研究应用

1. 方法介绍

1）LINGO 软件方法

LINGO 是 linear interactive and general optimizer 的缩写，即"交互式的线性和通用优化求解器"，由美国 LINDO 系统公司（Lindo System Inc.）推出，可用于求解非线性规划，也可用于一些线性和非线性方程组的求解等，功能十分强大。

2）集中下料与分散下料

集中下料，是指在工厂里用（木材、钢铁等）做一批产品时，不是用单一的、零星的下料方法，而是统一安排划线，同时按不同尺寸给多件产品同时下料。反之，则为分散下料。

2. 绿色流通加工的应用举例

本例将以集中下料与分散下料来体现不同方式流通加工的差异性，以体现出不同的经济性。设 A、B、C 三部门分别需要 2.9 m、2.1 m、1.5 m 的棒材各 100 根。已知棒材在流通企业的规格为 7.4 m，现比较分散下料与集中下料所需的原材料。

分散下料：

A：因 7.4/2.9=2.6（取 2），所以 A 需要 100/2=50（根）。

B：因 7.4/2.1=3.5（取 3），所以 B 需要 100/3=33.3（根）（取 34）。
C：因 7.4/1.5=4.9（取 4），所以 C 需要 100/4=25（根）。
合计：50+34+25=109（根）。

如果采用集中下料，则可考虑采用合理套裁，通过分析每根规格棒材可有如表 5-6 所示的 8 种裁法。

表 5-6 8 种裁法

	(1)	(2)	(3)	(4)	(5)	(6)	(7)	(8)
2.9 m	1	2		1		1		
2.1 m			2	2			3	
1.5 m	3	1	2		3			4
合计	7.4	7.3	7.2	7.1	6.6	6.5	6.3	6.0
料头（废料）	0	0.1	0.2	0.3	0.8	0.9	1.1	1.4

为了得到各 100 根材料，需各种裁法综合使用。设集中下料需 8 种裁法的原材料分别为 X_1，X_2，X_3，X_4，X_5，X_6，X_7，X_8 根，L 为下角料的总长度，则表 5-6 可列成数学表达式如下。

目标函数为：$\min L=0.1X_2+0.2X_3+0.3X_4+0.8X_5+0.9X_6+1.1X_7+1.4X_8$ （5-3）

约束条件：

$$X_1+2X_2+X_4+X_6=100 \quad (5-4)$$

$$2X_3+2X_4+X_5+X_6+3X_7=100 \quad (5-5)$$

$$3X_1+X_2+2X_3+3X_5+X_6+4X_8=100 \quad (5-6)$$

本题为线性规划问题，利用 LINGO 软件求解，有：

$X_1=0$，$X_2=40$，$X_3=30$，$X_4=20$，$X_5=0$，$X_6=0$，$X_7=0$，$X_8=0$

原料最少的需要根数为：40+30+20=90（根）。集中下料比分散下料少 109-90=19（根），原材料可节约 19/109=17.4%。

通过比较，集中下料比分散下料有更好的经济性，将废料最小化处理是本问题的核心，避免了浪费，体现了绿色流通加工的思想。

5.2.3 绿色物流的能源效率研究应用

1. 方法和指标介绍

1）效用理论

效用是指消费者拥有或消费商品或服务对欲望的满足程度。一种商品或服务效用的大小取决于消费者的主观心理评价，由消费者欲望的强度所决定。

2）能源强度

能源强度是指单位生产总值的能源消费。

3）能源替代

能源替代理论是指以新开发利用的能源替代旧能源的理论。被替代的能源狭义上指一切可以替代石油的能源,广义上指可替代化石燃料的能源。

2. 能源替代系数

物流业能源消耗的种类众多,包括煤炭、焦炭、原油、燃料油、汽油、煤油、柴油、天然气、电力等分项,而在实际中,各类分项能源之间还存在替代关系,如在物流业中常用的汽油、柴油之间就存在较强的替代关系。随着客户对于物流环保与低碳的要求提高,已经有很多物流企业开始使用电动叉车替代柴油叉车,较好地实现了电力消费替代柴油消费,既环保又节省成本。随着天然气动力卡车的应用,在物流业中,天然气消费在一定程度也起到替代汽油、柴油消费的作用。各种能源折标准煤参考系数如表5-7所示。

表5-7 各种能源折标准煤参考系数

能源名称	计量单位	当量参考折标系数
原煤	t	0.714 3
洗精煤	t	0.9
其他洗煤	t	0.2~0.7
煤制品	t	0.5~0.7
型煤	t	0.5~0.7
水煤浆	t	0.714
煤粉	t	0.714 3
焦炭	t	0.971 4
其他焦化产品	t	1.1~1.5
焦炉煤气	万 m³	5.714~6.143
高炉煤气	万 m³	1.286
其他煤气	万 m³	1.7~12.1
天然气	万 m³	11~13.3
原油	t	1.428 6
汽油	t	1.471 4
煤油	t	1.471 4
柴油	t	1.457 1
燃料油	t	1.428 6
液化石油气	t	1.714 3
炼厂干气	t	1.571 4
其他石油制品	t	1~1.4
热力	百万 kJ	0.034 1
电力	万 kW·h	1.229
煤矸石	t	0.178 6

5.2.4 高低碳能源效用理论研究

能源既是消费品，又是中间投入品和生产要素。当分析能耗效用时，可将能源作为消费品来对待。进一步，将单个物流企业看作是能源消费的普通消费者，这样就能分析物流企业乃至物流业的能源消费效应了。设 E_g 为物流企业对高碳能源消费集合体的消费需求（如汽柴油等消费集合体），E_d 为物流企业对低碳能源集合体的消费需求（如电力、天然气消费集合体），P_g 为高碳能源集合体的价格，P_d 为低碳能源集合体的价格。据 CES 型效用函数的表述，物流企业能耗效用为：

$$\max U_1(E_g, E_d) = (a_1 E_g^\rho + a_2 E_d^\rho)^{1/\rho}, \quad \rho \leqslant 1 \tag{5-7}$$

预算线约束为：

$$P_g E_g + P_d E_d = M \tag{5-8}$$

式中：M ——物流企业的收入；

a_1、a_2 ——针对一般化情形，为常量；

ρ ——物流企业消费某种能源集合体的偏好。

效用最大化的一阶条件是：

$$a_1 E_g^{\rho-1}(a_1 E_g^\rho + a_2 E_d^\rho)^{(\rho-1)/\rho} - \lambda P_g = 0 \tag{5-9}$$

$$a_2 E_d^{\rho-1}(a_1 E_g^\rho + a_2 E_d^\rho)^{(\rho-1)/\rho} - \lambda P_d = 0 \tag{5-10}$$

将式（5-9）和式（5-10）整理得：

$$\frac{E_g}{E_d} = \left[\frac{a_2 P_g}{a_1 P_d}\right]^{1/(\rho-1)} \tag{5-11}$$

如果将 a_1 和 a_2 设置为常量 1，要使物流企业高碳、低碳能源组合的成本最低，则有：

$$\min \int_1^2 P_i E_i \mathrm{d}i$$

s.t.

$$\left[\int_1^2 E_i^\rho \mathrm{d}i\right]^{1/\rho} = E_g + E_d \tag{5-12}$$

$$i = 1, 2$$

在式（5-12）中，$i=1,2$ 可分别视为高碳、低碳两种能源集合体。由于分项能源之间具有替代性，最小化 $\int_1^2 P_i E_i \mathrm{d}i$ 的一阶条件为：

$$\frac{E_i^{\rho-1}}{E_j^{\rho-1}} = \frac{P_i}{P_j} \tag{5-13}$$

很显然，式（5-13）是式（5-11）的一种简单表述。诚然，由于物流企业消费的能源分项众多（如汽油、柴油等高碳能源，还包括电力、天然气等低碳能源），从理论上，式（5-11）和式（5-13）可以扩展到物流企业中所有能源分项的替代情形，即对任何两组能源分项数量和价格（$q(i)$、$p(i)$）和（$q(j)$、$p(j)$），均有替代函数式成立，如下式所示：

$$q(i) = q(j)[(p(j)/p(i))]^{1/(1-\rho)} \tag{5-14}$$

鉴于本节研究的是高碳和低碳能源消费集合体，即将多种能源分项归纳成两类进行了研究。令替代弹性 $\sigma = 1/(1-\rho)$，结合预算线，得：

$$E_g = \frac{(a_1/P_g)^\sigma M}{a_1^\sigma P_g^{1-\sigma} + a_2^\sigma P_d^{1-\sigma}} \tag{5-15}$$

$$E_d = \frac{(a_2/P_d)^\sigma M}{a_1^\sigma P_g^{1-\sigma} + a_2^\sigma P_d^{1-\sigma}} \tag{5-16}$$

从而，可以得到效用函数的一般表达式：

$$U_1 = \left[a_1(E_g)^\rho + a_2(E_d)^\rho\right]^{1/\rho} = \frac{M}{(a_1^\sigma P_g^{1-\sigma} + a_2^\sigma P_d^{1-\sigma})^{1/(1-\sigma)}} \tag{5-17}$$

考虑到电力价格便宜且污染小，根据《中国能源统计年鉴》中的能源换算系数，1 kW·h 只相当于 0.122 9 kg 标准煤，1 m³ 天然气相当于 1.33 kg 标准煤，而 1 kg 汽油则相当于 1.471 4 kg 标准煤，1 kg 柴油汽油则相当于 1.457 1 kg 标准煤。从成本和碳排放的角度来看，显然，使用汽柴油消费的成本高且碳排放量大，而电力和天然气作为清洁能源，成本低且碳排放量小，是较为有效的替代汽柴油消费的低碳能源。

在上述的分析中，由于低碳能源对环境有较好的影响，物流企业若要走低碳化、低能耗之路，则只能以更多的 E_d 去替代 E_g。考虑最极端的情形，物流企业充分使用低碳能源集合体，即 E_g 趋于零，效用函数重新表达为：

$$\max U_2(E_g, E_d) = (a_1 \lim_{E_g \to 0} E_g^\rho + a_2 E_d^\rho)^{1/\rho}, \quad \rho \leq 1 \tag{5-18}$$

预算线约束为：

$$\lim_{E_g \to 0} P_g E_g + P_d E_d = M \tag{5-19}$$

$$U_2 = \left[a_1(\lim_{E_g \to 0} E_g)^\rho + a_2(E_d)^\rho\right]^{1/\rho} = \left[a_2(E_d)^\rho\right]^{1/\rho} = \frac{M}{(a_2^\sigma P_d^{1-\sigma})^{1/(1-\sigma)}} \tag{5-20}$$

显然，U_2 的值大于 U_1 的值。从效用的本质来看，这是因为物流企业使用低碳能源时的能源消费量（统一换算成以吨标准煤为计量单位）变小了，而物流企业不会因为消费低碳能源而减少物流作业，因而物流企业的产出水平也不会降低，这说明物流企业花费了较少的能源成本，而所获得的满足程度增加了，即效用提升了。因此，U_2 大于 U_1 显然是成立的。

从整个物流业来看，当部分或绝大部分物流企业使用低碳能源替代高碳能源时的效用水平提升了，则物流业使用低碳能源替代高碳能源时的总效用水平也会提升。

5.2.5　高低碳能源强度研究

在物流业的能源消费问题中，能源强度一直是一个令人关注的指标，该指标反映了物流业单位生产总值的能源消费。如表 5-8 至表 5-10 所示分析我国最近二十年能源强度情况。

表 5-8 物流业与其他各行业能源消费

时间	能源消费总量/万 t	物流业能源消费总量/万 t	占比	年份	能源消费总量/万 t	物流业能源消费总量/万 t	占比
2001 年	155 547	11 613	0.075	2011 年	387 043	29 694	0.077
2002 年	169 577	12 313	0.073	2012 年	402 138	32 561	0.081
2003 年	197 083	14 116	0.072	2013 年	416 913	34 819	0.084
2004 年	230 281	16 642	0.072	2014 年	428 334	36 343	0.085
2005 年	261 369	19 136	0.073	2015 年	434 113	38 510	0.089
2006 年	286 467	20 284	0.071	2016 年	441 492	39 883	0.090
2007 年	311 442	21 959	0.071	2017 年	455 827	42 140	0.092
2008 年	320 611	22 917	0.071	2018 年	471 925	43 617	0.092
2009 年	336 126	24 460	0.073	2019 年	487 488	—	—
2010 年	360 648	27 102	0.075	2020 年	498 000	—	—

注：一般以交通运输、仓储和邮政业能源消费总量来表示物流业。

表 5-9 物流业各分项能源消费

时间	物流业煤炭消费总量/万 t	物流业焦炭消费总量/万 t	物流业原油消费总量/万 t	物流业汽油消费总量/万 t	物流业煤油消费总量/万 t	物流业柴油消费总量/万 t	物流业燃料油消费总量/万 t	物流业天然气消费总量/亿 m³	物流业电力消费总量/(亿 kW·h)
2001 年	841.3	11.7	169.8	1 564.4	560.7	3 421.0	855.0	11.0	309.3
2002 年	852.0	11.4	175.9	1 603.5	716.8	3 664.8	852.1	16.4	303.0
2003 年	958.3	10.8	148.3	1 915.1	741.7	4 135.2	940.3	18.8	406.9
2004 年	828.0	1.8	123.8	2 334.5	919.7	4 985.2	1 150.5	26.2	449.7
2005 年	811.0	1.0	126.9	2 430.1	952.4	6 169.4	1 201.0	38.0	430.3
2006 年	769.9	0.9	163.7	2 592.4	1 010.5	6 547.3	1 480.6	47.2	467.4
2007 年	735.9	0.6	163.7	2 613.2	1 130.0	7 184.4	1 760.0	46.9	531.9
2008 年	665.4	0.3	165.7	3 090.4	1 174.6	7 649.3	1 142.8	71.6	571.8
2009 年	641.0	0.1	153.4	2 881.6	1 314.3	7 992.0	1 251.6	91.1	617.0
2010 年	639.0	0.1	158.0	3 274.9	1 601.1	8 657.6	1 326.7	106.7	734.5
2011 年	646.0	0.1	105.4	3 573.5	1 646.4	9 485.2	1 345.2	138.4	848.4
2012 年	614.0	0.1	119.4	3 778.0	1 787.1	10 727.0	1 383.9	154.5	915.4

续表

时间	物流业煤炭消费总量/万t	物流业焦炭消费总量/万t	物流业原油消费总量/万t	物流业汽油消费总量/万t	物流业煤油消费总量/万t	物流业柴油消费总量/万t	物流业燃料油消费总量/万t	物流业天然气消费总量/亿m³	物流业电力消费总量/(亿kW·h)
2013年	615.0	2.0	148.7	4 381.8	1 998.2	10 920.5	1 429.0	175.8	1 000.9
2014年	558.0	3.0	44.9	4 665.0	2 216.0	11 042.8	1 441.4	214.4	1 059.2
2015年	492.0	3.0	35.9	5 306.6	2 504.9	11 162.8	1 439.5	237.6	1 125.6
2016年	404.0	3.0	22.3	5 511.2	2 814.9	11 068.5	1 511.4	254.8	1 251.5
2017年	353.0	6.0	8.7	5 698.5	3 173.3	11 173.7	1 771.3	284.7	1 418.0
2018年	321.0	—	8.8	6 067.6	3 462.5	11 166.9	1 795.7	286.2	1 608.5
2019年	—	—	—	—	—	—	—	—	—
2020年	—	—	—	—	—	—	—	—	—

表5-10 物流业能源强度（实际值：2 000=100）

时间	物流业增加值（名义值）/亿元	物流业增加值指数	物流业增加值指数（2 000=100）	物流业增加值（实际值2 000=100亿元）	物流业能源消费总量/万t	能源强度名义值/（万t/亿元）	能源强度实际值/（万t/亿元）
2001年	6 871.3	108.8	108.8	6 315.5	11 613.1	1.69	1.84
2002年	7 494.3	107.1	116.5	6 431.5	12 313.2	1.64	1.91
2003年	7 914.8	106.1	123.6	6 401.9	14 116.2	1.78	2.21
2004年	9 306.5	114.5	141.6	6 574.3	16 642.2	1.79	2.53
2005年	10 668.8	111.2	157.4	6 777.5	19 136.0	1.79	2.82
2006年	12 186.3	110.0	173.2	7 037.8	20 284.2	1.66	2.88
2007年	14 605.1	111.8	193.6	7 544.4	21 959.2	1.50	2.91
2008年	16 367.6	107.3	207.7	7 879.6	22 917.3	1.40	2.91
2009年	16 522.4	103.4	214.8	7 692.6	24 460.0	1.48	3.18
2010年	18 783.6	109.5	235.2	7 986.7	27 102.0	1.44	3.39
2011年	21 842.0	109.7	258.0	8 465.9	29 694.0	1.36	3.51
2012年	23 763.2	106.1	273.7	8 681.0	32 561.0	1.37	3.75
2013年	26 042.7	106.6	291.8	8 924.7	34 819.0	1.34	3.90
2014年	28 534.4	106.9	311.9	9 147.4	36 343.0	1.27	3.97

续表

时间	物流业增加值（名义值）/亿元	物流业增加值指数	物流业增加值指数（2 000=100）	物流业增加值（实际值2 000=100亿元）	物流业能源消费总量/万t	能源强度名义值/（万t/亿元）	能源强度实际值/（万t/亿元）
2015 年	30 519.5	104.4	325.7	9 371.5	38 510.0	1.26	4.11
2016 年	33 028.7	106.9	348.1	9 487.3	39 883.0	1.21	4.20
2017 年	37 121.9	109.6	381.6	9 729.1	42 140.0	1.14	4.33
2018 年	40 337.2	108.3	413.2	9 761.5	43 617.0	1.08	4.47
2019 年	42 466.3	106.5	440.1	9 649.6	—	—	—
2020 年	41 561.7	100.5	442.3	9 397.0	—	—	—

如表5-11所示，物流业能源强度名义值是下降的，而实际值是上升的，真实反映出物流业能源效率并没有提高（实际值上升，即每单位产出的能耗上升）。

表5-11 物流业主要分项能源强度（2 000=100）

时间	汽油强度实际值/（万t/亿元）	柴油强度实际值/（万t/亿元）	天然气强度实际值/（亿m³/亿元）	电力强度实际值/（亿kW·h/亿元）
2001 年	0.25	0.54	0.001 7	0.049
2002 年	0.25	0.57	0.002 5	0.047
2003 年	0.30	0.65	0.002 9	0.064
2004 年	0.36	0.76	0.004 0	0.068
2005 年	0.36	0.91	0.005 6	0.063
2006 年	0.37	0.93	0.006 7	0.066
2007 年	0.35	0.95	0.006 2	0.071
2008 年	0.39	0.97	0.009 1	0.073
2009 年	0.37	1.04	0.011 8	0.080
2010 年	0.41	1.08	0.013 4	0.092
2011 年	0.42	1.12	0.016 3	0.100
2012 年	0.44	1.24	0.017 8	0.105
2013 年	0.49	1.22	0.019 7	0.112
2014 年	0.51	1.21	0.023 4	0.116
2015 年	0.57	1.19	0.025 4	0.120

续表

时间	汽油强度实际值/ (万t/亿元)	柴油强度实际值/ (万t/亿元)	天然气强度实际值/ (亿m³/亿元)	电力强度实际值/ (亿kW·h/亿元)
2016年	0.58	1.17	0.0269	0.132
2017年	0.59	1.15	0.0293	0.146
2018年	0.62	1.14	0.0293	0.165
2019年	—	—	—	—
2020年	—	—	—	—

很显然，在表5-11中，物流业主要分项（如汽油、柴油、天然气、电力）的能源强度均是上升的，反映了物流业单位产出的各分项能源效率也是没有提高（能源强度上升，能源效率下降）。

从以上可以看出，近二十年，我国的物流业能源效率没有得到显著提高。我国是一个人口和工业大国，长期以来，不仅消费了大量的煤炭，也消费了大量的汽柴油、煤油等高碳能源，这些高碳能源是造成雾霾的主要原因。当国人翘首以盼治霾的时候，使用低碳能源，降低能源消耗，严格控制污染物的排放量，则可为治霾提供有效帮助。

在雾霾围城频发的今天，我国在此方面加快了产业转型升级，淘汰了一部分落后的高排放高污染产业，并对各个行业碳排放的管控也越来越严厉。以机动车尾气检测标准为例，2020年轿车尾气检测相继按国六标准实行，《重型柴油车污染物排放限值及测量方法（中国第六阶段）》（GB 17691—2018）要求，国六标准将阶段性、分车系开展全面推行。随着我国对于环境问题及能源安全的日益重视，煤炭消费占比下降，其他能源如天然气、电力等的消费占比有了较大程度上升，能源结构正在逐渐改善。物流业作为能源消费的大户和国民经济的大动脉，加快发展绿色物流、低碳物流就显得无比重要，它将对我国的治霾和改善能源结构有着深远影响。

绿色物流研究综述
及政策梳理

5.3 绿色物流的案例分析

物流业若保持粗放的发展模式，会带来能源的极大浪费。近年来，绿色低碳物流理念引起人们高度重视。转变物流业的发展模式，提高能源利用效率，采用绿色低碳物流作业方式，将成为物流业可持续发展的必由之路。

5.3.1 在航空运输方面的绿色低碳实践

鉴于碳排放的压力巨大，依据欧盟的2008/101号指令，航空业纳入欧盟碳排放交易体系，即自2012年起，凡是进出欧盟以及在欧盟内部航线飞行的航空公司（包括外国航空公司），都将被纳入碳排放交易配额制中，即航空公司将被分配一定的温室气体排放额度，超过配额将收取巨大罚款。因此，企业应不断优化航线，减少飞行距离，或者通过多式联运的方式进行合理的低碳运输，以减少碳排放。

在绿色低碳运输方面，DHL 主动为客户分析供应链，以提供其更环保的交通组合选择。航空和公路运输通常是高成本的运输，且其所排放的二氧化碳量较高。因此，为解决客户在碳排放量，同时又最大限度地保证运输时间，DHL 通常建议客户选择最适当的物流运输方式，以符合客户的需求。例如，在服务方面，中国的通信设备制造商华为曾将一批总重 247.5 t 的设备运到尼日利亚首都拉各斯。首先走铁路运到乌鲁木齐，然后再经飞机运抵。这种运输方式比传统的方式慢了 2~3 d，但根据计算，可以减少 556.8 t 的碳排放，约为传统运输方式所耗二氧化碳的 30%，可见华为选择了低碳物流方式。根据 DHL 北亚太区负责人 Ambrose 的观点，华为和中国的其他企业在运输产品时越来越重视环保问题。

而来自中国石化方面的信息显示，其于 2009 年就启动了航煤的研发工作，成功开发出具有自主知识产权的航煤生产技术。在此基础上，2011 年 9 月，中国石化在下属镇海炼化杭州石化生产基地改造建成了一套航煤工业装置及调和设施，这是亚洲第一套航煤工业化生产装置。2011 年 12 月，该装置首次生产出合格的航煤。2011 年 12 月 5 日，中国石化正式向中国民用航空局提交了中国石化 1 号生物航煤的适航审定申请。2013 年 4 月 24 日，中国石化 1 号航煤在上海虹桥机场由东航成功完成技术试飞工作。2014 年 2 月 12 日，中国石化获得民航局颁发的中国第一张航煤适航许可证，预示着其可投入商业化应用。据介绍，以可持续方式生产的航煤可减少二氧化碳排放量 50%~80%，其低碳清洁特性契合可持续发展需求，且原料资源量大而广，是替代石化燃料的重要选择。海航 IIU7604 航班的航煤采用餐饮废油作为生产原料，较棕榈油原材料更加环保。可在保证飞行安全和效率的前提下有效减少碳排放。

5.3.2 在水路运输方面的绿色低碳实践

水路运输至今仍是世界许多国家最重要的运输方式之一，包括内河水路运输和海洋运输。以我国为例，水路运输承担我国大部分的进出口贸易的运输任务。而且，水路运输的优点在于：运输量大，对环境的影响最小。

1. 内河水路运输的绿色低碳实践

在内河水路运输的实际实施中，通过巧妙的设计可以尽可能较大程度地利用水的浮力等因素以达到减少能耗的目的。同时，其一次性运输的负载量较大，对于同样水平的能源消耗，内河水路运输的运输量将是大型柴油汽车运输量的 10 倍，是铁路运输量的 2 倍。在水路运输方面，为更进一步进行低碳运输实践，企业可用先进技术将船舶的传统防污漆改为新型防污漆，减少阻力从而节约燃油，另外，改造注油器也可以节省燃油。

例如，据以往的相关报道，作为低碳物流领航企业之一的中海集运针对船舶实际情况，运用国内外先进的科学技术，结合大型集装箱船舶的维修工作，分批将船舶的传统防污漆改为新型防污漆，进一步减少了船体阻力，每年可节约燃油上万 t。中海集运还对新建的部分大型集装箱船主机气缸油注油器进行改造，将原来的机械式注油器改造成 ALPHA 注油器，并对各轮气缸油的使用进行指导和监控，使改造后的各轮气缸油耗较改造前下降 17%，大大降低了主机气缸油的消耗。

除此之外，前述的液化天然气动力船也为水路运输的低碳之路打开了方便之门，中国内河现有液化天然气动力船 99 艘（新建 62 艘，改建 37 艘），在建近 500 艘。通过示范船技术方案评估的船舶数量达 1 495 艘，通过技术认定的船舶 62 艘。由此可见，我国液化天然气动力船驱动的绿色低碳之路才刚刚开始，未来值得期待。

2. 港口物流的绿色低碳实践

在港口物流方面，绿色低碳实践主要体现在兴建绿色环保码头。现分别介绍湖州南方物流码头"空中运输走廊"、宁波港龙门吊"油改电"项目、集卡"油改气"项目、天津港的全球首个"零碳码头"建设等实践情况。

1）湖州南方物流码头"空中运输走廊"

2018 年 8 月初，长兴县建成国内目前最长的耐高温无污染输送带——湖州南方物流码头"空中运输走廊"水泥熟料输送带，总投资 5.2 亿元，全长 22 km，是全国首个"全电物流"项目，被交通运输部列入绿色示范项目。穿过群山、航道与水运码头无缝衔接，以后长兴的水泥熟料走的是"空水联运"模式，如图 5-14 和图 5-15 所示。

图 5-14　途中"空中运输走廊"　　　　图 5-15　码头边的"空中运输走廊"

从企业到码头，单程需要耗时在 40 min 左右，运输、仓储、装卸、泊船，统统靠电，"零排放"运输，绝对环保。这个熟料长胶带运送及仓储系统配套项目是全国首个实现"全电物流"模式的案例。这条 22 km 长的输送带，每年能运 1 050 万 t 熟料，每天最大运输量可达 4.5 万 t。有了这条运输带，301 省道煤山至小浦这段路，每天减少运输车辆往返约 2 400 车次，全年可节约燃油 2 026 t，减少尾气排放 14 278 t。

2）宁波港龙门吊"油改电"项目、集卡"油改气"项目

宁波港的前身是宁波港务局。宁波港由北仑港区、镇海港区、宁波港区、大榭港区、穿山港区组成，是一个集内河港、河口港和海港于一身的多功能、综合性的现代化深水大港，如图 5-16 和图 5-17 所示。

图 5-16　宁波北仑港区　　　　图 5-17　宁波北仑桥吊

（1）龙门吊"油改电"项目。为响应国家"节能减排"号召，创建"绿色码头"。宁波港工程技术部对公司主要装卸设备——龙门吊进行了"油改电"改造。通过架设场地低架滑触线供电驱动。整个项目总投资 4 600 万元。龙门吊采用滑线供电作业比原本用柴油机发电作业更加节能环保，每自然箱节能约 0.91 kg 标煤，减少能耗费用 7.59 元。整个项目完成后，每年可降低龙门吊排放 1 896 t，节能 3 931 kg 标煤，年节约成本 1 200 万元。该项目建成后多次获得上级部门肯定和表彰，荣获首届宁波港科技创新奖一等奖，宁波市、浙江省交通行业节能减排示范项目和中国港口协会科技进步奖三等奖等多项荣誉。同时，该项目还获得"低架滑触线及供电小车的安全防护系统""防脱落式小车行走车轮"等实用新型专利授权。

（2）集卡"油改气"项目。液化天然气作为一种新能源，与柴油相比具有经济、清洁环保、资源丰富等优点，有广阔的前景。为打造"环保节约型"绿色码头，宁波港进行了"码头专用低速液化天然气集装箱卡车"的应用探索，并于 2011 年开始批量应用液化天然气集装箱卡车。与柴油集装箱卡车相比，每辆液化天然气集装箱卡车每年可节省成本 3.7 万元，减少碳排放 20%，减少其他污染物排放 35%。宁波港现已完成所有在港集装箱卡车的"油改气"，是国内第一家集卡"油改气"全覆盖的码头公司，每年可节约成本 350 多万元，减少二氧化碳等废气 2 000 多 t，大大改善了港区周边的环境。该项目的成功应用得到上级一致肯定，荣获中国港口协会科技进步奖二等奖，首届宁波港科技创新奖二等奖等多项荣誉，并为液化天然气集卡在国内码头的推广使用起到了很好的示范作用。

（3）船舶岸电供电项目。码头船舶靠港期间，为维持船上基本需求，仍需一台辅机在工作。因为船舶的辅机功率很大，这种大马拉小车的情况，既大量耗油，又排放大量废气，污染港区环境。为此公司工作室研究设计船舶岸电供电系统，直接供电靠在码头的船舶取电，替代船舶辅机发电。该项目既能为船公司节约油耗成本，又能大量减少废气排放，减轻港区大气污染，具有重要的社会意义。

3）天津港要打造全球首个"零碳码头"

据天津市委网信办发布的信息，天津港要打造全球首个"零碳码头"。

（1）在陆侧，天津港加强能源结构优化，提升节能降碳效果，深化与新能源企业合作，不断提升绿色能源供给比例，共建"碳达峰、碳中和"先行示范区。突出运输结构调整，在全国沿海港口率先完成 100%汽运煤停运的基础上，持续深化"公转铁+散改集"双示范工程建设，铁矿石铁路输运比例达 65%，位于全国港口前列。搭建生态环境大气智能监测体系，在港区部署 174 个大气监测点，进行 24 小时动态监控，实现对港区污染源的实时感知与分析。开展燃油集卡电动化改造，推进能源管控平台建设，四家集装箱码头全部获评中国港口协会四星级绿色港口称号。

（2）在海侧，天津港开拓海上绿色港口建设，完善绿色发展模式。优化完善绿色引航，将绿色引航打造为绿色港口建设的特色品牌。对靠港船舶大力推进低硫油及岸电使用，为区域环境减少大量靠港船舶尾气排放，2021 年上半年，岸电使用率、船舶低硫油使用率均达到100%。推行近岸海域水质监测，探索海洋生物多样性生态环境。

"十四五"期间，天津港集团将聚焦"碳达峰、碳中和"目标，更加突出清洁能源利用，更加突出绿色低碳运输，更加突出绿色能源保障，充分发挥天津港风光资源禀赋优势，建成"风、光、储、氢"等多源融合的绿色能源系统，将以全球首个零碳码头为起点，积极打造零碳港区、零碳港口，将天津港打造成我国港口行业"碳达峰、碳中和"的示范性港口。

5.3.3 在铁路运输方面的绿色低碳实践

著名啤酒品牌贝克，依赖铁路运输已有多年，"公路—铁路—公路"的多式联运方式在其供应链上扮演着重要的角色。在市场供给方面，例如，意大利是贝克啤酒最主要的市场之一，发往意大利的啤酒 85%以上是通过铁路运输完成的，货物抵达意大利 Verona 火车站后，再卸到卡车上运往意大利全国各地。贝克啤酒厂房位于不来梅铁路货运中心附近，地理上的优势也为其选择铁路运输创造了条件。从接受订单到货物抵达 Verona，整个过程只需要 3 d。除使用铁路运输、公路运输以及公铁联运外，船舶运输（海运）也是贝克啤酒出口业务的最重要运输方式。由于贝克啤酒厂毗邻不来梅港，采用海运方式是它的天然优势。凭借全自动化设备，标准集装箱可在 8 min 内灌满啤酒，15 min 内完成一切发运手续。每年，贝克啤酒通过海路运输方式发往美国的啤酒就达 9 000 TEU。之所以选择铁路运输和海运方式，贝克啤酒解释为两个字：环保。随着欧洲乃至世界范围陆运运输的堵塞和污染日益严重，贝克啤酒选择环保的方式不仅节约了运输成本，还为自己贴上了环保的金色印记。

嘉士伯啤酒是一个非常著名的啤酒品牌，经过 10 年远离铁路运输后，出于经济与环保的考虑，2002 年秋天重返铁路运输行列。每天两列火车往返于嘉士伯设在 Fredericia 的 2 个啤酒罐装厂及其 Hoje Tastrup 物流中心（靠近哥本哈根）之间，两地相距 210 km，每列车编组 25～30 辆，发往哥本哈根方向的列车装满瓶（罐）啤酒，而反方向行驶的列车则装载空瓶（罐）。

为了运输上的安全和高效，嘉士伯也设计了自己的获 ISO 认证的 20 ft 集装箱，抗颠簸、防寒冷是其最大的设计特点，每个集装箱可装 18 个托盘啤酒，箱子两边开口，每边为三层托盘设计，因此可同时在箱子两边进行装卸工作。

嘉士伯的卡车也是为啤酒的安全移动"量身定做"的，并且可以直接将货物装载到车皮上。长远来看，嘉士伯不赞成在其他国家多建昂贵的啤酒填装厂，而主张通过铁路运输方式将自己的物流链伸展开去。

5.3.4 在公路运输方面的绿色低碳实践

很多物流企业，可以通过新开多条新干线，采用新的运输模式（如短距离可采用新能源车辆运输），减少货物运输中转及转运次数，节省时间的同时也减少中间环节，有助于降低运输过程中的能耗。另外，物流企业向客户介绍和推荐最节约成本、能耗最低的运输方式是企业的社会责任。要想打造绿色公路物流，就要对运输线路进行合理布局与规划，通过优化物流配送途径缩短运输线，提高车辆装载率等措施，以实现节能低碳的目标。除了利用新技术，加强员工培训，如对驾驶员驾驶速度、驾驶技术和节约资源意识的培训，也可以起到低碳运输的作用。

1. 京东绿色物流的深度践行

2017 年，京东物流联合九家品牌共同发起绿色供应链行动——青流计划，通过京东物流与供应链上下游合作，探索在包装、仓储、运输等多个环节实现低碳环保、节能降耗。2017 年 12 月京东物流投入 10 亿元打造行业最大绿色物流基金，探索供应链全链条低碳环保节能降耗更多可能。2018 年京东集团宣布全面升级"青流计划"，从聚焦绿色物流领域，升级为整个京东集团可持续发展战略，从关注生态环境扩展到人类可持续发展相关的"环境"（planet）

"人文社会"(people)"经济"(profits)全方位内容,倡议生态链上下游合作伙伴一起联动,以共创美好生活空间、共倡包容人文环境、共促经济科学发展为三大目标,共同建立全球商业社会可持续发展共生生态。

在绿色包装方面,京东物流作为国内首个全面推行绿色包装的物流企业,在包装设计和使用上始终以绿色可持续发展为宗旨,不断推进绿色包装项目落地,引领行业可持续发展。至 2020 年年底,青流箱、循环生鲜保温箱累计循环使用约 1.6 亿次。

在绿色运输方面,就可持续能源所做出的承诺,京东物流正在全国范围内逐步升级自身及第三方合作伙伴的物流车队,改用新能源汽车。

在绿色循环方面,在全国范围内进行纸箱、旧衣等闲置物品回收,消费者在收到包裹后可将纸箱移交给送货的京东小哥进行二次利用。

在绿色园区方面,加大在京东物流亚洲一号等大型智能仓库、智能产业园区全面推广布局和应用以光伏发电为主的清洁能源。2020 年 9 月,京东宣布联合合作伙伴共建全球屋顶光伏发电产能最大的生态体系,在 2021 年年底光伏电站装机量达到 200 MW,实现年发电量 1.6 亿 kW·h 以上。预计到 2030 年,京东将联动全球合作伙伴搭建屋顶光伏发电产能最大的生态体系,一起携手共建光伏发电面积达 2 亿 m^2。

2. 夏普公司的绿色包装和运输实践

夏普公司的绿色包装和运输实践走出了一条绿色供应链的新路子。夏普公司的绿色产品都是基于低能耗、安全、资源缩减、可循环、使用再生原料、使用期长、易于拆卸等 7 个概念而研制的。所以,其绿色产品按照的设计都是遵循废物的减量化(reduction of wastes)、零部件/产品的重复利用(reuse parts/products)、物料的循环(recycling of materials)这"3R"原则来进行的。

按照绿色产品目标要求进行研究和设计后,必须经过产品绿色度评估,获得夏普绿色产品品标志认证后方能投入生产。在夏普的"绿色工厂"进行产品生产。"绿色产品"管理包括:降低温室气体排放;废物最小化,废物再循环;正确管理有毒化学物质;实施能覆盖环境、安全、卫生措施的风险管理计划,防止污染环境。

企业案例:电商联手品牌商,绿色物流走向"深水区"

夏普通过绿色物流将"绿色产品"与"绿色消费市场"连接,主要体现在物流包装与运输环节的绿色行动。在物流包装方面主要是设计易于循环使用的包装容量和包装材料。例如,开发用纸板制作的缓冲材料,取代普通塑料,对环境影响更低等。在配送站点的绿色行动包括:改变铁路运输模式;引入低污染的车辆;降低二氧化碳排放量;改进包装设计便于包装材料的运输等。

本章思考题

1. 理解发展绿色物流是一个系统化的工程。
2. 试分析绿色物流评价指标体系的内容。
3. 阐述节约里程法在绿色配送中的应用步骤。
4. 试解释能源强度这个指标及应用情况。

第6章
供应链金融

▶ **本章导读**

　　过去的四十多年，中小企业的发展势头强劲，对我国的经济发展贡献了很大的力量，在一定程度上缓减了就业压力，中小企业的发展不仅推动了市场的发展壮大，同时也督促科学技术不断创新。但我国中小企业普遍存在内部管理不规范、信用披露不充分、风险抵抗能力差等难题，一直以来都很难获得银行等金融机构的资金支持，承受着民间借贷的高成本，面临着生存和发展的瓶颈，这与其对经济发展做出的巨大贡献形成了鲜明对比。在当前市场经济条件下，我国有80%以上的中小企业面临融资约束问题，这严重制约了中小企业的成长与发展，更不利于我国"普惠金融"政策的实施。这一状况形成的原因是多方面的，既有客观经济因素，也有金融机构和中小企业自身的问题。其中，银行和企业两者之间的信息不对称是造成这一状况的主要原因，银行对中小企业信用问题进行度量及评价存在困难。在这种背景下，供应链金融可以减少银企之间存在的信息不对称问题，成为中小企业的一个重要的融资渠道。

　　供应链金融是在融资需求持续上升的情况下诞生出来的有效融资模式，利用融资渠道，将商品、银行和企业形成固定的资金供应链，破除了传统融资的僵局，能够充分发挥资金价值，因其独特的运作模式，合理、有效地缓解了中小企业的融资困境，这一融资模式受到众多企业的欢迎。供应链金融业务的不断探索对于解决中小企业融资成本高和难度大的问题提供了新思路。国家对于企业开展供应链金融也给予了有利的政策支持。2017年10月，国务院办公厅印发《关于积极推进供应链创新与应用的指导意见》；2018年5月，商务部、财政部联合发布《关于开展2018年流通领域现代供应链体系建设的通知》；2018年10月，商务部等8部委联合印发《关于开展供应链创新与应用试点的通知》；2019年2月，中共中央办公厅、国务院办公厅下发《关于加强金融服务民营企业的若干意见》。这一系列文件与政策的相继推出，越发促进了供应链金融的迅速发展。供应链金融是以核心企业为中心，把单一企业的不可控风险，转化为供应链上所有参与企业的整体可控风险。它与传统融资模式相比，有着诸多优势，有效地带动了各个参与企业的运营与发展，使企业的效益得以提升，发展前景与应用范围广阔。

　　在互联网背景下，互联网金融和供应链金融结合产生了互联网供应链金融，在具体的发展过程中，形成了多种不同的供应链金融模式，但由于发展时间还比较短，各种模式有其优点也存在一些不足。供应链金融（supply chain finance）从供应链的每一个环节出发，运用金融工具及综合性的管理方法，将物流、商品、资金和信息进行有效整合，使运营过程中货币资金流转与商品货物流动趋于一致，从而降低企业经营成本，提高资金运行效率。中小企业的采购和销售活动都是供应链上重要的一环，从供应链角度出发，通过企业之间的贸易联系打造一条完整的供应链体系，可以减少企业的信息不对称，更好地解决中小企业的信贷问题。伴随着金融领域的深刻变革，金融业务的创新日渐深入，诸多金融机构研发出更具吸引力的金融创新产品从而更好地为供应链服务，供应链金融的业务发展也越来越成熟。

中国当下的互联网金融与供应链金融

本章将介绍供应链金融的基本概念、特点、运作模式、信用风险等基本理论，介绍供应链金融的研究框架和内容，分析目前国内外研究现状，最后以一篇研究案例来学习供应链金融的基本理论和方法在实践中的应用。

6.1 供应链金融概述

6.1.1 供应链金融的概念和特点

1. 供应链金融的概念

供应链金融是在供应链体系的影响下形成的独特的一种金融活动，它以核心企业为链条中心，利用金融机构的资金优势和核心企业的信用优势，结合第三方物流的监管职能，激活了整个供应链，使得供应链中的各个利益主体和谐稳定的共存，推动了供应链的发展。供应链金融不仅提高了资金的使用效率，也提升了资金的安全性和还款的保障性，使得各个参与主体紧密联系在一起，共同抵御信用风险的发生。

2. 供应链金融的特点

根据定义，供应链金融的特点主要有以下几方面。

（1）参与主体多元化。供应链金融的主体不再仅限于金融机构和融资企业，而是加入了更占据主导地位的核心企业和第三方物流监管企业。它们之间不是分裂的个体，而更像是一个集合体、信息共享体、信用传递体。凭借核心企业的信用，处在上下游的中小企业不仅有核心企业担保，还有物流企业进行监管，能更加容易地申请到贷款。金融机构因为有了核心企业的存在，也更愿意给中小企业进行授信。

（2）具有自偿性、封闭性和连续性的特点。自偿性，就是供应链金融的交易环节中，融资企业用销售收入来偿还贷款；封闭性是在闭环的供应链中，供应链整体有机相连、有序运行，可大大提升交易效率，节约运营成本；连续性是指，在供应链中双方的交易是多次连续的交易，墨守成规下，达成信息共享。

（3）突破了传统的授信视角。供应链金融活动中，中小企业的地位得到了提升，因为有核心企业的信用作为保障，更容易获得资金支持，在闭环的供应链中，金融机构只需要围绕核心企业的上下游进行资金的融通，节省资金成本。

（4）风险相对可控。在传统的金融融资中，金融机构与融资企业是一对一的交易模式，风险点也只来自单方面。而在闭环的供应链中，参与主体不断加入，第三方物流企业和核心企业的加入，使得主体之间互相监督、互相制约，使风险降低到可控范围之内。

6.1.2 供应链金融的运作模式

1. 应收账款融资

应收账款融资包括应收账款质押、应收账款保理两类。

1）应收账款质押

核心企业在供应链中占据着主导性地位，交易双方签订贸易合同后，核心企业很多时候都拖延货款的支付，因此对于供应商来说就形成了一笔应收账款；供应商资金周转率并不高，当日常的资金流通出现问题时且应收账款未到期时，供应商将其质押给银行，并且凭借应收账款向金融机构申请融资，在这个过程中，核心企业充当的角色是信用的"传递者"和中小企业的"担保者"，银行对供应商进行授信调查，如若授信调查一切符合要求，则放款给供应商。审核之后，核心企业履行约定付款，将资金直接转至供应商在银行监管下的账户；若出现违约，则由银行向核心企业催收，银行拥有对应收账款的优先受偿权。如图 6-1 所示。

图 6-1　应收账款质押图

2）应收账款保理

保理业务的一般操作流程如图 6-2 所示：在保理业务中，买方与卖方签订购货协议，形成保理标的物应收账款；当应收账款未到期时，而卖方的资金周转出现问题，卖方就会将应收账款转让给保理商，卖方和保理商同时通知买方进行确认；保理商根据应收账款的金额扣除既定的利息和手续费后，向卖方发放贷款；等应收账款到期后，保理商提示买方进行付款，买方向保理商还清账款，至此，保理业务结束。

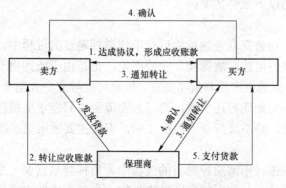

图 6-2　应收账款保理业务流程

2. 预付款融资

1）先款（票）后货模式

此模式指客户从银行申请融资获得贷款，在缴纳保证金的基础上向供应商拨付全额货款，然后供应商按时发货，银行收货。货物到达后，客户追加保证金，取走一部分的货物。

2）保兑仓模式

保兑仓模式也叫担保提货授信，在这种融资模式下，客户要先缴纳一定的保证金，银行才会为客户提供贷款，用于支付供应商的采购款。当经销商再次缴纳保证金时，银行再分次通知核心企业向经销商发货。其运作模式如图6-3所示。

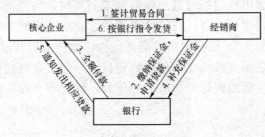

图6-3 保兑仓模式

3. 存货融资

存货融资是指核心企业与经销商签订购销合同，在交易之前，经销商没有足够的金额支付货款时，向银行申请存货融资并缴纳保证金，由第三方物流企业对质押物进行监管，直至全部货物发送至经销商。如图6-4所示。

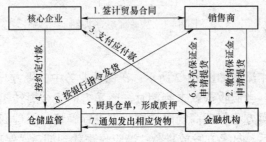

图6-4 存货融资模式

这种模式又可分为以下三种情况：

1）静态质押融资

静态质押融资是指销售商向金融机构进行申请质押融资的过程中，质押物必须由第三方物流监管直到抵押结束方可赎回质押物。它的不足：正是由于质押物不能在贷款清偿前再次使用，如果质押物是企业的生产原料或半成品，很有可能导致企业需要生产的时候耽误生产，营收下降，从而导致不能如期归还贷款，第三方物流企业只能承受抵押物贬值和变现损失等结果。由于以上的不足，静态质押业务很少使用，银行主要采用动态抵押业务。

2）动态质押融资

销售商向金融机构进行申请质押融资的过程中，质押物只需要一个最低限额质押在第三方监管处监管，不必等到业务结束就可以以物易物。与静态质押相比具有更强的灵活性。

3）仓单质押融资

仓储质押授信，就是供应链中的三方签订合作协议，仓储公司签发仓单，融资企业自持或者第三方持有作为质押物，为融资企业贷款的业务。

6.1.3 供应链融资模式与传统融资模式的比较

供应链融资模式与传统融资模式的不同主要有以下几点。

1. 服务对象不同

传统融资模式的主要服务对象是大型企业、核心企业或极具潜力的企业，中小企业获得融资几乎"难于上青天"。供应链金融的主要服务对象是占据主导地位的核心企业和需要资金融通的上下游中小企业。

2. 抵押标不同

传统融资模式大多需要企业以固定资产，尤其是不动产作为抵押物进行贷款。供应链金融是在供应链内部闭环情况下授信融资的，将购销过程中产生的动产与货权抵押给银行进行贷款，这其中就包括应收账款、预付账款和库存等。

3. 授信条件不同

在传统融资模式中，企业一般要抵押不动产，所以金融机构很少担心还款来源，就算企业经营状况不佳，不动产也可以补偿损失。在供应链金融中，以核心企业的信用作为担保，交易中的购销行为作为贷款依据，再加上金融机构与物流企业合作，可以起到货押监管的作用。

4. 融资方式不同

传统融资模式多是担保融资，尤其是不动产抵押担保。供应链金融则为信用融资，以核心企业的信用情况为主要标的，以交易行为为基础进行贷款。

5. 风险把控程度不同

传统融资模式下金融机构只是对单一企业进行授信调查，且人工成本、时间成本和风险识别成本都比较高，对风险的把控较差。供应链金融融资模式下的金融机构对融资企业及其所在的整个供应链进行综合考察授信调查，可以把风险控制在既定范围内，与此同时扩大业务量，实现企业和金融机构的双赢。

6. 融资企业话语权不同

传统融资模式下，融资企业在融资过程中的地位较低，融资效率低下。在供应链金融模式下，有核心企业的信用作为融资的保障，在整个供应链金融活动中地位有所提升，与金融机构的关系也得到了改善。

6.1.4 供应链金融的信用风险

1. 供应链金融信用风险的主要特征

1）系统传导性风险

系统传导性风险具有突发性明显、扩散性强和破坏性大等特点，单个主体发生系统性风险时很难对风险进行分散或者有效的控制。在供应链金融的信用风险中，系统性风险的特征更是有着突出的表现力。在供应链中的某一个主体在受到自然灾害或经济环境影响后，因为供应链关系传导、扩散迅速导致周围其他主体集中大面积的损失，造成供应链金融体系的信用风险。如三鹿奶粉三聚氰胺事件、日本丰田公司安全气囊质量丑闻等，从单个主体的风险迅速扩展到整个供应链上诱发产业链的危机,基于供应链金融视角分析,反映供应链金融突出的系统传导性信用风险特征。

2)信息不对称性

供应链金融信用风险爆发的直接原因是信息不对称造成的。金融机构向中小企业提供融资服务,是因为有核心企业作为保障,理论上核心企业必须在对中小企业的信息比较了解的基础上,才会为中小企业做出信用担保。然而,在现实中核心企业往往并没有对中小企业进行深入了解,很难获得中小企业的内部管理、财务状况、历史信用等相关信息,即使能找到相关信息也并不全面。如果中小企业没有形成一定的规模,内部管理没有达到一定程度,这些信息就更加难以获取,在很大程度上制约了信息共享,最后因为信息不对称导致信用风险的发生。

3)道德风险扩散性

道德风险是指在信息不对称的情形下,交易管理者为了促使交易达成或者从中获取不当得利,违背相关原则导致的违约风险。中小企业在未形成一定的经营规模之前,其管理也相对松散,做不到规范经营、规范管理,使得中小企业的管理者在进行决策时容易做出主观逆向选择,造成道德风险。

2. 供应链金融信用风险的成因分析

供应链金融是参与供应链的各个成员之间通过整合金融资源来结合商流和物流的经济贸易活动,因而受到各种供应链运营因素的影响是不可避免的,因此对这些影响因素进行分析很有必要。按照不同的来源,可以将影响供应链金融信用风险的因素分为内部原因和外部原因。

1)供应链金融信用风险形成的内部原因

内部原因主要是在供应链金融活动中,在业务操作中由于运行不规范造成的信用风险。

(1)信息不对称。在供应链金融活动中,信息不对称是供应链金融业务开展的一大阻碍,这也是引发供应链金融信用风险的诱因。供应链金融活动中,平台服务商或者商业银行为中小企业提供融资服务时,授信调查一般来自中小企业的公开资料、历史征信记录和核心企业的交易背景以及基于核心企业对中小企业的信息掌握情况。而这些信息都是浮于表面的,平台服务商或者商业银行并不会深入地去了解中小企业的内部信息,如果在授信调查中出现偏差,对还款能力较低或者现金流能力较低的企业授信额度过大,后期中小企业将会加速供应链金融信用风险的发生。

(2)供应链金融的不稳定性。供应链金融的稳定性对供应链金融信用风险防范有着很大的影响。尽管供应链金融有多个主体的参与,但本质基础还是交易本身的商品或者服务。如果出现不稳定性,核心企业会通过对价格的调整对中小企业施加压力,这会造成中小企业因价格低于成本增长而失去利润,如此会导致中小企业的经营出现问题。商业银行在为中小企业进行授信时若未能及时发现这个风险点,对中小企业未来的还款概率与质量的预测就会出现偏差,进而诱发供应链金融信用风险。

(3)非真实的交易背景。供应链金融活动开展的前提就是要有真实的交易背景。供应链金融活动中涉及的各个主体应及时把控交易的各个环节,尤其对于金融机构和核心企业来说,更要追踪各个重要的节点。有很多企业违规参与供应链金融交易,虚构贸易背景,挪用信贷资金,授信规模与真实的贸易背景不匹配,导致信用风险的产生。若中小企业以虚假的交易背景为依据向金融机构申请融资,一旦中小企业后期无力还款,那无论是金融机构还是核心企业,都将承受无法估量的信用风险。

(4) 质押承物变现能力和易损程度的变动。由前文的描述可知,供应链金融的业务模式中有些模式需要在有质押物的前提下,方可进行融资。这其中,质押物就成为关键点。首先是质押物的变现能力,如果在供应链金融活动中,质押物受到外界因素或者储存环境的影响,导致市场价值急剧下降,那么将会导致质押物的变现能力也随之下降,一旦融资企业出现无力还贷时,核心企业就会因为质押物的市场价值下降而拒绝按照约定的定价缴纳赔偿,进而引发信用风险。其次,质押物如果因为外界因素如天气或者储藏环节的变化而受到大部分损失,核心企业也不会守约,也会诱发信用风险的发生。

(5) 第三方物流企业的专业能力不足。物流企业作为供应链金融活动的主体,在供应链中的主要功能就是对质押物的运输和监管。物流运营和监管是信息流和资金流稳定流动的保障,如果物流管理出现问题,信息流和资金流也会出现问题。例如,有的第三方物流企业没有严格实施实地走访制度,导致日常台账登记混乱,无法对应实际运营情况,监管也形同虚设,致使某些企业挪用抵押物,产生道德风险最终引发信用风险的爆发。

2) 供应链金融信用风险形成的外部原因

供应链金融信用风险形成的外在原因并不是供应链的管理者能够从主观意识上决定的,但各个参与主体也要时刻关注这些变化,外在原因主要有以下几方面。

(1) 行业状况。行业状况对供应链活动有着重要的影响,行业集中度的高低不同,企业提供的服务类型就不同。在集中度高的行业中,企业能够掌握的资源较为广泛,能够完成技术进步和创新的任务;在集中度低的行业中,企业掌握的资源较少,为了贴合市场的运行,企业往往会进行横向和纵向的资源整合。在供应链金融活动中,行业越接近完全竞争,企业的规模就越小,产品差异也就会越来越小,对价格的掌握越低,因此信用风险就越高。

(2) 供应链状况。在企业组织进行合作关系期间,企业之间往往会存在目标差异性。供应链是否持续和稳定,在很大程度上取决于供需双方是否具有一致的目标,是否愿意为了实现这种目标而进行日常性的投入。为了保证企业间的目标一致性而对活动进行协调所产生的成本叫作协调成本。如果协调成本过高,或者投入的资源和能力不足,就很难达成一致的目标,从而使供应链运营绩效受到威胁,进而使供应链金融活动举步维艰。此外,合作经验和期限分析也是供应链稳定性的重要因素。交易双方一旦有了合作经验,这些合作经验就会对之后的有序合作产生有利影响。企业之间参考之前的合作经验,与其他企业之间签订长期稳定的合作协议,对稳定供应链运行有着很好的保障。供应链稳定性越强,中小企业越容易获得授信,也将会提高守约率。反之,中小企业的违约率将大大提高,可能加速信用风险的发生。

(3) 经济环境。供应链金融活动的开展是基于良好的经济环境进行的。供应链金融活动开展过程中,经济环境发生重大改变时经济状况出现波动,会使某个交易环节或经济主体遭受较大的影响,导致供应链的运行受到冲击而"瘫痪",从而诱发产生信用风险。

3. 供应链金融信用风险传递原理

基于供应链金融信用风险的内在和外在原因分析,当供应链金融体系中,任何一个个体发生信用风险,在供应链其他成员企业中就能反映出来。中小企业一旦发生信用风险,首先将会波及与它有直接贸易关系的利益主体。核心企业受到的损失不仅仅是一笔交易或者损失一个客户，更大的影响来自对核心企业信用的影响，因为中小企业收到金融机构的融资是核心企业为中小企业做了保障。对于商业银行来讲，形成一笔坏账无法收回，进而给中小企业断贷，在以后的供应链金融活动中，甚至拒绝为中小企业进行资金支持。如果有质押物，那么还将波及监管的物流企业，如果质押物体量较大，会导致物流企业的运转和经营不能正常运行。如果是核心企业爆发信用风险，那么破坏性和传染性更强，不仅仅是一级供应商和一级经销商受到信用风险的波及，乃至第二级、第三级等都会受到核心企业信用风险产生的影响。除此之外，金融机构受到的影响远远大于因中小企业违约而导致的信用风险。以上两种情况是因为供应链中个体的主观性行为导致的，还会有不可抗因素导致的客观性行为诱发信用风险，如经济环境的变动、天气环境的突变、政策的约束等。

4. 不同运作模式下的供应链金融风险分析

1）预付账款融资模式的风险分析

预付账款融资的参与者相对较多，具体包括供应链上游的供应商、商业银行、有融资需求的企业以及第三方物流企业等，物流企业在交易过程中起到的作用主要体现在对质押物品的监管与评估等方面；而该项业务的顺利开展需要借助上游企业的担保，对下游企业承诺回购并承担一定的连带责任；融资企业应该做的是实时确保保障金的充足，按照合同规定的内容向商业银行兑换汇票，以此实现账款的融资业务操作。在该项融资业务中，银行需要对上游企业和下游企业同时进行评估，而物流企业和上游企业负责对下游企业还款进度进行监管，这种融资方式对上游公司和第三方物流企业具有一定的依赖性，而且具体的实施环节操作比较复杂，由于参与者较多所以存在多种类型的潜在风险。

该模式的潜在风险总结为以下几方面内容。

（1）核心企业资信风险。此项业务在开展过程中对核心企业的依赖性比较大，核心企业需要承担连带的担保责任，假若融资企业的保证金额不足，那么核心企业就需要凭借仓单将剩余质押商品在规定还款日期之前回购，所以，银行等金融机构在贷款之前会重点评估核心企业的还款能力。

（2）商品监管风险。对于质押商品的监管是的一项必不可少的工作内容，在监管过程中存在的问题包括双方掌握信息不对称、数据具有滞后性以及信息失真等，这些问题的出现都会提高商品质押的监管风险。与此同时，融资企业在提货时存在提好补坏的风险。所以，在交易过程中需要第三方物流企业对其进行监督与管理。

（3）质押商品价格变动风险。仓单质押只适用于一部分商品的交易活动，并不是对所有商品的交易模式都能够发挥其积极作用。例如，商品在销售过程中会受到多种因素的影响而使价格出现变化，而引起价格出现变动的主要原因包括两方面内容，①市场供求关系的变化；②政策性风险，在销商品的价格受到波动以后会对商品的安全性造成威胁。

对于上述风险类型可以采用以下措施应对。

（1）明确核心企业的信用等级，在交易之前可以选择知名度高、品牌形象好、经营规模大的企业作为担保企业，其中对担保企业的信用等级进行分析和评估，选出信用等级较高的企业对融资企业进行担保。银行需要与核心企业签订协议，通过这种方式杜绝融资企业出现货物滞留和现金回转困难的情况。

（2）保障货物流通信息的路径畅通。银行等金融机构应该和第三方物流企业签订相关协议，协议生效以后二者掌握的数据信息可以共享，这样可以在短时间内发布或者接收货物流通信息。融资企业还款的依据是其货物，而核心企业看重的是货物的实际质量，物流企业是最了解货物质量的参与者，所以银行会选择物流企业作为检验货物质量的监管方。

（3）明确商品质押过程中存在的风险。银行在贷款过程中会按照不同生产阶段供求关系的变化以及授信风险信息适当调节贷款利率。在产品订单阶段出现风险的概率相对较高，所以在此阶段银行会适当调整利率；在生产的结尾阶段出现风险的概率较低，此时调节贷款利率能够提高贷款成交量。

2）动产质押融资模式的风险分析

动产质押融资模式的参与者主要包括银行、第三方物流企业和融资企业，在交易之前三方会签订具有法律效应的协议，以此规范各方在交易过程中的操作行为，以保障融资活动顺利进行。在实现过程中，融资企业大部分的运转资金都用来购买货物，如果在还款日期之前出现货物滞留的情况，则会严重影响企业内部资产的使用效率。所以在现阶段，融资企业往往会以自己可控的货物组作为融资补偿条件向银行申请贷款，这种方式能够缓解企业现金流的压力，充分发挥企业资产的实际作用。

该模式存在的风险内容如下。

（1）仓单风险。在仓单流通和交易的过程中需要一套有效且安全的规则对参与者的操作行为进行规范，但是，由于我国对于仓单风险的研究起步较晚，和其他发达国家相比还存在明显的差距，目前正处于起步的研究阶段，在金融领域中还没有形成一套切实可行的规章制度。所以在仓单管理中仅仅依照《民法典》中对于仓单流通的规定展开各项操作。法律体系的不规范增加了仓单流通的潜在风险。

（2）物流企业的资信风险。仓单流通过程中，银行需要向第三方物流企业提供具有法律效力的信贷额度授权，将融资的主动权交给第三方物流企业之后，由物流企业向融资企业发放贷款或者提供其他金融服务。由于物流企业并不是专业的金融机构，所以在融资过程中存在资信风险。

（3）质押物价值风险。此类风险的产生与保兑仓模式相同，银行在提供资金的过程中会受到质押物价格的变动使其资金安全受到威胁。一般情况下，核心企业并不会向银行提交质押物的回收承诺书，所以，银行在发放贷款时如果融资企业未按约定还款，而核心企业不会按照固定的内容回收质押物，很容易对银行造成严重的经济损失。

针对以上风险可以采取以下措施应对。

（1）保证仓单真实有效。银行有权向其他参与者提出预留仓单，如果有要求可以和第三方物流企业直接沟通。企业应该对仓单进行检验、验证和验印等操作，除此之外，在融资过程中遇到问题以后可以在第一时间和其他参与者进行联系，如果仓单真实有效就可以通过法律途径解决该问题。

（2）慎重选择第三方物流企业。第三方物流企业在交易过程中的作用是对质押物品的监管与评估等，而该项业务的顺利开展需要借助上游企业担保，对下游企业承诺回购并承担一定的连带责任。在上述过程中银行等金融机构规避风险的根本保障就是货物的质量，所以物流企业应该加大对货物流通的监管力度。

（3）科学选择质押商品。为了防止因质押品质量差而引起多方信息的变动，应该建立一套完善的商品价格波动预测系统，该系统可以结合有效的市场数据对商品的价格进行精准的预测，预测结果可以作为银行选择质押物的参考数据。通常会选择质量好、信誉度高和占有率大的商品作为质押品。

3）应收账款融资模式的风险分析

应收账款融资模式是交易中的卖方对金融机构转让赊销项中到期应收的账款，金融机构根据卖方提出的要求为其提供相应的金融服务。以供应链为主要活动的应收账款融资服务的对象是处于中上游位置的中小型企业。在融资过程中允许核心企业、上游债权企业以及金融机构参与，其中核心企业在融资过程中发挥的作用主要体现在对借款人的反向担保方面，如果中小企业在融资过程中因自身原因而出现某种问题，那么该企业需要依照合同中的条款对产生的损失进行弥补。

这种融资方式将银行的资金风险转移给上游企业，该模式中存在以下风险。

（1）应收账款风险。借款人对于自身的应收款项并不会如实记录在企业的财务报表中，这就造成了财务数据的失真，而应收账款数据失真的情况只有融资企业自己清楚，银行与核心企业在对其发放贷款时并不知晓数据虚构的情况，所以应收账款的虚假存在较高的风险。

（2）上游企业的支付风险。在该融资模式中银行需要综合评估核心企业的资金使用、资产规模、盈利能力以及应对风险的能力，对于银行来讲，核心企业是首要的还款来源，同时也是款项能够按时收回的重要保证。其中，核心企业的支付能力决定了融资过程中银行承担的资金风险。

（3）账款转移风险。融资企业在供应链中属于下游企业，而核心企业则属于上游企业，根据分布形势来看融资企业处于弱势地位，所以无法在有效的时间内向核心企业提供承诺书和其他资料，而银行发放贷款后，融资企业很可能将贷款发放给其他下游企业使用，所以存在账款转移的风险。

通过对以上风险的分析，有以下几种解决措施。

（1）如果银行已经向融资企业发放贷款，融资企业可以向核心企业提出要求，保证在短时间内向银行提供应收账款单据的证明及其相关资料，与此同时，可以通过双方签署的协议、增值税发票、收获凭证以及运输单据等资料查证应收账款的真实性。

（2）明确核心企业的信用等级。一般情况下，核心企业可以针对多个融资企业进行评估和分析，然后在其中挑选出信用等级最高的企业进行担保。与此同时，银行等金融机构需要对核心企业的资金运转情况与信用状况进行科学的评估与分析，评估内容主要包括订单数量、产品质量、业绩水平、核心技术，以及用户满意度等内容。

（3）对于账款转移过程中产生的风险，在融资活动进行之前，银行可以要求融资企业签订一份具有法律效力的应收账款质押账户承诺书，同时告知其他参与者贷款金额的使用范围和账户信息。

综上所述，在多种融资模式中由于参与者不同会产生不同风险类型，银行等金融机构面临的风险越大，对其造成的经济损失就越严重，对风险进行有效控制是融资活动顺利进行的基本前提和根本保障。

6.2 供应链金融的研究现状

6.2.1 关于供应链金融定义的研究

1. 国外研究情况

国际上首次提出供应链金融概念的是 Timme 等（2000）学者，他们认为供应链链条上的核心企业和中小企业与提供金融服务的链条外部机构建立起一种合作关系，而这种合作关系旨在降低整个供应链的成本，同时考虑整个链条的商流、物流、信息流和资金流，以及整个链条参与主体的经营活动，这一过程被称作供应链金融。2003 年圣加仑大学教授霍弗曼（Hofmann，2003）在他发表的文章中认为企业的存货周转率和固定资产周转率很大程度上制约了企业的发展，而供应链金融的出现就是为了解决这个问题，利用信息技术和提升物流的运转来提高存货周转率和固定资产周转率，同时也解决了付款期限过长的问题。2005 年，霍弗曼在其发表的文章中解释了什么是供应链金融，此后，他的研究成果被专家学者们多次引用。他认为供应链金融是供应链中的多个主体根据供应链上不断发生的变化做出的一系列调整，并充分利用资金流使得供应链的运转更加顺畅。

2. 国内研究情况

胡跃飞等（2007）在深圳发展银行供应链金融业务探索的基础上，提出供应链金融是商业银行对供应链链条中的融资企业贷款过程中运用自偿性技术，将供应链链条上的核心企业、第三方物流企业以及现金流管理手段等风险控制变量引入供应链链条中，力求增加还款来源，降低贷款企业的风险，对供应链不同节点企业提供授信支持和理财服务的过程。进一步，胡跃飞等（2009）从银行视角，给出了供应链金融广义和狭义的含义：广义的供应链金融是金融服务提供商为供应链企业资金管理提供的综合金融服务，它整合了供应链条上的相关资源，而狭义的供应链金融是指商业银行等金融机构对供应链链条中融资企业提供信贷服务，包含对供应商和经销商的信贷支持、上下游企业间资金的流通以及财务、金融服务等中间业务。徐学锋等（2010）在研究供应链金融发展的问题时，理论与实践相结合，提出了发展过程中可能存在的几个问题和设想；贾卓鹏（2010）在研究供应链金融时提出供应链金融改变了商业银行的融资视角。宋华（2015）系统地阐释如何通过供应链金融的创新性手段解决中小企业贸易融资难问题、如何用互联网与大数据为供应链金融提供技术保障和风险管控等供应链金融发展过程中需要解答的问题。

中国供应链金融的融资特征与融资困境

6.2.2 关于供应链金融模式的研究

1. 国外研究情况

Leora（2004）针对中小企业如何运用反向保理融资模式进行了分析，并对这种融资模式的效果进行了总结。Viktoriya（2006）研究了核心企业与链条上其他成员企业一起如何通过提高支付与融资业务技术来获得竞争优势，并结合其他资源促使供应链上的各个主体蓬勃发展。Xu 等（2009）在研究供应链金融时基于应收账款模式，充分考虑到以下几点要素：应收账款的期限长或短、授信的额度是否过高、利率和质押率等，分析并得出结论：供应链金融的风险主要来自核心企业的信用担保和具体的业务模式。Viktoriya（2012）认为供应链金融帮助融资企业解决了现金流问题，且促进了融资企业的外贸业务发展。

2. 国内研究情况

李毅学等（2007）深入剖析了供应链金融的系统架构，将供应链金融的融资模式总结为三种：存货模式、应收账款模式、订单模式。闫俊宏（2007）基于供应链金融的核心理念及特点，针对应收账款、预付账款和存货设计了应收账款融资、保兑仓融资和融通仓融资等三种基本融资模式。宋炳方（2008）在研究供应链金融时介绍了几种融资模式，并提出供应链金融的本质是利用传递核心企业的信用并整合各项资源。黄明田等（2019）基于产融结合的视角，将供应链金融业务归纳为两种：一种是基于物流视角的业务，另一种是基于中小企业视角的业务。云蕾（2013）根据电商平台在供应链中的地位，将电商供应链系统进行分类：纯交易的供应链电商平台与非纯交易的供应链电商平台，依据这两个分类，提出两种电子商务供应链金融模式，并对其融资模式进行了分析。柴正猛，黄轩（2020）在供应链金融模式及其风险现有的文献基础上进行了总结，并对以后的研究方向进行了展望。

6.2.3 关于供应链金融信用风险的研究

1. 国外研究情况

Gordy（2000）在研究供应链金融信用风险时对融资企业的违约风险进行估算，并且创新性地提出采用利率期限结构理论进行估算。Longstaff 等（1995）在研究供应链金融信用风险时使用了 KMV 模型，通过测算供应链金融中融资企业的违约距离，对融资企业的违约情况进行预测。Barsky 等（2005）认为商业银行拓展供应链金融融资业务时信用风险也在提升，因此商业银行需要不断修正其信用风险的评价体系，以此来防止信用风险的发生。Olson 等（2010）侧重研究供应链金融信用风险的多因素识别。Basu 等（2012）认为供应链金融的预付账款融资模式能够提高企业的经营效率，并且认为银行在授信过程中如果给予那些财务信息不可靠且不完善的中小企业过高的额度，会增加银行的信用风险。Rice 等（2012）通过研究企业的财务数据表现，认为多层神经网络等模型不能够精准地判别商业银行面临的风险。

2. 国内研究情况

闫俊宏（2007）运用多层次灰色综合评价法对供应链金融的信用风险进行评价研究。李时春（2007）对 CreditMetrics 和 KMV 模型进行比较，结合实际情况提出了自己的研究结论。汪守国（2009）在研究供应链金融风险时，运用层次分析法对其风险进行了定量分析。熊熊等（2009）在对供应链金融信用风险进行实证分析时，提出用主成分分析法对构建的指标进行筛选，用筛选出的具有经济意义的主要成分进行 Logistic 回归，分析结论为，供应链金融可以促使融资企业进行守约且为它们提供资金支持。孔媛媛等（2010）在研究中建立了模糊影响图评价模型，突破了信用风险评价中的难点。张玮（2010）运用数理模型测算了违约距离，以此来分析供应链金融的信用风险。迟晨（2010）在研究供应链金融信用风险时用 KMV 模型测算了绩效较好的券商和绩效较差的券商的违约距离和违约点，并进行了评价分析。王琪（2010）基于决策树构建了信用风险评估体系，以此来对供应链金融的信用风险进行评价，并提出此方法能较好地评估融资企业的信用。胡海青，张琅等（2011）通过支持向量机（SVM）建立 Logistic 模型来评估其信用风险，证明了基于支持向量机的供应链金融信用风险评估研究。刘远亮（2013）首先建立了相应的指标体系，然后用主成分分析法对指标进行筛选，其次进行了 Logistic 回归，结果表明供应链金融不仅能够解决中小企业的资金问题，而且还能够提升中小企业的守约概率。郭菊娥等（2014）基于线上供应链金融模式，指出线上供应链金融的信用风险会依据其电商平台的独特性随机变动，给银行造成了巨大的信用风险。张爱玲（2019）提出供应链金融最大的风险是信息不对称，为了消除信息不对称应做好以下控制：充分了解交易对手、应收账款的授权要完整、通过供应链管理系统消除信息不对称等。李光荣（2020）分析了供应链金融信用风险特征，创新性地提出了系统分析框架，并提出供应链金融信用风险管控对策。

数字技术如何构建供应链金融网络信任关系？

6.2.4 文献述评

从国际上首次提出供应链金融概念的蒂默，到国内胡跃飞从银行视角给出了供应链金融广义和狭义的含义，再到宋华、李光荣等学者对供应链金融的业务模式和信用风险进行更深入的研究，我们看出供应链金融的学术研究随着供应链金融的发展已经达到了一个阶段性的高度，且已成为一个热点话题。

关于供应链金融信用风险的现有学术研究虽然多，但仍然存在一些局限性：①没有形成一个统一的、全面的信用风险评价体系；②研究对象通常是中小企业为主的融资企业；③研究评价方法大多采用层次分析法、模糊综合评价等方法，在因所有的方法和模型进行实证分析时，都会有一定的制约，而影响因素来自方法或者模型自身的理论依据。例如，AHP 等方法需要相关领域的专家或者实际从业者进行打分，这类方法掺加了许多人为主观性；而 Logistic 回归模型中，需要大量的定量指标作为原始数据，而这些定量指标都来自中小企业的财务数据，事实上基于全面评价的原则，也需要一些非财务指标。

基于以上的分析，本书认为在后期研究供应链金融时，参考这些方法和模型的同时，要全面综合地考虑可能出现的问题，选择适合的评价模型或者方法。

6.3 供应链金融研究案例分析

本节案例根据中南财经政法大学桂英豪的研究生论文《供应链金融在中小企业融资中应用的研究》改编。

6.3.1 非合作完全信息动态博弈模型的提出

1. 博弈及其要素

博弈是指拥有理性思维的个人或团队，受到一定条件与规则的限制，从各自的行为或策略范围中进行选择，然后落实到具体实践中，最后从中获取各自利益的过程。某些时候，该词也具有动词性质，特指在完成行为或策略的选择之后，将其落实到具体行动上的过程。

完整的博弈过程，其要素往往包括以下几个方面：①参与博弈过程的组织和个人，他们在该过程中负责独立决策，并且独立承担任何后果；②博弈信息，即参加博弈者掌握的一些情报资料，这些资料往往有助于在博弈过程中做出选择；③可供参与博弈者进行选择的全部策略或行为的集合；④博弈次序，即参与者在过程中选择策略的先后顺序；⑤博弈方的收益，即博弈选择做出之后将给各方参与者带来的得失。

2. 博弈的分类及选择

根据先前协议的有无，博弈可分为两种，即合作型和非合作型。前者指的是参与者从考虑自身利益出发，在真正开始博弈之前就先与其他人形成相关协议或联盟，这样的博弈结果对参与者一般都是有利的；后者指的是参与博弈的各方组织或个人，无法达成能够对参与方有所约束的协议。非合作型博弈发展时间久，理论也比较成熟。

根据信息拥有程度，博弈又可划分为完全信息博弈和不完全信息博弈。信息对博弈论来说至关重要，其中完全信息博弈就是指对于所有参与者的策略空间和组合下的支付，参与者都能完全了解，如若不能，则是不完全信息博弈。更具体地说，完全信息博弈其实就是参与博弈的组织或个人之间公共知识的博弈。那么对于参加不完全信息博弈的人来说，尽最大努力使其期望支付或效用实现最大化，就是其决策目标。

根据行为事件序列的不同，博弈论又包括动态博弈和静态博弈两种。具体来说，静态博弈是指无论两个参与主体同时或不同时行动，后开始行动的人往往不能了解已经行动者所采取的行为手段。而动态博弈则是指参与主体的行动有先后之分，且后行动者可以观察到先行动者的行为。

由于供应链金融的参与方均是独立的经济体，均追求自身利益的最大化，所以是非合作博弈，而且在创建这种关系时，融资企业和核心企业的信用资质、财务信息等均已获取，所以是完全信息博弈，银行等金融机构可以针对融资企业还贷情况，对其质押动产、应收账款、交易仓单等进行不同的处理，所以是动态博弈。综上，本案例采用非合作完全信息动态博弈。

6.3.2 非合作完全信息动态博弈模型的建立

1. 无第三方参与的银企完全信息重复博弈模型

模型假设：商业银行贷款为 L，贷款利率为 r，无风险利率（国债利息）为 r_0，监管成本为 C。中小企业贷款投资项目潜在收益率为 R，项目成功率为 P，银企交易成本为 O，多次交易的折现率为 e。经过多次重复动态博弈得出银企各自的期望值如表 6-1 所示。

表 6-1 无第三方参与的银企完全信息重复博弈

		银行	
		贷款	不贷款
中小企业	偿还	$(LR-Lr)/(1-e)$, $(Lr-C)/(1-e)$	$0, L \times r_0$
	违约	$(L+LPR),(-L-C)$	$0, L \times r_0$

假定当企业不偿还时，银行往往因无力追缴或者追缴成本过大决定不追缴还款。

企业在获得贷款且还款，通过不断重复交易的期望收益如下：

$$E_1 = (LRP - Lr)(1 + e + e^2 + e^3 + \cdots + e^n) = (LRP - Lr)/(1-e) \tag{6-1}$$

企业不偿还贷款的期望收益如下：

$$E_2 = L + LRP \tag{6-2}$$

当 $E_1 > E_2$ 时,

$$(LRP - Lr)/(1-e) \geq L + LRP$$

得

$$P \geq \left(r + \frac{1}{e}\right) - 1 - R \tag{6-3}$$

则企业选择还款。

根据式（6-3）可知，当企业项目成功概率高于式（6-3）的范围，企业违约的成本高于偿还的收益，企业会选择还款。银行发放贷款偿还的收益为：

$$E_3 = (Lr - C)(1 + e + e^2 + e^3 + \cdots + e^n) = (Lr - C)/(1-e) \tag{6-4}$$

银行选择不贷款收益为：$E_4 = Lr_0$

当发放贷款偿还的收益大于不发放贷款的收益时，银行选择放款，即：

$$E_3 \geq E_4 (Lr - C)/(1-e) \geq Lr$$

求解得

$$r \geq r_0(1-e) + C/L \tag{6-5}$$

如果银行只有贷款利率满足式（6-5）条件，得到偿还且收益高于无风险收益，则会选择贷款。当式（6-3）和式（6-5）同时满足时，企业和银行达到完美信息动态纳什均衡。银行发放贷款，企业按期偿还贷款。

现实中，往往由于信息不对称，银行无法得知企业项目成功的概率，为了防范风险，往往会选择提高贷款利率，覆盖潜在违约风险。对于企业而言，利率的提高使得项目成本增加，反而降低了项目成功的概率，理性选择不还款。最后的博弈结果，则是银行不贷款，企业也无法取得借款。只有当中小企业能提供足额的抵押或担保时，贷款才有可能成功，但是往往因为中小企业无法提供抵押或担保而贷款失败。

2. 预付账款融资模式银企博弈分析

在预付账款融资模式中，中小企业属于下游企业，企业向银行等金融机构体缴纳保障金以后，银行会向货物供应方提供承兑汇票，这里供货商指的是上游的核心企业。核心企业会与第三方物流企业公司进行合作，将货物发给当地的物流网点，另外，中小企业采用分批次还款的方式将预付款项还清，而银行等金融机构分批次向第三方物流企业提供交易仓单，第三方物流企业参照相关单据将货品分批次发货，企业将所有贷款还清以后即可将货物全部发出。一般情况下，货物供应商在里面提供担保作用，并且核心企业承诺差额或者全额回购。

模型假设：商业银行贷款为 L，贷款利率为 r，无风险利率（国债利息）为 r_0，监管成本为 C。中小企业贷款投资项目潜在收益率为 R，项目成功率为 P，由于核心企业提供了担保作用，因此中小企业需要向核心企业支付担保费用，此处用字母为 W 表示。如果中小企业未履行合约内容分批次还款，那么银行会强制要求核心企业将剩余贷款还清，此处还款金额用字母 J 表示，核心企业在后期会向中小企业追还剩余款项，该金额用字母 K 表示。将中小企业的守信还款概率设为 P_1，违约概率为 $(1-P_1)$，银行的放款概率为 Q_1，则不放贷的概率为 $(1-Q_1)$。经过多次重复动态博弈得出银企各自的期望值如表 6-2 所示。

表 6-2 预付账款融资模式银企博弈

		银行	
		贷款(Q_1)	不贷款($1-Q_1$)
中小企业	偿还(P_1)	$(LRP-Lr),(Lr-C)$	$0, Lr_0$
	违约($1-P_1$)	$(L+LPR-W-K),(-L-Lr-C+J)$	$0, Lr_0$

中小企业期望效用函数：

$$E(U_{偿还})=(LRP-Lr)Q_1+0\times(1-Q_1)$$
$$=(LRP-Lr)Q_1 \tag{6-6}$$

$$E(U_{违约})=(L+LPR-W-K)Q_1+0\times(1-Q)$$
$$=(L+LPR-W-K)Q_1 \tag{6-7}$$

当 $E(U_{偿还})=E(U_{违约})$ 时，则有

$$(LRP-Lr)Q_1=(LLPR-WK)Q_1$$

化简得

$$Lr+L=W+K$$

即当企业在交易过程中违背合约内容以后，核心企业追加款项与中小企业的担保费用二者的总和即为本次贷款的本金与利息的和。

当 $E(U_{偿还})>E(U_{违约})$ 时，则有

$$W+K>Lr+L$$

中小企业付出的成本大于偿还贷款的成本，则中小企业选择按时偿还贷款。

综上所述，在上述融资模式中，银行会对其中两项指标进行考量，即中小企业向核心企业缴纳的担保费用和核心企业对中小企业的惩罚力度。对于银行等金融机构来讲，核心企业会承诺还款额度和日期，所以银行在发放贷款的过程中所面临的风险类型均来自核心企业，对此，银行在发放贷款之前需要对中小企业与核心企业共同进行评估。

银行期望效用函数：

$$E(U_{贷款})=(Lr-C)P_1+(-L-Lr-C+J)(1-P_1) \tag{6-8}$$

$$E(U_{不贷款})=Lr_0\times P_1+Lr_0(1-P_1)=Lr_0 \tag{6-9}$$

当 $E(U_{贷款})=E(U_{不贷款})$ 时，则有

$$(Lr-C)P_1+(-L-Lr-C+J)(1-P_1)=Lr_0 \tag{6-10}$$

可得

$$P_1=[L(1+r+r_0)+C-J]/(2Lr+L-J) \tag{6-11}$$

对公式（6-11）中的贷款利率 r 求导，得

$$\partial P_1/\partial r=L(J-2Lr-L-C)/(2Lr+L-J)^2 \tag{6-12}$$

根据公式（6-12）可得，$J < 2Lr+L+C$ 时，核心企业赔偿金额不能超过监督成本与本金之和，而当企业产生盈利以后，中小企业授信还款的概率和贷款利率之间成反比例的关系。与此同时，如果中小企业在还款过程中违背合约内容，那么核心企业就会主动承担其担保责任，代替中小企业将剩余款项与利息还清。在贷款之前需要核心企业对中小企业的还款能力和还款进度进行监督，根据分析的结果决定是否向该企业提供担保。

对公式（6-11）中的 J 对 P_1 求导，得

$$\partial J / \partial P_1 = (Lr_0 + C - Lr)/(1-P_1)^2 \qquad (6-13)$$

银行贷款的先决条件是贷款收益大于无风险收益，所以，$Lr - C > Lr_0$，即 $\partial J / \partial P_1 < 0$，随着中小企业守信概率的提高，出现问题以后核心企业会将其赔偿金额 J 用来转嫁风险。这样，核心企业则为了减少赔偿的风险，增加对中小企业的监督约束，使中小企业违约概率降低。

3. 动产质押融资模式银企博弈分析

供应链金融背景下的动产质押融资模式是指中小企业向银行申请贷款以后，银行将企业的动产纳入抵押范围，同时与第三方物流企业进行合作共同监督中小企业还款的融资模式。其操作流程是企业需要使用银行规定的第三方物流企业进行商品运输，企业凭借仓单向银行申请贷款，银行对企业的经营状况进行整合，主要参照第三方物流企业提供的存货单据向企业发放贷款，在交易的同时和企业签订回购合同，企业将剩余款项还清以后银行返还交易仓单，企业将仓单提交给物流企业提取货物，交易行为结束。

模型假设：商业银行贷款为 L，贷款利率为 r，无风险利率（国债利息）为 r_0，监管成本为 C（监管主要依赖物流公司，可以视同很小不考虑），中小企业贷款投资项目潜在收益率为 R，项目成功率为 P，物流企业提供了监管作用，银行支付物流企业的监管费用 F。假设动产预期变现公允市场价值为 Z，质押率为 $r_2(0<r_2<1)$，则有 $L=Zr_2$，中小企业守信还款概率用 P_2 表示，违约概率用 $(1-P_2)$ 表示，银行的放贷概率为 Q_2，则不放贷的概率为 $(1-Q_2)$。

经过多次重复动态博弈得出银企各自的期望值如表6-3所示。

表6-3 动产质押融资模式银企博弈

		银行	
		贷款（Q_2）	不贷款（$1-Q_2$）
中小企业	偿还（P_2）	$(LRP-Lr),(Lr-F)$	$0, Lr_0$
	违约（$1-P_2$）	$(L+LPR-Z),(-L-Lr-F+Z)$	$0, Lr_0$

中小企业的期望效用函数：

$$E(U_{偿还}) = Q_2(LRP - Lr) + (1-Q_2) \times 0 = Q_2(LRP - Lr) \qquad (6-14)$$

$$E(U_{违约}) = Q_2(L+LPR-Z) + (1-Q_2) \times 0 = Q_2(L+LRP-Z) \qquad (6-15)$$

当 $E(U_{偿还}) = E(U_{违约})$ 时，则有

$$Q_2(LRP - Lr) = Q_2(L + LRP - Z)$$

求解得：

$$Z = L + Lr \tag{6-16}$$

商业银行的期望效用函数：

$$E(U_{贷款}) = (Lr - F)P_2 + (-L - Lr - F + Z)(1 - P_2) \tag{6-17}$$

$$E(U_{不贷款}) = Lr_0 \tag{6-18}$$

当 $E(U_{贷款}) = E(U_{不贷款})$ 时，则有：

$$(Lr - F)P_2 + (-L - Lr - F + Z)(1 - P_2) = Lr_0 \tag{6-19}$$

计算得：

$$P_2 = (L + Lr + Lr_0 + E - Z)/(2Lr + L - Z) \tag{6-20}$$

所以，当银行选择贷款时，则有 $Lr - F > Lr$。且当企业偿还概率 $P_2 > (L + Lr + Lr_0 + F - Z)/(2Lr + L - Z)$ 时，即 $E(U_{贷款}) = E(U_{不贷款})$，银行会选择贷款。

进一步根据公式（6-19）对 r 求导得到：

$$\partial P_2/\partial r = L(Z - L - 2Lr_0 - 2F)/(2Lr + L - Z)^2 \tag{6-21}$$

当 $L < Z < L + 2Lr_0 - 2F$ 时，有 $\partial P_2/\partial r < 0$，中小企业守信还款的概率随着贷款利率的降低而升高，还款意愿逐渐增强。

结合公式（6-19）对 Z 求导得到：

$$\partial Z/\partial P_2 = (Lr_0 + F - Lr)/(1 - P_2)^2 \tag{6-22}$$

由于银行选择贷款的前提是 $Lr - F > Lr_0$，所以，$\partial Z/\partial P_2 > 0$，说明企业守信的概率 P_2 和抵押动产价值 Z 成反向关系，即随着企业守信概率的升高，动产抵押的价值会降低。反之，需要增加更多的动产抵押。

由此可见，未来预期动产变现的价值对动产抵押融资至关重要，所以银行要依据物流公司的动产评估报告来提高动产价值评估的准确性，从而降低贷款风险。如果能引进核心企业的回购协议，则可进一步降低融资信用风险。随着物流企业的转型，往往会同步开展融资担保业务，作为物流企业增收的一个途径。例如，深圳市怡亚通供应链股份有限公司，就在提供物流监管的同时，提供融资担保服务，这将进一步促进动产融资。

4. 应收账款融资模式银企博弈分析

中小企业在此种融资模式下，作为核心企业的供应商，主要运用赊销的手段向大企业提供货物，然后将应收账款以质押的方式转给银行，即可获得授信融资，其中还款的主要来源为应收账款，由银行代扣代缴贷款。

假设商业银行贷款为 L，贷款利率为 r，无风险利率（国债利息）为 r_0，监管成本为 C，项目收益率为 R，项目成功概率为 P，应收账款可变现价值为 W。企业还款概率为 P_3，则违约概率为 $(1 - P_3)$；银行贷款概率为 Q_3，则不贷款概率为 $(1 - Q_3)$。经过多次重复动态博弈得出银企各自的期望值如表 6-4 所示。

表6-4 应收账款融资模式银企博弈

		银行	
		贷款(Q_3)	不贷款$(1-Q_3)$
中小企业	偿还(P_3)	$(LRP-Lr),(Lr-C)$	$0, Lr_0$
	违约$(1-P_3)$	$(L+LPR-W),(-L-Lr-C+W)$	$0, Lr_0$

中小企业的期望效用函数:

$$E(U_{偿还})=Q_3(LRP-Lr)+(1-Q_3)\times 0 = Q_3(LRP-Lr) \quad (6-23)$$

$$E(U_{违约})=Q_3(L+LRP-W)+(1-Q_3)\times 0 = Q_3(L+LRP-W) \quad (6-24)$$

当 $E(U_{偿还})=E(U_{违约})$ 时,则有

$$Q_3(LRP-Lr)=Q_3(L+LRP-W)$$

求解得:

$$W=L+Lr \quad (6-25)$$

由式(6-25)可知,当质押应收账款变现价值高于贷款和利息之和时,企业违约成本高于偿还成本,企业会选择如期偿还贷款。

商业银行的期望效用函数:

$$E(U_{贷款})=(L\times r-C)P_3+(-L-Lr-C+W)(1-P_3) \quad (6-26)$$

$$E(U_{不贷款})=Lr_0 \quad (6-27)$$

当 $E(U_{贷款})=E(U_{不贷款})$ 时,则有:

$$(Lr-C)P_3+(-L-Lr-C+W)\times(1-P_3)=Lr_0 \quad (6-28)$$

计算得:

$$P_3=(L+Lr+Lr_0+C-W)/(2Lr+L-W) \quad (6-29)$$

所以,当 $Lr-C>Lr_0$ 且当企业偿还概率 $P_3>(L+Lr+Lr_0+C-W)/(2Lr+L-W)$ 时,即 $E(U_{贷款})>E(U_{不贷款})$,银行会选择贷款。

根据公式(6-29)对 r 求导得到:

$$\partial P_3/\partial r = L(W-L-2Lr_0-2F)/(2Lr+L-W)^2 \quad (6-30)$$

当 $L<W<L+2Lr_0+2F$ 时,有 $\partial P_3/\partial r<0$,中小企业守信还款的概率随着贷款利率的降低而升高,则表明企业的还款意愿逐渐增强。

结合公式(6-29)对 W 求导得到:

$$\partial W/\partial P_3=(Lr_0+C-Lr)/(1-P_3)^2 \quad (6-31)$$

由于银行选择贷款的前提是 $Lr-C>Lr$ 所以 $\partial W/\partial P_3>0$ 说明企业守信的概率 P_3 和抵押应收账款价值成反向关系,即随着企业守信概率的提高,应收账款抵押的价值会降低。反之,需要增加更多的应收账款抵押。

6.3.3 非合作完全信息动态博弈模型的实证分析

本案例以应收账款融资模式为例，选取深圳某五金加工企业（以下简称HYJ五金公司）的应收账款抵押的供应链融资模式为案例进行实证分析。

1. 案例背景

HYJ五金公司主要从事手机金属配件（中框、后盖、卡托等）CNC金属（铝合金）加工，主要材料为铝合金块，主要供应商为一大型国有铝材批发商LY公司，主要客户为国内一线品牌手机商MZ公司。自有员工400多人，拥有CNC铣床800台，每月销售额约2 000万元，主要客户MZ公司销售占比约70%，结算周期为6个月账期和3个月的承兑汇票。HYJ公司为MZ公司主要的五金配件供应商，合作时间长，业务量稳步增长。

该公司在发展过程中遇到了资金短缺问题，主要表面在以下两个方面。

（1）运营资金需求量增大。随着智能手机的快速发展，特别是国内一线品牌手机的崛起，Z公司的销售额每年增长40%以上，特别是金属后盖和中框的推广，已经从原来的高端机向千元机普及，导致对金属手机配件（后盖和中框）需求量成爆发式增长。HYJ公司作为成熟的手机金属配件供应商，虽然销售额取得大幅增长，但是运营费用的占比也增加了。首先，人员从原来的200人，增长到400多人，每月的工资支出大幅上升。其次，由于上游采购原材料主要为铝块，因铝块价格波动较大，上游供应商一般结算为按月现结，无法与LY公司的账期吻合，出现较大的时间差。最后，部分工序外包，如抛光和阳极氧化，抛光大部分为家庭小作坊，多数按月现结，阳极氧化由于环保的控制，市场供不应求，处于强势地位，也要求按月现结。综上，人工、税费、主要核心供应商账期较短，大部分为按月现结，以至于随着销售量的增长，HYJ公司运营资金需求大幅提高。

（2）销售季节性特征引起周期资金短缺。根据中国手机行业特点，一般新机发布主要集中在国庆、元旦和春节。所以，结合手机开发、生产和交货的周期，HYJ公司旺季主要出现在5—10月，淡旺季明显。又根据M公司较长的账期，导致资金需求旺季明显增加，淡季资金充裕。结合上述，旺季资金需求大概为4 500万元。

2. 供应链融资方案

1）融资方案选择

根据HYJ公司生产的淡旺季资金需求差异，旺季资金需求迫切，属于短期资金短缺，资金需求急，资金量大。HYJ公司厂房为租赁，没有不动产，机器设备为融资租赁购得，无法再重新抵押贷款。所以，传统的银行授信无法满足HYJ公司的资金需求。担保公司市场上存量少，收费较高。LY公司作为国内一线品牌，拥有极高的市场信誉，规模大，实力强。近60%的销售占比，导致每月的结算量很大。而且，HYJ公司和MZ公司多年合作，ERP系统已经实现了对接，对于订单的查询、账款的支付等交易信息和结算信息可以通过双方的ERP系统直接查询。银行只需通过网站登录就可以掌握交易和结算等关键信息，这种信息共享降低了融资风险，所以，HYJ公司应收MZ公司的应收账款可以作为商业银行的质押标的。为应收账款供应链融资提供了必要的条件。按每月2 000万元的资金结算量，6个月的账期，80%的质押率计算，质押融资额为 $2\,000×6×80\%×60\%=5\,760$（万元），可以完全覆盖公司运营资金需求4 500万元。

2）应收账款融资模式

HYJ 公司和 A 商业银行合作多年，基本账户就设在 A 商业银行，且多年主要的结算流水都在 A 商业银行。A 商业银行可以说通过 HYJ 公司的结算流水，间接见证了 HYJ 公司的发展和成长。而且 MZ 公司亦和 A 商业银行多年合作经营，多方面都存在合作，A 商业银行对 MZ 公司也非常了解。在 HYJ 公司和 A 商业银行的友好沟通下，A 商业银行，拟以 HYJ 公司对 MZ 公司的应收账款保理，给 HYJ 公司 4 500 万元，为期一年的可循环授信。

应收账款保理业务流程如下。

（1）HYJ 公司按 MZ 公司的采购订单，按期送货，并提供出货单，财务每月初对上月订单进行对账，对完账 HYJ 公司给 MZ 公司开具增值税专用发票。

（2）MZ 公司在 ERP 系统中确定交易订单与结算应收账款。

（3）HYJ 公司选取部分应收账款作为保理融资，并提供对应的出货单和增值税发票复印件给 A 商业银行。

（4）A 商业银行对 HYJ 公司提供的保理应收账款在 ERP 系统核对，并确认。企业通过审核以后才能向其发放贷款。

（5）在应收账款结算环节，A 商业银行人员会同 HYJ 公司人员去 MZ 公司取回银行承兑汇票。若 MZ 公司到期未按时支付款项，A 商业银行有权要求 HYJ 公司回购应收账款。

3. 供应链融资博弈分析

贷款 L 为 4 500 万元，贷款利率 r 为 7.5%，无风险利率（2018 年 5 年国债利率）r_0 为 4.27%，监管成本 C 为 0；HYJ 公司 MZ 订单毛利率 R 为 23%，由于是按 MZ 公司预订采购订单生产，项目成功率 P 为 100%，质押的应收账款额 W 为 5 625（4 500/80%）万元，A 商业银行确定应收账款的抵押贷款率为 80%。经过多次重复动态博弈得出银企各自的期望值如表 6–5 所示。

表 6–5 HYJ 公司应收账款融资银企博弈

		A 商业银行	
		贷款	不贷款
HYJ 公司	偿还	697.5 万 $(L\times R\times P - L\times r)$，337.5 万 $(L\times r - C)$	0，192.15 万 $(L\times r_0)$
HYJ 公司	违约	-90 万 $(L + L\times P\times R - W)$，787.5 万 $(-L - L\times r - C + W)$	0，192.15 万 $(L\times r_0)$

从上表可看出，在 M 公司经营正常，到期能够偿还应收账款的情况下，且通过质押率 80%的控制，不管 HYJ 公司选择偿还还是违约，银行贷款的期望收益（337.5 万元/787.5 万元）均大于不贷款的期望收益（192.15 万元）。同时，HYJ 公司偿还贷款的期望收益（697.5 万元）远大于违约的期望收益（–90 万元）。纳什均衡在（A 商业银行贷款，HYJ 公司偿还）这个组合下成立。

根据上文中银企期望收益相同的条件公式（6–25），HYJ 公司 $W=5\,626$ 万元，大于 $L + L\times r = 4\,837.5$ 万元。所以，银企应收账款质押融资对于 HYJ 公司和 A 商业银行满足纳什均衡条件。

4. 供应链融资风险分析

随着供应链的发展，信用结算变得越来越流行，几乎成为行业的普遍惯例。特别是对于大型企业，往往在供应链中处于绝对优势方，而且其规模和实力提供了信用结算强劲的背书，得到市场普遍接受。供应链资金较长期限的沉淀，对于中小企业来说就产生了短期的运营资金需求。在本案例中，应收账款融资这种模式之所以可以成功应用，是基于以下原因：①A商业银行通过和HYJ公司、MZ公司的多年结算和业务合作，对双方都比较了解；②MZ公司和HYJ公司的ERP系统的打通，对于应收账款的真实性有很好的保证，进一步降低了信用风险；③MZ公司作为国内一线手机品牌厂商，市场信誉高，规模大，实力强，对应收账款的按期回收有很高的保证；④作为附追索权的应收账款保理，如MZ公司未能按期支付，A商业银行有权要求HYJ公司回购，这样就进一步降低了应收账款保理融资的风险。

6.3.4 案例总结

企业案例：雪松"区块链+大宗商品供应链金融平台"项目

本案例从理论分析的角度，构建了三种供应链融资模式（预付账款融资模式、动产质押融资模式和应收账款融资模式）下的博弈模型，利用数学推导对供应链金融的纳什均衡的核心要素进行分析，并引入实证案例加以论证说明。供应链金融是解决中小企业融资难的重要渠道，在不断加强信用体系建设的前提下，要进一步推进供应链金融创新，为更多的中小企业提供融资服务。

本章思考题

1. 解释供应链金融的概念。
2. 理解供应链金融与传统金融的区别。
3. 试分析供应链金融几种模式的适用范围。
4. 选择一家中小企业，分析其可以采用的供应链融资模式。

第7章
人道主义救援供应链

> 本章导读

　　人道主义供应链是人道主义救援的重要组成部分，人道主义供应链在灾害救援中发挥了重要作用。伴随灾害频繁发生而来的人道主义救援规模也越来越大，救援主体呈现多元化特征，2013年，我国四川雅安市芦山县发生7.0级强震，民间志愿者及非政府组织大量涌向灾区，灾害救援过程中出现一定的无序性。4月21日（星期日）晚间，国务院办公厅下发紧急通知，要求单位团体未经批准暂不允许进入灾区，以减少交通压力。因此，在国内外人道主义救援实践中，人道主义救援供应链的协同已经成为人道主义救援的重大挑战。救援具有的跨组织特性、部门间任务协同的复杂性以及救援处置时间和资源消耗的不确定性，使得人道主义救援流程协同缺乏形式化的建模和分析方法，如何对救援流程进行协同分析是提高灾后救援效率的关键。

　　正是由于人道主义救援面临的挑战及救援实践中失败的教训，人道主义救援供应链协同日益引起学术界及实践工作者的关注。目前，商业供应链研究已经较为成熟，但是，人道主义物流与供应链的知识系统至少落后了15年，目前仍停留在理论初步探索与实践初步应用阶段，不仅如此，随着全球经济、社会及自然环境的日益复杂化，经济社会压力将以不同的灾难形式显现。自然和人为灾难都会比过去频发，灾难数量将会比过去大大增加。因此，在人道主义救援中，如何有效形成合力，使政府、企业、非政府组织、新闻媒体以及其他救援力量在人道主义灾难中实现协同救援？如何保证救援的有效性、有序性？如何高效、迅速地将救援物资送到灾民手中？救援流程如何优化进而提高人道主义救援效率等已经成为人道主义救援供应链亟待解决的问题。

　　本章将分别介绍人道主义、人道主义救援、人道主义救援供应链的内涵，分析人道主义救援供应链国内外的研究现状，最后以文献为例学习人道主义救援供应链的研究思路和方法。

7.1 人道主义救援供应链概述

7.1.1 人道主义及人道主义救援的内涵

1. 人道主义起源

西方的"人道主义"叫法是由拉丁文中的词语引申而来,古罗马思想家M.T.西塞罗认为人道主义是一种教育制度,它能将个人的能力发挥到极限,与此同时也具备人道精神。15世纪时期的人道主义是指关怀人、爱护人、尊重人的文艺复兴精神,强调的是以人为中心。人道主义的内涵在法国资产阶级革命时期更加具体明确化,口号为"自由、平等、博爱"。此后,在索尔费力诺(Solferino)战役(1895年)之后,第一届诺贝尔和平奖得主、国际红十字会创办人亨利杜南(Henry Dunant)提出了博爱(humanity)、中立(neutrality)、公正(impartiality)的人道行动三项基本原则。

在我国古代,人道主义源于人道、人文思想。在古代中国的词汇中,虽未明确提出"人道主义"一词,但在部分经传中早已出现过"人道"二字。《左传》云:"天道远,人道迩。"《易传》讲"有天道焉,有人道焉,有地道焉。"《礼记·丧服·小记》云:"亲亲、尊尊、长长、男女有别,人道之大者也。"《周易》云:"立天之道,曰阴与阳;立地之道,曰柔与刚;立人之道,曰仁与义。"《中庸》云:"诚者天之道也,诚之者人之道也。"诚字,有成己成物之义,亦即孟子"亲亲而仁民,仁民而爱物"之旨。从人的伦理道德的角度来看,此等语意与西方的人道主义相通。《童子问易》一书对《易经》做出了很高的评价,认为其是全世界的人文主义原点。美国曾有学者对中国的人道思想进行过考证,结论表明在12世纪期间,阿拉伯人将这种人道思想传给了西西里的罗杰二世与英格兰的亨利二世,后来这种影响传到了中国,然后朝廷将人道主义引入中国的一部分制度中,进而影响了后来整个西方的文艺复兴运动。但是西方现今的人道主义是将人作为最高价值,是基于充分尊重人的尊严和个性,以全方位培养、自由运用发挥人的创造力和能力为目的,最后达到一个人得以高度发展的社会状态,进而使整个人类社会趋于更完善、更自由的阶段,这与中国古代人所当行之道的思想有所不同。

2. 人道主义内涵

由中西方人道主义起源及分析可见,人道主义思潮尽管在几百年前就已经有记录了,但是关于其基本内涵却有不一样的理解,这主要是因为不同的人与社会时期都有着不同的见解,其内涵随着历史的发展而有所变化。本章研究所采用的"人道主义"是指博爱的"人道主义"(humanitarianism),其基本内涵主要由以下几个方面。

(1)"以人为中心"是人道主义的基本主张,问题研究的最初出发点与最终的落脚点均是"人",爱护人、重视人,都是人道主义固有的意思。

(2)人道主义的核心内容主要是研究人性的在危难中的表现、人本质的善恶、人权的维护、人的价值体现与全面发展等问题,也包括了关于人的基本尊严、精神追求、自由平等以及人类解放的思想体系。

(3)历史上出现过多种"人道主义",但其核心包括以下共同原则:尊重人的生命和价值,关心和爱护"人"这一本体，注重人类全面发展，弘扬人道精神，倡导人道主义，反对一切不公正、不平等、非人道的现象。同时，马克思主义人道思想继承了人道主义所包含的一切有价值的思想成果。

3. 人道主义救援概念

在学术界对人道主义救援尚未有明确的定义，一般认为人道主义救援主要是为了拯救生命、缓解灾难给人带来的痛苦与不幸、维护人的基本尊严，为灾难中的受灾人员提供物资、人员以及物流等方面的志愿活动。各个政府机构、非政府组织及其他非政府人道主义组织根据人道主义原则，向受灾地区提供救援。目前，人道主义救援组织主要由国际组织（IO）、非政府组织（NGO）及国际人道主义组织（IHO）组成。

国际人道主义救援的主体主要包括政府、国际组织和非政府机构。其中，政府的人道主义救援主要是指主权国家或主权国家的集团及其所属机构提供的救援；国际组织又可分为政府间国际组织和非政府间国际组织，主要为受灾国提供灾害评估、派遣相关救援专家、协调国际社会救援行动、援助资金等；非政府机构的救援主要由私人基金组织、企业、个体来提供人道主义救援行为。表7-1对人道主义救援供应链主体类型进行了列示。

表7-1 人道主义救援供应链主体

主体类型	角色	收益和动因（激励）
联合国	• 由联合国特定实体（比如联合国难民署、联合国儿童基金会等）进行的每年与国际组织和非政府组织的联系	• 通过联合国人道事务协调厅（OCHA）协调和问责 • 信息共享 • 共同使命的要求 • 有序安排资源
捐赠国政府	• 财政年度捐赠 • 对其他参与者的应急捐赠	• 问责声明\要求 • 共同使命的要求
国际非政府组织	• 源自捐赠的收益 • 共同使命的要求	• 与联合国和东道国政府联系 • 信息共享 • 有序安排资源
非政府组织	• 源自捐赠的收益 • 共同使命的要求	• 与东道国政府和国际非政府组织联系 • 信息共享
东道国政府	• 自身利益和源自捐赠的收益 • 共同使命的要求	• 独特的政治和社会环境知识 • 信息共享

最为著名的五大国际人道主义救援组织如表7-2所示。

表7-2 最为著名的五大国际人道主义救援组织

名称	简介
世界宣明会（World Vision）	致力于国际救援、国际发展及公共教育的民间机构，重点关注儿童能健康成长、接受教育、感受爱与关怀、得到保护，并享有参与的权利。作为一个全球性的处理以儿童为重点的紧急性援助和持续性的社区发展组织，它支持约100个国家进行的各项救援活动项目
救助儿童联盟（Save the Children Alliance）	独立国际慈善组织，为争取儿童权益不懈奋斗，帮助受到贫困、疾病、不公和暴力威胁的儿童。紧急援助和灾后重建也是救助儿童联盟的主要工作领域之一，为儿童提供更多更直接的援助，并在灾后发挥重要作用

续表

名称	简介
国际关怀组织 （CARE International）	国际关怀组织致力于消除贫困，让人们免受饥饿、暴力和疾病等痛苦。组织机构分布在约 90 个国家，支持 880 项消除贫困和紧急救援项目
国际乐施会 （Oxfam International）	国际扶贫发展机构，旨在推动民众力量，消除贫困。乐施会与贫困人和伙伴机构合作，一起推动发展项目、人道主义项目、政策倡议及公众教育等工作。它由 13 个独立自由运作的成员构成，已经在全球范围内一百多个国家地区开展工作项目
无国界医生组织 （Medicines Sans Frontiers）	这是目前国际上最大的独立运营的人道医疗救援组织，由全球各地具有优秀专业知识与素养的医学人员组成。每年有 2 000 多位志愿人员在约 60 个国家中服务，在全球各地设有 19 个办事处

联合国颁布的《加强联合国人道紧急援助的协调》决议案，明确规定了各国政府及联合国机构需要遵守的人道主义原则，非政府人道主义机构需要根据《国际红十字和红新月运动及从事救灾援助的非政府组织行为准则》进行人道主义救援工作。针对人道主义救援定义，不同学者有不同的解释，杨婷婷（2011）认为人道主义救援中的政府机构指的不是受灾地区国家的政府，因为本国政府的救援活动是责任范围内的，是应尽的职责，不能算是人道主义救援，而这里指的应该是向受灾地区和国家提供援助的其他国家。同时，人道主义救援的实施主体应该是非政府组织，也可称为人道组织。论文在研究综述中结合不同学者的观点，将人道主义救援的主体归并为政府监督、协调下的 NGO 救援。西南交通大学冯春教授（2013）将人道主义救援定义为："主权国政府、国内及国际组织乃至个人基于人道主义观念向遭受自然或人为灾难的国家或地区提供紧急救援物资、现汇或派出救援人员，帮助灾区应对灾害造成的困难局面的援助方式，主要目的是拯救生命，缓解不幸状况以及维护人类尊严。"

7.1.2 人道主义救援供应链内涵

1. 人道主义救援供应链概念

在过去的十几年间，学术界以及人道救援实践工作者对人道主义救援供应链的关注度日渐增加，但是相比传统的供应链，人道主义救援供应链有不同的内涵。传统供应链是从原材料采购开始，制造生产半成品和产成品，通过销售渠道将最终产品送达客户，由此形成一个整体的功能网络，将供应商、分销商、零售商与最终消费者连接在一起。这是从生产制造业角度对供应链所下的定义。目前，人道主义救援供应链虽然没有明确的定义，但是从人道主义物流概念提出以来，人道主义救援链及人道主义救援过程中所形成的供应链在实践中已大量存在。

Mentzer 等（2001）将人道主义救援供应链定义为："为了给受灾群众提供物质援助，在捐助者、受灾者、供应商和各种不同人道组织之间形成的由物资流、服务流、资金流和信息流共同构建的救援网络。"Simchi 等（2004）认为，有效整合供应商、仓库和商店，以便生产恰当数量的商品，在合适的时间配送到合适的地点，在满足服务水平的同时降低整体系统成本，在这一过程中采用的一系列方法就是典型的供应链管理。如果我们从中剔除一些不恰当的术语，如"客户""商店""服务水平"，这个概念就解释了人道主义组织、供应商和捐赠者必须怎么做才能尽量减少灾难的影响，这就是人道主义救援供应链。

Kovacs 等（2011）指出人道主义救援背景下的供应链管理，包括灾后救援和人道主义援助行动中所有与物质、信息和资金流相关的计划和管理活动。更重要的是，它还包括同供应链上合作伙伴的横向和纵向协同，以及与第三方服务提供商、跨人道主义组织的协作。曼尼托巴大学供应链管理系提出："人道主义供应链管理是一种战略性管理过程，在这一过程中对物资、服务、人员、资金和信息流，以及各种组织之间的关系进行管理，以拯救生命、减轻痛苦、节约资源。它涉及组织之间的相互作用，包括非政府组织、政府机构、联合国机构、避难所和提供商品和服务的商业供应商。它需要满足不同利益相关者的需求，如受灾群众、捐助者、员工、社区和政策制定者。"

Maher（2014）将人道主义救援供应链定义为：对物资、信息、财务、人以及他们的知识和技能等，以在灾难救援中缓解弱势群体痛苦为最终目的，对所有相关活动进行的计划和管理。更为重要的是，它还包括救援供应链中合作伙伴间的合作与协调。

国内学者许锐（2011）认为人道主义救援供应链是一个将人道主义救援参与方，如捐赠者、被救援者、物资供应商以及不同人道组织之间，创造物流、资金流、救援服务流以及信息流的网络组织。

根据人道主义物流及现有供应链概念，对人道主义救援供应链的含义进行界定。人道主义救援供应链是指人道主义救援中，在政府协调监管下，以捐赠者、人道主义救援机构及NGO为主体，为了挽救生命，满足灾民迫切需求，减轻灾民痛苦，本着博爱、中立和公正三原则，通过对信息流、物流、资金流的控制，把救灾物资高效率、低成本地送达灾区民众手中而形成的功能性网链结构模式。人道主义救援供应链的组成一般以捐助者和政府作为资金流量来源，物流服务商作为物流的来源，受益人为接受者或物流的目的地，救援供应链上的救援力量作为人力部署到受影响地区干预实施供应链，知识作为所需的技能必须重新配置以快速响应供应链。人道主义救援供应链结构如图7-1所示。除上述救援相关方外，新闻媒体在人道主义救援中也发挥重要作用，因此，有学者将其作为人道主义救援供应链的参与者。

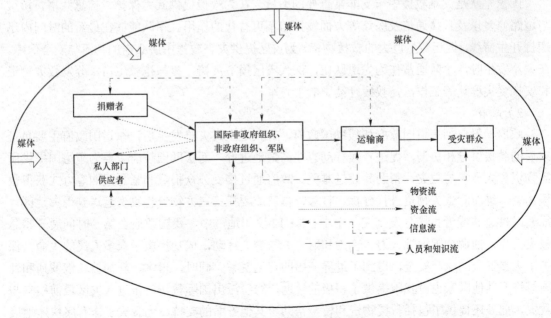

图7-1 人道主义救援供应链结构

2. 人道主义救援供应链参与者

在人道主义救援供应链网络中存在着五种不同层面的参与者：上层的政府和军队，公民个人，商业企业，介于政府和企业之间的 NGO 和起监督、传播作用的新闻媒体。在该网络中，人道主义救援由政府指挥协调，主体是捐赠者、人道主义救援组织、NGO，中坚力量为军队。Kovacs 等（2007）首先提出了人道主义救援供应链的网络模型，供应链网络中包括国家军队、政府、接受救助者、捐赠者及机构、物流服务提供商或物资供应商、人道主义救援组织六大主要参与者，以及媒体、NGO 等组织，如图 7-2 所示。

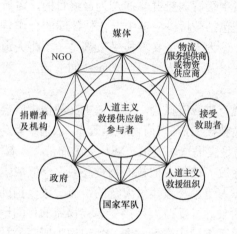

图 7-2　人道主义救援供应链中参与者

1）国家军队

国家军队是灾难救援中一支非常重要的力量，在为救援提供武力保护、信息共享、桥梁与道路修复以及救援通信及医疗等方面发挥着不可替代的作用。军队能够在最短的时间内迅速打开生命线，调运数量巨大的救援物资，为灾区提供灾害救援中所必需的物流与安全保障。在灾难发生时，军队通常作为先遣队伍，深入灾区摸清灾情，参与抢救生命、分发救灾物资和安抚受灾群众等工作，是救援行动中的主力军。

2）政府

政府一般包括东道国政府和援助国政府。在人道主义灾难发生后，东道国政府主要负责灾后的救援引导和协调，促进救援行动有序高效地进行，而援助国政府主要为东道国提供所需物资和人员参与救灾，帮助其渡过难关。政府通过接受公众捐赠和紧急采购等方式获得救援物资，进而对救灾物资进行分拣、打包，自己或委托第三方物流将物资运送到受灾地区，经暂时性仓储或者直接分发到灾民手中。5·12 汶川地震中，我国政府在第一时间展开紧急救灾工作，抽调全国大批人力、物力和财力参与救灾行动，成功挽救了众多人民的生命，保护了大量群众的财产安全，得到了世界各国的普遍赞誉。同时，日本、新加坡、俄罗斯和韩国等许多其他国家也对我国提供了积极的援助，纷纷派出国际救援队伍进入灾区最前线参与救灾，此外还提供了包括救援物资和资金帮助等其他方面的支持，为救灾工作有序快速地展开，做出了积极重要的贡献。

3）接受救助者

接受救助者也就是受灾群众，是在经受灾害后幸存下来等待救援的人，他们是被救助的对象。

4）捐赠者

捐赠者通常是指为救援行动提供大量所需物资包括实物和资金支持的个人、企业和组织。大多数救援组织的资金主要来源于各种基金、个人和企业或公司的捐赠。一般出于宗教信仰、个人动机及其他目的等，捐赠者对救援组织进行捐赠，但对自己的资金和物资的流向有明确的意愿，或许是某一特定区域，也有可能是特定人群，同时希望自己的捐赠对救灾行动有立竿见影的效果。其中志愿者，不计个人付出和回报，自愿参与灾难救援，属于一类特殊的捐赠者。我国汶川地震期间，据统计，四川省内志愿者多达 300 万人，参与汶川救灾的志愿者超过 130 万人次。

5）企业

人道主义灾害发生后，众多企业积极投入灾后救援，主要承担救援物资物流服务或物资供应等。在人道主义救援中，企业主要是指物流服务提供商或物资供应商。出于社会责任、获得良好声誉及推动商业发展等目的，越来越多的企业选择与人道主义救援组织合作，通过向人道主义救援组织提供人、财、物和知识技能等参与人道主义救助工作，同时也为其准备和调运物资提供后台支持。

6）人道主义救援组织

人道主义救援组织是指专门参与国内或国际灾难救援活动，以人道援助为目的的非营利性机构，帮助其灾后重建和发展。它们通常在医疗、援助或对流失人口的处理等多个方面具有相对优势，能够很好地开展人道主义救援工作。

3. 人道主义救援供应链生命周期

人道主义救援供应链建立在发生大型灾难的基础上。灾难（disaster）、灾害（hazard）、灾难（catastrophe）、灾难（calamity）等与灾害有关概念被目前的学术界同时应用，但是所要突出的重点是不一样的。根据国际灾害数据库的分类，灾害可分为自然灾害（natural disasters）、人为技术灾害（technological disasters）和复杂灾害（complex disasters）。但是，灾害与灾难二者有着本质的区别，在灾难中，大部分建筑物被破坏，造成人们流离失所；地方政府职能基本失灵；由于大面积区域受到影响，当地社区不能相互救助，需要中央政府进行集中资源救援；灾难性事件破坏程度远远超过灾害性事件，强度很大，持续时间很久，其恢复时间也较长。

人道主义救援供应链的生命周期在不同灾害条件下长短不一，但是均可划分为一定的阶段。在人道主义救援中，不同学者对灾害的生命周期进行了不同形式的划分。研究初期，学者将其看作单纯的直线型，把救灾管理划分为灾前和灾后两个响应阶段。后来又有学者在其基础上，进行了扩展，变为三个阶段：实施紧急救援阶段、灾后重建恢复阶段和后续不断发展阶段。Altay 和 Green（2006）又对其进行了细分，提出减灾、准备、响应和恢复重建四个阶段，Pettit 和 Beresford（2005）认为救灾分为准备、响应和恢复三个阶段。Burcu 等（2010）将上述划分进行了综合，确定人道主义救援供应链的运行生命周期包括准备阶段、快速反应阶段、支持阶段和解散阶段，如图 7-3 所示。同时，缓慢性灾害与突发性灾害二者在人道主义救援供应链生命周期各阶段时间长短不一，在快速响应阶段，危机发生后，突发性灾害响应时间较短，一般为1~5天，而缓慢性灾害往往为2~6个月。在支持阶段，缓慢性灾害时间会更长，当灾害逐渐消除时，突发性灾害在若干星期即会结束，但缓慢性灾害会持续数月。在人道主义救援供应链设计与管理上，突发性灾害主要侧重于灾害或危机发生后直至解散。

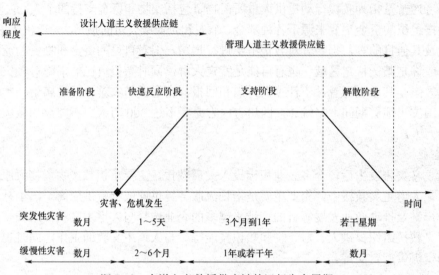

图7-3 人道主义救援供应链的运行生命周期

（资料来源：Burcu balcik, 2010）

4. 人道主义救援供应链与相关概念解析

相比于国外，国内学者对人道主义救援供应链的研究较少，大都未严格区分应急供应链与人道主义救援供应链。龚卫锋（2014）认为狭义的应急供应链以应急物资供应部门为中心，广义的应急供应链是以应急保障部门为中心，都是一个整体的功能网络结构模式。应急供应链的重点在于"应急"二字，而人道主义救援供应链则更加强调的是"人道"，它主张仁爱、中立和公正，Tomsini等（2006）认为这是人道主义救援实施过程中应该遵守的三个原则，基于这些准则实施的救援才能称为人道。人道主义救援供应链更强调NGO之间的合作，是在人道主义救援基础上形成的多主体网络功能结构。人道主义救援供应链不仅包括灾害发生时的活动，还包括灾后重建及恢复阶段的相关活动，而这些并不包括在应急供应链活动之中。不同于企业以盈利为目的，人道主义救援供应链是伴随大规模灾难性突发事件救援而形成的，它强调的是对灾民的生命及财产救援，注重社会效益的最大化。

Howden（2009）指出，"人道主义物流"和"人道主义供应链"很容易被混用，事实上，二者相互联系但不完全相同：①人道主义供应链的时间跨度可以从短期延伸到长期，而人道主义物流则趋于短期；②人道主义供应链包括部分不属于人道主义物流领域的功能。处理捐赠者之间的关系、进行需求预测、规划需求物资并对已分配物资的影响进行监控和评估，这些通常是非物流单位的责任。人道主义救援供应链负责识别、沟通和监控供应链的输出结果以及随着时间推移而变化的结果之间的转换。物流则负责用及时且经济的方式来实现救援物资的快速送达。

在人道主义救援活动中，非政府组织在自有仓库存放收到的捐赠物资，通过物资集散中心、临时储备库将捐赠物资送至受灾地区,而受灾地区的当地非政府组织可以直接将救援物资运往受灾地区,不经过储存这个环节。非政府组织在运送完救灾物资后空车返程的过程中,可以帮助一部分的灾区人民安全撤离。救援活动中的物流、信息流及人流如图7-4所示。与传统的应急对比,政府是应急救援的实施主体,而且,政府的救援活动需要层层进行审批,严格按照流程,经过供应商、仓库、集散点、临时储备库等地,逐层将救灾物资运往灾区,而非政府组织救援活动的运作没有这么多流程,无须层层审批,它们可以直接将救灾物资运往灾区。但是,政府运送的物资在品种上丰富,数量上巨大,是非政府组织远不及的,因此,这两者各有所长。

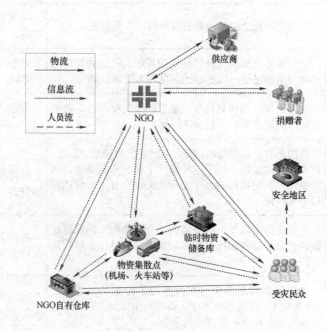

图7-4 人道主义救援活动中的几种流向

资料来源:杨婷婷,2011

7.1.3 人道主义救援供应链协同

1. 协同及人道主义救援供应链协同含义

不同学科对"协同"的定义不同,通常用"协同"或"伙伴关系"术语来对"共同努力"进行描述。Gadja(2004)提到,"协同"一词通常被滥用于形容任何一种组织之间或者个人之间的关系。Richey等(2012)也表达了同样的看法,认为"协同"一词虽然在有关供应链的文章中被广泛使用,似乎被视为理所当然,而且很少有人来准确定义它。但在实践中,企业和组织间的"协同"有着更加丰富的内涵,尤其是在供应链领域,它代表着组织关系的最高形式。现有对"协同"含义的研究主要集中于商业供应链领域。表7-3总结了国外学者对"协同"的不同解释。

表 7-3 "协同"的不同含义

研究学者	含义	含义的核心
Stank 等（2001）	"协作"是在相互依存的组织中进行决策的过程，包括共同决策和集体责任	关联组织的共同决策和集体责任
Simatupang and Sridharan（2002）	"供应链协同"是指两个或两个以上供应链成员，通过信息共享、共同决策、利益共享等共同创造竞争优势，其中，共享的利益来源于合作，比单独行动更能满足客户需求	通过共同决策、利益共享和信息共享来创造竞争优势，以获得更高的顾客满意度
Stefansson（2006）	协同是指两个相互依存的组织做出决策的过程	组织相互依存促进共同决策
Fawcett 等（2008）	供应链协同是指一种跨越组织界限，打造并管理一条独特的增值链，以更好地满足顾客需求的能力	为更好地服务顾客，跨组织联动
Min 等（2008）	协同不仅仅是信息共享，更多的是共享利益、共担风险（共同决策、一起解决问题）	信息共享也意味着风险、回报、共同决策的义务也共享
Skipper 等（2008）	协同具有更高利益的特征，它代表一种情感、意志、利益共享的过程。对于这种相互了解、相同愿景、享资源和共同目标的合作关系，必须要有一定形式的投资来维持	基于相同观点和目标的贸易伙伴，都需要投入一定的资源
Richey 等（2012）	协同是两个或以上的公司表示合作意向，同意通过整合人力、财务和技术资源来实现共同目标的相互共享的过程	共同目标下的联合行动和资源整合
Tsou（2013）	供应链协同是指买方和供方为了提高供应链水平（降低成本、提高服务水平、高效利用资源、有效应对市场变化）而不断协调的过程	通过协同来提高供应链的总吞吐量，实现双赢

资料来源：根据 Claudine Antoinette Soosay，2015 整理。

由于人道主义救援供应链研究时间较商业供应链较短，针对人道主义救援供应链协同含义的阐述并不多见。根据现有文献研究及人道主义救援供应链发展实际，将人道主义救援供应链协同含义解释为：人道主义救援相关参与者之间为了挽救生命，减轻人们的痛苦，在救援过程中进行的纵向协调与横向合作。

2. 人道主义救援供应链协同分类体系

人道主义救援供应链按照不同的标准，可以划分为不同类型的协同。从协同的内容上来看，人道主义救援供应链协同包括组织协同、物资配送协同和流程协同；从协同的方向上来看，人道主义救援供应链协同可分为横向协同、纵向协同和混合协同；按照协同的维度划分，有战略层协同、策略层协同和操作层协同；另外，也可按照协同层面和深度进行划分，具体分类如表 7-4 所示。

表 7-4 人道主义救援供应链协同分类

分类标准	协同	具体表现
协同内容	组织协同	捐赠者与 NGO 的协同、NGO 之间的协同、NGO 与政府的协同等
	资源协同	资源保障协同
	流程协同	供应链业务流程协同
协同方向	横向协同	参与人道救援供应链组织间的协同合作
	纵向协同	人道组织与救援物资捐赠者或供应商及救援者之间的供应链上下游层面的协同合作
	混合协同	既有横向协同，也有纵向协同
协同维度	战略层协同	形成战略同盟，实施战略合作
	策略层协同	运行策略协同
	操作层协同	单项业务协同
协同层面	国际层协同	联合国、国家政府、国际救援组织和捐赠者
	国家层协同	中央政府、当地政府、军队、当地救援组织
	现场层协同	现场救援人员、社区组织和灾民
协同深度	命令协同	集中系统协同，按命令模式控制救援
	共识协同	分散系统协同，各救援组织就救援事宜达成共识
	自然协同	非正式协调方法，单个救援组织之间的互动

1) 人道主义救援供应链协同内容

人道主义救援供应链协同包括三个方面的内容：救援主体之间的组织协同，基于需求预测的救援物资配送协同以及供应链主体间运作业务流程协同。人道主义救援供应链中包含捐赠者、非政府组织、政府、军队、媒体等参与者，众多组织机构的参与要求各组织之间的协同。组织协同包括捐赠者与 NGO 之间的协同、NGO 之间的协同、NGO 与政府之间的协同。人道主义救援资源主要有三大来源：前置库存、实物捐赠和灾后紧急采购。物资配送协同负责解决灾后救援资源如何协同配送问题；业务流程协同涉及救援主体内部业务流程的协调及救援主体间业务流程协同，致力于救援时间最短和行动效率最高。

2) 人道主义救援供应链协同方向

纵向协同领域研究最多的是买方与供应商的协同。Ha 等（2011）从供应商的角度分析了购买者的两种信任形式（情感信任和能力信任），结果表明，情感信任会使得双方信息共享和利益/风险分担，而能力信任则影响联合决策和利益/风险分担；Bahinipati 等（2009）分别从制造商的角度和农产品生产商的角度对横向协同进行了研究，其他对横向协同的研究大都仅限于运输管理。Hingley（2011）认为第四方物流的优势和缺点是促进零售商之间横向协同的催化剂；混合协同仍是一个有待研究的领域，因为目前为止只有 Chan 等（2012）从库存管理的角度，对制造供应链进行了混合协同研究，目的是找到最合适的库存策略来优化成本。他们对两个线性供应链运用数学方法进行仿真建模，模拟不同的库存策略，发现混合协同是最好的协同方式。与商业供应链协同类比，人道主义救援供应链协同也包括横向协同、纵向协同和混合协同。横向协同是指参与人道主义救援中各组织间的横向合作。纵向协同是组织与上游救援物资（现金）供应、物流服务商及下游救援对象进行的协同。

3）人道主义救援供应链协同维度

人道主义救援供应链具有供需不确定性、时间快速响应性和参与主体多元性等特征，并且与传统商业供应链相比，其具有独特的物流、资金流及信息流的传递方式，从协同层次上将人道主义救援供应链的协同分为战略层协同、策略层协同及操作层协同。战略层协同用于指导整个人道主义救援供应链的高效运作，是提高人道主义救援供应链的整体效率的原则和规范，主要包括人道主义救援供应链成员的准入及退出机制，以及人道主义物资储备中心的分布等；策略层协同包括供应链上的组织就仓储、运输、配送等单项或多项策略进行协同；操作层协同是指供应链上的组织进行某项业务合作。

7.1.4　自组织理论

1. 自组织理论思想与理论内核

自组织理论主要研究生命系统、社会系统等复杂自组织系统的形成和发展机制问题，由耗散结构论、协同学以及突变论组成。20 世纪 60 年代末期，部分学者对系统论进行了发展和延伸，形成了一个新的分支理论——自组织理论。该理论研究了系统在一定条件下如何从无序向有序、低级有序向高级有序发展的过程，耗散结构论与协同学很好地解释了自组织理论的基本思想和理论内核。

1）耗散结构论

耗散结构理论可以理解为一个开放系统与外界不断进行物质交换、能量交换（该系统是一个远离平衡态的非线性系统），在交换的过程中，系统内的某一变量会达到某个阈值，系统会通过涨落的方式，产生从无序状态转变为有序状态（时间上、空间上或功能上）的一个突变。而经过突变形成的这种新的有序的稳定状态，需要持续不断地与外界进行物质能量的交换才能维持，由此而来的"耗散结构"，建立在与环境发生物质、能量交换关系基础上。

2）协同学

德国物理学家赫尔曼·哈肯于 20 世纪 70 年代首次提出了协同理论，也可以称为协同学，表示为在一个开放的系统中的大量子系统之间的相互作用形成整体的或合作的效应。各个子系统进行集合构成的系统是研究对象，研究对象按照一定的规律从无序演化至有序。在一定的外力作用下，子系统之间通过物质或信息交换及相互之间的协同产生相互作用，超越阈值后发生质变，使整个系统从无规则混乱状态转变为有序状态。

3）突变论

突变论是由雷内托姆提出来的，是以稳定性理论为基础发展起来的，该理论可以理解为伴随着某一参数的变化，系统从一个稳定状态到不稳定的状态后又进入另一个新的稳定状态。系统在这个瞬间发生变化的过程，就称为突变过程。突变论可以用数学方程描述自然界及人类生活中出现的许多突变过程，如地震、变异、战争等。突变论认为，即使是在相同的过程中，同一个控制因素的阈值，在突变过程中，也可能产生不同的结果，即会出现不同的若干稳定状态。

2. 自组织理论的主要方法

1）协同动力论

协同动力论的要点体现在：①事物内有很多子系统，它们在输入信息、物质和能量时，彼此之间靠竞争来相互作用，相互影响；②这些子系统之间的相互合作可以形成与竞争抗衡的张力，这样合作的优势在不受干扰的情况下自主地呈现更大化发展的趋势；③需要在序参量的支配下依照体系的自组织过程组织系统，而不是依照被组织的方式来支配已经形成的序参量。由此会产生"数量化"与"突变化"两种有序运动的演化。

2）演化路径论

该理论的演化路径有三条：①在系统演化过程中，当经过临界点或临界区域时，系统处于极不稳定状态，状态变量微小的变化，会带来极大的涨落，此时整个系统的演化结果将很难预测；②系统演化过程中，演化道路具有时断性，状态变量会出现突然的变化，从而形成较大的涨落，此时，整个系统的演化路径基本可预测；③渐进的演化道路，这种情况下的路径基本上都可以预测。

3）混沌论

对于复杂性非线性方法的研究，混沌论做出了极大的贡献：①非线性的发展或演化过程很难预测，简单系统可能由于出现混沌而产生复杂行为，同样，复杂系统也可能通过简单系统规则产生简单行为；②非线性动力学的混沌是固有且内在的，而非外生的。管理中的"混沌管理"方法具有不确定性，是非优化的。稳定的管理价值理念导致企业追求的不是最优化和最高效率；③管理的过程与结果是没有直接关系的。

7.1.5 复杂适应系统理论

复杂适应系统理论（complex adaptive system，CAS）是由美国计算机科学家、遗传算法的创始人霍兰（John H. Holland）于1994年正式提出的，CAS的核心思想是——适应性造就复杂性。该理论认为系统演化的动力源自系统内部，微观主体之间的相互作用产生宏观的复杂现象。复杂适应系统所具有的特征包括复杂性、适应性、主动性。系统的复杂性主要体现在微观主体的多元化、单个主体的聚集性等方面。另外，微观主体与系统环境之间的非线性关系也十分复杂。适应性在复杂系统理论中有一个最重要的概念，即适应性主体，基于该理论所形成的复杂适应系统的主体均有高度适应性及主动性。主动性是指主体遇到新环境的刺激时，为了适应新的环境它会根据自身实际情况对行为方式做出改变，即主体在外界环境中不断学习积累的过程。主动性是指系统内的主体都有自己明确的取向及目标。从上述对复杂系统的概括及特征能够得到，人道主义救援供应链同样是一个复杂适应系统。

7.2 人道主义救援供应链研究现状

目前国内外对人道主义救援供应链的研究论文数量相对较少,尤其是国内人道主义救援供应链研究文献更是少见。本书在结合国内外学者现有研究基础上,着重分析如下几个方面的研究现状。

7.2.1 人道主义救援供应链基础理论研究

在国内外研究中,人道主义供应链的发展实际落后于人道主义物流,Thomas 等(2005)定义了人道主义物流的概念,Van(2006)阐述了人道主义物流在运作的过程中所面临的环境,给出了人道主义物流可以借鉴商业物流的建议,商业物流的标准技术、规则都值得人道主义物流学习。在以后研究中,多数文献均沿用 Thomas 的定义。2009 年 Rolando Tomasini 和 Luk van Wassenhove 出版了 *Humanitarian Logistics* 一书。Thomas 和 Kopczak(2007)分析了人道主义物流面临的挑战,并着重阐述了人道主义救援过程中参与主体救援协同的缺失。

随着人道主义物流的发展,人道主义物流已经延伸到了人道主义供应链管理的范畴,这使得人道组织从战略角度和关联方的角度来看待供应商和客户。Mentzer(2001)与 Kovacs 等(2011)将人道主义供应链定义为不同参与主体所形成的救援供应链网络。Simchi 等(2004)认为将商业供应链中有关商业的术语替换为供应商、捐赠者等就形成了人道主义救援供应链的雏形。

Day(2012)等人提出的四组分类学文献同时集中在三个方面展开讨论,即人道主义物流(HL)、供应链管理(SCM)和人道主义供应链管理(HSCM),如图 7-5 所示。这样,同时也为确定商业和人道主义供应链之间的关键差异奠定基础。虽然看起来相似,但它们的链条之间存在着根本的区别。人道主义救援供应链中的决策是高度动态化的、复杂的、非正式的,而且决策往往是紧急的、及时性的。

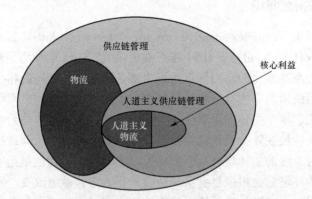

图 7-5 Logistics、HL、SCM 和 HSCM 之间关系的文氏图

资料来源:Day,2012

Gaurav 等(2017)总结分析了 2013 年 6 月 14 日发生在印度北部北安恰尔邦灾难救援中出现的问题和教训,特别是其中涉及的人道主义供应链管理问题,对于未来指导印度或别的

地区发生重大灾害救援有较大帮助。Tunca Tabaklar 等（2015）使用现有的理论概念和框架对人道主义供应链管理（HSCM）的新兴研究领域进行了详尽的解释和推断，从理论角度加深了对 HSCM 的理解，有助于该领域的研究逐渐走向成熟。

与国外相比，国内尚未形成对人道主义救援供应链的系统阐述，大多都是以人道物流为主题来展开研究。杨婷婷（2011）在其硕士论文中采用回归分析法分析了我国发展人道主义物流面临的基础设施脆弱、缺乏合作、很难获得真实的需求信息、不够重视物流在救援活动中发挥的作用、缺少物流人才等挑战，并提出了相应对策。许锐（2011）在国外学者定义的基础上，对灾难救援中的人道主义物流进行了全面的定义，并分析其特点，进一步定义了人道主义救援供应链。范光敏（2011）定义了人道主义物流，介绍了人道主义物流的概念和特点，接着对人道主义物流中的捐赠者、人道救援组织、军队、政府和企业公司分别进行了介绍和分析。方磊、夏雨（2016）在总结面向突发性自然灾害的救济供应链研究现状的基础上，从救济供应链的概念、物流系统规划与优化、救济供应链的构建与运作、绩效评价四个方面，系统地对国内外相关研究进行述评，并对其研究趋势进行展望。

7.2.2　人道主义救援供应链与商业供应链差异性研究

Kuhn 等（2002）强调了两个链条之间的差异，两者最根本的差异在于链条结构，主要体现在功能、流程、关系、时间和空间上的不同。Tomasini 等（2004）指出，与商业供应链相比，人道主义救援供应链要严格遵守人道、中立、公平的人道主义准则，而商业组织的运营则遵守企业社会责任。van Wassenhove（2006）指出，人道主义救援供应链时间的紧急性不是资金的问题，而是生与死的区别。Tomsini（2006）解释了人道主义救援的绩效指标不是由它的速度和成本决定的，而是由救援负面影响决定的。Holguin-Veras 等（2010）指出商业供应链通常是按照正式的决策机制进行的，决策者数量少，流程标准，并且每个参与者有明确的定位。链条中的每个参与者清楚自己的职责，如何与其他相关参与方进行联络。强调了商业物流主要处理的是大量、相对稳定的物资流动，而人道主义物流在救援最初阶段有大批紧急物资需要处理，然后，随着灾情的稳定而逐渐降低。他指出目前多数对受灾响应所建立的数学模型依旧注重商业化，重点在于减少运营成本。Blecken（2010）指出，商业供应链需要的是产品和服务，而人道主义救援供应链需要的是救助和人员，固有的需求模式和高度不确定性是两个链条之间的主要区别。Christopher（2011）指出，虽然供应链研究者通常认为商业供应链研究中的见解可以为人道主义救援供应链带来利益，但是研究者同时指出，商业供应链同样也可以借鉴吸收人道主义救援供应链中的经验。Mather（2014）强调了商业供应链中商业组织的目标主要是销售产品和服务，以求为利益相关者实现利益最大化。人道主义救援供应链则着重考虑非营利组织，目的是挽救人的生命，满足最基本的需求，缓解人们的困境。商业供应链重视供应链中商流、物流、资金流以及信息流的优化，而人道主义救援供应链只是为了救援而建立的临时性网链结构。他指出，为了完成战略目标，人道主义救援供应链要及时响应，并做到零提前期。同时，作者也阐述了商业供应链的不同运营模式，人道主义救援供应链主要考虑的是加快向受灾地区救援物资的快速送达，从而减少对受害者的负面影响。

国内关于这方面的文献研究较少，许锐（2011）从需求模式、提前期、分销网络、库存控制、信息系统、战略目标、评价体系等方面分析了商业供应链和人道主义救援供应链的区别。杨静蕾（2009）从实施环境与目标、构成要素、作业环节三方面分析了人道主义物流与商业物流的差异。金燕波（2014）则是从物流对象、范围、地区、参与方、合作程度、响应程度、物流技、预测以及防范等几个方面分析了两者之间的差异。表7–5总结了商业供应链与人道主义救援供应链之间的区别与联系。

表7–5　商业供应链与人道主义救援供应链之间的区别与联系

项目	商业供应链	人道主义救援供应链
供应链范围	从供应商到客户	从捐赠者及物资供应商到被救援者
客户	产品或服务的最终使用者即购买者	产品或服务的最终使用者
产品	保质期数年，但趋势越来越短	保质期数周或数月，生命周期较短
信息流	具有完好的信息流动结构	强调媒体的重要性，信息往往衰减
人员流	—	人员的流动+专业知识的转移
资金流	双向并且是确定的	单边并且不确定（从捐助者到受益人）
供应源	事先确定，一般为2到3个供应商	供应商或捐赠者不确定并且供应源多
参与主体	主体确定，并且具有明确的定向激励	主体众多，激励失调
需求环境	需求通常可以预知，但是不确定性逐渐增加	高度不确定
追求目标	通常以最低的成本生产高质量的产品，追求利润最大化和实现更高的客户满意度	目标在于最大限度地减少生命损失和减轻灾害中受伤人的痛苦
模型构建	注重利润最大化或成本最小化	注重公平和效率
性能评估体系	侧重于资源性能评估的标准供应链指标，例如利润最大化或成本最小化，可靠性（供货率，交货执行情况，订单满足率）；反应性（提前期）；灵活性（供应链响应时间，生产灵活性）；成本（总成本，售货成本，担保成本，退货处理成本）；资产（现金周转时间，库存量）	许多救援行动是自发的，结构不良，没有很好的性能评价体系。主要侧重点在于输出性能的评价上，例如对灾难做出响应所需的时间或满足需求的百分率。输出（救灾物资总量，目标完成率，平均响应时间，最快响应时间）
学术研究量	商业供应链领域是一门有许多研究概念和开发工具的成熟学科，并成功地在全球组织实施	人道主义物流领域是一个研究意义相对比较新的领域，从提出到现在仅10年左右
相互借鉴的可能性	从人道组织中学习借鉴：敏捷性，适应性，结盟，需求波动，供需间的平衡等	从商业供应链中学习借鉴：需求预测与库存管理、牛鞭效应、推拉边界、标准化、信息集成、延迟、物流重组、协同、资源共享和合作等方面

资料来源：根据Aurelie Charles，2010；Mather N. Itani，2014整理.

7.2.3 人道主义救援供应链敏捷性、快速响应及信任研究

Kirstin 等（2010）分析了人道主义救援供应链的敏捷性，尤其是非政府组织面临捐助者的信任和长期承诺的巨大压力，急需提高救援供应链的敏捷性。Aurelie 等（2010）提出了人道主义救援供应链敏捷性的概念框架，建立了人道主义救援供应链敏捷性评价模型。Cozzolino（2012）总结了在灾难救援过程各个阶段的特点，阐述了人道主义救援活动的整个运作过程，并根据精益、敏捷原则，定义了救援过程中每个阶段的目标。Alessandra 等（2012）以"联合国世界粮食计划署及其在苏丹达尔富尔（苏丹）危机中的努力"为研究案例，阐明了敏捷、精益应当在人道主义物流过程中的特定阶段强调，才能更好地实现其在防灾救灾时的有效性和效率的提高。Richard（2015）从人道主义、人道主义救援供应链的特征和复杂性、敏捷性与救援供应链的可持续性及精益、非紧急人道主义救援供应链等四个方面综述了从 2006 到 2015 年发表在供应链管理（SCM）、国际物流与物流管理（IJPDLM）、国际生产运营管理（IJOPM）以及人道主义物流与供应链管理杂志（JHLSCM）等期刊上有关敏捷性人道主义救援供应链方面的文献。他指出，人道主义救援供应链是敏捷的，在灾难发生后，在紧急的时间内应做出迅速的行动。Marianne 等（2018）分析了如何通过标准化和模块化来提高人道主义救援的快速响应。

国内关于敏捷性、快速响应及信任方面的文献主要有：许锐（2011）根据敏捷相关理论，总结了构建敏捷人道主义救援供应链的内容和措施，根据人道主义救援供应链影响因素之间的关系，建立了敏捷供应链解释结构模型，针对成本和时间特点，建立了"成本—时间"目标下的敏捷人道主义救援供应链多解耦点模型。周蕾（2012）对人道主义救援供应链进行了分类，分为持续救助与灾害救助两种，并进行了定义，确立了人道主义救援供应链的框架和主体，提出了应该将供应链的理念引入灾后救助过程中，完善合作机制，提高供应链的应急响应性能等建议。人道主义救援供应链管理在产量柔性、交付柔性、组合柔性、反应及速度上较商业供应链管理具有一定的优势，但是由于救援环境的不确定性，在可靠性方面稍差，在实践中二者可以相互借鉴。

李海燕（2012）从个体层面、团队层面及关系特征三个方面总结了快速信任的影响因素，指出声誉、制度、规则、角色清晰度及信任倾向对快速信任有显著的影响，类别差异对快速信任有较为显著的负向影响，相互依赖性和第三方信息的可靠性感知的影响相对较低。楚龙娟（2012）对人道救援组织间的信任度区间进行了有效度量，对快速信任影响因素进行层级结构分析。建立了包括评审机制、分级治理机制、保障机制在内的快速信任治理机制，以及以思维导图的形式反应具体的治理措施，并结合案例度量了快速信任的信任度区间。李雪（2013）指出建立快速信任可以有效降低协调救援组织的博弈风险，提高救援组织的反应速度和救援效率，并应用演化博弈论分别构建了对称条件下和非对称条件下救援团队间快速信任的演化模型。对不同情况下的信任演化路径进行了分析和解释说明，以中美两国具体救援实践为例进行了救援效率差异影响因素分析。

7.2.4 人道主义救援供应链协同模式及机制研究

由于存在风险高、不确定性强和时间紧急性压力大等情形，人道主义救援供应链需要一种新的管理模式，因此，各方急需协同。Maon 等（2009）指出企业和救灾机构之间通过共享

供应链、物流专业知识、技术和救援基础设施能够改善救援供应链绩效，因为救灾机构普遍缺乏供应链管理工具、人员或专业知识。并提出面向社会导向的救援行动供应链跨部门合作理论框架。Marianne等（2010）提出通过集群的方法进行人道主义救援的协同，分析了横向协同、纵向协同的效益背反效应。

此外，Scholten等（2014）基于供应链理论和实践构建了集成供应链弹性理论框架，通过应对飓风卡特丽娜案例搭建了人道主义与商业组织之间双向互动的桥梁，确定了灾害管理的最佳实践方法，其中，协同被认为是一项主要能力。Ergun等（2014）认为人道主义救援供应链涉及不同的主体，主体之间的协同将改善人道主义救援效率。构建了主体间合作博弈模型，在灾难发生后的响应和恢复阶段不同时点上，观察成本结构、效益和信息技术工具的障碍，以促进人道主义救援供应链协同。他们的研究基于假设：协同是有效的和可行的。Pakhtar等（2012）阐述了"链"的概念特征，实证分析了"链"协调员（例如采购经理）对协调成功的影响的有限性，以及链协调员或协调的特点与人道主义救援成功之间存在的必然关系。Gaurav等（2017）分析了人道主义救援供应链协调带来的利益，进一步探讨了人道主义救援供应链管理协调的23类障碍，共分为五大类，即战略的障碍、个人障碍、组织障碍以及技术障碍，并提出了克服这些障碍的解决方案和优化方法。

国内学者陆宇杰（2009）分析了人道主义救援供应链中存在的困难有：需求不明确、高度不确定性，缺乏组织、协调、合作、沟通，救援地基础设施薄弱、交通状况恶劣，缺乏有经验的物流专家、过高的人员流动，严重的官僚主义、政治因素、动荡的军事环境，缺乏统一、有效的信息管理平台，天气环境、媒体报道倾向，恐怖主义、当地风俗习惯。韩陆（2011）通过研究分析各国红十字会以及人道主义物流组织近年来在防灾备灾和救灾中的一些重要经验和教训，提出了建立和发展人道主义物流的重要性，对人道需求的清晰认识和保持与供应链各方良好的沟通是人道主义救援供应链成功的关键。杨婷婷（2011）认为有效的组织间合作能够降低交易成本，人道救援物流在中国面临资源竞争，沟通机制不足，真实的需求信息获取难度大，以及物流在救援活动中的作用总是被忽视等问题。相应的解决对策有政府购买NGO服务，政府与NGO组织之间建立沟通协调机制。范光敏等（2011）进行了人道主义物流的协同机制研究，人道主义物流协同优势有规模经济效益、范围经济效益和学习效益。车强（2011）提出设置专门的军民协同机构，对人道主义物流信息保障机制进行了分析：将人道主义物流协同流程模型分为协同决策、选择合作伙伴、协同规划、协同业务执行，在此基础上提出了快速响应模型；根据灾难的不同生命周期将军民协同划分为命令型、共识型、缺省型三种协同方式。符洪源（2012）分析了由救援组织与物资供应商组成的人道物流供应链作为整体时进行的集中决策、分散决策不利用契约时的情况，构建了回购契约模型，分析了利用回购契约时供应链的协同状况。结果表明利用回购契约能够协同救援组织和物资供应商组成的人道主义物流供应链。冯春（2013）对人道主义救援物流快速成型网络及其运作方法做了研究，指出我国政府单纯主导型的救援方式在向"政府—民间"协同方式转变，并对人道主义救援物流的定义、人道主义救援物流的理论、协同机制和人道主义救援物流快速成型网络与快速信任进行了详细分析。潘虹宇（2014）建立了救援供应链协同的随机线性规划模型，对比了有限协同和无协同两种情景下的救援效率和效益，利用演化博弈理论对救援组织间的协同关系进行分析，得出了救援组织间协同关系的演化稳定策略。

7.2.5 人道主义救援供应链技术策略研究

人道主义救援供应链技术策略研究主要集中在三个方面：设施选址、存货管理即资源分配，以及车辆路径问题。Hochbaum 等（1998）针对人道主义救援设施选址问题，提出了随机 P 中心模型。Ukkusuri 等（2008）指出了人道主义救援中存在的若干问题，包括仓库选址不恰当及救援网络不完整等，文章考虑了车辆路径问题和道路或节点中断情景，并设计了一个灾前预置储备库选址最大覆盖模型，通过合理的仓库布局和完善的供应网络来提升供应链运作性能。与之相类似，Beamon 等（2008）研究了救援应急响应中 NGO 对于应急物资的最优订购数量以及再订购点的确定问题，指出良好的库存计划可以提升 NGO 组织救援活动的效率，提升供应链的性能。Begoña 等（2011）提出基于成本、时间、公平、优先权、可靠性和安全性等多目标人道主义救援物资配送优化模型。Lodree（2011）研究了零售商在暴风雨等自然灾害到来前应急物资的库存计划，并建立了相应的库存模型，分析了在需求增加条件下采取主动或被动库存控制策略的适用条件。Lauren 等（2013）提出了一个包含强制执行服务公平性约束，同时也考虑可能由疏散行为和时间约束导致交通堵塞的随机规划模型，以确定救援仓库的网络定位和分布。Eleftherios 等（2014）对是否在人道主义战略规划中实施紧急采购进行了探讨，结果可能对援助提供者、政策制定者和监管机构有较大的帮助。Shiva 等（2017）构建了一个由供应商、救援配送中心以及受影响地区组成的三级救援链模型，以地震常发地区 Alborz 为例，通过鲁棒优化，分析了在不确定参数影响下救援链模型的解决方案。

国内学者大多从应急角度开展研究，方磊、何建敏（2004）等针对有限的时间、空间和资源约束下的应急救援设施选址与物资调度问题进行了综述性的研究。刘明、赵林度（2011）等分析了 PTP 和 HUB 两种关于应急物资配送时间效率和规模效益的模型，然后综合两种模型的优点，构建了新的混合协同配送模式，用启发式搜索算法求出了模型的解。冯春（2011）研究了应对大规模突发事件的应急物流救援系统，对应急物流中的应急服务设施定位选址从传统设施和应急公共设施定位选址两方面进行研究。陈钢铁、帅斌（2012）对震后应急道路抢修和应急物资配送优化调度问题进行研究，结果表明：启发式算法和 CPLEX 软件计算结果相近，但启发式算法更节约时间。刘学恒（2012）研究了不确定环境下三级应急系统部分运转策略，带有时限的多点应急保障系统库存策略优化问题，二级物资供应系统中不同应急调货策略的比较分析，以及随机模糊需求下的多物资应急供应系统调货策略。凌思维、杨斌（2014）针对灾后应急医疗资源配置问题，建立了基于需求分级的应急医疗资源配置模型。

针对人道主义救援，薛坤（2014）对人道主义救援物流"最后一公里"运输问题进行分析，从公平目标的建模与分析以及多目标的选择与融合两个方面展开研究，并利用 Matlab 软件进行了仿真。孙玉垄、范林榜（2015）针对最短路径策略所造成的重要交通节点的连接度过大、负荷超重引起堵塞的问题，从复杂网络的角度提出新的路径优化策略，在绕道时间和等待时间之间进行选择。陈莹珍和赵秋红（2015）在考虑地区之间物资分配公平性基础上建立了双目标模型，对基于公平原则的应急物资分配进行了测算。张锦等（2016）提出了基于变权的物流资源公平分配方法。

7.2.6 人道主义救援供应链的绩效评价研究

Aurelie 等（2011）在企业建模方法的基础上，提出了一种新的业务流程建模方法，这对于理解、分析、评估并制定正式的人道主义救援供应链业务流程具有较大意义。并通过对国际红十字联合会的应急响应程序，验证了所提方法的相关性和适用性。Lijo John 等（2012）以印度为例分析了人道主义救援中存在的障碍并对人道主义救援供应链绩效进行了经济性研究。Ira 等（2015）构建了可持续发展的人道主义救援供应链的概念框架，从社会和受益者的角度探讨了人道主义救援组织发展的可持续性。Henrietta（2014）分析了红十字与红新月会国际联合会（IFRC）供应链运作中的瓶颈，指出具有战略规划的供应采购能够消除救援中的瓶颈。Hella 等（2017）在分析人道主义救援供应链绩效测量和管理现状的基础上对 Gunasekaran 提出的 5 个供应链阶段进行绩效测量指标的分类，基于商业和人道主义领域绩效测量和绩效评价的文献综述，提出了第一个在人道主义救援供应链中 94 个绩效测量指标的分类。Devendra 等（2016）应用解析结构模型分析了灾后人道主义救援供应链面临的挑战，指出人道主义救援中不能仅限于挽救生命，提供救济，更应关注人道主义救援供应链的可持续发展。有关国内学者对人道主义救援供应链绩效评价研究，仅搜索到金大卫于 2013 年发表在《经济管理》期刊上的一篇文献：人道主义救援的供应链绩效研究——权威治理、市场竞争和伙伴合作的视角。论文以伙伴合作为中介变量，连接市场竞争和权威治理对人道主义救援供应链绩效的影响关系，构建了组织绩效模型，并通过结构方程模型分析技术对其进行了实证研究。

文献选读：国际人道主义组织自然灾害救援效率评价研究

7.2.7 研究总结

从以上国内外人道主义救援供应链研究相关文献，得出以下研究结果。

（1）国外研究大都集中于人道主义救援供应链与商业供应链差异性、敏捷性、快速响应性、协同机制及网络结构研究，国内研究大都集中在基本概念和特征的比较、救援供应链快速信任、救援物流网络等方面。现有供应链协同研究多集中于商业供应链领域，对人道主义救援供应链协同机理研究较少。

（2）人道主义救援供应链具有复杂自组织网络的特征，符合离散事件的多主体建模特性，但是，针对救援供应链组织间协同及业务流程协同仿真研究不足。可以应用相关理论及研究成果对人道主义救援供应链进行多主体建模仿真。

（3）随着人道主义灾难事件的频发，国内外学者对人道主义救援供应链协同研究日益增加，但是，基于救援供应链组织、物资配送及业务流程三位一体的协同运行机理研究较少。

7.3 人道主义救援供应链研究案例分析

本节以编者公开发表的《基于随机 Petri 网的人道主义救援供应链业务流程协同建模及效能分析》为例，对人道主义救援供应链研究进行分析。该案例从人道主义救援供应链业务流程分析入手，基于 Petri 网理论构建业务流程协同随机 Petri 网（stochastic petri net，SPN）模型,并同构马尔可夫链。应用 Matlab 软件进行仿真,进而分析人道主义救援供应链业务流程间的时间性能及效率性能,最终提高人道主义救援供应链的运营效率。

7.3.1 人道主义救援供应链业务流程协同概述

1. 人道主义救援供应链业务流程

人道主义救援需要在最短的时间内将灾区所需救援物资通过人道主义组织各级仓库及配送中心送达灾区,同时将受伤灾民从灾区运出,最大限度地抢救生命,减轻灾民痛苦。与人道主义救援阶段相对应,人道主义救援流程主要分为灾前的救援准备、减缓和灾后的人道主义救援响应及恢复重建等业务流程。为突出人道主义救援的快速响应性,论文简化了人道主义救援供应链的流程,仅以响应阶段流程进行研究。在灾后响应阶段中,救援物资从捐赠或紧急采购开始,经过人道主义物流,在政府统一指挥,军队、专业救援人员、志愿者等援助下到达救助对象。在此过程中,救援物资的协同供应及灾区最后一公里的协同配送构成了灾后响应阶段的主要业务流程,如图 7-6 所示。

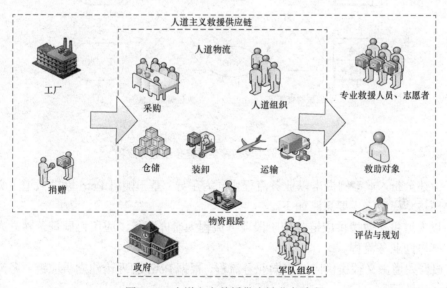

图 7-6 人道主义救援供应链业务流程

人道主义救援供应链主要业务流程活动如下。

(1)人道主义救援物资的获取。人道主义救援物资的获取主要来源于慈善关系的社会捐赠、商业关系的供应商供应两部分,国际人道主义援助也是捐赠的重要组成部分。救援物资获取过程中存在的最大问题是捐赠者及人道组织之间缺乏协同,捐赠者往往随机捐赠给任一区域人道组织,这往往造成救援物资的过量供应或短缺。

(2)人道主义救援物资的运输与配送。人道主义救援物资及时的运输与配送关系到灾区民众是否能够迅速获得救援,按照地理区域范围,人道主义救援物资的获取可以分为国际、区域、当地捐赠或采购,因此救援业务流程涉及不同救援物资供应者如何将救援物资运输到人道主义组织各级仓库(配送中心),或者直接送往当地灾区的救援物资的配送活动。

(3) 人道主义救援的组织协同活动。人道主义组织是人道主义救援活动的主体，如何处理好与政府、军队、物流服务商等救援主体的业务合作是提高人道主义救援效率的关键，这涉及宏观的救援流程设计和组织间业务流程的衔接。

在传统人道主义救援过程中，救援物资捐赠者及供应商对 NGO 的物资供应往往是独立运作，同时，NGO 在救援物资配送过程中也是各自为战。因此，人道主义救援供应链业务流程的协同也无从谈起，传统业务流程如图 7-7 所示。

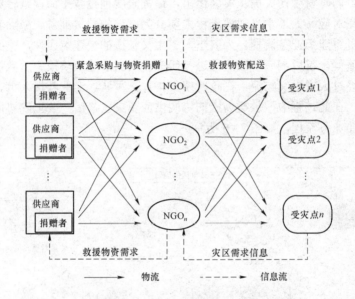

图 7-7　人道主义救援供应链传统业务流程

基于上述分析，本案例提出以业务流程协同为主导，基于随机 Petri 网的人道主义救援业务流程协同仿真模型，主要思路如下。

（1）以人道主义救援供应链响应阶段业务流程为研究背景，应用协同理论建立人道主义救援供应链协同业务流程。

（2）根据人道主义救援供应链协同业务流程，根据 Petri 网理论建立供应链业务流程协同的随机 Petri 网模型。

（3）通过 Matlab 软件对所建立的随机 Petri 网进行仿真，通过同构马尔可夫链对各业务流程时间性能指标进行分析，用人道主义救援供应链系统平均延迟时间来表示协同效应，从而提高救援效率。

2. 人道主义救援供应链业务流程协同框架

按照董千里提出的集成体理论，人道主义救援供应链业务流程协同本质上就是救援供应链中的救援集成体（人道组织+救援服务供应商）为受灾民众提供救援服务过程中，各个救援环节按照一定时序将救援物资从接收捐赠或紧急采购开始到受灾民众的一系列结构化的活动集合。人道主义救援供应链流程协同所要达到的目的是供应链主体间业务流程的整合，从而实现人道主义救援供应链服务的集成和协同。人道主义救援供应链业务流程协同框架如图 7-8 所示。

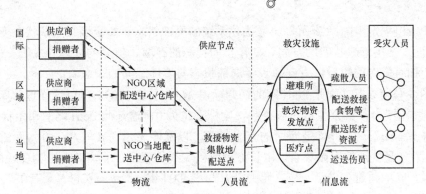

图 7-8　人道主义救援供应链业务流程协同框架

资料来源：根据楚龙娟，2015 改编

人道主义救援供应链由不同的救援主体构成，业务流程的协同不仅涉及自身业务流程的优化，同时也涉及救援供应链主体之间业务流程的协同，以形成快速救援能力，提高救援效率。由于人道主义救援的复杂性，本案例主要从人道主义救援供应链纵向节点间进行业务流程的协同。救援物资如何协同供应到 NGO 区域仓库或当地配送中心，以及区域仓库、当地配送中心和救援物资集散地三者之间如何合理进行救援物资的配送等将是救援业务流程协同着重解决的问题。与商业供应链所追求的企业利益最大化不同，人道主义救援供应链强调救援时间的最短化，在人道主义救援供应链系统中，救援物资从捐赠者或供应商供应开始，到达避难所或受灾地区民众。在此过程中，各环节都需要消耗时间，这将直接影响到救援的响应速度。救援时间的消耗大多是救援主体间业务流程衔接协同不到位而形成的。因此，救援业务流程的协同能够有效解决救援效率低下的问题。

7.3.2　Petri 网基础理论

1. Petri 网模型表示方法

德国的 Carl Adam Petri 博士于 1962 年在其著名的博士学位论文 *Kommunikation mit Automaten* 中正式提出了 Petri 网理论。对于 Petri 网中相关变迁 λ 赋予相应的速率，Petri 网就为随机 Petri 网（stochastic petri net，SPN），SPN 中库所状态的变迁需要一定的时延，每个变迁用时延系数 t 表示，t 一般为变迁随机变量，服从指数分布。在 SPN 模型中，通过可达标识集可以通过同构马尔可夫链来反映每个标识的状态。

定义 1：基本的 Petri 网系统可用四元组来表示，包含库所 P（place），变迁 T（transition），有向弧 F（flow），标识 M（marking）和令牌（token）等组成的有向图，SPN = (P, T, F, M)。图 7-9 为一个最基本的 Petri 网的例子。

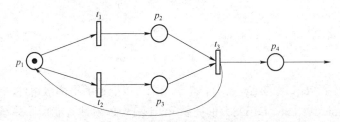

图 7-9　基本 Petri 网模型示意图

基本 Petri 网模型中,"库所"一般描述系统的局部状态,如资源与系统状态变化有关的因素。"变迁"是指修改状态的时间、动作,如资源的存取、信息的处理与发送。"令牌"表示库所中所拥有资源的数量,有向弧表示局部状态与事件之间的关系。

如上图 p_1 获得令牌,则此 Petri 网的初始标识 $M_0=(1,0,0,0)$。可以这样理解库所:p_1 有令牌,则标志位为 1,其余库所没有令牌,则标志位为 0,这是此 Petri 网的初始状态。

其中,$P=\{p_1,p_2,\cdots,p_n\}$ 是库所的有限集合,以圆圈表示,$n=|P|>0$ 为库所的数量;$T=\{t_1,t_2,\cdots,t_m\}$ 是变迁的有限集合,用长方形或粗实线段表示,$m=|T|>0$ 为变迁的数量;F 称为流关系,以单向箭头表示,是二元关系 F_1 与 F_2 的并集,即 $F=F_1\cup F_2$,其中 F_1 为从 P 到 T 的二元关系,$F_1\subseteq P\times T$,F_2 为从 T 到 P 的二元关系,$F_2\subseteq T\times P$。P、T 以及 F 之间满足如下条件:

$$\begin{cases}\forall p_i\in P,\exists t_j\in T:(p_i,t_j)\in F \vee (t_j,p_i)\in F\\ \forall t_s\in T,\exists p_r\in P:(t_s,p_r)\in F \vee (p_r,t_s)\in F\end{cases} \quad (7-1)$$

根据式(7-1)可知,在随机 Petri 网中,所有节点之间都通过库所与变迁相互连接,一般来说,库所与变迁之间至少有一个连接处。如果二者没有连接,那么该 Petri 网则不存在可达标识。

定义 2:设 $N=(P,T,F)$ 为 Petri 网结构,对于 $x\in P\cup T$,则 $x^\bullet=\{y\,|\,y\in p\cup T\wedge(y,x)\in F\}$ 和 $^\bullet x=\{y\,|\,y\in p\cup T\wedge(y,x)\in F\}$ 分别称为 x 的前集与后集。

定义 3:设 $N=(P,T,F)$ 为 Petri 网结构,若库所 P 或变迁 T 满足 $^\bullet P=\varnothing$ 或 $^\bullet T=\varnothing$,则称 P 为源库所(source place)或称 T 为源变迁(source transition);若库所 P 或变迁 T 满足 $P^\bullet=\varnothing$ 或 $t^\bullet=\varnothing$,则称 P 为沉陷库所(sink place)或沉陷变迁(sink transitionn)。

定义 4:若 $\forall x\in P\cup T$,满足 $^\bullet x\cap x^\bullet=\varnothing$,则称 N 为一个纯网(pure net),否则称为非纯网。

定义 5:若 $\forall p\in P$,满足 $|^\bullet p|=|p^\bullet|=1$,则称 N 为一个标识图(marked graph)。

定义 6:若 $\forall t\in T$,满足 $|^\bullet t|=|t^\bullet|=1$,则称 N 为一个状态机(state machine)。

定义 7:若 $\forall t_1,t_2\in T(t_1\neq t_2)$,满足 $^\bullet t_1\cap ^\bullet t_2\neq\varnothing\Rightarrow ^\bullet t_1=^\bullet t_2$,则称 N 为一个自由选择网(free choice net)。

几种特殊的 Petri 网如图 7-10 所示。

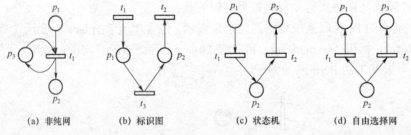

(a) 非纯网　　(b) 标识图　　(c) 状态机　　(d) 自由选择网

图 7-10　几种特殊的 Petri 网

定义 8:仅给出了 Petri 网的结构部分,对于一个可以描述随机离散事件动态系统(stochastic discrete event dynamic system,DEDS)的完整 Petri 网,必须具备能反映系统状态的标识这一要素。

定义9：标识网一般通过 PN = (N,M) 来表示，N 为 Petri 网的结构，Petri 网中的标识函数用 $M：P→N$ 来表示。库所中的初始令牌数用 $M(p)$ 表示，在标识网中令牌用小黑点表示（当数值 k 很大时，也可以直接写上数字 k）。

Petri 网的一个初始标识（initial marking）用 M_0 表示，代表 DEDS 的初始状态，这就确定了一个网系统。DEDS 中状态的转移是由于事件的发生而受到驱动，DEDS 中的某一事件必须在所有前提条件（状态）得以满足（实现）的情况下才可能发生。

定义10：对于标识网 PN = (P,T,F,M)，若变迁 t 满足 $\forall p \in {}^\bullet t : M(p) \geqslant 1$，则称变迁 t 是使能的（enabled），或有发生权的，记为 $M[t>$。

在 Petri 网中，库所状态发生变化的前提是有变迁的激发（fire），只有相关前提条件满足时，库所局部状态才会改变。

定义11：在上述标识 M 下，通过变迁 t 激发后，Petri 网将会产生新的标识 M'。

$$M'(p) = \begin{cases} M(p)-1, (p \in {}^\bullet t) \wedge (p \notin t^\bullet) \\ M(p)+1, (p \in t^\bullet) \wedge (p \notin {}^\bullet t) \\ M(p), (p \in t^\bullet) \wedge (p \notin {}^\bullet t) \end{cases}$$

定义12：在实施序列中，$(P,T,D：M)$ 是 Petri 网系统，$\sigma = M_0 t_1 M_1 t_2 \wedge t_n M_n$ 是 Σ 的一个有限实施序列 iff：$\forall i, 1 \leqslant i \leqslant n : M_{i-1}[t_i > M_i$。

$\sigma = M_0 t_1 M_1 t_2 \wedge t_n M_n$ 通常简记为 $\sigma = t_1 t_2 \wedge t_n$，$|\sigma| = n$（$\sigma$ 的长度）指的是实施序列中不同类别的变迁个数。网系统 Σ 的全部可能的运行情况由它的基网 N 和初始标识 M_0 完全确定。

图 7-11 为一个简单的 Petri 网图，它经过变迁后如图 7-12 所示。

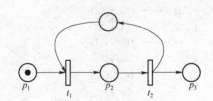

图 7-11 初始 Petri 网

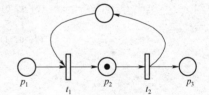

图 7-12 变迁 t_1 激发后的 Petri 网

在图 7-11 所示的 Petri 网系统中，

$P = \{p_1, p_2, p_3, p_4\}, T = \{t_1, t_2\}$，$M_0 = (1,0,0,0)^T$

$\text{Pre}(p_1,t_1) = 1$，$\text{Pre}(p_1,t_2) = 0$，$\text{Pre}(p_2,t_1) = 0$，$\text{Pre}(p_2,t_2) = 1$，

$\text{Pre}(p_3,t_1) = 0$，$\text{Pre}(p_3,t_2) = 0$，$\text{Pre}(p_4,t_1) = 1$，$\text{Pre}(p_4,t_2) = 0$，

$\text{Post}(p_1,t_1) = 0$，$\text{Post}(p_1,t_2) = 0$，$\text{Post}(p_2,t_1) = 1$，$\text{Post}(p_2,t_2) = 0$，

$\text{Post}(p_3,t_1) = 0$，$\text{Post}(p_3,t_2) = 0$，$\text{Post}(p_4,t_1) = 0$，$\text{Post}(p_4,t_2) = 0$，

$M_0(p_1) = M_0(p_1) - \text{Pre}(p_1,t_1) + \text{Post}(p_1,t_1) = 1-1+0 = 0$

$M_0(p_2) = M_0(p_2) - \text{Pre}(p_2,t_1) + \text{Post}(p_2,t_1) = 0-0+1 = 1$

$M_0(p_3) = M_0(p_3) - \text{Pre}(p_3,t_1) + \text{Post}(p_3,t_1) = 0-0+0 = 0$

$M_0(p_4) = M_0(p_4) - \text{Pre}(p_4,t_1) + \text{Post}(p_4,t_1) = 1-1+0 = 0$

令 $K(p_1)=\infty$，可以得到：
$$\text{Pre}(p_1,t_1) \leqslant M(p_1) \leqslant K(p_1) - \text{post}(p_1,t_1)$$

所以对变迁 t_1 来说，它在初始标识 M_0 下是可以实施的，并且产生了后续的标识 M_0，如图 7-12 所示。

2. Petri 网分析技术

Petri 网的主要分析技术有可达树、关联矩阵和状态方程等。

1）可达树

可达树（reachability tree）描绘了所给定 Petri 的全部可达状态，它由节点和箭头构成，表示一定的流向，故它是不同于无向图的有向图，是从逻辑的角度验证模型是否正确的一种分析技术。对于给定的 Petri 网系统，在其可达树中，每个节点表示一种可达状态 $M(M \in [M_0>)$，每个箭头表示变迁实施导致可能的状态改变，图 7-13 和图 7-14 给出该技术简单的例子来加以阐释，图 7-13 所示的 Petri 网的初始状态是 $M_0 = (3,0,0)$，图 7-14 是源自该 Petri 网的可达树。

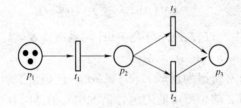

图 7-13　初始 Petri 网

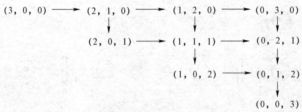

图 7-14　Petri 网的可达树

2）关联矩阵和状态方程

设 Petri 网 PN=$(P,T,\text{Pre},\text{Post},M_0)$，$M_0$ 为初始标识，C 为 PN 的关联矩阵，若 $M \in R(M_0)$，设变迁激发计数向量为 U，则有 $M = M_0 + C \cdot U$。

上式称为 Petri 网的状态方程，给出了 Petri 网中从标识 M_0 到达 M 的一个必要条件，但一般地，它不是一个充分条件，仅对 Petri 网中的某些子类是充分条件。

人道主义救援供应链各业务流程时间的紧迫性，要求业务流程中的时延系数相对较短，同时，SPN 中库所的变迁及可达标识集恰好能够反映出人道主义救援供应链业务流程中各环节所耗费时间以及每个库所是否处于繁忙的状态。因此，人道主义救援供应链业务流可借鉴 SPN 理论对其进行时间性能分析，并反映出协同业务流程运行效率。

7.3.3　救援供应链业务流程协同救援效率评价仿真

根据图 7-8 所构建的救援供应链业务协同流程图，拟采用 SPN 模型图的可达图构造同构的马尔可夫链,然后根据马尔可夫过程的稳定概率求解供应链物流系统的性能参数,最后以供应链协同业务流程系统的平均延迟时间来表明救援供应链协同效应对救援时间的控制作用。

1. 供应链业务流程协同 Petri 网模型构建

人道主义救援供应链系统是典型的动态离散系统,借助随机 Petri 网中"令牌"的发射可以实现对其动态性的描述,从而导致整个系统状态的变化。在人道主义救援供应链业务流程协同 SPN 模型构建过程中,最先需要解决"库所"和"变迁"这两个重要的元素。

本案例按照人道主义救援供应链从捐赠者开始到受灾点结束的上下游原则,对救援业务流程中各个节点的业务流程活动进行分析,将物资接收、人道主义救援组织物资集散库、配送中心确定为 SPN 模型中的库所。与此同时,依据库所和库所间的活动及衔接情况来确定它们之间的变迁。然后,根据确定的"库所"和"变迁",按照人道主义救援供应链业务流程的顺序,根据图 7-8 画出简化的供应链业务流程协同 Petri 网模型图,模型不考虑当地 NGO 接收的捐赠。在图 7-15 中,"库所"用圆形表示,"变迁"用方框表示,"库所"和"变迁"之间的逻辑关系用有向弧表示。在此设该系统有 p_1、p_2 两个救援物资供应中心、4 个 NGO 仓库(配送中心)(p_3–p_6 表示,为简化流程图,p_7 及 t_7 不再列示。随机 Petri 网模型图如图 7-15 所示。

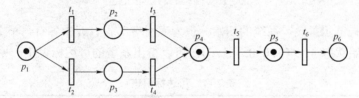

图 7-15 供应链业务流程协同 Petri 网模型图

各个库所和变迁的含义如表 7-6 所示。

表 7-6 救援供应链业务流程协同 SPN 模型图变迁、库所含义表

库所	含义	变迁	含义	时延系数
p_1	救援物资供应中心	t_1	接收捐赠	3
p_2	救援物资供应中心	t_2	紧急订购	3
p_3	NGO 救援物资区域仓库	t_3	捐赠者运输物资到 NGO 区域仓库	3
p_4	NGO 救援物资区域仓库	t_4	供应商运输物资到 NGO 区域仓库	2
p_5	NGO 救援物资总库	t_5	NGO 运输救援物资到配送中心	1
p_6	NGO 救援物资配送中心	t_6	配送中心配送救援物资到受灾点	1
p_7	受灾点	t_7	提交灾区救援物资需求信息	1

2. 同构 Petri 网模型马尔可夫链

根据随机 Petri 网模型,可以得到与其对应的马尔可夫链示意图,在同构马尔可夫链时,包括下述两步:①根据随机 Petri 网模型图,求出 SPN 的可达图;②将可达图上每条弧上标注的实施变迁 t 换成其平均实施速率,构成同构的马尔可夫链,如图 7-16 所示。

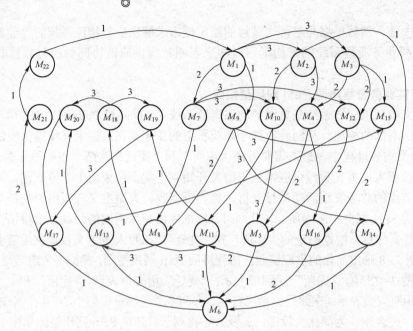

图 7-16 同构的马尔可夫链

根据马尔可夫链示意图，系统的初始标识为库所 p_1、p_4、p_5 中各有一个令牌，其他库所没有令牌，则初始状态 $M=(1,0,0,1,1,0)$，可以得出系统的可达标识集，见表 7-7。

表 7-7 可达标识集

状态	p_1	p_2	p_3	p_4	p_5	p_6
M_1	1	0	0	1	1	0
M_2	0	1	0	1	1	0
M_3	0	0	1	1	1	0
M_4	0	0	0	1	1	0
M_5	0	0	0	1	1	0
M_6	0	0	0	1	1	1
M_7	1	0	0	0	1	0
M_8	1	0	0	0	1	1
M_9	1	0	0	1	0	1
M_{10}	0	1	0	0	1	0
M_{11}	0	1	0	0	1	1
M_{12}	0	0	1	0	1	0
M_{13}	0	0	1	0	1	1
M_{14}	0	1	0	1	0	1
M_{15}	0	0	1	1	0	1
M_{16}	0	0	0	1	0	1
M_{17}	0	0	0	1	0	1
M_{18}	1	0	0	0	0	1
M_{19}	0	1	0	0	0	1
M_{20}	0	0	1	0	0	1
M_{21}	0	0	0	0	1	1
M_{22}	0	0	0	0	0	1

3. 救援供应链业务流程协同 SPN 性能分析

1）时间性能分析

通过对同构的马尔可夫链相关数值进行分析，可以得到人道主义救援供应链业务流程协同系统中各个节点所耗费的时间。

假设与人道主义救援供应链业务流程协同系统随机 Petri 网同构的马尔可夫链中可达集 $[M_0>$ 有 n 个元素，马尔可夫链有 n 个状态，则存在一个 $n×n$ 阶转移矩阵 $Q=[q_{ij}]$，$1>i, j<n$。转移矩阵 Q 非对角线上的元素 q_{ij} 取值为：

$$q_{i,j}=\begin{cases} q_{ij}, & \text{从状态}M_i\text{到状态}M_j\text{有线相连接，线上标注的时间就是}q_{ij}; \\ 0, & \text{从状态}M_i\text{到状态}M_j\text{没有线相连接} \end{cases}$$

其中，转移矩阵对角线上元素 q_{ij} 的值与状态 M_i 上相连接的所有连接线上标注的值之和为零。人道主义救援供应链业务流程协同状态转移矩阵为：

$$Q=\begin{bmatrix}
-9 & 3 & 3 & 0 & 0 & 0 & 2 & 0 & 1 & 0 & 0 & 0 & 0 & 0 & 0 & 0 & 0 & 0 & 0 & 0 & 0 \\
0 & -6 & 0 & 3 & 0 & 0 & 0 & 0 & 0 & 2 & 0 & 0 & 0 & 1 & 0 & 0 & 0 & 0 & 0 & 0 & 0 \\
0 & 0 & -5 & 2 & 0 & 0 & 0 & 0 & 0 & 0 & 2 & 0 & 0 & 1 & 0 & 0 & 0 & 0 & 0 & 0 & 0 \\
0 & 0 & 0 & -3 & 2 & 0 & 0 & 0 & 0 & 0 & 0 & 0 & 0 & 0 & 1 & 0 & 0 & 0 & 0 & 0 & 0 \\
0 & 0 & 0 & 0 & -1 & 1 & 0 & 0 & 0 & 0 & 0 & 0 & 0 & 0 & 0 & 0 & 0 & 0 & 0 & 0 & 0 \\
0 & 0 & 0 & 0 & 0 & -1 & 0 & 0 & 0 & 0 & 0 & 0 & 0 & 0 & 1 & 0 & 0 & 0 & 0 & 0 & 0 \\
0 & 0 & 0 & 0 & 0 & 0 & -7 & 1 & 0 & 3 & 0 & 3 & 0 & 0 & 0 & 0 & 0 & 0 & 0 & 0 & 0 \\
0 & 0 & 0 & 0 & 0 & 0 & 0 & -9 & 0 & 0 & 0 & 0 & 0 & 0 & 0 & 0 & 3 & 3 & 3 & 0 & 0 \\
0 & 0 & 0 & 0 & 0 & 0 & 0 & 2 & -8 & 0 & 0 & 0 & 3 & 0 & 0 & 0 & 0 & 0 & 0 & 0 & 0 \\
0 & 0 & 0 & 3 & 0 & 0 & 0 & 0 & 0 & -4 & 1 & 0 & 0 & 0 & 0 & 0 & 0 & 0 & 0 & 0 & 0 \\
0 & 0 & 0 & 0 & 3 & 0 & 0 & 0 & 0 & 0 & -4 & 0 & 0 & 0 & 0 & 0 & 0 & 1 & 0 & 0 & 0 \\
0 & 0 & 0 & 0 & 2 & 0 & 0 & 0 & 0 & 0 & 0 & -3 & 1 & 0 & 0 & 0 & 0 & 0 & 0 & 0 & 0 \\
0 & 0 & 0 & 0 & 2 & 0 & 0 & 0 & 0 & 0 & 0 & 0 & -3 & 0 & 0 & 0 & 0 & 0 & 1 & 0 & 0 \\
0 & 0 & 0 & 0 & 2 & 0 & 0 & 0 & 0 & 0 & 2 & 0 & 0 & -5 & 0 & 0 & 0 & 0 & 0 & 0 & 0 \\
0 & 0 & 0 & 0 & 0 & 0 & 0 & 0 & 0 & 0 & 0 & 0 & 0 & 0 & -2 & 2 & 0 & 0 & 0 & 0 & 0 \\
0 & 0 & 0 & 2 & 0 & 0 & 0 & 0 & 0 & 0 & 0 & 0 & 0 & 0 & 0 & -2 & 0 & 0 & 0 & 0 & 0 \\
0 & 0 & 0 & 0 & 0 & 0 & 0 & 0 & 0 & 0 & 0 & 0 & 0 & 0 & 0 & 0 & -2 & 0 & 0 & 2 & 0 \\
0 & 0 & 0 & 0 & 0 & 0 & 0 & 0 & 0 & 0 & 0 & 0 & 0 & 0 & 0 & 0 & 0 & -6 & 3 & 3 & 0 \\
0 & 0 & 0 & 0 & 0 & 0 & 0 & 0 & 0 & 0 & 0 & 0 & 0 & 0 & 0 & 0 & 0 & 0 & -3 & 0 & 0 \\
0 & 0 & 0 & 0 & 0 & 0 & 0 & 0 & 0 & 0 & 0 & 0 & 0 & 0 & 0 & 0 & 0 & 0 & 2 & 0 & -2 & 0 \\
0 & 0 & 0 & 0 & 0 & 0 & 0 & 0 & 0 & 0 & 0 & 0 & 0 & 0 & 0 & 0 & 0 & 0 & 0 & 0 & -1 & 1 \\
1 & 0 & 0 & 0 & 0 & 0 & 0 & 0 & 0 & 0 & 0 & 0 & 0 & 0 & 0 & 0 & 0 & 0 & 0 & 0 & 0 & -1
\end{bmatrix}$$

设马尔可夫链中 n 个状态的稳定状态概率是一个行向量 $X=(x_1, x_2, x_3, \cdots, x_n)$，则根据马尔可夫过程得到超定线性方程组为：

$$\begin{cases}
-9x_1 + x_{22} = 0 \\
3x_1 - 6x_2 = 0 \\
3x_1 - 5x_3 = 0 \\
3x_2 + 2x_3 - 3x_4 = 0 \\
2x_4 - x_5 + 3x_{10} + 2x_{12} = 0 \\
x_5 - x_6 + 3x_{11} + 2x_{13} + 2x_4 + 2x_{16} = 0 \\
2x_1 - 7x_7 = 0 \\
x_7 - 9x_8 + 2x_9 = 0 \\
x_1 - 8x_9 = 0 \\
2x_2 + 3x_7 - 4x_{10} = 0 \\
x_{10} - 4x_{11} + 2x_{14} = 0 \\
2x_3 + 3x_7 - 3x_{12} = 0 \\
x_{12} - 3x_{13} = 0 \\
x_2 + 3x_9 - 5x_{14} = 0 \\
3x_1 + 3x_9 - 2x_{15} = 0 \\
x_4 + 2x_{15} - 2x_{16} = 0 \\
x_6 - 2x_{17} + 3x_{19} + 2x_{20} = 0 \\
3x_8 - 6x_{18} = 0 \\
3x_8 + x_{11} + 3x_{18} - 3x_{19} = 0 \\
3x_8 + x_{13} + 3x_{18} - 2x_{20} = 0 \\
2x_{17} - x_{21} = 0 \\
x_{21} - x_{22} = 0 \\
x_1 + x_2 + x_3 + \cdots + x_{20} + x_{21} + x_{22} = 0
\end{cases}$$

由于超定线性方程组并不存在唯一解，而是存在多个解，应用左除法求得的解是最可靠的，利用 Matlab 软件对上述方程组进行编程仿真求解。此方程组的解，即为马尔可夫链各个状态的稳定概率：

$P[M_i] = x_i$

$P[M_1] = x_1 = 0.023\ 7$　　　　$P[M_2] = x_2 = 0.011\ 9$

$P[M_3] = x_3 = 0.014\ 3$　　　　$P[M_4] = x_4 = 0.021\ 5$

$P[M_5] = x_5 = 0.109\ 1$　　　　$P[M_6] = x_6 = 0.188\ 6$

$P[M_7] = x_7 = 0.006\ 8$　　　　$P[M_8] = x_8 = 0.001\ 4$

$P[M_9] = x_9 = 0.003\ 0$　　　　$P[M_{10}] = x_{10} = 0.011\ 1$

$P[M_{11}] = x_{11} = 0.004\ 9$　　　$P[M_{12}] = x_{12} = 0.016\ 4$

$P[M_{13}] = x_{13} = 0.005\ 5$　　　$P[M_{14}] = x_{14} = 0.004\ 2$

$P[M_{15}] = x_{15} = 0.011\ 7$　　　$P[M_{16}] = x_{16} = 0.022\ 5$

$P[M_{17}] = x_{17} = 0.106\ 4$　　　$P[M_{18}] = x_{18} = 0.000\ 8$

$P[M_{19}] = x_{19} = 0.003\ 9$　　　$P[M_{20}] = x_{20} = 0.006\ 1$

$P[M_{21}] = x_{21} = 0.213\ 0$　　　$P[M_{22}] = x_{22} = 0.213\ 2$

根据以上求出的各个状态的稳定概率，可以求出各个库所忙的概率如下：

$P[M_{P_1}=1]=0.0357$　　　　$P[M_{P_2}=1]=0.036$

$P[M_{P_3}=1]=0.054$　　　　$P[M_{P_4}=1]=0.5169$

$P[M_{P_5}=1]=0.6282$　　　　$P[M_{P_6}=1]=0.7852$

人道主义救援供应链业务流程协同系统的响应速度是人道主义救援系统响应最重要的性能之一，其救援活动平均执行时间是指在稳定状态下完成某一特定的人道主义救援活动所需要的时间，包括接收捐赠或紧急订购救援物资、捐赠者运输物资到 NGO 区域仓库、捐赠者运输物资到 NGO 区域仓库、NGO 运输救援物资到配送中心、配送中心配送救援物资到受灾点以及提交灾区救援物资需求信息等各个环节所花费的时间。

根据 Little 公式和平衡原理，系统的流入、流出速率应该平衡（相等），这时就可以得出人道主义救援供应链业务流程协同系统的平均延迟时间：

$$\overline{T}=\overline{N}/R(t,s)$$

其中，$\overline{N}$ 为稳态时 Petri 网系统的平均令牌数，$R(t,s)$ 为流入系统的变迁的令牌速率。$\overline{T}$ 的大小直接反映整个协同物流系统运行的效率，$\overline{T}$ 越小证明供应链协同业务流程耗费的时间越短。

一个库所集 $S_j \subseteq S$ 的平均令牌数是 S_j 中每一个库所 $S_i \in S_J$ 的平均令牌数之和，记为：

$$\overline{N}_J = \sum_J j P[M(S_J)=j]$$

对于 $\forall S_i \in S, \overline{u}_i$ 表示在稳定状态时，库所 S_i 在任一可达标识中所包含的平均令牌数，则

$$\overline{u}_i = \sum_J j P[M(S_J)=j]$$

库所中的平均令牌数是一个非常重要的性能指标，在供应链业务流程系统中，可以把它看作是一个节点救援业务流程活动的队列长度，进而可以分析其时间指标。

Petri 网模型中每个库所忙的概率，也就是每个库所中所包含的令牌数量的概率，主要反映供应链各个业务流程所需时间占供应链协同业务流程总时间的比重，表明各个业务流程的运作效率，有助于对供应链协同业务流程系统进一步优化，从而加强救援时间的控制。

对 $\forall S_i \in S, \forall i \in N$，令 $P[M(s)=i]$ 表示库所包含 i 个令牌的概率，则可以从稳定概率求得库所 S 繁忙的概率：

$$P[M(s)=i] = \sum P[M_j]$$

变迁的令牌速率 $R(t,s): \forall t \in T$ 的标记速率是指单位时间内流入 t 的后置位置 s 的平均令牌数。

$$R(t,s) = W(t,s) \times U(t) \times \lambda$$

根据上式可以求出人道主义救援供应链协同业务流程系统的平均令牌数：

$$\overline{N} = P[M_{P_1}=1]+P[M_{P_2}=1]+P[M_{P_3}=1]+P[M_{P_4}=1]+P[M_{P_5}=1]+P[M_{P_6}=1]$$
$$=2.0281$$

流入人道主义救援供应链系统的标记流速为：

$$R(t,s) = R(t_1,P_2)+R(t_1,P_3)+R(t_1,P_4)+R(t_1,P_5)$$
$$=3\times0.0357+3\times0.0357+0.06282\times1+0.7852\times1$$
$$=1.6276$$

人道主义救援供应链业务流程系统平均延迟时间为：$\overline{T}=\overline{N}/R(t,s)=1.2461$（单位时间），

2）运行效率分析

人道主义救援供应链描述的是捐赠者如何将救援物资快速高效地送达 NGO 区域仓库以及 NGO 将救援物资快速送达受灾民众的业务流程，其运行效率反映了救援物资供应的流程协同速度，同时也包括人道主义救援供应链成员之间的紧密联系，运作效率是人道主义救援成败的关键，也是评价救援供应链绩效的关键指标。

采用 Petri 网建立的人道主义救援供应链业务流程模型中，如果库所中有令牌数，那么人道主义供应链业务流程中的相应环节就处于忙碌状态，反之，则处于闲置状态。供应链业务流程中库所中的令牌数越多，则越忙碌，本书通过协同的人道主义救援供应链业务流程中的运作效率分析救援物资供应效率和救援物资配送效率。分别用 R_1 和 R_2 表示。

$$R_1 = \{M_1, M_2, M_3, M_4, M_5\}$$
$$R_2 = \{M_{22}\}$$

从而可以计算出人道主义救援供应链业务流程中 R_1 和 R_2 环节的运作效率：

$$P(R_1) = P(M_1 + M_2 + M_3 + M_4 + M_5) = 0.180\ 5$$
$$P(R_2) = P(M_{22}) = 0.213\ 2$$

从以上的计算结果可以得出，该链条的执行时间平均较短，只有 1.246 1 单位时间，说明救援供应链中 NGO 在救援物资协同供应时的运营效率较高，相对独立个体的救援物资供应，NGO 区域仓库的协同对救援物资供应效率也比较高，为 0.180 5。也说明了协同物资供应，提高了人道主义救援供应链的运行效率。但是，业务流程中配送占比较高，为 0.213 2，说明在提供人道主义救援物资配送时。该链条平均的执行时间较长。由分析可得，在进行救援服务时，该环节有必要进行精简和创新，这也正反映了人道主义救援"最后一公里"的协同配送问题。因此，尽管所建立的人道主义救援供应链协同业务流程缩短了平均执行时间，但是协同配送仍存在一定问题。在以后运作过程中必须梳理该环节的运行流程，以提高配送效率，从而达到供应链整体运营效率的提高。

7.3.4 案例总结

本案例在人道主义救援供应链传统业务流程的基础上，结合业务流程优化和救援主体协同，提出了人道主义救援供应链业务流程协同框架，构建了基于随机 Petri 网的人道主义救援业务流程协同仿真模型。利用 Matlab 软件对所构的马尔可夫链模型进行仿真，求解出稳定状态概率。根据仿真结果，对人道主义救援供应链业务流程协同进行了评价，从运行时间性能和运行效率两个方面进行了定量分析，分析表明，通过人道主义救援供应链业务流程协同，各节点所耗费的总时间减少，供应链运行效率提高。同时，根据模型分析可以找出影响整个救援系统效率的关键因素，从而进一步优化人道主义救援供应链业务流程。

本章思考题

1. 试解释人道主义、人道主义救援、人道主义救援供应链的内涵。
2. 人道主义救援供应链与商业供应链有哪些区别？
3. 人道主义救援供应链的研究内容包括哪些？
4. 按照协同内容人道主义救援供应链协同包括哪些内容？

第8章
应急物流

▶ 本章导读

  2003年，我国爆发了波及全国30个省（自治区、直辖市）的SARS疫情，在党中央和国务院的正确领导下，全国人民团结一心，取得了抗击SARS的最终胜利。在战胜SARS疫情之后，以王宗喜为代表的军队专家学者，敏锐地觉察到现代物流在应对突发事件中的巨大作用，率先提出了"应急物流"这一全新概念，并进行了系统研究。

  应急物流的概念提出后，经过不懈的理论研究和实践探索，逐步得到政府和军队的认可，已经被列入重要议事日程。2009年国务院发布《物流业调整和振兴规划》，首次提出了"应急物流工程"，标志着应急物流已经进入国家宏观战略决策中，从此揭开了应急物流建设的新篇章。2011年原总后勤部《关于现代军事物流体系建设的意见》要求，着重围绕应急物流等重大现实问题，广泛进行学术交流，分析掌握特点规律，不断指导工作实践，为现代军事物流体系建设和发展提供理论支撑。2014年，国务院发布《物流业发展中长期规划（2014—2020年）》，再次明确了"应急物流工程"，国务院办公厅发布关于加快应急产业发展的意见，将应急物流作为应急服务的重要内容。2015年8月，国家发展和改革委颁布《关于加快实施现代物流重大工程的通知》，要求重点引领企业开展应急物流工程等领域的项目建设。2017年，国务院办公厅发布《国家突发事件应急体系建设"十三五"规划》，明确提出："建立健全应急物流体系，充分利用国家储备现有资源及各类社会物流资源，加强应急物流基地和配送中心建设，逐步建立多层级的应急物资中转配送网络，大力推动应急物资储备设备集装单元化发展，加快形成应急物流标准体系，逐步实现应急物流的标准化、模块化和高效化，充分利用物流信息平台和互联网大数据等信息，提高应急物流调控能力。"

  新型冠状病毒性肺炎疫情发生以来，以习近平同志为核心的党中央高度重视推进应急管理体系和能力现代化。2020年2月3日，习近平总书记在主持中共中央政治局常委会会议时强调："要针对这次疫情应对中暴露出来的短板和不足，健全国家应急管理体系，提高处理急难险重任务能力。"当前，新型冠状病毒性肺炎疫情防控取得了重大战略性成果，充分展现了我国应急管理机制的突出特色、显著优势和超强能力。为了有效应对前进途中可能遇到的重大矛盾、重大阻力、重大风险、重大挑战，必须充分发挥我国应急管理体制的特色和优势，加快推进应急管理体系和能力现代化，为实现"两个一百年"奋斗目标、实现中华民族伟大复兴的中国梦保驾护航。

专家解读：如何打造现代化的应急管理系统

本章将介绍应急物流的基本概念、特点、基本属性和基本矛盾等理论,介绍应急物流研究的研究框架和内容,分析目前国内外研究现状,最后以两篇研究案例来学习应急物流的研究思路和方法。

8.1 应急物流概述

8.1.1 应急物流的概念

1. 应急物流的内涵

尽管当今世界科技高度发达,但突发性自然灾害、公共卫生事件等"天灾"、决策失误、恐怖主义、地区性军事冲突等"人祸"仍时有发生,这些事件有的难以预测和预报,有的即使可以预报,但由于预报时间与发生时间相隔太短,应对的物资、人员、资金难以实现其时间效应和空间效应。

从宏观层面上看,从中国唐山大地震到美国"9·11"事件,从SARS、"禽流感"到近年频发的矿难,人们在突发事件面前表现出来的被动局面均暴露出现有应急机制、法律法规、物资准备等多方面的不足,而中国属于自然灾害高发国家,在公共卫生设施、国家处突的经验等方面均存在诸多亟待改进的地方,急需对应急物流的内涵、规律、机制、实现途径等进行研究。从微观层面来看,一方面,由于企业决策所需的信息不完备以及决策者的素质限制等原因,任何决策者都无法确保所有决策均正确无误;另一方面,因道路建设断路等使货物在途时间延长、交货期延长,因信息传递错误而导致货到而不能及时提取等也会产生应急需求,企业迫切需要制定预案,对不可抗拒的天灾和人为造成的紧急状况进行有效防范,将应对成本降到最低。

在借鉴和吸收以往研究成果的基础上,应急物流的定义可以表述为:应急物资从供应地到突发事件发生地的流动转移,包括筹措、运输、储存、配送等环节。

应急物流是指为应对严重自然灾害、突发性公共卫生事件、公共安全事件及军事冲突等突发事件而对物资、人员、资金的需求进行紧急保障的一种特殊物流活动,起点是供应地,终点是突发事件发生地;作用对象是应急物资,包括防护用品、生命救助、生命支持、救援运载、临时食宿、污染清理、动力燃料、工程设备、器材工具、照明设备、通信广播、交通运输、工程材料等各类应急物资(见表8-1)。

表 8-1 应急物资类别

物资类别	具体分类
防护用品类设备	卫生防疫、化学放射污染、消防、海难、防爆、通用
生命救助类设备	外伤、海难、高空坠落、掩埋、通用
生命支持类设备	窒息、呼吸中毒、食物中毒、通用
救援运载类设备	防疫、海难、空投、通用
临时食宿类用品	饮食、饮用水、食品、住宿、卫生
污染清理类设备	防疫、垃圾清理、核辐射、通用

续表

物资类别	具体分类
动力燃料类设备	发电、配电、气源、燃料、通用
工程设备类设备	岩土、水工、通风、起重、机械、气象、牵引、消防
器材工具类设备	起重、破碎紧固、消防、声光报警、观察、通用
照明设备类设备	工作照明、场地照明
通信广播类设备	无线通信、广播
交通运输类设施	桥梁、陆地、水上、空中
工程材料类材料	防水防雨抢修、临时建筑构筑物、防洪

不同物资应用于不同种类的灾害事件，所以物资又可以分为自然灾害类应急物资、事故灾害类应急物资、公共卫生事件类应急物资、社会安全事件类应急物资四类（见表8-2）。应急物流是一个有机的功能链条，涵盖了筹措、运输、储存、配送等环节。

表8-2 不同类型的突发事件应对物资需求

突发事件类型	专业应急物资	后勤保障物资	救济生活物资	居民生活物资
自然灾害	生命搜救、救生设施；消毒、灭菌药物；破冰、铲雪等设施；工业盐、融雪剂等；沙子、麻袋等	车辆、石油等交通运输资源；水、食物；等等	衣服、被子、帐篷等防寒物资；饮用水及方便面等食品	粮食、水、食盐、蔬菜、食用油、肉等日常用品；电、天然气等
事故灾害	生命搜救、救生设施；专业消毒剂；专业检测等设备			
公共卫生事件	防护设备；救护车；检测设备；专业消毒、解毒等药品			
社会安全事件	防护装备；安检装备；排爆装备；应急通信装备；武器装备；侦查装备等			

资料来源：张薇. 突发事件应急物资储备模型探究. 商场现代化, 2009（5）：130-131.

国外学者主要研究 humanitarian supply chain（人道主义救援供应链），humanitarian logistics 人道主义救援物流和 disaster logistics 灾害物流等问题。

2. 应急物流的外延

外延是概念对事物的范围的反映，对于类概念来说，它是对事物类的反映，即反映类是由哪些子类和分子组成的，从这个意义上来说，按照不同标准，应急物流的类型有不同的划分方法。

应急物流依据其是否具有军事意义，可分为军事应急物流和非军事应急物流，非军事应急物流又可以进一步分为灾害应急物流和疫情应急物流。

应急物流按引发原因可分为突发自然灾害应急物流、突发疫情应急物流和突发社会灾害应急物流。根据突发事件发生的可能性和对应急物资的可预测程度，还可以分为相对可预测的应急物流和较难预测的应急物流。

按照应急物流的等级,可分为企业级应急物流、区域级应急物流、国家级应急物流和国际级应急物流。根据引发灾害的原因,可以分为自然灾害应急物流、技术灾害应急物流和人为灾害应急物流。按照应急物流的层次,可分为微观应急物流、中观应急物流和宏观应急物流。

需要强调的是,应急物流以《中华人民共和国突发事件应对法》作为基本的法规依据,根据该法第三条,突发事件是指突然发生,造成或者可能造成严重社会灾害,需要采取应急处置措施以应对的自然灾害、事故灾难、公共卫生事件和社会安全事件,应急物流可以区分为自然灾害应急物流、事故灾难应急物流、公共卫生事件应急物流和社会安全事件应急物流。一般来讲,事故灾难应急物流影响面积相对较小,需求的物资器材专业性较强,通常情况下可以归属于微观层面突发性的物流作业。而自然灾害应急物流、公共卫生事件应急物流和社会安全事件应急物流往往涉及面大、波及地域范围广、需求多样,通常需要从宏观战略层面进行调度指挥。

8.1.2 应急物流的历史演进

应急物流是伴随人类社会的产生和发展而产生和发展的,即使在物流活动规模不大的古代社会,某些情况下的"昼夜兼程"和"快马加鞭",也可以视作应急物流活动。应急物流的发展规律,源于应急物流活动的历史演变过程,并直接产生于认识和反思的历史积淀过程,因此,研究应急物流的历史演进过程,不仅能够对应急物流的范畴产生更加清楚的认识,而且也为揭示应急物流规律奠定了更加扎实的基础,从而使得对应急物流原理的理解和把握,由抽象变得更加具体,真正实现历史与逻辑的统一。纵观历史,以运输技术的突破为标志,应急物流在速度、规模、效率等方面都有了长足的发展,总体上经历了渐进的历史发展历程,显示出不同的发展形态,呈现出明显的演进规律,特别是航空运输技术的发展,对应急物流具有更加强大的推动作用,尽管水路运输在物流规模、物流成本等方面占有较大的优势,但由于总体上运行速度偏慢,在应急物流中的地位相对较低,因此水路运输技术的发展对应急物流的发展所起的作用相对较弱。

1. 古代应急物流

在漫长的古代,人类社会生产力水平较低,应急物资相对匮乏,品种结构相对简单,仓储条件和管理水平较为落后,运输工具相对简单,收发、转运等物流环节的作业效率较为低下,应急应变能力比较薄弱。总的来说,应急物流尚处于蒙昧状态,表现在以下几个方面。①物资储备受到重视。如在我国,2 000多年前就出现了粮仓储备制度,再如公元4世纪时,罗马实行"储丰防缺"制度,当时291家公共粮仓存储的粮食能支撑首都居民7年用粮。②运载工具总体落后。在古代,交通运输的动力主要是来自人力、畜力、风力,道路的修建、牛马的使用和车的发明,舟船技术的不断提高,使得运输能力逐步增强。③物流通道取得发展。我国公元前2000年就有了可供牛马车行驶的道路。

总之,从一般意义来讲,古代应急物流侧重于"物",而在应急运输方面,由于技术手段的匮乏,难以实现较高的时间效率。据《晋政绩要》记载清光绪年间山西发生严重旱灾,"晋省九郡十州所设常平、社仓谷100余万"。"当赈务初兴之时,则以本省仓谷为灾黎救命之所"。但当时交通运输条件落后,不能进行有效的应急物流服务保障。即使在"物"的方面,也由于社会生产力水平较低,储备物资仅有粮食等少数品种,且主要采取紧急调拨的形式,基本上没有能力组成规模的应急采购。

2. 近代应急物流

恩格斯指出,"一旦技术上的进步可以用于军事目的,并且已经用于军事目的,就必然会引起作战方式的改变甚至变革",同样,技术进步对应急物流的发展也具有不容置疑的重要作用,近代两次工业革命使得科学技术蓬勃兴起,从此机械力代替了人力、畜力和风力等,人类能够从繁重的"手搬肩扛"式的体力劳动中解放出来。总体来看,应急物流的仓储规模大幅扩大,储存物资品种和数量有所增加,配套设备相对完善,装卸搬运机械逐步应用,技术装备条件已经具备,相应的管理技术取得较大发展,物流作业效率大幅提高,应急物流已经进入萌芽状态。主要表现在以下两个方面:①技术装备迅速发展。18世纪后半期瓦特发明蒸汽机,从19世纪初开始,蒸汽机技术先后成功用于船舶和铁路、航道和铁路网,逐步形成规模化运营的蒸汽轮船和蒸汽机车,开始进入生产生活领域,导致交通革命,推动了社会经济的大发展。在蒸汽机的基础上,又产生了更便于使用的内燃机。铁路、公路、水路、航空和管道运输方式全面形成,为应急物流的快速发展奠定了坚实的技术基础。②管理技术广泛应用。管理学、运筹学等学科的发展,极大地促进了管理水平的提高,也为应急物流的组织实施提供了新的提升手段,使得应急物流在管理层面上大幅提高了效率和效益。以19世纪初美国人泰勒创立科学管理理论为标志,各种管理理论层出不穷,为应急物流相关的仓储和运输管理带来了更加先进的管理思想和更加高效的管理制度。电报、电话等通信技术的使用为远程指挥调度提供了技术手段,人们得以克服更大尺度的时空障碍,组织实施应急物流活动。第一次世界大战期间,人们对大批量、多品种、远距离物资保证的成功组织,很大程度上提高了物流的应急能力,第二次世界大战中,美军为了适应军队机动性的提高和机动作战的需要,运用运筹学方法研究流动性部队的后勤保障工作,成功地解决了军事物资供应的诸多棘手问题,并形成了较为完整的后勤保障理论。

总之,近代应急物流具备了一定的基础,能够充分利用机械力和有效的管理技术手段,实现较高的保障时效,已经有能力组织相对较为高效快捷的物流活动。

3. 现代应急物流

第二次世界大战后,随着科学技术的进步,应急物流的技术装备和理论方法更加先进,特别是高速公路、高速铁路、大型集装箱运输船、大型运输机等快速发展,综合交通运输网络不断完善,极大地推动了应急物流的快速发展,主要表现在以下几个方面。

1) 高新技术进一步提升能力

科学技术一直以来都是现代应急物流发展的重要因素,20世纪70年代以来,信息、航天新材料、新能源等高新技术得到广泛应用,高速铁路、高速公路、大容量运输机、卫星导航定位系统、计算机网络和信息管理系统等各种先进技术的问世,引发了经济社会的一场深刻变革,在军事领域逐步推广应用了空投军用物资托盘、物资运输投送可视系统、全资产可见性系统等,为应急物流的更快发展提供了可靠的技术手段。例如,早在2000年3月,美国国防部的平均后勤反应时间就缩短为14 d,相比1977年的36 d提高了将近50%。在物流技术方面,以托盘、集装箱为主要载体的模块化储运,以高性能装卸搬运机械和运输装备为主要手段的高时效转运,以现代信息技术为主要手段的智能化管控,使得应急物流在可靠性、时效性等方面有了大幅提升,在应对突发性事件中发挥了积极作用。当前,物联网、云计算、大数据等先进技术在应急物资信息的实时感知、智能决策等方面具有无可比拟的优势,能够有效解决现有物流信息系统与应急物资之间存在的信息鸿沟问题,实现物流全系统过程的可视化管理,实现各个物流作业环节的无缝衔接,全面满足应急物流实时可控、精确投送等多种需求,为应急物流向更高层次发展提供了坚实的信息技术基础。此外,随着太空开发技术的飞速发展,也将为应急物流拓展了新的运作空间,带来全新的发展思路。

2)理论方法进一步创新发展

第二次世界大战后,美军的后勤保障理论逐步运用到地方企业活动中,并由此逐步形成了较为系统的现代物流理论。"供应链管理""速率管理""业务流程再造"等先进的管理理念被应用于军事物流系统的升级改造和优化调整中,有效地提高了军事物流系统的效率和效益,推进了现代物流系统改革的步伐。现代物流以及供应链管理等先进理论的形成和发展,为应急物流提供了坚实的理论方法基础。2003年我国SARS疫情后,以王宗喜为代表的军队专家敏锐地认识到现代物流在应对突发事件中的积极作用,提出了"应急物流"这一全新概念,推动应急物流理论体系创新发展,从此掀开了应急物流发展的新篇章。应急物流的概念、特点、类型等基本理论问题不断深化,蚁群算法、层次分析法等量化方法在应急物流的配送、运输等重点问题研究上得到了广泛应用。有关学者研究提出应急物流的路径选择方法、应急物流配送、车辆调度模型、应急物流配送路径优化的数学模型、突发事件下物流配送多目标优化问题的蚁群聚类优化算法、混合型模糊聚类优化方法、单一目标和多目标的应急物流管理的路径选择模型、自然灾害中的物流决策支持系统规划模型、不完整信息条件下的大规模自然灾害应急物流运作的动态救援需求管理模型等一系列具体的模型算法。

4. 我国应急物流管理的新阶段

随着社会生产力的发展和科学技术的进步,组织规模越来越大,人类活动的综合化和专业化,或者说是组织机构按照职能相关性进行优化整合和细分的变化一直都在持续,既高度分化,又高度综合,相互渗透和交叉。应急物流服务保障是一个涉及多个部门、多个系统、多个专业和多个层次的复杂活动,需要按照现代物流综合集成的思想方法进行统一调配,以便统筹规划,发挥出最佳的综合效益。但是在2018年前,我国应急物流管理体制分散、机构重叠、自成体系等现象还普遍存在。在这种情况下,应急物流调配组织需集中统一的现实需要,面临着应急物流条块分割管理体制的严峻挑战。

2018年前,在我国没有明确权威的应急物流主管部门,基本上是由各部门、各专业、各系统自行组织建设,应急物流有关构成要素广泛分布在各个部门、各个专业和各个系统,地方政府也依据有关法律法规要求建立了应急物资储备等应急物流相关保障体制机制,客观上已经形成了条块结合的应急物流管理体制。例如商务部门出台的《商贸物流发展专项规划》中专门明确了应急物流建设内容;民政部在全国建设了应急物资储备库,储备救灾帐篷、棉被、棉衣、睡袋、折叠床、净水设备等基本生活资料;国家防总、水利部储备了抢险机具、物料以及救生器材等防汛物资;农业农村部储备了风力灭火机、野外生存装备、防火服、防火车等应急物资;电力系统在全国规划建设若干储备库,除了储备一般的电力物资器材外,还储备一定数量的锹镐等土木作业工具,甚至储备一定数量的炊事车、冲锋舟;交通运输部门也组织有应急车队、高原机队等专业保障力量。广东省政府《关于进一步加强应急物资储备工作的意见》明确,建立健全以省级应急物资保障系统为枢纽,以市县两级应急物资保障系统为支撑,规模适度、结构合理、管理科学、运行高效的应急物资储备体系,完善重要应急物资的监管、生产、储备、调拨和紧急配送体系。

条块结合的管理体制难以有效适应应急物流统一调配的需要。事实上为了提高作业效率，往往需要进行必要的分工合作，但是如果过于分散，容易造成一分就散的不利局面，难免出现各自为战，各为所用的现象，导致专业分割、摊子过大、机构重叠、独家经营、自成体系、相互封闭、重复建设，以及难以组织开展综合性建设的问题。例如，2008年汶川地震救灾期间，国家发展和改革委、民政部、卫生部等多个单位，同时分别向军队提出物资保障请求，而军队各大单位及其救灾部队也纷纷提出各方面请求，这种分散的不同渠道的物资需求申请给物资保障带来了许多困难，难免出现重复领取和保障不到位的情况。玉树地震初期出现了由于载有救灾物资的政府、企业和个人车辆无序奔往灾区，造成灾区及灾区附近交通阻塞的情况。玉树救灾运来的许多帐篷配件没有合理的装配，地震发生多天后还不断送来大量药品、军用急救包，这时已基本没有批量新伤员。这种情况下，应急物流力量如果能够集中统一地统筹调配，会更有利于集中全社会优势条件，更能发挥出最佳的综合效益，避免出现分散建设，自成体系，封闭管理等问题，有效克服力量建设分散、组织调度混乱、保障能力弱、运行效率差等不利局面。

我国政府深刻地认识到统一调配需求与条块式管理现状的矛盾，力求在政府主管部门集中统管和分管部门专业化保障之间寻求最佳平衡点，为防范化解重特大安全风险，健全公共安全体系，整合优化应急力量和资源，推动形成统一指挥、专常兼备、反应灵敏、上下联动、平战结合的中国特色应急管理体制，提高防灾减灾救灾能力，确保人民群众生命财产安全和社会稳定，2018年3月，根据第十三届全国人民代表大会第一次会议批准的《国务院机构改革方案》，我国将国家安全生产监督管理总局的职责，国务院办公厅的应急管理职责，公安部的消防管理职责，民政部的救灾职责，国土资源部的地质灾害防治、水利部的水旱灾害防治、农业部的草原防火、国家林业局的森林防火相关职责，中国地震局的震灾应急救援职责及国家防汛抗旱总指挥部、国家减灾委员会、国务院抗震救灾指挥部、国家森林防火指挥部的职责整合，组建应急管理部，作为国务院组成部门。公安消防部队、武警森林部队转制后，与安全生产等应急救援队伍一并作为综合性常备应急骨干力量，由应急管理部管理，实行专门管理和政策保障，制定符合其自身特点的职务职级序列和管理办法，提高职业荣誉感，保持有生力量和战斗力。需要说明的是，按照分级负责的原则，一般性灾害由地方各级政府负责，应急管理部代表中央统一响应支援；发生特别重大灾害时，应急管理部作为指挥部，协助中央指定的负责同志组织应急处置工作，保证政令畅通、指挥有效。应急管理部要处理好防灾和救灾的关系，明确与相关部门和地方各自职责分工，建立协调配合机制。考虑到中国地震局、国家煤矿安全监察局与防灾救灾联系紧密，划由应急管理部管理。

应急管理部的主要职责是：组织编制国家应急总体预案和规划，指导各地区各部门应对突发事件工作，推动应急预案体系建设和预案演练；建立灾情报告系统并统一发布灾情，统筹应急力量建设和物资储备并在救灾时统一调度，组织灾害救助体系建设，指导安全生产类、自然灾害类应急救援，承担国家应对特别重大灾害指挥部工作；指导火灾、水旱灾害、地质灾害等防治；负责安全生产综合监督管理和工矿商贸行业安全生产监督管理等。

之后，同年9月海南省设立了第一个应急管理厅，11月浙江省也紧随其后设立了应急管理厅。这在应急管理史上是一个重要的里程碑，标志着我国应急及应急物流管理进入了一个新阶段。专家认为，这对于保障人民的生命财产安全、维护社会的长治久安、促进国家治理能力和治理体系的现代化建设，将起到重要的作用。在 2018 年，在我国沿海地区相继登陆的台风"玛莉亚""贝碧嘉""温比亚""苏力"面前，应急管理部门和消防救援力量发扬连续作战、不怕疲劳的作风，全力做好了防汛抢险救灾各项工作，在超强台风"山竹"在广东登陆时，应急管理部全面进入临战状态，前期部署消防救援力量、提前派出工作组赶赴现场，每日两次召开部际联合会商会调度研判，确保救灾救援有力有效。我国应急管理部在应对新型冠状病毒性肺炎疫情的防控中，也取得了重大战略性成果，充分展现了我国应急管理体制机制的突出特色、显著优势和超强能力。

8.1.3 应急物流的特点分析

特点是事物持有的本质属性的表现，或者说是事物发展的特殊规律，应急物流是在突发事件处置中紧急进行物资保障的一种特殊物流活动，与常态条件下的物流活动相比，应急物流通常具有不确定性、高时效性、非常规性、弱经济性等特点。

1. 不确定性

应急物流受多种外部因素的制约和影响，具有很强的不确定性。首先，应急物流的启动时机难以确定，突发事件的发生一般都具有很强的突发性。例如，在当今科技水平条件下，地震、洪涝等自然灾害的发生地点、强度、波及范围等都是难以准确预测的，这就使得应急物流的响应时间、保障区域、数量规模、通道路线等诸多因素很难在事先进行准确的预测，需要应急物流指挥决策人员临时做出判断和决策。其次，应急物流的情报信息难以实时获取。突发事件应对中，一般伴随着信息的不完整性，通常需要一个时间过程才能逐步了解掌握较为详尽的信息，由于需求信息不够明确，应急物流服务保障活动也相应地处于一种灰色状态，难以准确判断应急物资的种类、数量及供应地和需求地等，也就难以进行精确化的供应保障，往往只能在信息资源有限、决策时间紧迫的情况下，将大致满意和阻止恶化等作为应急物流决策指挥的概率性目标。例如，2003 年上半年我国在抗击 SARS 的初始阶段，人们对防护和医疗用品的种类、规格和数量都无法准确把握，各类防护服的规格和质量要求都是随着对疫情不断了解而逐步确定的。最后，应急物流的动态变化性强，应急物流服务保障活动本身就处在动态发展变化中，受到气候、道路、人员、运力等多种因素的叠加影响，往往不能完全按照人们的预期进行，而且突发事件还会延伸出各种意外情况，这些都为应急物流指挥决策带来不确定的因素。例如，2008 年汶川特大地震造成宝成铁路隧道塌方，原计划走该线路的大批物资只能临时改道，或者使用航空运输方式进入灾区。

2. 高时效性

由突发事件引发的应急物流一个突出的特点就是物流活动的高时效性，在突发事件情境下时间就是生命，所以一般物流运行机制难以有效满足应急状态下的物流需求。应急物流强调时间第一，效率至上，在最短时间内调集应急物流力量，尽量压缩甚至省略一般物流的中间环节，使整个作业流程更加紧凑简洁，从而确保整个应急物流服务保障活动能够在第一时间内完成。比如，1998 年抗洪抢险中，庐山火车站作为九江地区抗洪最前沿的物资卸载站，直接承担了 324 辆列车货物的卸载任务，列车卸载最短时间仅为 20 min，超过该站卸载能力的一倍。

胡传平（2006）收集了 2000 年至 2002 年上海市区域内的火灾相关数据，运用统计分析法研究了消防响应时间与潜在居民火灾死亡率的关系，研究结果如表 8-3 所示。

表 8-3　上海市区域灭火救援力量响应时间与每起具有潜在人员伤亡的居民火灾死亡率

区域灭火救援力量响应时间/min	每起具有潜在人员伤亡的居民火灾死亡率
0~5	0.061 7
6~10	0.067 0
11~15	0.103 4
16~20	0.179 5
>20	0.195

资料来源：胡传平. 区域火灾风险评估与灭火救援力量布局优化研究. 博士学位论文，同济大学，2006.

这个研究成果表明，为了使人民生命财产得到有效保障，应急物流必须在最短时间内完成，充分体现了应急物流的高时效性。

3. 非常规性

应急物流是在常态物流的基础上，增强物流活性，提高应急应变能力，按照急事急办、特事特办的原则，紧急动用全社会物流力量，进行非常规的应急色彩浓厚的物流活动。在突发事件应对中，应急物流往往临时组建指挥决策机构，采取非常规的措施手段，紧急调集各类仓库的储备物资和面向全社会采购应急物资，并协调应急运力，必要时临时动员征用社会物质资源，在组织方式、时限要求、运作模式等方面都异于常态，应急物流力量的指挥调度不可能完全按平时的程序进行，往往只能依靠指挥决策人员个人的经验和智慧进行决策。

4. 弱经济性

突发事件发生时，短时间内需要大量物资，从救灾专用设备、医疗设备、通信设备到生活用品等几乎无所不包。同时，伴随着物流环境恶化，如道路被洪水或者山体滑坡阻断、通信线路中断等，除了需要及时配齐所需物资，往往还要求将物品及时送达，这些对物流系统都是严峻考验，也使得物流成本急剧增加。在重大险情或事故处理过程中，经济效益将不再作为物流活动的中心目标来考虑，人民群众的生命和财产安全成了首要选择，在应急物流中更多开展的是社会公共事业物流，而非商业物流。为完善加快应急物流体系建设，首先要妥善处理时效性与经济性的关系，在强调时效的同时，也要克服应急物流体系不计运作成本和代价昂贵的缺陷。虽然应急物流具有弱经济性的特点，但不能因此而忽视效益问题，造成社会资源不必要的浪费，必须按照建设节约型社会的要求，在应急物流体系建设中着力突出效益问题，搞好前端设计和预案制定，不过分固化占用平时生产建设的资源，以适度的冗余满足应急物流保障的需要，确保应急时能够以最小的代价换取最大的效益。在实践中，"成本效能原则"是构建应急物流体系总思路的核心，所谓"不惜一切代价"和"全力以赴"不应被误解，而必须建立在事先科学设计基础上，而且受稀缺公共资源和有限公共财力的制约，在应急物流体制政策和预案方面必须要讲究成本效能原则，按照效率最高、效果最好、成本最低的总思路，进行科学全面合理的系统化设计，并据此进行实战后利弊得失的评估和改进。

8.1.4 应急物流的基本属性

属性即事物本身所固有的性质，是物质必然的、基本的、不可分离的特性，又是事物某个方面质的表现。事物通常表现出多种属性，应急物流由自然、社会、科技、人力等诸多要素相互作用、相互影响、相互制约构成，具有应急属性、公共属性和服务属性等基本属性。

1. 应急属性

从应急管理的角度看，应急物流具有时效性强的特点，如果不具备应急属性，或者说不能应急，应急物流就失去了生命力，也就没有了存在的价值。这一点就如同军队的存在，是为了应战一样，因此，应急属性是应急物流在社会管理领域下的一种根本属性。①应急物资的性质决定了应急物流的固有基本属性，任何情况下，突发事件的应急物流都是以应急物资为作业对象的，无论是应急采购、储存、保管还是紧急运输、配送分发，始终围绕在最短时间内将应急物资送达事发地区需求点这一中心任务在运作。因而应急物资的性质决定了应急物流的固有基本属性是应急属性。②应急物流是突发事件应对中进行的紧急处置活动，存在由平时状态向应急状态转变的过程，并在应急状态下进行一定时间周期的高强度、高负荷的高速运作，处处体现出非常规性的特点。③应急物流受到时间因素的约束。按照应急管理理论，应急物流的运作集中在应急响应启动后到恢复期，在这个过程中，需要果断的指挥决策，充足的供应保障。例如，地震等自然灾害应急救援的黄金时间是 72 h，应急救援、机械设备、医药器材等供应保障就不宜超出这个时间范围，否则将会影响到幸存者的生存率。需要强调的是，在应急物流组织实施中，往往需要采取长时间、超性能使用技术装备，大容量、满负荷运转作业系统等超常措施来组织物流作业，其安全性、经济性大为下降，如果进入恢复阶段后仍然采用应急物流的保障模式，容易造成巨大的浪费。这一点，同急诊抢救相似，当病患生命体征平稳后，就需要转入相应的专门科室而不必在急诊科室医治。

总之，应急属性要求应急物流在指挥调度时必须坚持时间第一的原则，预有准备、有备无患，充分预想到可能出现的各种不利情况，建立完善配套的预案体系，做到一案多情、一情多法；科学把握突发事件的发生规律，尽可能预测突发事件的时间、类型、强度、范围等，合理谋划应急物流的平时建设任务，在应急物流中心的选点布局、应急物流通道的备灾冗余、应急物流力量的紧急动员、应急物资储备的品种数量等方面，有针对性、有重点地做好充分准备，有效发挥技术装备的能力，充分挖掘各方面的潜力，加强各级各类机构的沟通协调，实施掌握物资的运量、运速等，灵活机动、周密筹划、动态调控物资的流量流向；应急物流指挥调度人员应具备对全局的统筹把握能力，对突发事件的应急应变能力，对复杂局势的准确判断能力，以及在不完全信息情况下的决策指挥能力，提高科学决策水平，尽可能减少和消除应急物流的不确定性。

2. 公共属性

按照经济学的理论，公共物品具有非竞争性、非排他性，往往需要使用公共权力、公共资源，满足公民生存和安全的需求，从这个意义上来讲，应急物流就是政府部门为了应对突发事件而进行应急物资供应保障而面向全社会提供的一种"公共物品"。因此，公共属性是应急物流在经济领域的一种基本属性。

应急物流管理是政府的一项重要职能。作为突发事件应急管理主要内容的应急物流是由政府主导进行建设的，这是因为在突发事件呈现小概率发生态势的平时，只有政府才能有意识地承担起周密组织计划各级各类应急物资储备的任务，做到未雨绸缪、居安思危，在应对突发事件的危急时刻，只有政府才有能力聚集全社会的物流力量，将应急物资调运到事发地区，在应对突发事件的艰难时期，也只有政府才能站在国家安全发展战略的高度，统筹规划、组织高效可靠的应急生产和应急采购，及时筹措到所需的应急物资。这一点在汶川特大震灾等历次重大突发事件的应对中得到了充分的验证。据有关研究成果显示，美国常设救灾物流专门机构，早在 20 世纪 90 年代就建立了大都市医疗反应系统（metropolitan medical response system，MMRS），并在"9·11"事件中发挥了重要作用，7 h 就将 50 t 医疗物资送到纽约。需要指出的是，无论当前各级政府部门是否拥有冠以"应急物流"名称的主管部门，应急物流的相关职能客观上一直存在并有效地履行。例如，在几次突发事件的应对中，抗震救灾指挥部等类似的临时机构中，都以"物资保障"等不同形式履行着应急物资的筹措、调运和供应等职能。

应急物流体现出较强的公益性，中国物流与采购联合会原会长陆江在全国物流行业纪念改革开放 30 周年座谈会的讲话中强调，要"重视建设和谐社会中物流……，如应急物流等"。应急物流服务保障的一切工作，以满足突发事件需求为最高目标，甚至必要的时候，要不惜一切代价，很大程度上强调了社会责任和道义。在抢险救灾应急物资中，经常可以看到红十字会等人道主义机构，同时还活跃着志愿者的身影，这无疑也为应急物流服务保障增添了更多的公益色彩。

应急物流具有显著的弱经济性。应急物资的调用不是将物流成本控制作为物流活动的中心，目标往往只能考虑时间要求而忽视价格因素、供需关系等市场条件。同时应急物流运作中也往往不同于通常意义上的物流合理化，例如常态化储存大量应急物资、打破常规作业要求进行紧急的收发作业等，都将大大增加物流成本，市场实体在参与应急物流服务保障活动时往往难以获取一般情况下的经济利益。

因此在当前加强政府公共服务能力的背景下，应急物流为政府应对突发事件提供高效可靠的应急物流保障，具有强烈的公共属性。作为公共服务基本上不存在或存在很少的"可追求利益"，这就要求应急物流建设必须要坚持政府主导、统筹规划，并在政府的主导下科学引入市场机制，积极吸引社会物流资源参与应急物流服务保障。需要强调的是，如果单纯依靠市场手段，缺少政府强力的主导作用和有效的约束机制，将不可避免地导致市场实体某些趋利性的逃避行为。

3. 服务属性

2009 年，国务院颁布的《物流业调整和振兴规划》明确指出，现代物流业是指融合运输业、仓储业、货代业和信息业等的复合型服务产业，科技部印发的《现代物流业科技发展十二五专项规划》也明确指出，要加强集成技术支撑，提高物流综合服务能力，从行业分工的角度看，物流是现代服务业的重要组成部分，具有物流行业本身的服务属性。因此，应急物流作为现代物流体系的子系统，是具有较强应急应变能力的服务业，而且是从属于突发事件应急体系的子系统，主要履行应急物资供应保障的职能任务，具有明显的服务属性。这就要求应急物流准确定位，贯彻落实《中华人民共和国突发事件应对法》有关精神，始终以满足突发事件应急需要为根本目标，高效、准确、可靠地组织应急物资的供应保障。

8.1.5 应急物流的基本矛盾

任何事物的产生和发展，都是其内部矛盾运动的必然结果。应急物流是一个复杂的自然、经济、社会相互作用的人造系统，其中包含诸多矛盾，其根本矛盾是有限的应急物流保障能力与突发事件应急物资需求之间的矛盾。

1. 预先配置与需求点不确定的矛盾

如前所述，突发事件的需求在时间、地点、规模、类型等多个方面具有明显的不确定性，而应急物流资源总是按照一定原则和方法，预先配置在相对固定的地域，无论是《国家综合防灾减灾十二五规划》中央、省市自治区、地、县四级救灾物资储备库体系，抑或是中国红十字会总会构建的国家级、区域性、省级和县级备灾救灾中心体系，都面临着需求点不确定的客观现实，这种资源配置的相对固定性与需求点的不确定性，在一定时空范围内的内在联系，或者说两者的对立统一，即预先配置与需求点不确定性的矛盾。应急物流资源不可能均衡、充足地覆盖所有可能的需求区域。应急管理部门救灾物资储备体系、红十字会系统备灾救灾中心体系等应急物流力量的规划建设，尽管都经过了科学的论证测算，但是相对于不确定性的突发事件，其分布总是具有一定的局限性，不可能完全覆盖所有需求。也就是说，应急物流资源的预先配置不能通过覆盖所有可能的事发地、始终提供足够的资源来满足随时可能发生的需求，还远远达不到"城市自来水管网24小时供水"那样的理想状态。

只有深刻认识预先配置与需求点不确定性的矛盾，才能在现有资源与可能需求之间寻求最佳平衡点，通过科学论证，合理配置应急物流资源，使之尽可能覆盖更多的需求区域，确保在平时维持充足的应急物流力量，而又不占用过多的资源。通过加强前端设计，及时、准确地预测各种可能的需求，科学分析以往历史数据，探索规律性的认识，制定翔实周密的预案计划，增强应急物流力量和机动能力，提高快速反应能力，必要时具有一定的冗余备份能力，通过提高应急物流指挥调度人员的科学决策水平，特别是在不完整信息情况下果断决策的能力素质，使得预先配置的应急物流资源能够在最短时间内对各种需求做出有效的响应，从而有效地解决这种矛盾。

2. 资源有限与爆发性需求的矛盾

相对而言，突发事件应急物流在一定时空范畴内可以调用的资源是较为有限的，而突发事件对经济社会发展和人们正常的生产生活造成巨大的破坏和影响，使得应急物流的需求呈现出爆发性、非常态的突变。在这种情况下，资源的相对有限性和应急物流需求的爆发性成为一对尖锐对立的矛盾。

突发事件应急物流是一种"稀缺公共资源"。从经济学的角度来看，需求的产生就是因为资源的有限性造成的。相对而言，应急物资、应急运力以及配套的应急物流设施设备等应急物流资源是有限的，没有达到也不可能达到完全覆盖所有需求地域的状态，呈现出显著的稀缺特性。在应急物流这种"井喷式"流量需求面前，自然显示出资源的有限性。这种有限性不仅表现在物资需求数量、规模上的急剧增加，还表现在品种结构上的多样性变化。例如，国家发展和改革委颁布的《应急保障物资分类及产品目录的分类标准》中明确的应急物资就有13类239种。此外，我国应急物流资源总体上分布不均衡，呈现东强西弱的局面，东部地区人口稠密，经济发展较快，交通等经济基础设施较为完善，物流业较为发达，而西部地区地广人稀，经济社会发展相对滞后，路网较为稀疏，个别地区生产力水平非常落后。即使在物流较为发达的中东部地区，应急物流的基础设施设备、物资储备也往往不能完全符合运行要求。例如，在 2008 年，南方地区低温雨雪冰冻灾害中，出现了交通电力等基础设施防冰雪等级低，以及防滑链、融雪剂等储备不足的情况。

应急物流爆发性的需求更加剧了一定时空范畴内应急物流资源的稀缺性。例如，地震、泥石流等掩埋性自然灾害的救援活动黄金时间为灾后 72 h，超出黄金时间后幸存者的生存率微乎其微。这使得应急物流在时效上表现出非常强烈的紧迫性，应急物资的需求数量在很短的时间内剧烈地增长。例如，在地震灾害中食品、药品、帐篷和专用工具都已经在一定时间周期内达到峰值，不同类型灾害中，帐篷的需求数量也呈现出明显的峰谷变化。而超出黄金救援时间后，供应保障的某些应急物资可能发挥不了任何作用，反而成为库存积压物资，需要耗费大量人力物力组织这些过时应急物资的逆向物流活动。即使可供调用的应急物资储备非常充足，也往往受到物流通道通过能力或者装备载运能力的限制，使得事发地区应急物资短缺。例如，2010 年玉树地震发生后，平时的汽车载运量仅有 3 000 辆的结古镇市区两条交通干线上，各地、各种救援人员和救援物资的车辆就达到 3 万多辆，一些道路被蜂拥而至的车辆堵得水泄不通，给应急物资的运输保障带来了预想不到的困难。

只有深刻地认识资源有限与爆发性需求的矛盾，才能在占用资源数量规模和保持足够能力之间寻求最佳平衡点，通过统筹规划，在兼顾经济性的基础上配备足够的应急物流资源，为有效地应对各种复杂情况提供雄厚的物质基础，通过加强成本效益分析，强化效益观念，科学合理、充分有效地利用有限的资源，发挥出最大的效用，在满足应急需求的前提下，尽可能节约资源，实现综合效益的最大化。通过全面调查了解应急物资储备、应急生产、应急采购、应急运力动员等潜力，在最短时间内进行动员调用，有效满足应急物资的爆发性需求，从而较好地解决这种矛盾。

3. 公共服务与市场化运营的矛盾

如前所述，应急物流具有显著的公共属性，是一种"公共物品"，时刻担负应急应变、备灾减灾的使命任务，为经济社会发展提供安全保障，是人民安定生活的"守夜人"，随着我国政府逐步由管理型向服务型转变，政府的计划调控更多的是从宏观层面优化配置社会资源，具体的运作则由市场根据价值规律进行，在这种情况下，如何将应急物流这种公共物品在政府的主导下交给市场运营，并以市场为主体来建设和发展，是一个亟待解决的问题。

应急物流服务保障能够依托市场手段提供。现代公共管理理论，强调充分利用市场手段解决公共物品的提供问题。随着我国现代物流业的迅猛发展，应急物流已经具备了非常坚实的基础。政府主管部门可以采取相应措施，按照市场化手段，鼓励和引导社会力量参与应急物流建设，积极促进应急物流"产、学、研、用"紧密结合，"军、政、企、协（行业协会）"互动发展，我国政府出台政策鼓励引导应急产业发展，就是依托市场化手段提供公共物品的具体举措。

应急物流市场化运营需要有效规避风险。由于应急物流服务保障公益性强，要求物流企业必须要有较强的社会责任感，在高质量地完成任务的同时，还不能期冀获得多少利润，甚至有勇气去承担亏损；而且应急物流服务保障风险性大，要求物流企业能够适应恶性复杂化环境，能够组织满负荷超强度的物流作业，高效可靠地完成任务，如果不能很好地解决市场化运营中出现的利益问题，很大程度上将可能会出现类似民办消防队因收不到服务费，而见火不救的情况。

只有深刻地认识公共服务与市场化运营的矛盾，才能在政府主管部门培育应急物流服务保障能力与企业获得经济效益之间找到最佳平衡点。通过市场化运营的手段，把应急物资储备纳入市场流通渠道，将应急运输配送力量的维持和管理交给物流企业，使物流企业获得一定的经济补偿，提升物流企业的社会形象和知名度。通过构建更加有效可靠的组织协同机制和信息系统，优化整合和集约使用应急物流资源，提高政府主管部门在应急物流调度指挥上的核心能力，使应急物流资源配置的布局更加优化，结构更加合理，效益更加明显。

8.1.6 应急物流的研究内容

应急物流的研究在中国尚处于起步阶段。2006年年底，经国资委、民政部批准，全国第一个从事研究应急物流的专业组织——中国物流与采购联合会应急物流专业委员会成立。近年来，应急物流理论的研究已经步入团队协作、系统开发的良性轨道。由中国物流与采购联合会应急物流专业委员会牵头制定、发布了《应急物流科研指南》。中国物流学会在2007年首次将《中国应急物流现状研究》等5个与应急物流相关的课题纳入年度的研究规划，各级政府和各企业开始认识到应急物流的重要作用。据《现代应急管理理论与方法》中所述，应急物流所提供的应急物资保障系统主要负责应急物资的配置与储备、应急物资的维护和补充、应急物资信息库的建立和维护、应急物资的快速调用和补偿以及应急物资的运输和采购。这个系统关于应急物资的选址、配置、调度、分配、存储和补充构成了一环扣一环的完整体系，如图8-1所示。

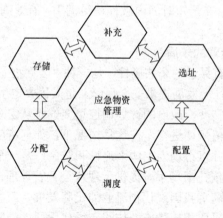

图 8-1 应急物资管理体系

资料来源：陈安，陈宁，倪慧荟等. 现代应急管理理论与方法. 北京：科学出版社，2009：232.

在这个管理体系的6个环节中，根据运作的时间不同，可以分为三组。

1. 应急物资的选址和配置

这两个环节在灾害发生前的应急准备阶段进行。

应急物资的选址是指为了降低运输成本，保证应急救援的及时性，降低灾害进一步发展的可能性，最大限度地减少人员伤亡和经济损失，将应急物资安置在合理的位置。选址决策对于应急物资管理非常重要，选址时要遵循一些原则，如在我国《城市消防规划建设管理规定》中规定，城市消防责任区的面积应取 $4\sim 7\ km^2$，要求消防站至责任区最远处的行车时间不超过 5 min，再如要考虑服务范围内灾害事件的种类和相应级别以及区域的人口数量等。

应急物资的配置是指在对灾害发生趋势和影响范围的预测基础上，结合对一些如速度、方向、范围等参数的估计，建构与灾害事件发生、发展直到结束的整个过程相适应的多灾种、多物资的动态应急物资优化配置方案。在进行应急物资配置时要遵循的原则有：配置物资的种类应根据应急服务中心的性质来确定；配置物资的数量要根据可能的突发事件的类型和规模以及应急服务中心的承载力来确定；做配置决策时要最大限度地发挥应急物资的效用，避免浪费。

这两个环节之间存在互相支持、互相影响的紧密关系。如应急物资服务中心的性质、数量和密度直接影响每个服务中心的物资的种类和数量。

2. 应急物资的调度和分配

这两个环节在灾害发生后的应急救援阶段进行，这两个环节的基本任务是在最短的时间内同时将各种物资从不同的位置相继运送到多个受灾点。

应急物资的调度是指在突发事件发生后，确定参与应急救援的应急物资配置中心及相应的应急物资数量和运输行驶路线，即如何尽快地把物资运送到指定的灾害发生区。应急管理中的物资调度的目标与商业物资调度不同，不能单纯追求利润最大或成本最小，而是要考虑物资的时效性，以反应时间最短为首要原则。应急物资的调度还具有动态性，因为物资需求种类和需求量会随着时间的变化而变化，因此物资的调度也不可能一次性完成，而是需要根据上一次的救援效果反馈来决定下一次的调度决策，多阶段进行。对应急物资的调度不是单一的政府行为，而是需要全社会各个部门的协作和配合。

应急物资的分配是指在应急物资调度的基础上，根据受灾情况的差异确定需求程度，在最短的时间内将物资从不同的救援点合理分配给多个受灾地。在很多情况下调度和分配这两个环节几乎不能很清楚地划分，往往是同时完成的。在一次灾害事件中，不同受灾点的受灾情况不同，应急物资的需求程度也不同，因而分配的物资种类和数量也应有所不同。随着灾害事件的发展演化，灾区的性质也会发生变化，有些灾区可能由轻灾区成为重灾区，因此分配方案也要动态调整。在物资分配过程中同样需要社会各部门之间的协调合作，从全局出发，统一安排。

3. 应急物资的存储和补充

这两个环节贯穿在灾害的整个发生和发展过程中。

应急物资的存储是指在正式投入使用应急物资前，为了最大限度地保持其使用价值，对其合理地进行存储。突发事件发生的时间、地点和影响范围没有任何规律可循，任何人、任何国家对潜在突发事件都不可能有准确的预判，亦不可能做到未雨绸缪。所以，对处置突发事件所需的应急物资必须普遍储备，以保证有备无患，宁可备而不用，不可用时不备。中国古代的战备名言"兵马未动，粮草先行"，强调战备物资的重要性，面向各种非常规突发事件的应急物资储备亦是如此。没有应急物资可供调配，即使再高明的领导和指挥，仍然很难进行无米之炊，各种应急反应的实际效果将大打折扣。应急物资储备需要一定的成本，如采购费、仓储费、保管费和维护费等，要在满足储备要求的基础上尽可能降低成本。根据储备内容，可以分为实物储备、生产能力储备和技术储备。随着灾害事件越来越多，全社会都需要加强应急物资储备的工作力度。

应急物资的补充是指随着应急各类活动的开展，资源不断被转移和消耗，为了不影响后续的调度,各类库存数量不低于警戒线而对应急物资进行及时补充。为了完成物资补充工作,需要定期对应急服务中心的物资进行检查,及时更新性能下降、过期或者腐败的失去使用价值的物资。当突发事件发生后,由于大量应急物资被调度和分配,应急物资的补充就是一项非常困难的任务,不仅需要依靠政府组织的力量,更需要非政府组织、各类企业等全社会的力量来完成。

应急物资存储和补充这两个环节都属于后方的支持活动。

8.2 应急物流研究现状

如本章8.1节所述,应急物资管理系统是由选址、配置、调度、分配、存储和补充所组成的环环相扣的完整体系,根据运作时间不同,又可归纳为三组,国内外学者对这几个方面皆有研究。本节将对与这几个应急物资管理相关的内容进行总结。

8.2.1 选址和配置研究

应急物资的选址和配置是在灾害事件发生前的两个重要环节,其目标是事先对救援点的位置进行合理规划,并在每个救援点配置适量的物资,而使应急反应中物资的供应量达到最大或最优,因此选址和配置问题研究一般会涉及一系列数学模型。

1. 关于选址问题的研究

传统的选址问题研究中,主要有覆盖问题(covering problems)、中心问题(p-center problems)和中位问题(p-median problems)。而覆盖问题又分为集合覆盖选址模型(LSCP)、最大覆盖选址模型(MCLP)、最大可利用选址模型等。这些传统模型均建立在条件确定的假设前提下,而应急物资的选址问题与传统选址问题相比,具有随机性和不确定性,因此研究者相继将其他理论,如概率理论和模糊理论引入应急设施的选址问题中。

Toregas等(1971)较早地把集合覆盖选址模型应用于应急设施的选址问题上,在此文献中,他以每个物资需求点的最大需求时间或者距离为约束,以设施建设的费用或者设施数目最少为目标,建立了一个线性规划模型,在求解模型时以割平面方程来解决解的小数点问题。

Badri等(1998)针对消防设施的选址问题提出了使用多目标规划的方法,认为消防设施选址决策不仅要考虑运输时间或者运输距离目标,而且要考虑运输成本目标,以及在实践中存在的技术或者政治目标,从而建立了拥有多目标规划函数的集合覆盖模型,最后将模型应用于阿拉伯联合大公国的第二大酋长国迪拜的消防设施选址问题中。

方磊和何建敏(2003)认为影响应急服务设施选址的因素有定性因素和定量因素,如经济因素、技术因素、社会因素和安全因素等,因此应急服务设施选址应采用定量和定性相结合的层次分析法。又考虑有限资源约束的要求,认为针对不同度量单位和相互冲突目标的问题宜采用目标规划方法,因此提出了综合利用层次分析法和目标规划方法来解决应急保障系统选址规划问题。

方磊和何建敏(2005)为了使城市决策者在应急保障系统选址的决策过程中增加科学依据,提出了考虑应急限制期和系统费用限制的应急服务设施的选址模型,研究用分支定界法求解模型。

Araz 等（2007）提出了一种基于模糊多目标覆盖的车辆定位模型。该模型的目标为应急车辆服务人口覆盖最大化和通过减少运输距离、提升服务水平而导致的服务人口覆盖最大化，模型的求解采用了模糊目标规划的方法。

Yang 等（2007）针对消防设施选址问题建立了一个模糊多目标规划模型。该模型提出了多个目标，如设施建设费用和运营费用最小化、运输距离最小化等。最后用遗传算法对模型求解。

姜涛和朱金福（2007）为解决不确定情况下应急设施选址问题，提出了考虑限期要求的不确定性应急设施选址的偏差鲁棒优化模型。该模型以应急设施到各个应急节点的赋权距离之和最小为目标，使不确定情况下的鲁棒解与各种可能情景下的最优解的目标函数值的最大偏差最小，从而在不确定的情形下可以最大限度地规避风险。

郭子雪等（2010）在以应急物资需求点的需求量和应急物资的运输费用等为区间数的假设前提下，构建了以总费用最小为目标的应急物资储备库选址模型。

陆相林和侯云先（2010）在中国国家级应急物资储备库由 10 个扩至 24 个的背景下，在前人的设施选址理论模型的基础上，构建了考虑覆盖半径内需求满意差异的最大覆盖设施选址模型，用蚁群算法对模型求解，得出 24 个储备库的归属单位、服务省份、服务半径和配置图。

陈刚等（2016）为合理解决应急物流系统中的设施选址问题，基于应急物资供需特征，引入概率分布及三角模糊数描述救援物资供给与需求的不确定性，在此基础上提出构建面向多种类物资的应急救援选址分配模型，并采用 epsilon 约束法对模型进行求解。

2. 关于配置问题的研究

方磊（2008）针对加强应急管理、提高应急物资配置和利用效率的现实要求，从应急保障系统中应急物资的投入产出的整体相对效率考虑，在传统资源配置的 DEA 模型基础上，综合物资总量控制情况和决策者的偏好信息等要素，提出了新的资源优化配置的非参数偏好 DEA 模型，对应急保障系统中应急物资总体利用情况进行了评价。

刘宗熹（2008）提出了由储备点经济情况、人口数量和交通通达程度三个因素决定的"应急物资储备指数"概念，在统计确定三个指标的基础上，通过利用极大值标准化以及层次分析法等方法确定储备点的应急物资储备指数，并构建了储备模型，最后进行了实例分析，取得了良好的配置结果。

Rawls 等（2010）建立了一个两阶段的随机整数规划模型，并为该模型设计了算法，该模型用来解决在自然灾害发生前的物资配置策略。

王妍妍等（2019）结合应急管理大数据的基本特征，基于应急物资的需求预测、调度优化、靶向分配和灾民满意度调查 4 个具体模块构建突发灾害应急物资配置模式，并指出要实现该配置模式的有效运行，需要持续完善并贯彻实施国家级大数据发展战略、加大对大数据技术研发与推广投入、深度推进大数据战略及技术在应急管理领域的应用。该模式可以促进传统的灾害应急管理向精细化和精准化方向发展。

3. 关于选址与配置问题的研究

有些学者的研究同时解决了应急设施选址和物资配置问题。

Balcik 等（2008）构造了一个最大覆盖模型，不仅能够解决应急设施的选址问题，而且解决了应急物资的配置问题。该模型考虑了应急物资的类型、预算约束和容量限制，并用计算仿真的方法得出,用该模型解决实际问题时,其在缩短应急时间和提高需求满意度等方面表现优良。

于瑛英等(2008)首先构造了一个基于时间、资源供给和需求的损失函数,然后用该损失函数来评估现有资源布局下可能出现的各个级别突发事件对受灾区造成的损失,最后对损失值较大的资源布局建立优化模型,优化措施包括调整应急服务点的个数和供应量,因此该模型同时也解决了选址和配置问题。

重大突发灾害事件下
应急资源供给与配置
问题研究综述

Caunhye等(2016)基于应急准备与应急响应过程中存在的各种不确定灾情因素,提出构建应急救援两阶段配送中心选址和调度路径优化模型,以最大限度地降低最短调度路径风险。

于冬梅等(2019)通过引入安全库存机制提出了灾时救援物资分配优化与设施选址模型,模型中考虑了时间和成本限制等多重因素,分析了不同时间满意度偏好下的应急救援物资最优选址与分配方案。

8.2.2 存储和补充研究

应急物资的存储和补充发生于平时配置与战时调度的过程中,如何确定应急物资的存储量和存储方式,如何根据调度情况及时补充,是研究的重点。

1. 单一政府储备和补充为主的模式

突发性灾害事件发生的时间、地点和影响范围没有任何规律可循,任何国家对潜在灾害事件都不可能有准确的预判,亦不可能做到完全合理布局。近年来国内外学者对应急物资的存储方式和存储量问题的研究,主要是以单一的政府采购和储备为背景,以库存成本最少为目标,解决如何确定存储量的问题。

Ozbay等(2007)研究了人道主义供应链问题中的应急物资库存管理问题。文献首先建立了一个匈牙利库存控制模型,该模型为需求随时间变化的随机规划模型,解决最小安全库存量问题,以保证应急物资供应不被中断。然后为模型设计了算法,最后对参数进行了灵敏度分析。

包玉梅(2008)在分析我国应急物资储备现状的基础上,提出了将企业供应链下的多级库存管理运用到应急物资的储备中去的观点,从而建立各级政府实物储备和企业合同储备的二级库存模型,以实现加快应急反应、降低储备成本的目的。实施该储备策略的关键是要构建应急物资管理网络系统、选择储备企业以及确定应急物资总储备量和合同储备量。

秦军昌和王刊良(2008)分析了应急响应期物资的库存需求与恢复期物资的库存需求之间的关系,提出了基于跨期一体化的多物品最优订货量单周期随机库存模型,在对模型数学性质分析的基础上,设计了基于解析解的仿真优化算法,证实该模型可以有效用于应急物资的库存管理。

刘利民和王敏杰(2009)分析了我国应急物资储备中存在的物资储备点少、容量小和管理粗放等问题,指出为了在应急储备库运营过程中实现科学组织和现代化管理,应该充分借鉴现代物流发展成果及在供应链管理方面取得的成功经验,对应急物资储备库进行科学设计和规划。

Taskin等(2009)针对制造商和零售商在飓风季节来临时做采购和生产决策的随机库存问题,提出了一个基于飓风预测模型的控制策略。这种多阶段库存控制问题用一个考虑随机需求量的随机规划模型来描述，并提出了求解方案。

van Wassenhove 等（2011）针对灾害发生前南非发展共同体如何预先确定存放在应急设施内的救援物资的类型和数量，建立了一个随机库存模型，该模型综合考虑了受灾人口的数量、灾害类型和灾害影响程度等因素，并提出了针对模型的启发式算法。

2. 政府与企业合作储备模式

从汶川地震等特大灾害应对情况来看，我国当前储备体系仍显不足：由于国土面积大，中央级物资储备库数量较少，大部分储备仓库规模小且标准不高，总体上物资储备量低，面对突发事件往往供不应求，难以完成应急物资的调配任务；代储点分布不均衡，目前中央储备库大部分设置在东部和中部地区，而幅员辽阔、地震频发的西部地区仅有西安和成都两个储备库；更重要的是，由于很多物资有产品保质期，中央救灾物资储备库就只储备棉被、帐篷等物资，品种单一化已经难以应对救灾需求，而存储品种丰富的物资，既要考虑物资保质期，又需要存储期间定期保养、更换，有些物资还对存储条件有特殊要求，而非专业的政府机构不具备相应的能力，将为此付出巨大的成本，造成很大浪费。

进一步健全和完善我国应急物资储备体系，除了政府的储备资源，更重要的是着眼于社会市场资源的利用。应急物资储备协议企业能有效弥补政府应急储备体系的不足，在突发事件到来之际，协议企业能根据实际的需要，一方面释放其应急物资储备，另一方面短时期内快速提高生产能力，提供足够的物资数量供应市场。这种政企联合的储备模式是既充分利用社会资源又调动相关企业生产活力，既降低应急物资储备成本又减轻政府财政负担，既增强应急物流响应能力又增强应急物资供应持续能力的重要举措。一些学者对此予以以下研究。

张自立等（2009）认为生产能力储备是应对应急物资需求量在短时间内激增的重要措施，试图从政府对协议企业补贴的角度，构建政府补贴对协议企业生产能力储备影响以及政府在经费额约束下获取最大生产能力储备的数学模型。该模型可以为政府在与相关企业签订应急物资生产能力储备协议时提供一定的理论支持，优化政府应急决策。丁斌和邹月月（2012）研究当政府向企业支付一定比例的预付款，企业代储并在物资的质量有效期内动态更新，利用合作博弈理论解决政府最优订货量问题。陈业华和史开菊（2014）建立了一种实物储备和生产能力储备共有的政企联合储备模式，并验证这种模式可以实现应急物资供应链的协调，实现政府和企业的双赢。罗静和李从东（2015）研究政府和企业生产能力共同储备的演化博弈模型，分析影响合作的关键因素；吴勇刚等（2015）根据灾害响应时间和物流专业化水平提出以最小化社会损失为目标的政企合作最优订货量模型。

以上这些研究中通过建立博弈模型，确定订货的数量和价格，使政府和企业达到双赢。但是在应急救援中应急物资的需求具有很大的不确定性，上述学者提出的契约模型必须在突发事件发生前就做出储备决策，这必然给政府带来了很大风险，继而有些学者提出采用期权契约来解决这一问题，来降低政府决策风险，允许政府在灾后决策。

Rabbani 等（2015）为了激励契约双方参与期权契约，提出了一种基于二叉树的期权定价模型，该模型在四种不同情况下优化了期权和执行价格。

Wang 等（2015）分析了即时购买应急物资存在的问题，认为灾前预采购具有更好的优越性，而文中提出的期权契约能够协调人道主义供应链和实现帕累托改善。

田军等（2014）考虑到单纯政府采购可能带来的供应不足和资源浪费风险，提出把期权契约应用于政府和供应商合作储备应急物资的策略，在提出应急物资采购模型的基础上分析不同价格策略、市场供应能力等对供应双方决策的影响。

扈衷权等（2018）认为通过市场化的契约机制实现政企联合储备可以克服行政强制手段带来的弊端，建立了基于期权采购的政企联合储备应急物资模型，通过推导获得政企双方的最优决策后，给出了企业参与联合储备的条件，以及在不同的现货市场条件下，与政府单独储备模式相比，政企联合储备模式能够提高物资总储备量且降低政府库存水平时契约参数的取值范围。

三防应急物资储备与调度优化研究综述

庞海云等（2020）根据我国应急管理实践需求，研究了基于实物期权契约的应急物资政企联合储备模式，并针对适合实物期权契约的应急物资的特性，构建政府期望成本函数和企业期望利润函数，提出了政企联合储备模型。

8.2.3　调度和分配研究

应急物资的调度和分配是突发性灾害事件完全爆发后的应急物资管理工作，通常需要在最短的时间内同时将各种物资从不同的位置相继运送到多个应急物资配送中心和受灾地。物资分配是物资调度的下一阶段工作，但在很多情况下调度与分配是同时发生的，因此在很多文献中没有把二者明确地分开，而经常一起研究。

从研究方法上来看，现有研究可以分为以下几大类。

1. 基于运筹学优化理论研究

很多学者用运筹学优化理论来解决应急物资调度和分配问题，而在这种方法的研究中，学者以不同的优化目标来进行研究。

早期的研究多以运输费用的最小化为目标。

Ray（1987）和 Rathi（1993）以运输成本最小为目标研究了带时间窗的多商品流的应急物资运输的问题；Equi 等（1996）以总运输成本最小为目标，建立了一类大型综合运输和调度问题的模型，并为这类模型提出了一种拉格朗日分解方法；Ozbay 等（2004）针对交通事故发生后应急车辆的分配问题展开研究，认为事故的发生具有随机性，但是服从于某个概率分布，事故地对车辆的需求以及车辆的供应量都是随机的，引进服务水平的概念，构建了一个带有概率约束的以应急成本最小为目标的混合整数非线性随机规划模型。

随后，有些学者提出了以应急响应时间最短为目标的决策模型。

Sheu 等（2005）构建了一个以最小化应急响应时间为目标的综合模糊线性规划模型。该方法分为三步：①根据受灾地的需求属性和需求优先权用模糊聚类的方法对受灾地分组；②在确认每个受灾组的中心位置后，用模糊线性规划模型来解决对灾区组的模糊调度；③确定模糊车辆调度以及在同一组内以运输时间最短为目标进行物资分配。

程序芳（2010）研究应急物资运输中分次运输的情况，设计了首次运输和再次补充运输的模型，建立了以首次运输时间最短和两次总运输时间最短为目标的运输分配模型，并应用遗传算法 NSGA Ⅱ设计模型算法。

李进等（2011）考虑由原生灾害和次生灾害构成的灾害链下，多资源多受灾点的应急资源调度问题。建立了以调度时间最短为目标的模型，并设计了基于线性规划优化和图论中网络优化思想的启发式算法。

王新平和王海燕（2012）研究公共卫生突发事件下的应急物资分配模型，认为应急物资需求具有不确定性和连续性，应急救援是在多地开展而且是多周期的，因此要分析传染病扩散规律，从传染病潜伏期的不确定性分析应急救援的时滞性，从而构建了以运输时间最短和救援时间最短为目标的随机规划模型。

Chi 等（2017）基于调度时间和物资调度满意度构建应急物资调度时间测度函数，分析物资需求数量和配送时间等具体因素对测度函数的影响程度，旨在实现应急物资调度时间最小化。

有些学者提出了以未满足量最小为目标的模型。如 Özdamar 等（2004）建立了一个以多种应急物资的总的未满足量最小为目标的应急物资分配动态模型，在此模型中把运输车辆也作为一种商品来对待，因此这是一个混合整数规划模型。该模型又是多阶段的，且在每一个阶段的物资需求量和供应量均不同。他们针对模型提出了用拉格朗日松弛算法求解模型的思路，最后把这种方法应用于土耳其地震后对应急物流系统与物资分配问题的研究。

还有的学者以死亡人数最少为目标。如 Fiedrich 等（2000）认为在地震灾害中死亡的人数不仅与房屋毁损有关，而且与缺少及时的医疗救治和次生灾害有关，基于此观点，构建了死亡人数的函数，并以死亡人数最少为目标，建立了一个动态组合优化模型来解决地震灾害后的应急物资分配问题，并设计了启发式算法。

有些学者认为，应急物资分配的根本目标是减小人民生命和财产的损失，提出了以系统损失最小为目标的模型。如庞海云等（2012）综合考虑我国应急管理实践、应急响应时间限制，以及应急物资分配中的公平要求，在三级应急物资运输网络的基础上，建立了以系统损失最小为目标的应急物资运输和分配决策模型；又如戚孝娣等（2016）为解决应急物资供应量有限、供应点分散和调配时间受约束等问题，在三级应急物资调配系统基础上，在其研究中以最小化救援物资调配的系统损失作为决策目标，进而提出地震灾害应急救援物资调度与分配优化模型。

近年来，关于应急物资调度和分配的研究越来越复杂。一些学者提出了运输时间最短、运输成本最少和未满足量最少等目标结合的多目标模型。

韩强（2007）认为衡量应急物资调度和分配效果的时间指标和成本指标不是同等重要的，时间指标是主要指标。因此建立了单资源应急物资调度的双层规划模型，上层为时间目标，下层为成本目标，并设计了算法。

Yi 和 Kumar（2007）研究应急车辆路径问题和整数多商品分配问题，在模型中把应急车辆和受伤人员都看成是商品来处理，建立了以未满足需求量和未得到服务的受伤人员的加权和最小为目标的整数规划模型，并用蚁群算法来求解。

刘明和赵林度（2011）研究生物反恐突发事件下所需应急物资的特性，构建了融合点对点直接配送（PTP 模式）和传统的 HUB 模式的混合协同配送模式，使配送方案同时具有两者的优势，即既可以获得前者的时间优势，又可以获得后者的规模效益和竞争优势，最后给出模式的启发式搜索算法。

陈刚等（2014）以运输时间最短、应急成本最小、物资满足程度最高等为目标，构建考虑多式联运的应急救援物资调度优化模型，并通过案例分析验证了模型的有效性。

侯慧等（2019）基于对灾后电网系统受损的研究，以应急物资配送的时间最短和满意度最高为目标，构建了基于节点综合权值的电力系统应急物资调度优化模型。

2. 博弈论方法

博弈论作为研究具有竞争性质的对策问题的方法也被用于解决应急物资分配问题。

Shetty（2004）和Gupta（2005）研究在城市环境下多种突发事件发生后应急物资的分配和管理。用博弈模型研究了受灾点之间的完全信息静态博弈过程，模型考虑了物资的可得性、应急事件的严重性以及应急物资的需求，并提出纳什均衡解的求解方案。

张婧等（2007）设计了一种改进的基于偏好序的效用函数，该函数能够刻画事故得到救援的及时性和有效性，将多事故资源分配问题描述为完全信息非合作博弈过程，并用Gambit软件求纳什均衡解。

杨继君等（2008a）将多灾点作为局中人，可能的资源分配方案作为策略集，将资源调度成本的倒数作为效用函数，构建非合作博弈模型，并设计了一种求解纳什均衡点的迭代算法。

杨继君等（2008b）将资源调度中的不同运输方式映射为博弈模型的局中人，将可能的资源调度方式组合方案作为策略集，将不同运输方式调度造成的损失映射作为效用函数，构造了合作博弈模型，并设计了一种求解核心的Shapley值法。

王波（2010）在非合作博弈的基础上，建立了多阶段应急物资调度动态决策模型，该模型考虑了前阶段决策给当前决策带来的影响，通过引入惩罚系数来约束该阶段的决策方案给受灾点带来的收益，并使用风险占优机制来解决博弈结果存在多重纳什均衡的问题。

庞海云等（2012）认为突发事件的发生使应急需求激增，在救援物资不能在短时间内全部满足应急需求，即不能完全扑灭灾情的情况下，为了最大限度地减少灾区损失，应当对有限物资进行科学分配。存在多个受灾点时，以应急响应时间最短为目标对各受灾点独立进行初始分配，针对发生冲突的受灾点建立完全信息非合作博弈模型。

3. 网络流模型

由于应急物资调度与分配会涉及应急物资的配送和运输问题，所以运输问题的网络流模型也被用于应急物资的分配问题。

Haghani等（1996）将应急物资分配问题描述成一个带有时间窗的大规模、多商品、多模式网络流问题，目标函数是由车辆流成本、商品流成本、需求结转成本（延时配送的惩罚成本）、供应结转成本以及运输成本组成的总成本最小化。他们为模型设计了两种算法，用LINDO软件来实现。

缪成等（2006）研究了存在多种货物、多起止点、多种运输方式且车辆满载的救援物资运输问题，为此建立了基于多模式分层网络的以车辆行驶费用最少、运输方式模式转换费用最少以及延期满足所引起的目标函数增加值最少的多目标数学规划模型，用拉格朗日松弛算法将原问题分解为两个子问题，并分别对子问题进行求解。

陈森等（2011）认为当运输道路出现毁损时，如果投入部分物资用于抢修被损路段，便可缩短因绕行而产生的配送延时，针对这种情况，提出了未定路网结构情况下的应急物资车辆配送问题。首先以最优路网结构为目标，研究抢修决策，然后在物资数量恒定的约束下，建立联合决策模型，最后以需求点的未满足量最小和需求满足延迟最小为目标，对不同路网结构下的物资分配和车辆路径实施优化。

4. 其他理论与方法

1)组合数学方法

List(1998)最早提出应急事件发生后让距离最近的出救点参与救灾的思路,在其建立的模型中以出救点数目最少为目标,但是没有考虑单个出救点不能满足需求的情况。

陈达强等(2009)认为在以应急时间最早、参与出救点数目最少为目标进行出救点选择时可能会存在多种可行方案,这时可以以应急响应成本作为对方案选择的评价标准。因此在分析了应急响应成本组成的基础上,建立了基于成本修正的应急物资响应决策模型。

2)贝叶斯决策理论

葛洪磊和刘南(2011)认为突发事件发生初期灾情信息是不精确的,随着对灾情的序贯观测,得到的信息越来越精确,因此需要考虑决定什么时间停止观测,以确定最优物资分配量。建立了应急物资分配决策问题的以贝叶斯风险最小为目标的优化模型,最后以2008年汶川地震中的11个重灾区为案例进行实证分析。

3)反馈控制理论

夏萍和刘凯(2011)利用反馈控制原理构建了应急物资分配决策系统模型,该模型方便物资管理决策人员根据供需匹配的分配原则来调整物资种类和数量,满足灾区需求。

4)分阶段决策

Sheu(2007)分析了应急物流与商业物流的区别,提出了一个三层节点分级分配的概念框架,设计了一种混合模糊聚类优化方法用于解决关键救援期的应急物资分配问题。该方法包括两个递归机制,即先用模糊聚类法对受灾地进行分组,然后再以最大化满足率和最小化成本为目标,实行分级配送。最后用台湾大地震的真实数据来验证方法的适用性。

于辉和刘洋(2011)首先用应急物资需求量的上下界来刻画灾害事件下的应急需求特征,然后研究单出救点、多需求点的应急物资分配的两阶段策略,提出用局内决策方法求应急物资在两阶段嵌套机制下的有效分配策略,最后用数值仿真证实了两阶段嵌套策略的稳健性和优势。

Barbarosoglu等(2002)研究在灾害救援中如何派遣参与救援的直升机和运输路径问题,并把问题分解成两个子问题,即解决飞机和飞行员组成的宏观策略问题以及具体飞行路径和服务的操作问题,并为这两个子问题分别建立混合整数规划模型。

5)可信度模型

Adivart等(2010)研究国际救援机构的应急物资救援计划问题,比较了国内救援和国际救援在供应商、需求量、运输网络节点和结构、机队规模等方面的区别,构建了非线性模糊函数和模糊方程,建立了一个考虑国际救援努力的可信度模型来解决国际救援供应计划问题。

6)情景规划方法

Chang等(2007)研究在水灾事件下供政府机构使用的应急决策工具,采用情景规划的方法,建立了一个随机规划模型,决策变量包括救援组织的结构、应急物资仓库的选址和容量限制下的物资分配,并利用地理信息系统和洪水电位图进行仿真模拟。

8.2.4 应急物资需求预测的研究

物资需求之所以能预测，是因为事物的发展变化总呈现出一定的规律或表现出一定的特征，这些规律或特征就是预测的理论依据，即预测原理，主要有：惯性原理、类推原理、相关原理等。在突发性灾害事件情境下的物资需求预测需要根据预测原理选择合适的预测模型进行预测。

针对不同物资管理阶段，需求预测分为两大类，一类是针对灾前的物资配置所做的预测，另一类是现针对灾后的物资分配所做的预测。

1. 物资配置阶段的应急物资需求预测

乔洪波（2009）在系统分析了应急物资需求分类的基础上研究了物资储备点的储备量预测模型，提出了一个应急物资需求量模型框架，即先进行储备点和储备区的划分，再根据灾害发生概率、人均需求量计算出储备区总需求量，结合不同等级物资满足率、灾区原有储备保全量、储备区外其他储备点调动量，计算出实际需求量，最后根据储备点需求权重，计算出储备点的需求量。

张波（2009）采用回归分析法预测应急军需物资的需求。该模型证明了应急军需物资需求量主要由参战人员和参战时间决定，通过数理统计建立三者之间的关系，为制定应急军需物资保障计划提供依据。

GUO 等（2010）将模糊集理论与马尔可夫决策模型相结合，提出了基于模糊马尔可夫链的应急物资需求预测模型，这种模型同样也用于应急物资储备策略的制定。

2. 物资分配阶段的应急物资需求预测

1）灰色系统模型预测法

根据惯性原理，应急物资的需求量的计算，可以用前期的需求量组成的数据序列来预测当期的需求。

宋晓宇等（2010）提出了一种基于改进 GM（1,1）模型的应急物资需求量预测方法，该方法根据 GM（1,1）的指数特性，通过对原始数据序列进行变换使其服从指数规律的方法改进模型，此改进方法比传统方法提高了模拟和预测精度。但是该模型因为需要有前期救援工作的数据作为预测基础，所以只适合于救灾后期的需要量预测，而对救援初期的黄金时间内的需求预测，该模型是不适合的。

胡忠君等（2019）提出，洪涝灾害的突发性及不确定性使得灾害发生后，难以搜集到大样本数据对应急物资的需求量进行快速准确的预测，并以灰色系统理论为基础，提出一种改进 GM（1,1）动态预测模型，结合库存管理方法构建应急物资动态需求模型，以湖南省 2016 年 3 月发生的洪涝灾害为真实案例，对此文提出的模型有效性进行验证。结果表明：改进 GM（1,1）模型具有可行性与实用性，比传统 GM（1,1）模型具有更高的预测精度。

2）案例推理预测法（CBR）

根据类推原理，应急物资需求量可以通过寻求相似案例进行预测，而案例推理是目前人工智能中一种新兴的推理方法，其核心思想是使用以前类似问题的经验和获取的知识来推理得出目前问题的解决方案。一些学者针对应急物资提出了案例推理预测模型。

邢冀等（2010）在对油气事故特性及应急资源需求类型分析的基础上，构建了基于案例推理的油气事故应急资源需求预测模型,并使用 Visual Basic.Net 及 SQL Server 数据库开发了油气事故应急资源需求预测支持决策系统;王晓和庄亚明(2010)提出一种将模糊集理论、神经网络 Hebb 学习规则和多元线性回归与案例推理法相结合的方法,即先用贴近度计算案例相似性,根据得到的相似案例,利用多元回归模型对目标案例进行需求预测。

有学者认为案例推理法一方面在没有大量案例源的情况下,很难找到相似案例,另一方面预测数据只是根据相似案例来推断,可能会舍去其他案例的一些有价值的信息。

3)多元回归模型预测法

根据相关性原理,应急物资需求量受到多个因素的影响,基于需求量与因素之间的线性假设,一些学者提出了多元回归预测模型。

聂高众等(2001)通过对中国可持续发展信息网下属的"综合自然灾害信息共享"子网提供的地震资料的分析和研究,得出了快速确定地震灾区可能的救援需求的关系式,提出了根据地震初期经济损失和人员伤亡情况快速得出的灾区救援需求框架。但是这种模型必须事先知道灾区的死亡人数、受伤人数等信息,而这些信息在灾害事件救援初期是无法直接获得的,而且模型中的经验系数随着人民生活水平的提高需要进行调整。

郭子雪等(2017)为了提高应急物资需求预测的精度,基于应急物资需求预测问题的特点,引入对称三角模糊数表示影响因素的模糊特征,建立了基于多元模糊线性回归的应急物资需求预测模型,并给出多元模糊线性回归预测模型的参数估计方法,通过实证案例分析,验证预测方法的有效性。结果表明,灾害级别、受灾人口、受灾面积是影响应急物资需求预测的重要因素,并针对灾害级别、受灾人口、受灾面积等因素的不确定性特征,用对称三角模糊数表征有关模糊属性,以提高应急物资需求预测的准确性。

4)间接预测方法

以上几种方法有一个共同点,就是通过前期救援数据或者案例库数据直接对应急物资需求量进行预测,而有些研究者用间接预测的方法,即先预测伤亡人口,再计算物资需求量。

如 Sheu(2010)先用数据融合技术对多元信息源提供的人口伤亡数据进行处理,估计出人口伤亡数,即根据多传感器融合的一般原则,提出一种基于熵的加权技术,包括信念系统建模、数据分类、熵估计、权重估计、加权数据集聚等一系列过程。在加权得到人口伤亡数的基础上,再考虑每个人的最低需求量等参数计算出生活类物资的需求量。但是这个模型存在一个重大问题,即在救援初期,信息源提供的数据可靠性较低。

再如郭金芬等(2011)利用 BP 神经网络算法对灾后人员伤亡人数进行预测,然后结合库存管理知识估算灾区应急物资的需求量,并用该方法对汶川地震中北川县的应急物资需求进行了估算。此研究为物资需求预测提供了新的思路,但是如何科学合理地确定 BP 神经网络输入层指标,需要进一步研究。

庞海云(2015)首先提出间接预测应急物资需求量的思路,接着以大型地震中应急物资需求预测为例对预测方法进行研究。先用定性分析和灰色关联分析法定量分析相结合的方法研究与灾区人口伤亡相关的因素,再用 BP 神经网络模型预测灾区人口伤亡数量,最后根据伤亡人数、物资种类、季节差异和地区差异四个因素提出了应急物资需求预测模型。

8.3 应急物流研究案例分析

8.3.1 应急物资分配研究案例分析

本节以"基于不完全扑灭的应急物资分配博弈模型"(编者在《浙江大学学报(工学版)》中发表的同名文章)作为案例,介绍在应急物资分配方面的研究思路和方法。

本案例的应急物资分配决策研究是针对拥有二级节点的分配网络,即如何把应急物资由多个救援点向多个受灾点分配的问题,应急物资分配系统的网络拓扑结构如图 8-2 所示。

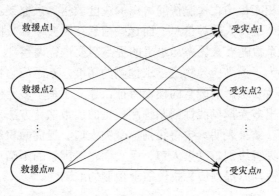

图 8-2 应急物资分配二级节点网络

1. 博弈论在应急物资分配决策的应用原理

博弈论(game theory)是研究决策主体的行为具有相互作用的决策理论,主要用于解决社会经济生活中具有斗争或竞争性质的问题,因此又叫"对策论",属于运筹学的一个重要研究内容。作为一种解决问题的方法,博弈论广泛应用于经济学、政治学、军事、外交、犯罪学等领域。又因为博弈论与经济学具有相同的研究模式,都强调个人理性,追求约束条件下的效用最大化,因此博弈论在经济学中应用最广泛,许多经济学家都是因为对博弈理论研究的杰出贡献而获得诺贝尔奖。

博弈论通过分析决策双方的行为和效果,研究双方的最优决策,其基本概念包括:局中人(参与人)、战略(策略)、行动次序、信息、支付函数、结果、均衡等。其中局中人、策略、支付函数构成博弈的三个基本要素,局中人、行动次序、结果统称为博弈规则,而博弈分析的目的就是使用博弈规则来确定均衡。博弈论分为狭义博弈论和非对称信息博弈论,狭义博弈论在经济管理领域的应用最为广泛。狭义博弈论又分为合作博弈论和非合作博弈论,而后者又可分为完全信息静态博弈、完全信息动态博弈、不完全信息静态博弈和不完全信息动态博弈四种类型。

在应急管理中,决策者往往需要在冲突环境下做出决策,经常会面临两个或者多个参与人的相互作用。决策的结局不是取决于某一方的选择,而是取决于双方或者多方策略选择,是双方或者多方策略行为相互作用的结果,是一个博弈的过程。在应急物资分配决策时,物资供给量经常会少于受灾点的需求量总和,这时不能满足所有受灾点的需求,而且不同救援点的运输时间和救援效率不会完全相同,造成各受灾点在选择救援点和应急物资分配量这两个方面都存在着竞争关系,物资分配决策者应该从受灾者的角度比较各种分配方案,重点考虑如何使每个受灾点的利益最大化,这时博弈论方法为研究物资分配决策提供了新思路。

2. 本案例研究思路

在国内外相关文献研究成果的基础上,本案例认为有以下几个问题值得进一步思考和完善。

(1)在建立多受灾点物资分配博弈模型时,几乎所有学者都是在假设供给平衡状态下进行的研究,事实上,应急实践中特别是救援初期往往会由于供给短缺或者运力不足而造成供给失衡状态,相关学者提出的模型就不适用。

(2)很多学者在研究对受灾点独立分配物资时都以成本最小为原则,但本案例认为,在面对灾害时首先考虑的应该是在最短的响应时间内完成救援,并且对响应时间如何科学刻画需要进一步认真研究。

(3)作为博弈模型的核心要素,效用函数的定义如何体现救援目标也需要进行探讨。

鉴于此,本案例在前人研究的基础上进一步深化研究上述三方面问题,首先按照博弈模型的几大基本要素,建立基于不完全扑灭的多受点应急物资分配博弈模型,然后给出适合模型的求解方案,最后用一个仿真算例验证模型和算法的有效性。

3. 模型假设和问题描述

任何模型的建立都需要在一定的假设条件下进行,本案例做如下假设。

(1)当受灾地需要多种物资时,如果用一种方法能够对其中一种物资进行最优化分配,那么可以重复使用这种方法对其他物资实施分配,因此本案例所建立的模型是对单种物资的分配模型。

(2)在组织物资分配时,通过救灾物流体系的运作,所需救援信息都已及时通过不同方式获得,如受灾点的需求量已经通过一定预测方法估算得出,再如灾区路况信息已经通过卫星、航空等遥感影像技术确定。

(3)每个受灾点都希望在最短的时间内以最高的效率获得救援,因为彼此之间不会形成联盟,并希望自己的收益最大化。

(4)由于突发事件的不可预测性,救援初期物资需求总量大于救援点的总供给量,这时作为应急物资分配决策者,不能只考虑个别受灾点的需求,而应从全局角度出发,考虑每个受灾点利益的最大化,以兼顾救援效率与公平,即采取不完全扑灭灾情的策略。

(5)应急物资运输方式有车辆运输、航空运输和人工搬运3种,根据应急物资分配决策目标,选择何种方式时只考虑响应时间,不考虑运输成本。

根据以上假设,该供需不平衡的应急物资分配问题可以描述成由多个受灾点作为局中人的完全信息非合作博弈问题,并且可以由分配一种物资的非合作博弈模型推广到分配其他物资的模型。

首先进行一些参数设置。

$R = \{R_i | i = 1, 2, \cdots, m\}$ 为救援点集合。

$P = \{P_j | j = 1, 2, \cdots, n\}$ 为受灾点集合。

式中：d_{ij}——从救援点 R_i 至受灾点 P_j 的距离。

q_i——某时刻对于某种应急物资，救援点 R_i 的可供应量，该数值可以通过原有储备量加上新接收的社会捐赠和企业订购计算而得。

b_j——受灾点 P_j 的净需求量，该数值通过实际需求量减去原有储备量计算而得。

现假设 $\sum_{j=1}^{n} b_j \geq \sum_{i=1}^{m} q_i$，则要解决的问题为：如何确定每个救援点 R_i 分配给每个受灾点 P_j 的物资量 x_{ij}，同时保证物资分配方案能够尽量缩短受灾点的响应时间和利益最大化。

4. 基于不完全扑灭的单种物资分配的非合作博弈模型

1）将供需不平衡转化成供需平衡

为了实施博弈过程，必须把供需不平衡的问题转化为供需平衡问题，这时需要虚构一个救援地 R_{m+1}，其供应量是受灾点的总需求量与救援点的总供应量的差额，即 $q_{m+1} = \sum_{j=1}^{n} b_j - \sum_{i=1}^{m} q_i$，相应的，$x_{m+1,j}$ 表示受灾点 P_j 的缺货量，需要等待一个补货时间和运输时间才能得到满足。

2）定义响应时间

本案例把响应时间最短作为应急物资分配的首要目标，所以必须定义和计算响应时间。

定义1：从救援点到受灾点的响应时间是指受灾点实际得到救助的时间，数值上等于实际运输时间（或者运输时间与补货所需等待时间之和）除以救援效率系数。

由定义1可知，在应急救灾案例中，假设在等待补货时间内路况信息不变时，响应时间函数为：

$$t_{ij} = \begin{cases} \min\left\{\dfrac{d_{ij}}{v_1} + t_r \gamma_{ij} d_{ij} + t_a, \dfrac{d_{ij}}{v_2} + t_f, \dfrac{d_{ij}}{v_3}\right\} \Big/ \beta_i, & i \neq m+1 \\ \min\left\{\left(\min\left\{\dfrac{d_{kj}}{v_1} + t_r \gamma_{kj} d_{kj} + t_a, \dfrac{d_{kj}}{v_2} + t_f, \dfrac{d_{kj}}{v_3}\right\} + t_k\right) \Big/ \beta_k \Big| k \in [1, m]\right\}, & i = m+1 \end{cases}$$

式中：d_{ij}——救援点 R_i 与受灾点 P_j 之间的距离；

v_1——车辆运输的平均速度；

v_2——航空运输的平均速度；

v_3——人工搬运的平均速度；

t_a——车辆组织或启用以及装卸物资所耗费的平均时间；

t_f——班机组织或启用以及装卸物资所耗费的平均时间；

γ_{ij}——救援点 R_i 与受灾点 P_j 之间的道路破坏率；

t_r——修复单位距离平均耗费的时间；

γ_{kj}——需要等待补货的救援点到受灾点的道路破坏率；

d_{kj}——需要等待补货的救援点到受灾点的距离；

$\beta_i \in [0, 1]$——救援点的救援效率系数（当救援人员经验越丰富或设备可靠性程度越高时，该系数就越大）；

t_k——救援点 R_i 物资补充所需周转时间。

在这个函数中，第一项表达式指受灾点的需求量直接由救援点供应所需要的最少时间，不仅要考虑以运输时间最少选择运输方式，还要考虑各救援点的救援效率；而第二项表达式指受灾点的需求量需要等待一个物资周转时间才由救援点供应所需要的最少时间，要通过计算各救援点补货及运输所需要的时间，即指缺货时所需要的响应时间，并对响应时间进行比较，根据比较的结果来确定由哪个救援点进行补货。

3）定义局中人及其策略

所谓局中人是指博弈中能够独立决策、独立行动并承担决策结果的个人或组织。局中人是理性的，他根据自己的利益来决定行动，一般来说，博弈的局中人越多，情况就越复杂，结果也越难预料。对于博弈模型的建立和求解来讲，局中人设的越多，博弈的纳什均衡解就越难得到，从而影响模型的实用性。

如果把每个受灾点定义为博弈模型的局中人，那么其策略可以定义为受灾点从各救援点获得分配量的一个组合，但是当需求量和供应量的数额较大时，会出现由于策略空间太大而导致不能在多项式时间内求得纳什均衡解的问题，也会影响模型的实用性，因此需要对局中人及其策略的概念重新定义。

本案例采用分阶段规划的方法，即在对各受灾点进行独立分配的基础上针对发生冲突的受灾点建立博弈模型，这样会大大减少策略集的大小。具体做法如下。

（1）针对每个受灾点，将各救援点进行排序，本案例用前文定义的响应时间作为排序的标准，救援点的响应时间越短，该救援点就排在越前面。

（2）根据排序结果，在不考虑其他受灾点的情况下，对受灾点进行初始分配，并满足以下两个条件：

① 假设各救援点的总供应量大于等于每个受灾点的需求量，即 $\sum_{i=1}^{n} q_i \geq b_j$，配到第 j 个受灾点的物资量等于其需求量，即 $\sum_{i} x_{ij} = b_j$；

② 任意分配方案中的分配量均小于等于相应救援点的可供应量，即 $x_{ij} \leq q_i$。

（3）检查按照初始分配方案各救援点的分配量 $\sum_{j} x_{ij}$ 是否大于供给量 q_i，即是否有冲突物资。假设救援点补货所需时间相比正常响应时间长，则可以得到命题1。

命题1： 当供需不平衡时，初始分配方案必定会出现某个救援点的分配量大于供给量，即必定形成多个受灾点对某个救援点物资展开竞争的情况。

由此，针对冲突物资，相关的受灾点便成为博弈的局中人，对其策略需要重新定义。

定义2： 按照初始分配方案，设在救援点 R_i 发生冲突的物资量为 y，参与竞争的受灾点的个数为 N，则局中人 $P_j(j \in [1, N])$ 的策略就是在竞争中获取冲突物资的数量，用 y_j 表示，则存在 $\sum_{j=1}^{N} y_j \leq y$。

按照定义2，设局中人 P_j 的策略集为 $s_j = \{y_{j1}, y_{j2}, \cdots, y_{jr(j)}\}$，其中 $r(j)$ 为其策略数，采用递归算法产生 N 个局中人的组合策略，记为 $S = \{s_1, s_2, \cdots, s_N\}$，可见新定义使局中人的数量及其策略空间大大缩小，方便下一步求模型的纳什均衡解。

4）定义支付矩阵

在博弈论中，支付是指在一个特定的策略组合下局中人得到的效用或者遭受的损失，是每个参与博弈的人真正关心的点，支付不仅取决于自己的策略，而且取决于其他局中人的策略选择。

为了突出第 j 个局中人的策略，用 $S_{-j} = \{S_{-j1}, S_{-j2}, \cdots, S_{-jm(j)}\}$ 表示除 P_j 外其他所有局中人所采取的组合策略，其中 $m(j) = \prod_{k \neq j} r(k)$，则支付矩阵如表 8-4 所示。

表 8-4 局中人的支付矩阵

P_j	S_{-j1}	S_{-j2}	...	$S_{-jm(j)}$
s_{j1}	U_{j11}	U_{j12}	...	$U_{j1m(j)}$
s_{j2}	U_{j21}	U_{j22}	...	$U_{j2m(j)}$
⋮	⋮	⋮	⋮	⋮
$s_{jr(j)}$	$U_{jr(j)1}$	$U_{jr(j)2}$	...	$U_{jr(j)m(j)}$

表 8-4 所示矩阵中的元素 U 就是支付，在本模型中对局中人支付的定义如下。

定义 3：当所有局中人获取的冲突物资总量等于总的冲突物资量时，局中人 P_j 的支付是其从 R_i 分配 y_j 冲突物资所获得的收益与其他局中人放弃冲突物资而遭受的损失之和，否则支付是 0。支付用 U_{jkl} 来表示，其中 $k \in [1, r(j)]$，$l \in [1, m(j)]$。

命题 2：当最优分配不能执行时考虑次优分配（由救援点排序中的下一个响应时间较短的救援点供应），收益或损失与响应时间的缩短量或延长量（用 Δt_{ij} 表示）、分配或放弃的冲突物资量，以及该受灾点对物资的需求紧迫程度（用 w_j 表示，可以根据受灾人口的特点或者受灾情况来确定，值越大表示越紧迫）线性正相关。

由定义 3 和命题 2 可得局中人的支付函数为：

$$U_{jkl} = \begin{cases} w_j \cdot y_j \cdot \Delta t_{ij} + \sum_{k \neq j} w_k \cdot (\min\{x_{ij}, y\} - y_k) \cdot \Delta t_{ik}, & \sum_j y_j = y \\ 0, & \text{其他} \end{cases}$$

5）寻找纳什均衡解的方案

本模型属于 N 人有限非合作博弈模型，纳什证明此类模型一定存在纳什均衡解，Mckelvey 和 Mclennan 通过定义一个非负实值函数把寻找纳什均衡解的问题转化为求此函数的极小值问题，Pavlidis 等在其基础上用三种智能计算方法，即协方差矩阵的适应进化策略（covariance matrix adaptation evolution strategies）、粒子群优化（particle swarm optimization）和差分进化（differential evolution）研究了求此函数极小值的效果，研究结果表明 PSO 方法在寻找纳什均衡解时表现优异，所以本案例采用 PSO 方法对模型求解。

设 $p_{jk} \in [0,1]$ 为局中人 P_j 采取策略 s_{jk} 的概率，且 $\sum_{k \in [1, r(j)]} p_{jk} = 1$，设 $p = (p_1, p_2, \cdots, p_N)$，$p_{-j} = \{p_k | k \in [1, N], \text{且} k \neq j\}$，$p(s) = \prod_{j \in [1, N]} p_j(s)$，$u_j(p) = \sum_{s \in S} p(s) u_j(s)$，则适应度函数如下式所示：

$$\text{fitness} = \sum_j \sum_k \{\max\{u_j(s_{jk}, p_{-j}) - u_j(p), 0\}\}^2 + M\sum_j \sum_k (\min\{p_{jk}, 0\})^2 +$$
$$M\sum_j (1 - \sum_k p_{jk})^2 + M(\min\{\sum_j \sum_k p_{jk} y_{jk} - y, 0\})^2$$

式中：M——足够大的正数，在这里充当罚数。

其中，$\sum_j \sum_k \{\max\{u_j(s_{jk}, p_{-j}) - u_j(p), 0\}\}^2$ 由纳什均衡解的定义可得，$M\sum_j \sum_k (\min\{p_{jk}, 0\})^2$ 表示局中人的概率值非负，$M\sum_j (1 - \sum_k p_{jk})^2$ 表示局中人采取各项策略的概率值之和为 1，$M(\min\{\sum_j \sum_k p_{jk} y_{jk} - y, 0\})^2$ 指所有局中人获得冲突物资的期望值之和等于冲突物资的总量。

由此可知，当且只当 $\text{fitness}(p^*) = 0$ 时，p^* 是纳什均衡解。所以，求出上式的极小值，便可得纳什均衡解。

根据相关文献的研究，用 PSO 算法求解纳什均衡解的过程如下。

（1）初始化 N 个微粒个体，计算每一个微粒的适应值。

（2）进行停机条件判断，如果停机条件满足，则停止运行并输出结果，否则，继续。

（3）微粒群中的每个微粒的速度按照下式进行更新：

$$v_{id}(t+1) = wv_{id}(t) + c_1 r_1 (\text{pbest}_{id} - x_{id}(t)) + c_2 r_2 (\text{gbest}_d - x_{id}(t))$$

式中：$v_{id}(t)$——粒子 i 在 t 时刻 d 维的运行速度；

$x_{id}(t)$——粒子 i 在 t 时刻 d 维的位置；

w——惯性常数；

c_1、c_2——学习因子；

r_1、r_2——[0, 1]内的均匀随机数；

pbest 和 gbest——表示每个粒子自身历史最佳位置和所有粒子历史最佳位置；

（4）微粒群中每个微粒的位置按照下式更新：

$$x_{id}(t+1) = x_{id}(t) + v_{id}(t+1)$$

（5）评价每个微粒的适应值，转（2）。

5. 博弈模型的应用研究

1）基于不完全扑灭的应急物资分配算法设计

（1）判断供需是否均衡，如果是，转（3）。

（2）虚构一救援点，使其供应量为总需求量与总供应量的差额。

（3）对每个受灾点，计算从各救援点到该受灾点的响应时间，并按照从小到大排序。

（4）对每个受灾点进行以响应时间最短为目标的独立分配，形成初始分配方案。

（5）对未标记常态的每个救援点的分配情况进行判断，按照最新分配方案其分配总量是否大于供应量。如果未出现这种情况，说明当前分配方案是最优方案，算法结束；否则在该救援点的相关冲突受灾点之间形成一个博弈关系。

（6）建立冲突受灾点之间的静态非合作博弈模型，用 PSO 算法寻找纳什均衡解，并修改物资分配方案，把该救援点标记为常态，不再参加（5）的判断。

（7）对新分配方案中需求没有满足的受灾点，由（3）形成的排序结果的下一个响应时间稍长的救援点来满足其剩余需求，返回（5）。

为了更清楚地表达算法，将算法设计以流程图的形式表示，如图8-3所示。

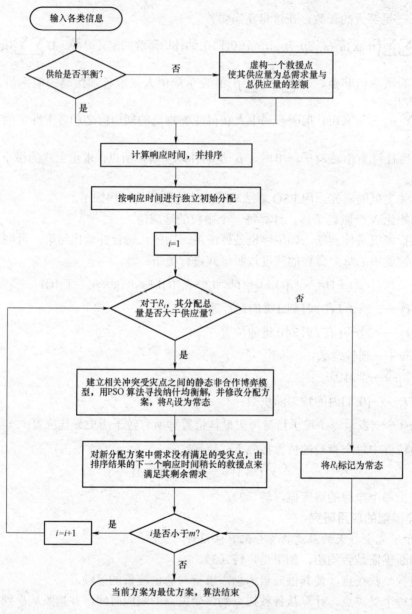

图8-3 应急物资分配算法流程图

2）数值算例

（1）算例信息。设某个地震灾区有5个受灾点，对某种应急物资的需求量分别为6、7、10、9、10，有3个救援点同时提供这种物资，供给量分别为8、15、17，各救援点到各受灾点的运输距离如表8-5所示。

表 8-5　各救援点到各受灾点的运输距离

d_{ij}	P_1	P_2	P_3	P_4	P_5	供应量
R_1	100	120	70	85	150	8
R_2	90	150	50	80	100	15
R_3	70	95	40	110	160	17
需求量	6	7	10	9	10	

各种运输方式的速度 v_1、v_2、v_3 分别为 50 km/h、200 km/h、5 km/h，车辆和班机组织或启用以及装卸物资所耗费的平均时间 t_a、t_f 分别为 2 h 和 10 h，不同救援点的救援效率 β_1、β_2、β_3 分别为 0.8、1、0.9，修复单位距离平均耗费的时间 t_r 为 3 h/km，物资补充所需周转时间 t_1、t_2、t_3 分别为 28 h、33 h、36 h，对物资的需求紧迫程度 w_1、w_2、w_3、w_4、w_5 分别为 1.2、1.1、1.5、1.0、1.6，道路破坏率如表 8-6 所示。

表 8-6　各救援点到各受灾点的道路破坏率

γ_{ij}	P_1	P_2	P_3	P_4	P_5
R_1	0.05	0.03	0.01	0.02	0.00
R_2	0.03	0.01	0.04	0.02	0.01
R_3	0.03	0.01	0.02	0.03	0.04

（2）响应时间计算。可知总需求量为 42，而总供应量为 40，则虚构救援点 R_4，其供应量为 2，计算各节点之间的响应时间，结果如表 8-7 所示。

表 8-7　各救援点到各受灾点的响应时间　　　　　　　　　单位：h

t_{ij}	P_1	P_2	P_3	P_4	P_5
R_1	15.63	13.25	6.88	11	6.25
R_2	10.45	9.5	9	8.4	6.4
R_3	10.78	7.5	5.78	11.72	12
R_4	43.35	42.5	41.88	41.4	39.4

（3）对各救援点排序，按照排序结果对受灾点独立分配。

排序结果为：

P_1：　　$R_2 \succ R_3 \succ R_1 \succ R_4$

P_2：　　$R_3 \succ R_2 \succ R_1 \succ R_4$

P_3: $\quad R_3 \succ R_2 \succ R_1 \succ R_4$

P_4: $\quad R_2 \succ R_1 \succ R_3 \succ R_4$

P_5: $\quad R_1 \succ R_2 \succ R_3 \succ R_4$

从各受灾点对救援点的排序结果来看，由于缺货等待时间比较长，受灾点以自己的响应时间最短为目标均不愿意由虚构的救援点来供货，以致在供需不均衡时，必然会造成对某些救援点的物资产生竞争。

独立分配结果为：

$$x_{ij}^{(1)} = \begin{bmatrix} 0 & 0 & 0 & 0 & 8 \\ 6 & 0 & 0 & 9 & 2 \\ 0 & 7 & 10 & 0 & 0 \\ 0 & 0 & 0 & 0 & 0 \end{bmatrix}$$

3）针对冲突物资构建博弈模型

在本案例中，救援点 R_2 的分配量 17 超过其供应量 15，则 y 为 2，这时 P_1、P_4、P_5 之间形成博弈关系，构建博弈模型。P_1、P_4、P_5 的策略集为 $s_1 = s_4 = s_5 = \{0,1,2\}$，则 $r(1) = r(2) = r(3) = 3$，$m(1) = m(2) = m(3) = 9$，得各受灾点的支付矩阵，结果如表 8-8 至表 8-10 所示。

表 8-8 受灾点 P_1 的支付矩阵

P_1	(0,0)	(0,1)	(0,2)	(1,0)	(1,1)	(1,2)	(2,0)	(2,1)	(2,2)
0	0	0	5.2	0	11.56	0	17.92	0	0
1	0	14.556	0	20.916	0	0	0	0	0
2	23.912	0	0	0	0	0	0	0	0

表 8-9 受灾点 P_4 的支付矩阵

P_4	(0,0)	(0,1)	(0,2)	(1,0)	(1,1)	(1,2)	(2,0)	(2,1)	(2,2)
0	0	0	0.792	0	9.356	0	17.92	0	0
1	0	12.352	0	20.916	0	0	0	0	0
2	23.912	0	0	0	0	0	0	0	0

表 8-10 受灾点 P_5 的支付矩阵

P_5	(0,0)	(0,1)	(0,2)	(1,0)	(1,1)	(1,2)	(2,0)	(2,1)	(2,2)
0	0	0	0.792	0	2.996	0	5.2	0	0
1	0	12.352	0	14.556	0	0	0	0	0
2	23.912	0	0	0	0	0	0	0	0

4）求纳什均衡解，得出新分配方案

按照前面构造的适应度函数，用 Matlab 7.9 编写 PSO 程序，仿真计算得到其中一个纳什均衡解为：$p_1^* = (0.27, 0.56, 0.17)$、$p_4^* = (0.69, 0.31, 0.00)$、$p_5^* = (0.30, 0.53, 0.17)$，则 $s^* = (1,0,1)$，

重新调整分配方案得 $x_{ij}^{(2)}$，并且把 R_2 定为常态。

$$x_{ij}^{(2)} = \begin{bmatrix} 0 & 0 & 0 & 2 & 8 \\ 6 & 0 & 0 & 7 & 2 \\ 0 & 7 & 10 & 0 & 0 \\ 0 & 0 & 0 & 0 & 0 \end{bmatrix}$$

5）重复以上过程，最终得最优分配方案

经检查发现在 R_1 分配量大于供应量时，P_4、P_5 形成新的博弈关系，建模求解得：$s_4^* = 0, s_5^* = 2$，新分配方案为 $x_{ij}^{(3)}$，把 R_1 设为常态。

$$x_{ij}^{(3)} = \begin{bmatrix} 0 & 0 & 0 & 0 & 8 \\ 6 & 0 & 0 & 7 & 2 \\ 0 & 7 & 10 & 2 & 0 \\ 0 & 0 & 0 & 0 & 0 \end{bmatrix}$$

同理，在救援点 R_3，P_2、P_3、P_4 形成博弈关系，建模求解得：$s_2^* = 1, s_3^* = 1, s_4^* = 0$，得新分配方案 $x_{ij}^{(4)}$，把 R_3 设为常态。

$$x_{ij}^{(4)} = \begin{bmatrix} 0 & 0 & 0 & 0 & 8 \\ 6 & 0 & 0 & 7 & 2 \\ 0 & 7 & 10 & 0 & 0 \\ 0 & 0 & 0 & 2 & 0 \end{bmatrix}$$

这时所有救援点分配量均与其供应量相等，所以当前方案为最优分配方案。

从三次博弈的仿真结果来看，对物资需求越紧迫、按次优方案分配时响应时间延长量越大的受灾点在博弈中越容易得到冲突物资，说明本案例提出的物资分配模型具有有效性和合理性。应着重强调的是，根据本案例提出的不完全扑灭策略，建立针对冲突受灾点的博弈模型并求其纳什均衡解，具有重要的现实意义。在这种策略下，所有受灾点都实现了利益最大化，满意度相对提高，救灾效果较好，使应急物资分配兼顾到效率和公平，实现了效率与公平的统一。

6. 案例小结

本案例研究如何在具有二级节点的应急物资分配网络中构建应急物资分配决策模型的问题。

（1）分析了用博弈论方法研究应急管理和应急物资分配的原理，提出了本案例的研究思路。

（2）设计了基于不完全扑灭策略的应急物资分配算法，重点构建了完全信息非合作博弈模型。该算法首先通过虚构救援点将供需不平衡问题转化为供需平衡问题，其次通过综合考虑应急救援运输和救援效率科学刻画了响应时间函数，并以此为目标进行初始分配，然后设计了局中人及其支付函数，构建了博弈模型，最后通过构建适应度函数，提出用粒子群算法求解模型的思路。

（3）用一个算例证明该模型和算法能解决多个受灾点对资源需求的冲突，实现合理地分配应急物资的目的。

8.3.2 应急物资储备研究案例分析

本节以编者发表在《系统管理学报》中发表的同名论文《基于实物期权契约的应急物资政企联合储备模型》作为案例，分析应急物资储备的研究内容和方法。该案例根据我国应急管理实践需求，研究了基于实物期权契约的应急物资政企联合储备模式，并针对适合实物期权契约的应急物资的特性，构建政府期望成本函数和企业期望利润函数，提出了政企联合储备模型。分析比较了有无期权合作契约的最优储备问题，揭示了不同储备模式下影响政府储备决策的关键因素。讨论合作可行性的约束条件，通过算例研究期权价格和执行价格的取值范围，分析政企单位库存成本比值和突发事件发生的概率对储备决策及合作可行性的影响。研究表明，政企之间的实物期权契约能有效提高应急保障系统的保障能力，并降低政府的单位应急保障成本，提高企业利润，实现合作双赢。

1. 研究思路

分析现有国内外相关文献后，本案例提出构建政企联合储备模型的基本思路。

（1）各种应急物资的生产供应特性不同，那么储备模式以及期权契约模型也应相应改变，本案例认为对那些生产启动周期较长、原材料供应困难、峰值需求量小，因应急救援的紧迫性无法在短期内突击生产和供应的物资进行实物期权政企联合储备，分析其储备模式。

（2）已有文献提出的模型中，多数没有考虑库存成本以及资金的时间价值，但政企合作最大的意义在于利用专业生产企业高效的库存管理能力，而且在较长的契约周期内，不同时间点的资金价值量有显著差异，因此在本案例提出的模型中要特别强调政企双方库存管理效率的差别以及资金的时间价值。

（3）需要在借鉴一般供应链期权契约理论的基础上，考虑突发事件的需求不确定性以及政府的非营利性，重新构建政府期望成本和企业期望利润函数，建立应对突发事件的基于期权契约的政企联合应急物资实物储备模型，在讨论合作可行性条件和模型参数变化对最优决策以及协调效率的影响时，侧重考虑应急保障系统保障能力以及政府单位保障成本的变化，而不是单纯考虑政府总成本的变化。

2. 政企联合实物储备模式概述

1）储备模式描述

实物储备是政企联合储备应急物资的最基本形式，在实物期权契约下的储备模式及决策分析如图 8-4 所示。

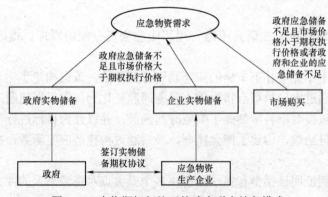

图 8-4 实物期权契约下的政企联合储备模式

突发事件发生前，政府为应急管理的需要向供应商或者市场采购一定数量的实物进行储备，同时，为降低需求变化带来的供不应求和现货市场价格波动带来的采购成本上升等方面的风险，政府与供应商签订一份基于实物期权的联合储备契约；供应商接受契约并进行实物储备。突发事件发生后，政府依据应急物资需求量的大小，并比较期权执行价格和现货市场的采购价格，来决策是否执行期权以及执行期权的数量。决策规则如下：①如果应急需求量低于政府的初始实物储备，则政府的实物储备除满足需求外，其剩余产品以及企业的实物储备均按残值处理；②如果应急需求量高于政府的初始实物储备量而低于政府与企业实物储备量之和，且市场价格大于期权执行价格，则政府实物储备全部用于满足需求，其他需求由企业实物储备来满足，企业的剩余储备按残值处理。③如果应急需求量高于政府与企业实物储备量之和或者政府储备不足时市场价格低于期权执行价格，这时剩余需求由现货市场提供。

2）相关假设

为建模需要，本案例做如下假设。

（1）签订期权契约的目的是应对随时可能发生的灾害，政府在灾前购买实物期权是为了灾后随时可以执行购买应急物资的权力，故选用美式看涨期权。

（2）突发事件发生的概率很小，在较长的契约期限内最多发生一次事件，且发生的时间均计算在年末，在契约期内是均匀分布的，而因此产生的应急物资需求可以通过对历史需求数据的分析，确定其概率密度和分布函数。

（3）为研究方便，假设生产应急物资的所有企业的单位生产成本、库存成本和价格均相等，则在本案例模型中所指企业就是一类企业，实物期权储备契约的执行期等于应急物资的保质期，到期的剩余物资必须按残值处理。

（4）当突发事件发生后，对应急物资的需求增大，使其市场价格上升至最高，这个最高价格的数值可以从过去类似突发事件的案例库中获取，且往往大于期权执行价格，当政府和企业的实物储备总量不能满足应急物资需求时，考虑到应急物资影响到救灾效果，政府会不惜代价从所有市场上购买到充足的物资，不会导致缺货，而适合实物储备的物资均无法紧急生产，则任何时刻的生产成本均相同。

（5）不存在影响企业收益的交易费用、税收和保证金等外部因素。

（6）在契约期内不存在无风险套利机会，无风险利率为常数。

3）符号说明

在以上假设基础上，相关符号设置如下。

（1）设在契约期内突发事件发生一次的概率 $\lambda(0<\lambda\leqslant 1)$ 为一常数，应急物资的需求量 x 是随机变量，需求密度函数和分布函数分别为 $f(x)$ 和 $F(x)$，假设 $F(x)\in[0,1]$ 连续可导且单调递增，需求量极大值为 M。

（2）美式看涨期权的价格为 c，期权订购量为 q，执行价格为 w，期权期限为 T，突发事件发生的时间为 $t(t=1,2,\cdots,T)$，r 为无风险利率。

（3）在契约期初政府按市场价格向企业订购物资的价格为 P_0，订购量为 Q，为便于比较，设政企联合前后在 t 年发生突发事件的订购量分别为 Q_{1t}、Q_{2t}，则政府的期望订购量分别为 Q_1、Q_2，突发事件后价格上升至 $P_m(P_m>P_0,P_m>w)$，物资的单位生产成本为 c_0，在契约期末企业和政府的剩余储备物资的单位残值均为 v。

（4）政府和企业实物储备物资的单位库存成本分别为 kc_1 和 c_1，均与储备时间没有关系，另因政府的库存管理水平较低，或需要委托其他仓储企业代为储存增加委托费用，则 $k>1$。

3. 应急物资政企联合储备模型

1）无政企实物期权合作的储备模型

为便于比较，先分析政企双方无实物期权合作，只依靠政府的提前储备来应对突发事件引起的物资需求的储备模式，设在契约周期 T 内不发生突发事件和在 $t(t \leqslant T)$ 时刻发生突发事件时政府储备物资的期望成本函数分别为 Π_{gt}^{10} 和 Π_{gt}^{11}。

$$\Pi_{gt}^{10} = P_0 Q_{1t} e^{rT} + kc_1 Q_{1t} e^{rT} - v Q_{1t}$$

$$\Pi_{gt}^{11} = P_0 Q_{1t} e^{rT} + kc_1 Q_{1t} e^{rT} + \int_{Q_{1t}}^{M} P_m (x - Q_{1t}) e^{r(T-t)} f(x) dx - \int_0^{Q_{1t}} v(Q_{1t} - x) f(x) dx$$

则政府在 t 时刻总的期望成本函数为：

$$\Pi_{gt}^1 = (1-\lambda) \Pi_{gt}^{10} + \lambda \Pi_{gt}^{11} = (P_0 + kc_1) Q_{1t} e^{rT} + \lambda \int_{Q_{1t}}^{M} P_m (x - Q_{1t}) e^{r(T-t)} f(x) dx -$$

$$\lambda \int_0^{Q_{1t}} v(Q_{1t} - x) f(x) dx - (1-\lambda) v Q_{1t}$$

上式中包括期初订购成本、库存成本以及实际需求量超过储备量时向社会紧急订购的成本，并除去期末回收的剩余物资的残值收入。

命题 3：在政企未通过实物期权联合储备物资，单纯依靠政府提前储备时，政府成本最小化的最优储备量为：

$$Q_{1t}^* = F^{-1}\left[1 - \frac{(P_0 + kc_1) e^{rT} - v}{\lambda(P_m e^{r(T-t)} - v)}\right], \quad Q_1^* = \sum_{t=1}^{T} \frac{Q_{1t}^*}{T}$$

证明：求关于 Q_{1t} 的一阶和二阶导数可得：

$$\frac{d\Pi_{gt}^1}{dQ_{1t}} = (P_0 + kc_1) e^{rT} - v(1-\lambda) - \lambda e^{r(T-t)} P_m + \lambda P_m e^{r(T-t)} \int_0^{Q_{1t}} f(x) dx - \lambda v \int_0^{Q_{1t}} f(x) dx$$

$$\frac{d^2 \Pi_{gt}^1}{dQ_{1t}^2} = \lambda f(Q_{1t})(P_m e^{r(T-t)} - v) > 0$$

则上述成本函数在一阶导数处存在极小值点。

令 $\frac{d\Pi_{gt}^1}{dQ_{1t}} = 0$，得 $Q_{1t}^* = F^{-1}\left[1 - \frac{(P_0 + kc_1) e^{rT} - v}{\lambda(P_m e^{r(T-t)} - v)}\right]$，因为 t 为整数，且在 $[1,T]$ 内均匀分布，则 $Q_1^* = \sum_{t=1}^{T} \frac{Q_{1t}^*}{T}$，命题得证。

推论 1：在单纯依靠政府灾前储备应急物资模式下，政府的最优储备量 Q_{1t}^* 受突发事件发生的概率 λ 和时间 t，契约期限 T 和无风险利率 r，物资期初价格 P_0 和最大价格 P_m、政府的单位库存成本 kc_1、期末残值 v 的影响，且随着 λ、P_m 的增加而增加，随着 P_0、kc_1、t 的增加而减少。

推论 1 说明当在契约期限内突发事件发生的概率增加时，或该种物资在应急状态下价格上涨幅度越大时，政府就会增加期初实物储备；相反，当该种物资的期初价格和政府的单位库存成本提高时，或突发事件发生的时间越晚时，政府会降低期初的实物储备。

在这种模式下，企业总的期望利润函数为：

$$\Pi_{st}^1 = (P_0 - c_0)Q_1 e^{rT} + \lambda \int_{Q_1}^M (P_m - c_0 - c_1) e^{r(T-t)}(x - Q_1) f(x) dx, \quad \Pi_s^1 = \sum_{t=1}^T \frac{\Pi_{st}^1}{T}$$

上式利润函数包括在期初企业向政府销售应急物资的利润，以及灾后政府储备量不足时满足政府应急采购需求的利润。

整个应急供应链的期望成本为：

$$\Pi_t^1 = \Pi_{gt}^1 - \Pi_{st}^1 = -\lambda \int_0^{Q_1} v(Q_1 - x) f(x) dx - (1-\lambda)vQ_1 + (c_0 + kc_1)Q_1 e^{rT} +$$

$$\lambda \int_{Q_1}^M (c_0 + c_1) e^{r(T-t)}(x - Q_1) f(x) dx, \quad \Pi^1 = \sum_{t=1}^T \frac{\Pi_t^1}{T}$$

2）基于政企实物期权合作的储备模型

在图 8-4 所描述的基于实物期权契约的政企联合储备物资模式下，在契约周期 T 内不发生突发事件和在 $t(t \leq T)$ 时刻发生突发事件，政府储备物资的期望成本函数分别为 Π_{gt}^{20} 和 Π_{gt}^{21}：

$$\Pi_{gt}^{20} = P_0 Q_{2t} e^{rT} + kc_1 Q_{2t} e^{rT} + cq e^{rT} - vQ_{2t}$$

$$\Pi_{gt}^{21} = P_0 Q_{2t} e^{rT} + kc_1 Q_{2t} e^{rT} + cq e^{rT} + \int_{Q_{2t}}^{Q_{2t}+q} w(x - Q_{2t}) e^{r(T-t)} f(x) dx + \int_{Q_{2t}+q}^M wq e^{r(T-t)} f(x) dx +$$

$$\int_{Q_{2t}+q}^M P_m(x - Q_{2t} - q) e^{r(T-t)} f(x) dx - \int_0^{Q_{2t}} v(Q_{2t} - x) f(x) dx$$

则政府在 t 时刻总的期望成本函数为：

$$\Pi_{gt}^2 = (1-\lambda)\Pi_{gt}^{20} + \lambda \Pi_{gt}^{21} = (P_0 + kc_1)Q_{2t} e^{rT} + cq e^{rT} + \lambda \int_{Q_{2t}}^{Q_{2t}+q} w(x - Q_{2t}) e^{r(T-t)} f(x) dx +$$

$$\lambda \int_{Q_{2t}+q}^M wq e^{r(T-t)} f(x) dx + \lambda \int_{Q_{2t}+q}^M P_m(x - Q_{2t} - q) e^{r(T-t)} f(x) dx -$$

$$\lambda \int_0^{Q_{2t}} v(Q_{2t} - x) f(x) dx - (1-\lambda)vQ_{2t}$$

上式的成本函数中包括订购成本、库存成本、实物期权购买成本和执行成本，以及紧急订购成本，并除去期末回收的剩余物资的残值收入。

命题 4：基于实物期权的政企联合储备应急物资模式下，政府的期望成本函数 Π_{gt}^2 是关于 (Q_{2t}, q_t) 的联合凸函数，且存在唯一最优解 (Q_{2t}^*, q_t^*)，其中 $Q_{2t}^* = F^{-1}\left[1 - \frac{(P_0 + kc_1 - c)e^{rT} - v}{\lambda(we^{r(T-t)} - v)}\right]$，

$Q_2^* = \sum_{t=1}^T \frac{Q_{2t}^*}{T}$，$q_t^* = F^{-1}\left[1 - \frac{ce^{rT}}{\lambda(P_m - w)}\right] - F^{-1}\left[1 - \frac{(P_0 + kc_1 - c)e^{rT} - v}{\lambda(we^{r(T-t)} - v)}\right]$，$q^* = \sum_{t=1}^T \frac{q_t^*}{T}$。

证明：对政府的期望成本函数分别求关于 Q_{2t} 和 q_t 的一阶和二阶偏导可得：

$$\frac{\partial \Pi_{gt}^2}{\partial Q_{2t}} = -\lambda P_m e^{r(T-t)} + (P_0 + kc_1) e^{rT} - v(1-\lambda) + \lambda e^{r(T-t)}(P_m - w) \int_0^{Q_{2t}+q} f(x) dx +$$

$$\lambda(we^{r(T-t)} - v) \int_0^{Q_{2t}} f(x) dx$$

$$\frac{\partial^2 \Pi_{gt}^2}{\partial Q_{2t}^2} = \lambda(P_m - w)e^{r(T-t)}f(Q_{2t} + q) + \lambda(we^{r(T-t)} - v)f(Q_{2t}) > 0$$

$$\frac{\partial^2 \Pi_{gt}^2}{\partial Q_{2t}\partial q} = \lambda e^{r(T-t)}(P_m - w)f(Q_{2t} + q)$$

$$\frac{\partial \Pi_{gt}^2}{\partial q_t} = ce^{rT} + \lambda(w - P_m)e^{r(T-t)}\int_{Q_{2t}+q_t}^{M} f(x)dx, \quad \frac{\partial^2 \Pi_{gt}^2}{\partial q_t^2} = \lambda(P_m - w)e^{r(T-t)}f(Q_{2t} + q) > 0$$

$$\frac{\partial^2 \Pi_{gt}^2}{\partial q_t \partial Q_{2t}} = \lambda e^{r(T-t)}(P_m - w)f(Q_{2t} + q) = \frac{\partial^2 \Pi_{gt}^2}{\partial Q_{2t}\partial q_t}, \quad |D_1| = \left|\frac{\partial^2 \Pi_{gt}^2}{\partial Q_{2t}^2}\right| > 0$$

$$|D_2| = \begin{vmatrix} \dfrac{\partial^2 \Pi_{gt}^2}{\partial Q_{2t}^2} & \dfrac{\partial^2 \Pi_{gt}^2}{\partial Q_{2t}\partial q_t} \\ \dfrac{\partial^2 \Pi_{gt}^2}{\partial q_t \partial Q_{2t}} & \dfrac{\partial^2 \Pi_{gt}^2}{\partial q_t^2} \end{vmatrix} = \lambda^2 (P_m - w)e^{r(T-t)}f(Q_{2t} + q_t)f(Q_{2t})(we^{r(T-t)} - v) > 0$$

因此，Π_{gt}^2 是关于 (Q_{2t}, q_t) 的联合凸函数，且存在唯一最优解 (Q_{2t}^*, q_t^*)。令

$$\frac{\partial \Pi_{gt}^2}{\partial Q_{2t}} = -\lambda P_m e^{r(T-t)} + (P_0 + kc_1)e^{rT} - v(1 - \lambda) + \lambda e^{r(T-t)}(P_m - w)\int_0^{Q_{2t}+q_t} f(x)dx +$$

$$\lambda(we^{r(T-t)} - v)\int_0^{Q_{2t}} f(x)dx = 0$$

$$\frac{\partial \Pi_{gt}^2}{\partial q_t} = ce^{rT} + \lambda(w - P_m)e^{r(T-t)}\int_{Q_{2t}+q_t}^{M} f(x)dx = 0$$

得

$$Q_{2t}^* = F^{-1}\left[1 - \frac{(P_0 + kc_1 - c)e^{rT} - v}{\lambda(we^{r(T-t)} - v)}\right], \quad Q_2^* = \sum_{t=1}^{T} \frac{Q_{2t}^*}{T},$$

$$q_t^* + Q_{2t}^* = F^{-1}\left[1 - \frac{ce^{rT}}{\lambda(P_m - w)}\right]$$

则 $q_t^* = F^{-1}\left[1 - \dfrac{ce^{rt}}{\lambda(P_m - w)}\right] - F^{-1}\left[1 - \dfrac{(P_0 + kc_1 - c)e^{rT} - v}{\lambda(we^{r(T-t)} - v)}\right], \quad q^* = \sum_{t=1}^{T} \dfrac{q_t^*}{T}$

上述命题得证。

推论2：在上述基于实物期权的政企联合储备应急物资模式下，政府的最优实物储备量 Q_{2t}^* 受突发事件发生的概率 λ 和时间 t，物资期初价格 P_0 和期末残值 v，政府的单位库存成本 kc_1，期权的价格 c 和执行价格 w 的影响，且随着 λ、w、c 的增加而增加，随着 P_0、kc_1、t 的增加而减少。政府和企业联合储备物资的总量受到突发事件发生的概率 λ 和时间 t，最大价格 P_m，无风险利率 r，期权价格 c 和执行价格 w 的影响，且随着 P_m、λ 的增加而增加，随着 c、w、t、r 的增加而减少。

推论2说明了：当契约期限内突发事件发生的概率增加时，或物资期权价格和执行价格增加时，政府就会增加期初实物储备量；相反，当该物资的期初价格和政府的单位库存成本提高时，或突发事件发生的时间越晚时，政府会降低期初的实物储备量。当在契约期限内突

发事件发生的概率增加时，或该种物资在应急状态下价格上涨幅度越大时，政府和企业总的储备量就会增加；相反，当物资期权价格和执行价格增加时，或无风险利率增加时，或突发事件发生的时间越晚时，政府和企业总的储备量会降低。

在这种模式下，企业的期望利润函数为：

$$\Pi_{st}^2 = (P_0 - c_0)Q_2 e^{rT} + (c - c_0 - c_1)q e^{rT} + \lambda \int_{Q_2}^{Q_2+q} w(x - Q_2) e^{r(T-t)} f(x) dx + \lambda \int_{Q_2+q}^{M} wq e^{r(T-t)} f(x) dx +$$
$$\lambda \int_{Q_2+q}^{M} (P_m - c_0 - c_1)(x - Q_2 - q) e^{r(T-t)} f(x) dx + \lambda \int_{Q_2}^{Q_2+q} v(Q_2 + q - x) f(x) dx +$$
$$\lambda \int_0^{Q_2} vq f(x) dx + (1-\lambda) vq, \quad \Pi_s^2 = \sum_{t=1}^{T} \frac{\Pi_{st}^2}{T}$$

该利润函数主要包括政府向企业提前订购所获得的利润、出售期权收入、执行期权所获收入、紧急订购所获得的利润以及期末回收的剩余物资的残值收入。

整个供应链的期望成本为：

$$\Pi_t^2 = \Pi_{gt}^2 - \Pi_{st}^2 = -\lambda \int_0^{Q_2} v(Q_2 - x) f(x) dx - \lambda \int_0^{Q_2} vq f(x) dx - \lambda \int_{Q_2}^{Q_2+q} v(Q_2 + q - x) f(x) dx -$$
$$(1-\lambda) v(Q_2 + q) + (c_0 + kc_1) Q_2 e^{rT} + (c_0 + c_1) q e^{rT} +$$
$$\lambda \int_{Q_2+q}^{M} (c_0 + c_1)(x - Q_2 - q) e^{r(T-t)} f(x) dx, \quad \Pi^2 = \sum_{t=1}^{T} \frac{\Pi_t^2}{T}$$

3）合作可行性讨论

本案例研究目的，是要为政府与企业签订实物期权契约联合储备应急物资提供充分理论依据，只有合作双方在联合储备应急物资中利益有所保证甚至增加，合作才具有可行性和持续性，现分别进行讨论。

首先是政府的利益，政府在应急救援中扮演非营利组织的角色，其目的是尽量减少人民生命和财产的损失，根本利益是在由政府和企业组成的应急保障系统内提供尽可能多的应急保障物资，并且能够降低单位保障物资的政府储备成本；其次是企业的利益，企业在应急救援过程中除了要尽一定社会义务，更重要的是作为营利性组织提高其经营利润；最后是应急供应链的利益，其利益在于提高整个应急供应链的运作效率，即降低单位物资保障的净成本。由此认为合作可行性的条件要满足以下四个约束：

$Q_1^* < Q_2^* + q^*$ (a)

$\Pi_g^1 / Q_1^* > \Pi_g^2 / (Q_2^* + q^*)$ (b)

$\Pi_s^1 < \Pi_s^2$ (c)

$\Pi^1 / Q_1^* > \Pi^2 / (Q_2^* + q^*)$ (d)

其中，式（a）表示政企联合储备后应急物资的实物储备量有所增加；式（b）表示合作后单位保障物资的政府储备成本降低；式（c）表示企业的利润在合作后增加；式（d）表示应急供应链的单位保障成本降低，如果合作后这四个约束条件均满足，则意味着合作是可行的。

4. 算例验证

本案例提出的基于实物期权契约的政企联合储备模型能否实现上述提出的可行性条件，

从而实现为政企联合储备应急物资提供科学依据的目标，需要进行验证。而本案例所构建的成本和利润函数涉及参数较多，很难在解析上证明，现采用算例来验证。

1）有无实物期权契约安排下的政府决策以及可行性分析

假设各参数的值为：

$P_0 = 100$元，$P_m = 200$元，$c_0 = 60$元，$v = 30$元，$c = 10$元，$w = 150$元，$T = 5$年，$r = 0.03$，$c_1 = 2$元/件/年，$k = 2.5$，$\lambda = 0.4$，应急物资的需求量 x 是一连续的随机变量，满足[6 000, 8 000]上的均匀分布，密度函数和分布函数分别为：

$$f(x) = \begin{cases} \dfrac{1}{2\,000} & 6\,000 \leqslant x \leqslant 8\,000 \\ 0 & 其他 \end{cases} ;$$

$$F(x) = \begin{cases} 0 & x < 6\,000 \\ \dfrac{x - 6\,000}{2\,000} & 6\,000 \leqslant x < 8\,000 \\ 1 & x \geqslant 8\,000 \end{cases}$$

分布函数的反函数为：$F^{-1}(x) = 2\,000x + 6\,000$

将上述参数代入模型，利用 Matlab 7.0 求解，求解过程分为两个阶段，第一阶段求合作前后的最优储备决策，结果如表8-11所示。

表8-11 合作前后最优储备决策 单位：件

t	Q_{1t}^*	Q_{2t}^*	q_t^*
1	5 647	5 111	1 858
2	5 564	5 004	1 934
3	5 478	4 891	2 014
4	5 388	4 774	2 099
5	5 294	4 651	2 187
期望值	5 474	4 886	2 079

由表8-11可知，突发事件发生得越晚，政府需要提前储备的物资量越少，需要购买的期权数量越多。根据命题1和命题2，在期初决策时取其期望值作为储备的数量，所以合作前政府最优实物储备数量 $Q_1^* = 5\,474$，合作后政府最优实物储备量 $Q_2^* = 4\,886$，并向企业购买 2 079 的实物期权。

第二阶段求最优决策下的各方利益的变化，结果如表8-12所示。

表8-12 最优决策下的各方利益 单位：元

t	Π_{gt}^1	Π_{st}^1	Π_t^1	Π_{gt}^2	Π_{st}^2	Π_t^2
1	569 377	254 472	314 906	672 851	279 430	393 421
2	569 375	254 470	314 905	668 676	275 425	393 251
3	569 372	254 468	314 904	664 625	271 539	393 086
4	569 370	254 466	314 903	660 693	267 767	392 926
5	569 367	254 465	314 903	656 877	264 107	392 770
期望值	569 372	254 468	314 904	664 744	271 654	393 091

对比合作前后的结果可知，合作后应急保障系统总的物资储备量增加量为1 431，增加了26.1%，可见应急保障能力大大增强。政府的期望成本虽然有所增加，但总体来讲，政府单位应急保障期望成本却降低了7.74，而参与合作的企业的期望利润增加了17 186，整个应急保障系统的单位成本降低了0.59，由此判断，由模型推出的最优储备方案全部满足以上提出的四个约束条件，合作双方有充足的理由参与合作。

2）研究契约参数的取值范围

实物期权契约中有两个重要参数，即期权价格和执行价格，现研究这两个参数在什么范围内取值时可以确保政企合作可行，研究方法是保持其中一个不变，求另一个的取值范围。

（1）研究契约参数之期权价格的取值范围。保持其他参数不变，研究期权价格对合作可行性的影响，获得其取值范围，仿真结果如图8-5所示。

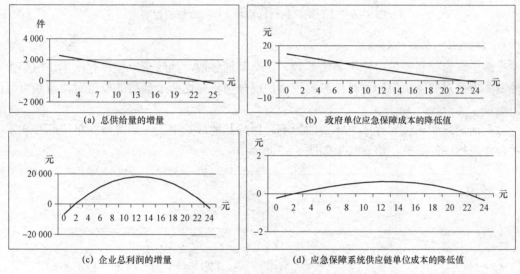

图8-5 改变期权价格对合作可行性的影响

由图8-5（a）（b）可知，在其他参数不变的情况下，期权价格在23元及其以下时，总供给量增加、政府单位应急保障成本降低的条件满足，而且随着价格的降低满足度越大，由图8-5（c）（d）可知，期权价格在[2, 22]区间时，企业利润增加和应急保障系统单位保障成本降低的条件满足，而且在13元左右达到最大。综上，期权价格在[2, 22]区间时，契约双方的利益均可以在合作后增加。

（2）研究契约参数之期权执行价格的取值范围。保持其他参数不变，研究期权执行价格对合作可行性的影响，获得其取值范围，仿真结果如图8-6所示。

由图8-6（a）（b）（d）可知，在其他参数不变的情况下，期权执行价格在176元及其以下时，总供给量、政府单位应急保障成本、应急保障供应链系统单位成本的条件满足，而且随着价格的降低满足度越大，由图8-6（c）可知，执行价格在[138, 178]区间时，企业利润增加的条件满足，而且在160元左右达到最大。综上，执行价格在[138, 178]区间时，契约双方的利益均可以在合作后增加。

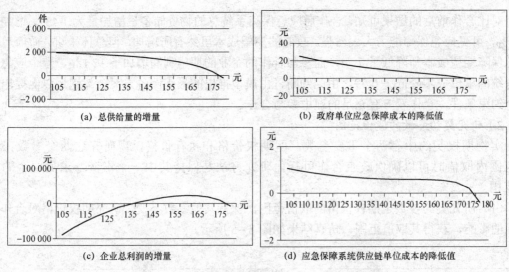

图 8-6 改变期权执行价格对合作可行性的影响

3）研究其他参数的影响

在政企联合储备模型中除了契约参数，还有其他参数，如政企单位库存成本比值和突发事件发生概率对储备决策和可行性影响较大，现分别研究这两个参数的取值对决策和可行性的影响。

（1）研究政企单位库存成本比值的影响。保持其他参数不变，研究政企单位库存成本比值对合作可行性的影响，仿真结果如图 8-7 所示。

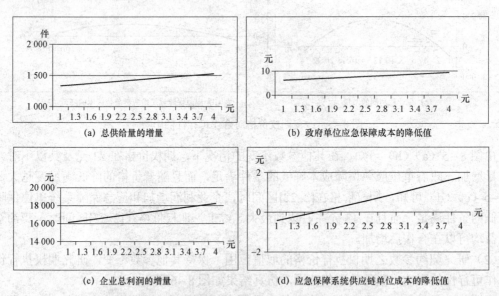

图 8-7 政企单位库存成本比值对合作可行性的影响

由图 8-7（a）（b）（c）可知，在其他参数不变时，在政企单位库存成本的比值大于等于 1 的前提下，总供给量、政府单位应急保障成本、企业总利润的条件均满足，而且比值越高满足度越大，由图 8-7（d）可知，在比值大于 1.62 时，应急保障系统供应链单位成本的条件满足。综上，在比值大于 1.62 时，契约双方以及应急保障系统的整体利益均可以在合作后增加，而且比值越高，双方合作的积极性越大。

（2）研究突发事件发生概率的影响。保持其他参数不变，研究突发事件发生概率对决策和合作可行性的影响，仿真结果如表 8–13 所示。

表 8–13　突发事件发生概率对决策和合作可行性的影响

λ	Q_1^*	Q_2^*	q^*	总供给量的增量	政府单位应急保障成本的降低值	企业总利润的增量	应急保障系统供应链单位成本的降低值
0.2	2 949	1 773	4 037	2 861	37.86	−729 16	2.41
0.4	5 474	4 886	2 079	1 431	7.74	17 186	0.59
0.6	6 316	5 924	1 346	954	−1.26	45 919	−0.55
0.8	6 737	6 443	1 009	715	−6.15	67 411	−1.56
1	6 990	6 755	807	572	−9.52	79 525	−2.52

由表 8–13 可知，突发事件发生概率对决策的影响为，发生概率越大，政府期初最优实物储备量越大，而购买的期权数量越小；对合作可行性的影响，发生概率越大，总的供给量增量、政府应急保障单位成本的降低值和应急保障系统供应链单位成本的降低值越小，但企业总利润的增加量却越大。由此可以看出，突发事件发生的概率越小，期权契约对政府和应急供应链管理方越有利；反之，对合作企业吸引力越大。在概率值小于 0.5 的情况下，参与合作的四个约束条件均满足，这说明本案例提出的期权契约模型适合于发生概率较小的突发事件的应急物资的储备，与本案例的研究假设相符。

5. 案例总结

本案例研究了政府和企业通过实物期权契约联合储备应急物资的储备模式，通过构建政府期望成本和企业期望利润函数，提出了最优决策模型，分析契约双方合作的可行性条件，通过算例模拟分析了期权价格和期权执行价格这两个契约参数的取值范围，以及政企单位库存成本比值和突发事件发生概率这两个参数对合作可行性的影响。总体而言，通过数值仿真计算，选择合适的期权价格和期权执行价格，利用模型得出的最优决策方案可以实现应急供应链的协调，使参与合作的双方利益都有增加，为组织和参与应急救援的政府和企业如何进行科学决策提供了智力支持。当然，本案例只涉及对一种物资的实物储备决策，未来可以进一步拓展到对多种物资、非实物储备的情况。

本章思考题

1. 解释应急物流的基本概念。
2. 试分析应急物流的特点和基本属性。
3. 应急物流研究的内容包括哪些？
4. 应急物资分配应遵循哪些原则？

第 9 章
物流管理实践案例分析

> **本章导读**

任何管理理论都来源于实践,并应用于实践,物流管理理论也不例外。物流管理专业旨在培养具有管理学理论知识和物流系统知识,能在制造企业、物流公司、外贸公司、外资企业、港口、机场、货代等领域从事物流系统规划、物流技术及运营管理以及货代相关业务流程设计及管理等方面工作,具备创业知识和素质的适应现代物流管理及经济发展需要的国际化背景的高素质应用型专门人才。实践应用能力是专业培养的核心目标之一。

作为高年级的物流管理专业的本科生或者研究生,要学会把大学期间所学的一些核心课程,如物流运输管理、系统建模与仿真、仓储管理与技术、物流配送管理、物流信息管理等课程中的理论和方法应用于物流管理实践中。本章将分析三个实践案例,希望能帮助读者掌握分析和解决相关问题的能力。

9.1 马钢物流园区货车装卸货排队问题分析

本节案例根据浙江科技学院物流管理专业的学生参加"马钢杯"第六届全国大学生物流设计大赛的获奖作品进行改编。首先,对马钢物流园区货车装卸货的运转现状、排队模式进行深入分析,得出当前模式存在的弊端及相关问题;其次,针对马钢物流园区现存在的问题找到解决问题的主要方向;再次,分析单服务台和多服务台排队模型,建立符合马钢物流园区实际排队情况的 m 个 M/M/c 并联的多队列多服务台排队系统,从而对马钢物流园区货车装卸货情况做具体分析,拆解各类可变因素,通过模型提出解决方案;最后,对前后结果进行比对,分析该方案的合理性及达到的效果。

9.1.1 案例背景

马钢是我国一家特大型综合钢铁产品联合生产企业,现有在职员工 4.3 万余人,具备 2 000 万 t 大型钢配套产品生产经营规模,形成了大型钢铁产业、钢铁上下游战略关联新兴产业和钢铁战略性文化新兴产业三大区域主导产业交叉协同协调发展的新格局。2017 年,马钢粗钢厂粗钢年产量 1 971 万 t,资产保值总额 918 亿元,实现营业收入 797 亿元。

马鞍山钢铁厂（以下简称"马钢"）成立于 1953 年，是马鞍山钢铁有限公司的前身。1993 年，公司依法成功实施了股份制改造，分为马钢集团及其下属的马钢公司。1998 年，马鞍山钢铁总公司依法独立改制后，更名为马鞍山钢铁（集团）控股有限公司。在过去几十年的企业发展简史中，马钢为促进中国轮钢行业的持续发展和进步做出了重要的历史贡献。20 世纪 60 年代，作为中国第一家大型钢轮轮辋工厂，马钢在当时填补了中国轮辋钢箍行业的空白；积累了具有"三清，四无，五不漏，标准化，一条线"的文明企业多年生产经营经验，以"江南一枝花"享誉全国；20 世纪 80 年代，马钢建成了中国第一台高速新型线材生产机，成为中国现代新型高速线材轧制设备技术的摇篮。20 世纪 90 年代，马钢成为中国首批 9 家大型标准化企业股份制改革试点企业之一，享有"中国第一家钢铁公司"的美誉；1998 年，马钢建成我国第一条 H 型钢生产线，填补了国内最大的 H 型钢型材产品的技术空白。近年来，马钢坚持发展为重中之重，以结构调整和创新为主体，完成了两轮大规模的结构性调整，总投资超过 400 亿元，令人印象深刻。

但再优秀的企业也无法做到十全十美，马钢物流厂内货车因装卸货排队等待的问题突出，有时一辆货车从进入物流园区到完成作业离开需花费 2 h 甚至更长的时间，而其中有近乎一半的时间都是在排队等待。由于龙门吊数量、行进路线、机器维修等方面的限制，这一排队现象一直难以得到很好的解决。

下面以马钢货车装卸货时排队问题为例，研究优化排队策略、减少作业时间的方法。结合马钢实际存在的情况和对数据的调查研究，为改善排队问题提供科学合理的对策及建议。

9.1.2 现代排队论简介

1. 排队论的发展历程

排队现象在生活中随处可见。例如，在日常生活中，食堂打饭、自行车维修、医院挂号看诊、银行办理业务等，都不得不排队。在工作中，故障机器送修、备件物料等待加工、生产计划安排等，也都需要进行排队。排队情况的出现是由于一方有得到服务的需求，而另一方提供服务，但出于多种限制和考虑，无法立刻使所有需求得到满足。在排队理论中，将需要服务的人或物称为顾客，把可以为别人提供服务的一方称为服务台，两者一起形成排队系统。

排队论，即随机服务系统理论，指通过对服务系统中因排队而等待的现象的稳态概率特征进行分析研究，以优化设计与控制服务系统为目的的数学理论，也是运筹学的一个重要分支。也就是说，排队论是针对排队系统提出的一种系统理论，对排队现象进行讨论，考虑如何对排队系统的各部分加以优化，从而解决系统的设计控制问题。例如，某些网红奶茶店前经常大排长龙，所有顾客都希望能尽快喝到自己想喝的奶茶，但出于成本及其他因素考虑，奶茶店的招待窗口不能无限扩张，但同时也要避免顾客因等待时间过长而放弃消费。因此，需要根据排队理论来设定窗口数量与排队规则，以此来优化接待顾客的效率、顾客的平均等待时间等。

1909 年，丹麦数学家、电气工程师爱尔朗发布的《概率与电话通话理论》开启了对于排队论的研究。20 世纪 30 年代，学者费勒为排队论引进生灭过程。自此排队论成为数学的一个重要分支学科。在接下来的几十年里，排队论慢慢加入了许多新元素，如马尔可夫理论等。直至 20 世纪 80 年代，排队论的大量基本模型已构建完毕，但许多演化模型由于求解困难，使得研究只能停留在学术领域,无法为解决实际问题提供方案。20 世纪 90 年代开始,随着计算机领域成果愈加丰富以及计算能力的提高,许多软件应运而生,使得复杂的排队模型能够简便求解,从而指导实践。总之,经过一百多年的不断发展,排队论已然变为了一个独立的数学分支,并且为解决实际问题提供了新的研究方法。

2. 排队模型的要素

排队论演变至今模型众多,但系统都包含几个固定的要素——输入过程、排队规则、服务准则及输出过程。

1)输入过程

输入过程指顾客到达系统的规律,主要从顾客总数、到达方式和顾客相继到达时间间隔的分布三个方面来刻画。

(1)顾客总数。即顾客源数目,可以是有限的,也可以是无限的。如有限的工厂内等待维修的车床,无限的排队等待退小黄车押金的顾客。

(2)到达方式。到达方式分为单个到达和成批到达。生活中个体的消费行为多为单个到达,工厂内待加工零件送加工时往往是成批到达。

(3)顾客相继到达时间间隔的分布。指顾客以怎样的时间间隔到达,往往以统计学中的数学分布来表示。可以是确定时间间隔的定长分布,也可以是随机到达的分布。常见的有泊松分布、爱尔朗分布、任意分布等。这是排队系统中的决定性要素。

2)排队规则

排队规则包括等待制、损失制和混合制。等待制指顾客进入系统后若未轮到接受服务,则会一直等待,不会中途退出系统。损失制的系统是不允许排队的,顾客到达系统,如果所有服务台处于繁忙状态,则立即退出系统,所以损失制是排队人数为 0 的排队系统。混合制可以看作是等待制与损失制的结合,该排队规则允许系统存在排队现象,但又对系统做出系列限制,防止队列无限扩张。主要的限制表现在以下三种情况。

(1)限制排队队长,系统空间有限。例如,在驾照的科目二考试中,分为第一候考厅与第二候考厅,第二候考厅的考生人数一般不会超过 10 人。当第二候考厅的考生人数达到 10 人时,系统便禁止新的考生进入第二候考厅。等考生人数低于 10 人时才再次开放。

(2)限制等待时间。如易损坏的电子元器件的库存问题,超过一定存储时间的元器件被自动认定为失效。

(3)限制逗留时间。如甜品店的限时免费试吃活动,假如活动持续到下午 5 点,则超过 5 点以后的等待都被视为无效排队行为。

3)服务准则

服务准则包括服务台的数量、进行服务的规则和条件。服务台数量,顾名思义,就是能够用于服务客户的服务台数目,涵盖了单服务台和多服务台两种。

(1)服务台数目。

① 单队列单服务台系统。单服务台排队系统可能只有一个队列,即单队列单服务台系统,这是最简单的排队模型。以先到先服务的服务规则举例,顾客到达,判断服务台是否处于空闲状态,若服务台处于空闲状态,则该顾客接受服务,且服务台状态变为繁忙;若服务台处于繁忙状态,则该顾客进入排队,且"排队长+1"。

② 多队列单服务台系统。该系统仅存在一个服务台,却有多个队列,在现实情况中较为

少见，一般仅出现在突然状况中。该系统与单队列单服务台仅在输入过程中有区别，即对每个队列中的第一顺位进行优先级的排序，排序靠前的第一个排队顾客为下一接受服务的顾客。

③ 单队列多服务台系统。该系统存在多个服务台，而输入的顾客看作在同一队列上排队。在现实情况中有银行的排队叫号系统，进入系统的顾客获得一个序列号，获得序列号的顾客可以分散在系统的任何地方，四散的顾客被看成在同一队列上排队。根据序列号的先后顺序对各个服务台的繁忙状况进行判定，存在空闲服务台时，顺序第一的顾客进入该服务台接受服务且状态变为繁忙，对下一序列号进行同样判定。

④ 多队列多服务台系统。多队列多服务台系统中有多个队列和多个服务台，一般每个队列与相应的服务台一一对应，其每个队列的排队规则与单队列单服务台一致，这种情况在现实生活中也比较常见，具体表现在食堂排队、买电影票排队等。

（2）服务规则。服务规则包括多种，包含先到先服务（按到达的顺序进行服务）、后到先服务（后来者居上进行服务）、随机服务（服务器随机挑选顾客进行服务）、优先服务（例如 VIP 特权窗口）等。

① 先到先服务。这是最常见的服务模式，按照顾客到达的顺序给顾客编号，设正在接受服务的顾客编号为 0，排在第一位的顾客编号为 1，依次类推，按编号从小到大的顺序依次进行服务。

② 后到先服务。在现实生活中很少见，被认为是一种缺少公平性的排队模式，是同先到先服务一样的编号方式，按编号从大到小的顺序进行服务。

③ 随机服务。在现实情况中比较少见，不根据编号，而是随机抽取用户进行服务，随机性较大，进入系统的顾客无法预判自己何时能接受服务。该模式缺少章法，少被推崇。但在网络下载模式中，服务器带宽的分配一般采用随机服务的模式。但网络下载模式中存在类似插队的现象，即当顾客在接受服务时，另一顾客进入系统，该顾客有可能占用当前服务顾客的带宽，同时接受服务，但服务质量会受到影响。

④ 优先服务。优先服务模式存在于很多其他服务模式之中，如银行排队主体上是先到先服务模式，但也存在 VIP 顾客优先接受服务的现象；网络下载中，一般顾客服从随机服务模式，但 VIP 顾客享受优先占用带宽下载。优先服务模式出现在生活的方方面面，一般被认为是一种可以让人接受和理解的服务模式。

（3）服务条件。服务条件包含阈值策略、休假策略等。

4）输出过程

输出过程包含服务时间，与顾客到达分布类似，也包括泊松分布、几何分布、一般分布、定长分布等。

9.1.3 马钢物流园区货车装卸货问题研究

1. 货车装卸货作业现状

马钢的钢晨物流园区占地约 130 余亩，额定仓储能力超过 30 万 t，常年存放钢铁 15~20 万 t。合计有 6 个室外仓储堆场，并配有 11 台龙门吊车，共计面积超过 35 000 m²。4 个室内仓储库房，总面积约 13 000 m²。钢晨物流园区实景图如图 9-1 所示，平面布局图如图 9-2 所示。随着企业规模的扩大，无论是钢铁的仓储品种还是现货交易品种种类都明显增加，通过互联网完成的交易量也呈现激增的态势，建立高效的仓储优化模型势在必行。从堆码布局优化，行进路径改造，排队模型优化等方面着手，推动钢铁物流园的智慧化建设。

图9-1 钢晨物流园区实景图

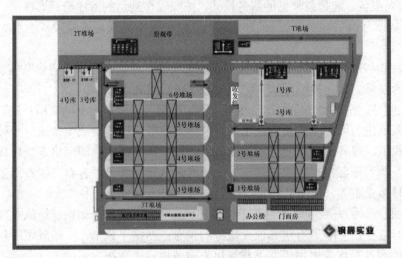

图9-2 钢晨物流园区的平面布局图

目前物流园存储的钢材品种有九大类。其中螺纹钢、工业线材、盘螺、高线一般储存于室外堆场；冷轧、酸洗、硅钢、镀锌、彩涂储存在室内库房。本案例研究的主题螺纹钢全部堆存在1~5号堆场。钢材按照不同单品单独码放，同一批次入库的钢材堆放在同一仓位中。这有利于先进先出原则的实现，巧妙地规避了货场内倒货和同一仓位上下翻货的现象。螺纹钢按照"井字形"和"一字形"两种方式码放，"井字形"用来码放出入库较为频繁、数量比较大的螺纹钢，每个仓位最多可码放1 000~1 500 t重量的钢材，层高不得超过5 m；流动量较小的螺纹钢依照"一字形"码放，每个堆垛的重量控制在200~400 t，安全高度一般不超过2 m。

运输螺纹钢的货车最大承重约50 t，可运输最大尺寸商品长度为12 m，运输车辆为车厢长13.5 m，宽2.3~2.5 m的半挂车型，并且在各车道的平均行驶速度为5 km/h，物流园区内车辆之间的横向车距至少为1 m，纵向车距至少为2.5 m。货车从入口驶入，有1~5号5个堆场供选择，大多种类的钢材在每个堆场都有库存，也有相应的仓位安排，基本每个堆场均可满足货车对于卸货及按订单装货这两种作业的需求。每个堆场分为上下两个区域，两区域间的行车道宽为 7 m，可供 2 辆货车并列同时行驶，每个堆场配备两架龙门吊，具体平面布置图如图 9-3 所示。出库一车对应一个或多个订单。车辆入库卸货平均时间为 200 t/h，装货出库作业平均时间为 100 t/h。1~5 号堆场钢材的出入库的周转量平均每天超过 1 万 t，入园车辆有 300 多辆，最多时达 450 辆。

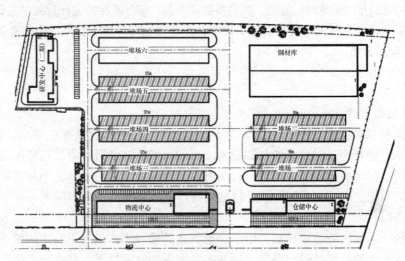

图 9-3　堆场平面布置图

2. 作业特点

针对 1~5 号堆场的货物装卸货作业，结合已知材料，分析得出以下特点。

1）顾客源唯一

将这一仓储系统类比成排队系统，则每辆进入园区的货车为等待接受服务的顾客，而帮助实现装卸货作业的龙门吊为服务台。每辆进入物流园区的货车均承载着相应的订单装货或入库卸货的任务，均从同一入口进入园区，完成作业（接受服务完成）后，从同一出口离开系统。从排队论角度看，顾客源是唯一的，且基本服从泊松分布。

2）多队列

物流园区共有 5 个堆场进行装卸货的作业，货车从到达到选择堆场的过程可以等效于顾客到达选择队列的过程，然而每个堆场与入口的距离存在差异，导致选择队列的优先级有差异。货车一般会选择贴近入口处的堆场进行作业，若当前服务台处于繁忙状态，则货车选择下一优先级的堆场进行作业。若每个堆场都处于繁忙状态，则依旧根据位置关系确定优先级。

3）特殊的多服务台形式

在普遍的多队列多服务台模式中，在对队列做出选择的同时已经确定了对应的服务台，往往一个队列对应着唯一的服务台。假设有 c 个队列，则有 c 个 M/M/1 排队模型。但在该排队系统中，每个堆场有两个龙门吊，则等效于每个队列有两个与之对应的服务台，区别于一般的多队列多服务台模式，该模式在对队列做出选择以后还需要对服务台做出两次选择。假设有 c 个队列，则对应模型为 c 个 M/M/2 排队模型。

4）服务时间不定

由于接受服务的货车，可能会有装货和卸货两个作业，接受装货服务的货车由于订单的具体项目和订单数目等条件的不同会有不同的服务时间。接受卸货服务的货车由于自身原载货量不同导致服务时间也不同。因服务台（龙门吊）进行装货和卸货时工作效率有别，则系统中不同顾客的服务时间不定。

5）服务质量近似相同

系统中的龙门吊（服务台）为统一规格参数的产品，每台产品的装卸货效率大致相同，且每个堆场的历史库存大多能满足货车的订单需求，则可视为每个服务台能提供的服务质量相同。

3. 存在问题分析

现阶段的排队系统，从实际运行情况看可能存在系列问题，其中包括基本问题与衍生问题。

1）基本问题

排队时间长。顾客源虽然唯一，但顾客到达的频率依然给该排队系统带来了巨大的压力。加之一辆货车可能会同时需要装货与卸货两项作业，即先卸货再装货，且货车需要的钢材重量也大不相同，同时服务台（龙门吊）对装货与卸货两项作业的效率也不尽相同，多种原因导致服务时间不稳定。这些共同导致了排队系统排队时间长这一基本问题。

2）衍生问题

（1）系统中的顾客数难以控制。由于频繁到达的顾客源，以及不稳定的服务时间，导致排队时间长。长久的排队时间使得下一顾客接受服务的时间推迟，便会积累下越来越多的排队车辆，使得物流园内的车辆数目难以控制，有超出物流园限定容纳量的风险。

（2）服务台超负荷工作。局限的服务台数目和越排越长的等待服务顾客数，导致服务台需进行高强度的工作。近乎一刻不停歇的工作意味着服务台将长期处于繁忙状态，这与必然存在的类似人员换班、人员休息、机器维修、机器故障等常见情况产生冲突。对机器工作强度的高要求意味着系统的低容错率。一旦发生这些情况，不得不暂停工作的服务台，作为这一排队系统的重要一环，必定导致整个系统的崩坏。

（3）订单的延迟交付。订单交付的过程包括任务下达、车辆调度、按单装货、运输、卸货。按单装货作为订单交付的重要一环，可能会因为在装货过程中过长的服务等待时间，使得按单装货的实际时间远远超出计划时间范畴，导致订单的延迟交付。

9.1.4 基于排队论模型的装卸货排队策略研究

1. 马钢货车排队情况介绍

由上文分析可知，马钢货车排队系统是一个由 c 个 M/M/s 组成的并联排队系统，假设这 c 个队列完全等效，且每个队列中有 s 个服务台，顾客按参数为 λ 的泊松流到达，每个顾客所需服务时间独立且服从于相同参数 μ 的负指数分布，系统容量为无穷大，顾客源无穷且唯一，到达与服务是彼此独立的。在此排队系统中，令 $\rho = \dfrac{\lambda}{\mu}$ 为系统的繁忙程度，则在每一个单独的子系统中有 $\lambda_c = \dfrac{\lambda}{c}$，$\rho = \dfrac{\lambda}{cs\mu}$。根据 M/M/m 模型理论，得出以下结论：

$$\begin{cases} P_0 = \left[\left(\sum_{n=0}^{s-1}\dfrac{\left(\dfrac{\lambda}{c}\right)^n}{\mu^n n!}\right) + \dfrac{1}{s!}\left(\dfrac{\lambda}{c\mu}\right)^s \left(\dfrac{1}{1-\rho}\right)\right]^{-1} \\ P_n = \begin{cases} \dfrac{\left(\dfrac{\lambda}{c}\right)^n}{\mu^n n! P_0}, & 1 \leqslant n \leqslant s \\ \dfrac{\left(\dfrac{\lambda}{c}\right)^n}{\mu^n s! s^{n-s}} P_0, & n > s \end{cases} \end{cases}$$

系统中的平均队长为：

$$L = L_q + \dfrac{\lambda}{c\mu}$$

系统中的平均排队长为：

$$L_q = \dfrac{\left(\dfrac{\lambda}{c}\right)^s \rho P_0}{\mu^s s! (1-\rho)^2}$$

顾客的平均逗留时间为：

$$W = \dfrac{Lc}{\lambda}$$

顾客的平均排队等待时间为：

$$W_q = \dfrac{L_q c}{\lambda}$$

顾客的等待概率（每个子系统中现有顾客数 $\geqslant s$）为：

$$P(n \geqslant s) = \sum_{n=s}^{\infty} P_n$$

$$= \dfrac{(s\rho)^s}{s!(1-\rho)} P_0$$

$$= \left(\dfrac{\lambda}{c\mu}\right)^s \dfrac{P_0}{s!(1-\rho)}$$

2. 根据案例提出改进模型及验证

在该排队系统中，共计 5 个堆场，即队列数量为 5，所以 $c=5$，每天约有 240 辆货车需要接受服务，龙门吊每完成一次作业大约需要 50 min，即每小时能够服务 1.2 辆货车。所以该排队系统是一个由 5 个 M/M/s 组成的并联排队系统，顾客按参数为 λ（=10）的泊松流到达，每个顾客所需服务时间独立且服从于相同参数 μ=1.2 的负指数分布，系统容量为无穷大，顾客源无穷且唯一，到达与服务是彼此独立的。实际情况中，每个堆场有 2 个龙门吊，即 $s=2$，但排队的等待和拥堵情况严重。为解决这一问题，本案例以龙门吊数量作为变量参数，探究 $s=1$，2，3，4，5，…情况下，客车的等待概率、平均排队时间、平均排队长等变化情况，根据对比得出最优解。

另当 $s=1$ 时，

$$\rho_c = \frac{\lambda}{cs\mu} = \frac{10}{5 \times 1 \times 1.2} = 1.667 > 1$$

无法满足基本服务需求，队列无限扩张，排除此类情况。

当 $s=2$，3，4，5，…时，具体见表 9-1。

表 9-1　各项参数结果

s	ρ	P_0	L_q	W_q	$P(n \geqslant s)$
2	0.833	0.091	3.788	1.894	0.758
3	0.556	0.173	0.375	0.187	0.300
4	0.417	0.186	0.073	0.037	0.102
5	0.333	0.188	0.015	0.008	0.030
6	0.278	0.189	0.003	0.001	0.008
7	0.238	0.189	0.001	0.000	0.002
8	0.208	0.189	0.000	0.000	0.000
9	0.185	0.189	0.000	0.000	0.000
10	0.167	0.189	0.000	0.000	0.000
11	0.152	0.189	0.000	0.000	0.000
12	0.139	0.189	0.000	0.000	0.000
13	0.128	0.189	0.000	0.000	0.000
14	0.119	0.189	0.000	0.000	0.000
15	0.111	0.189	0.000	0.000	0.000
16	0.104	0.189	0.000	0.000	0.000
17	0.098	0.189	0.000	0.000	0.000
18	0.093	0.189	0.000	0.000	0.000
19	0.088	0.189	0.000	0.000	0.000
20	0.083	0.189	0.000	0.000	0.000

其中 P_0 由自定义函数 GL() 得到，GL() 由 VBA 编写，具体程序如下：

```
Public Function GL(x)
m=0
n=0
For i=0 To x-1
```

```
m=m+(5/3)^i/Application.Fact(i)
Next
m=m+1/Application.Fact(x)*(5/3)^x*
(1/(1 - (10/6/x)))
n=1/m
GL=n
End Function
```

根据以上表格数据，得到如图 9-4 所示的趋势图。

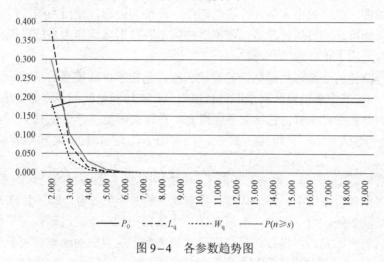

图 9-4　各参数趋势图

由上述数据可知，当每个队列有 2 个龙门吊时，$s=2$，系统空闲的概率为 0.091，系统的平均排队长为 3.788，系统中顾客的平均排队等待时间为 1.894 h，系统中顾客的等待概率为 0.758。该组数据即为当前实际情况下的理论数据，可见拥堵的问题极为严重。

结合以上参数结果与趋势图，可得出将每个队列的龙门吊增加 1 个后，系统空闲的概率为 0.173，系统的平均排队长度为 0.375，系统中顾客的平均排队等待时间为 0.187 h，系统中顾客的等待概率为 0.300，即可在很大程度上缓解拥堵的问题。而当每个队列的服务台数量为 6 个时，平均排队长为 0.003，平均等待时间为 0.001，系统中顾客的等待概率为 0.008，理论上可以最大限度地消除排队情况。

3. 研究结论

在当前实际作业系统中，每个堆场各具备 2 个龙门吊，系统空闲的概率为 0.091，系统的平均排队长度为 3.788，车辆的平均排队等待时间则达到了 1.9 h，车辆进入系统需要等待的概率达到 75.8%。这一组数据鲜明地展露了解决当前拥堵的问题迫在眉睫。

本案例从调整每个堆场的服务台（龙门吊）数量切入，淡化其他可能存在的影响因素，得出以下结论。

（1）服务台数量在 2~6 h，每增加一个服务台都能对缓解系统排队问题起到较为明显的作用，数量越少每增加一个服务台起到的作用就越明显。其中当服务台数量从 2 个增加到 3 个时，系统的平均排队长缩短为原来的 1/10，顾客的平均等待时间也缩短为原来的 1/10。顾客的等待概率也降低 45%，约为原来的 2/5。

（2）当服务台数量增加为 6 h，顾客进入系统需要排队的概率变成 0.8%，即基本消除了排队情况。

根据以上结论，考虑到设备的引进成本，施工的可行性，保障设备应有的利用率等因素，并在此前提下尽可能地解决系统中拥堵的问题。本案例得出最优解为 3 个服务台。因此理想排队模型为 5 个 M/M/3 的并联多队列多服务台排队系统。

9.1.5 案例总结

本案例首先从马钢物流园区装卸货拥堵的问题入手，介绍了该案例的背景及具体现状，物流园区的布局图，车辆的出入口，行进的路线，堆场的分布，龙门吊的工作效率，货车的装卸货效率，目标堆场的日周转量等，依据这些信息和数据将该作业系统模拟成一个相对应的排队系统，并证明了该行为的合理性。

接着引入排队论的介绍，从排队论的发展历程，到构建排队模型的基本要素，再到对经典排队模型的举例。其中包括单队列单服务台模型（M/M/1）和单队列多服务台模型（M/M/m），对经典模型中的参数进行求解。包括服务强度 ρ、系统空闲概率 P_0、队列中有 n 个顾客的概率 P_n，系统的平均队长 L，平均排队长 L_q，顾客的平均逗留时间 W 和顾客的平均等待时间 W_q。

然后回归实例，提出该排队系统是不同于一般的多队列多服务台的特殊的并联排队系统。一般的多队列多服务台系统中，每个队列对应着唯一的 个服务台，即 s 个 M/M/1 的并联多队列多服务台排队系统。而该例中，当你选择 5 个堆场中的一个时，即确定了相应的队列，之后还需对该队列中的龙门吊进行选择，即确定服务台，这双层的选择有别于一般的排队系统，可视为 s 个 M/M/c 的并联多队列多服务台排队系统。

确定了系统的排队类型后，根据已知结论的类比求出该系统的系列目标值公式。为遵循控制变量原则，仅将服务台数量设置为可变量，无关变量相同且适宜，将服务台数量 s=2,3,4,5,…代入公式得到系列目标参数，绘制对应的表格和趋势图。

最终结合实际，考虑到设备的引进成本，施工的可行性，保障设备应有的利用率等因素，得出服务台数量 s=3 为最优解。

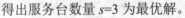

"马钢杯"第六届全国大学生物流设计大赛案例

同时在此实例中，也有许多值得考虑的其他因素，譬如堆场所处的位置不同，与出入口的距离会导致顾客从进入系统到达服务台所需的时间不同，可以依据这一因素对堆场进行有优先级的区分；又如本案例对服务台做了一个全天 24 h 不间断且工作效率不变的理想化处理，在实际情况中如此高强度的作业，龙门吊会产生许多维修问题，即服务台暂时关闭的情况，还有许多诸如此类的值得深入研究的因素。

9.2　电商企业仓储规划布局优化

本节案例根据浙江科技学院物流管理专业优秀毕业论文改编。案例从某电商企业的自营仓库入手，研究其仓储布局现状，利用 SLP 法对其仓储布局进行分析，将仓库中各功能区的相互关系用定量的方式表达出来，分析并优化其仓储布局。同时，鉴于 SLP 具有动态性差、柔性差、手工布局等缺点，案例选择用计算机仿真软件 Flexsim 对仓储中的重要区域进行布局仿真，对人员安排、货架仓储功能等进行分析改善，使企业仓储规划的布局得到优化，满足发展需求。

9.2.1 企业仓储规划布局现状分析

1. 企业简介

本案例企业是一家领先中国市场的综合型育儿平台，业务涵盖母婴优选电商、知识科普和付费教育产品。企业的产品种类包括：日用品、美妆个护、益智玩具、营养辅食、奶粉尿裤、宝宝车床椅大件、母婴服饰、定制产品（内含日用、纺织、玩具）。其所经营过的产品超过 30 000 个，且不定期地进行商品淘汰和更新，以保持产品活力，产品大多是体积适宜、存放要求不高、运输相对容易的商品。总体而言，企业自营仓库的产品为品类众多且总量庞大的一般产品。

案例企业和多家厂商建立业务合作关系，在企业优选平台上（微信公众号、企业 App）展示各种与育儿有关的产品并以推文的方式提供育儿知识以及产品宣传。用户通过阅读、浏览等方式学习育儿知识并了解产品，单击"加购"，将关注的产品暂时存放在购物车内，最后为所选中的一个或多个产品进行付款。随着客户的付款完成，企业运营后台随即产生用户订单，传送到仓库。仓库根据用户订单拣选货物，并将货物进行二次加工、运输包装、贴上面单，最后将货物交由物流公司发货。

2. 企业仓库类型

1）经营模式的分类

仓库根据其经营模式可分为外包式和自营式，而企业仓库属于自营式仓库。

仓库自营模式，优势在于企业对仓库的控制力非常强，对用户的数据掌握齐全且有强针对性，对用户体验保持高敏感度，有利于改善物流并提高用户体验，并便于实现用户定制化的服务，同时对需求有更快的响应力；劣势在于企业要分一部分精力在仓库管理中，运营成本和风险将会增加，同时仓库因缺乏专业人员和专业的管理制度而引发的各种成本也将大大增加。

案例企业是一家电商企业，其重视的恰恰就是用户体验，对其而言用户体验提升带来的企业稳步升值比仓库管理成本降低带来的企业节省开支更为重要，同时，企业希望能开拓更多定制化的服务，满足未来非常可观的定制化细分市场需求，因此，案例企业的仓库选择了自营模式。

2）功能性分类

仓库根据其功能性进行分类，可分为采购供应仓库、批发仓库、储存仓库、零售仓库、加工仓库、保税仓库等，而企业不只拥有单一功能的仓库，其仓库具备多种仓库功能。

企业仓库从供应商处接收大量且品类多样的货物，进行分类、保管、流通加工等作业，然后按照企业优选平台的客户订单要求拣选货物，进行二次加工、包装后发货。因此，从仓库功能性分类来看，企业的自营仓库不仅是一个储存仓库、零售仓库，更是一个加工仓库，是集储存、加工、发货于一身的小型流通配送中心。

3. 仓库平面规划

案例企业仓库的平面规划图如图 9-5 所示。企业仓库各功能区平面布置如图 9-6 所示，其中区域间空白处均为通道，宽 3.2 m。

案例企业自营仓库有如下作业区域。

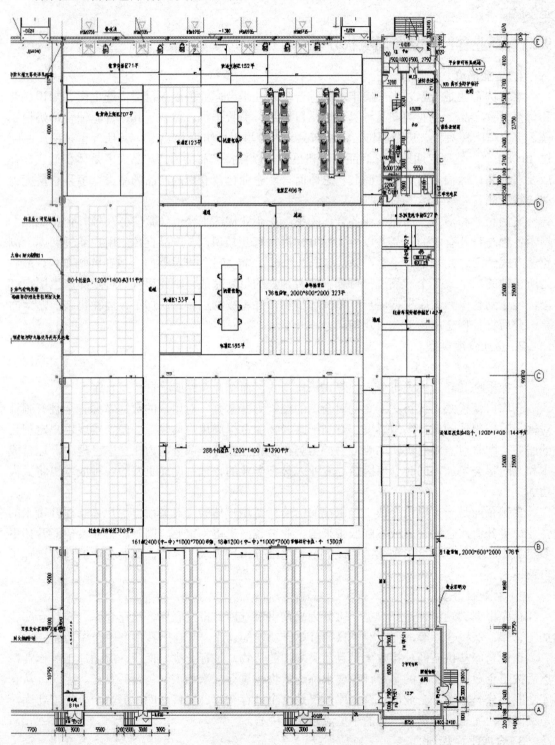

图 9-5 仓库平面规划图

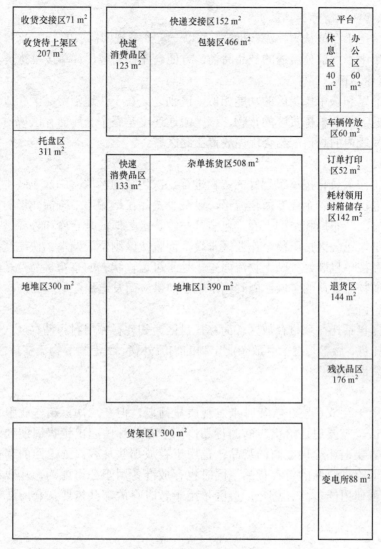

图9-6 仓库平面布局示意图

1)收货区

收货作业区包括收货交接区和收货待上架区。在收货作业区内,工作人员需要做好接收货物的准备,有序安排货物的卸载,并且做好验货工作。收货作业区内需要配置许多专用设备和设施,如手推载货车、升降机、叉车等。

退货作业区和收货作业区为同一区域。在此区域,仓库在收到检验不合格的货品后可直接退货,收到客户退回的次品或废品时可在此区域内对残次品进行分类处理。

2)储存作业区(货架区、地堆区)

储存作业区分为货架区和地堆区。储存区分类存储着通过检验后接收入库的货物,由于货物从入库到全部销售出库需要经历一段相对较长的时间,所以该区会占据仓库较大的面积。其中货架区内配置众多立体式货架,可堆放众多体积大、流通率偏低的货物,而地堆区相对货架区而言,配备大量的托盘,用于存放适合堆放、流通率稍高的货物。

3）杂单拣货区（简称杂单区）

杂单拣货区用于存放从大物流箱拆分，并以一定分类规则摆放的、以 SKU 形式存放的单件货物，该区集中了大部分流通的货品品类，方便仓库根据客户订单按单拣货。

4）快速消费品区

快速消费品区和杂单拣货区的功能相似，区别之处在于快速消费品区存放的货物，其周转流通速度普遍大于杂单拣货区的货物，该区流通速度是整个仓库储存区域内最快的，大部分处在团购时间段内的热销产品会优先放置在此区域。

5）包装区

包装区是工作人员将按单组配好的货物进行二次包装的区域。二次包装主要是给货品配备气泡膜、气泡柱，装入企业专用物流箱，以减少货品在运输途中碰撞变形的可能性，保护货品良好的状态。从布局和结构上看，包装区与收货区类似，是仓库和外界进行货物交换的场所，不同的是，包装区位于整个作业区末端，而收货区则位于始端。快递交接区则用于暂时存放那些已经按单包装好、贴上物流面单、处于可运输状态的整箱货品，是将货物交接给合作第三方快递物流公司的区域；同时也是用于向供应商发送那些退厂的残次货品的区域。

6）耗材储存区

耗材储存区包括托盘耗材存放区（简称托盘区）和耗材领用封箱储存区（简称封箱区）前者存放所需托盘，后者是用于存放企业定制的物流外箱、气泡膜等物流支持性耗材的区域，与包装区的关系最为紧密。

7）退货区

退货区是用于存放那些在收货时未发现质量问题，但在二次拆箱作业中发现大量残次品，并且经确认，需要退还给供应商的货品；用于存放那些超出销售周期处于滞销状态，与供应商商定需要退还给供应商的货品；也用于存放那些从客户处退回的存在质量或非质量问题，需要退给供应商的暂存货品；同时也存放准备用于公司内购，从残次品区拣选出无质量问题尚可使用的货品。总之，该区是用于暂时存放那些需要从仓库转移出去的货品的区域。

8）残次品区

残次品区用于存放仓库内发现存在一定问题的或客户退回的影响二次销售的产品。其中存在质量问题，且已达到退货时限，或者已经与供应商沟通确认可退货的残次品将被转移到退货区；其中质量没有问题，不影响使用的产品，可用于企业内部低价内购处理的，也可从此区域转移至退货区。

9）车辆停放区（简称车辆区）

仓库需要配备叉车等车辆，因此，需要为车辆提供停放区域并提供充电服务，为此必须设置该作业区。

10）办公辅助服务区

办公辅助服务区包括办公区、休息区和订单打印区（简称打印区），都是仓库辅助服务性的区域。其中，办公区是仓库和企业进行沟通、仓库人员储存各种仓库资料数据的场所，需要配备办公所用的计算机等设备；休息区则是工作人员在工作之余用于休息、吃饭、方便、休闲的场所；打印区用于打印从平台传送过来的客户订单，拣货人员由此取出面单按单拣选。订单打印区需要配备打印机、计算机等用于打印进出货单、订货单和快递面单等。

11）其他区域

仓库中还配备变电所、平台、消防等各处区域以保证仓库的日常消耗和安全。

4. 企业仓储规划布局问题分析

根据现场观察和对仓库提供的各种数据分析，企业自营仓库的布局中，主要存在以下问题。

1）整体布局不合理

企业仓库中车辆区与托盘区的关系非常密切，但两者的布局位置却相距较远；地堆区和拣货区的布局位置虽是在一条正确的流水路径上，但是并没有达到最佳效能。与此同时，地堆区和货架区的位置布置也并非最佳布局。

2）人员分工不合理

包装区、拣选区等区域的人工分配不够合理，包装区以高峰期所需人数进行人员配备，导致人员闲置、利用率低下；而拣货区的人员数量跟不上订单产生的速度，这导致常常出现拣货区的员工忙碌率为100%，而包装区的员工忙碌率只有20%的情况。

3）货架储存功能虚设

企业仓库中货架的作用主要是用于储存滞销产品和一些体积大、易碎、不易地堆放置的货品，但是在实际操作中，从收货区搬运到货架区的货品往往存放时间很短，过不了多久就立刻被转移到地堆区，这样的操作流程让仓库只起到了暂存货物的作用，而其最重要的储存功能却形同虚设。

综上所述，企业的自营仓库存在以上三个问题，针对这三个问题，本案例将采用SLP对整体布局不合理问题进行优化，用Flexsim软件仿真解决人员分工不合理问题和货架储存功能虚设问题。

9.2.2 基于SLP方法进行仓储规划优化

1. SLP概述

1）SLP简介

仓库设施的平面布局向来在设施规划设计中占据着重要地位，到了20世纪50年代随着科学技术的不断进步和发展，那些最初主要凭经验和感觉的平面布置设计方法已经开始无法适应大而复杂的系统设计。为了解决复杂的系统设计，学者逐渐将系统工程和系统分析等方法运用到平面布置中。而众多布置方法中，以1961年美国学者理查德·缪瑟（Richard Muther）提出的系统布置设计（system layout planning，SLP）方法最为著名。

SLP法是一种以作业单元间物流和非物流的相互关系分析为主线，采用大量图表分析，通过一套条理清晰、逻辑性强的设计程序来解决车间、工厂等平面布局问题的设施规划方法，该方法的应用使平面布局问题从定性阶段迈向了定量阶段。

在SLP方法中，理查德·缪瑟把平面布置问题的基本要素归纳为以下5个：物流对象P、物流量Q、生产路线R、辅助部门S和物流作业技术T。只有全面获取这5个基本要素的各项数据，并在此基础上对其进行分析计算，绘制出相应的图表，才能获得最佳布置方案。

SLP自诞生至今，已经不再被局限使用于工厂、车间的布置设计中，而是不断地被开拓应用于新领域，例如服务性商店、物流中心布局、交通布局等领域。我国于20世纪80年代将SLP法引入到国内的设施布局规划设计中，该法一经引入，就对国内的平面布置设计产生了非常重要的影响，至今该法在我国布置设计领域仍占据一席之地。

2) SLP 设计原理

系统布置设计法（SLP）的设计原理：①对布局规划对象五项基本要素（物流对象 P、物流量 Q、生产路线 R、辅助部门 S 和物流作业技术 T）进行分析；②在此基础上，对各作业单位间的物流、非物流关系进行单独分析，得到结果后再将两者结合进行综合分析，建立作业单位综合相关表；③根据作业单位综合相关表中各作业单位间相互关系的密切程度，安排各作业单位的位置以及相互之间的距离，绘制出作业单位位置相关图，并考虑每个作业单位的实际占地面积，绘制出作业单位面积相关图；④对作业单位面积相关图进行不断的调整和修正，得到数个可行的布置方案；⑤对这些可行方案进行评价择优，从而得到最佳布置方案。

2. 案例企业 SLP 基本要素分析

1）物流对象 P

物流对象 P（production）是 SLP 布局规划法的一个基本要素，是仓库中需要搬运或转移位置的各种产品、材料或有关物品。根据本案例对企业仓库的优化研究所需，结合企业产品特性，将企业仓库收到的所有产品归为一类，都为一般产品。

2）物流量 Q

物流量 Q（quantity）是 SLP 方布局规划法的第二个基本要素，指的是仓库内的物流作业量。物流量的大小不仅影响设备设施的数量、仓储的面积，甚至和货物的装卸及搬运成本都有非常大的关系。除此之外，对仓库进行布局规划，除了要考虑当时的实际物流需求量，还需要对未来一段时间内的物流量变化有一定的预见性，提高仓库的柔性。本案例以企业仓库某年某月份的物流数据为依据，取其 31 d 平均值为所研究的物流量。

3）物流作业路线 R

物流作业路线 R（routing）是指物流对象 P 在仓库中心内各作业单元之间的流动路径。物流作业路线是 SLP 在布局规划中实施的重要依据，通常会受到仓库类型、物流运作模式等因素的影响。本案例将通过对企业仓库物流作业流程的分析，总结出仓库的物流作业路线。

4）辅助服务部门 S

辅助服务部门 S（service）是指仓库中除物流作业单位之外的其他作业单位。辅助服务部门主要是为仓库中物流作业提供支持和辅助的，在仓库的正常运作中起着不容忽视的重要作用，因此也是布局中需要规划的部分。本案例企业仓库中的办公区、休息区、车辆停放区、订单打印区、耗材领用封箱存储区属于辅助服务部门。

5）物流作业技术 T

物流作业技术 T（technique）是指物流活动中设备设施与工艺的总称。在不考虑其他基本要素的前提下，T 的高低直接影响了作业面积、效率、成本、设备工作人员数量等。本案例企业仓库规划布局中的物流作业技术主要是指从事不同物流作业的设备和搬运方式。

3. 功能区相关性分析

1）物流关系分析

当物料移动是工艺过程中最主要的部分时，物流分析就成了布置设计的核心工作。物流分析有助于设计人员选择有效的机器设备和生产设施，有助于安排工作单位和部门的位置布局，同时还有助于改进生产过程。在工厂、车间的布置设计中，物流关系分析亦可称为工艺流程分析，即确定不同工序之间的物料移动顺序和移动数量等。而在仓库的物流关系分析中，分析主要内容是确定货物在搬运过程中按有效顺序在每个必要的工序之间移动的强度或数量。

物流关系分析随着物流对象 P 的种类和物流量 Q 的大小不同，所采用的方法也不尽相同，根据企业仓库产品的特性，其物流对象量大且品种繁多，并且有一定通用性，因此统一视为一种产品，所以采用从至表对其物流关系进行分析。本案例将根据作业流程来进行各功能区之间货品的搬运量分析，也就是以物流对象在各作业单位间的物流量为切入点进行分析，制作物流从至表。（数据参考企业仓库某年某月份的日均物流量，均以每种产品的整箱为计量单位。）

物流从至表能将从某功能区到另一功能区间的物流量（货品搬运量）以表格的形式展现出来。物流从至表的"行"为物料移动的源头，称为"从"；"列"为物料移动的目的地，称为"至"；行列的交叉点标明由源头到目的地的物流量，使得各作业单位间的物流状况一目了然。

根据从至表的制作方法和要求，从案例企业仓库获取相应数据后，制作成企业仓库物流从至表，如表 9-2 所示。

表 9-2 企业仓库物流从至表

从＼至	收货交接与待上架区	托盘区	地堆区	货架区	快速消费品区	杂单拣货区	包装区	退货区	残次品区	办公区	封箱区	车辆停放区	订单打印区
收货交接与待上架区		6 000											
托盘区			4 600	1 200	200								
地堆区					2 500	2 000	100		2				
货架区					800	400			1				
快速消费品区							3 500		2				
杂单拣货区							2 500		1				
包装区					2	3			2				
退货区							8						
残次品区								8					
办公区													
封箱区													
车辆停放区													
订单打印区													

物流从至表属于定量分析方法范畴，但由于直接分析大量物流数据比较困难且没有必要，所以在 SLP 法布局规划时，可以选择用划分等级的方法来替代各单位间大量物流具体数据进行研究，因此本案例将仓库中的物流强度等级转化为以下 5 个等级，如表 9-3 所示。（此物流强度的等级以单位间物流量的比例为依据来确定）

表 9-3 物流强度等级划分

物流强度	物流强度等级	承担物流量比例/%
超高物流强度	A	40
较高	E	30
较大	I	20
一般	O	10
可忽略	U	

为了能清晰简洁地表达所有作业单位间的相互关系,前人构造出了能表示作业单位间物流相互关系的表格,并称之为原始物流相关表。此表格不像从至表一样规定作业单位的起始和终止,而是以两个作业单位间无方向搬运的总和为总物流量,在行与列的相交方格中填入行作业单位与列作业单位之间的物流强度等级。因为此表不再关注各作业单位间从和至的关系,所以物流原始相关表的右上三角阵表格与左下三角阵表格是对称的方阵,如表 9-4 所示。

表 9-4 企业仓库原始物流相关表

从\至	收货交接与待上架区	托盘区	地堆区	货架区	快速消费品区	杂单拣货区	包装区	退货区	残次品区	办公区	封箱区	车辆停放区	订单打印区
收货交接与待上架区		A	U	U	U	U	U	U	U	U	U	U	U
托盘区	A		A	I	O	U	U	U	U	U	U	U	U
地堆区	U	A		I	E	I	0	U	U	0	U	U	U
货架区	U	I	I		U	I	U	U	0	U	U	U	U
快速消费品区	U	O	E	U		U	E	U	0	U	U	U	U
杂单拣货区	U	U	I	I	U		E	U	0	U	U	U	U
包装区	U	U	O	U	E	E		O	O	O	U	U	U
退货区	U	U	U	U	U	U	O		U	U	U	U	U
残次品区	U	U	O	O	O	O	O	U		U	U	U	U
办公区	U	U	U	U	U	U	U	U	U		U	U	U
封箱区	U	U	U	U	U	U	U	U	U	U		U	U
车辆停放区	U	U	U	U	U	U	U	U	U	U	U		U
订单打印区	U	U	U	U	U	U	U	U	U	U	U	U	

舍掉多余的左下三角矩阵格,将表格中右上三角阵变形,就得到了 SLP 布局规划法中的物流相关表,如表 9-5 所示。表格左侧为各作业单位,右侧则是各作业单位之间的物流强度等级。

表 9–5 企业仓库物流相关表

	收货交接与待上架区	托盘区	地堆区	货架区	快速消费品区	杂单拣货区	包装区	退货区	残次品区	办公区	封箱区	车辆停放区	订单打印区
收货交接与待上架区		A	U	U	U	U	U	U	U	U	U	U	U
托盘区			A	I	0	U	U	U	U	U	U	U	U
地堆区				I	E	I	O	U	U	0	U	U	U	U
货架区					U	I	U	U	0	U	U	U	U
快速消费品区						U	E	U	0	U	U	U	U
杂单拣货区							E	U	0	U	U	U	U
包装区								O	O	U	U	U	U
退货区									0	U	U	U	U
残次品区										U	U	U	U
办公区											U	U	U
封箱区												U	U
车辆停放区													U
订单打印区													

2）非物流关系分析

在仓库的布局规划中，布局除了要考虑搬运量这个物流因素，还要考虑一些非物流因素的影响。因为除了搬运物料构成各功能区间的相互关系，还有一些支持性服务和辅助性服务构成了各功能区的非物流关系，如企业仓库中的办公区、休息区、车辆停放区、订单打印区、托盘区这些服务部门，这些部门没有物流上的相关性，但却有业务上的相关性，有时甚至会影响整个仓库的运作效率，因此在仓库布局中，不仅要考虑各作业单位间的物流关系，也要考虑非物流关系。概括而言，影响各功能区间非物流关系的主要因素如下。

（1）程序上的关系。由物流与信息流相互传递而建立起来的连续，或者是人员、设备之间的流程关系。

（2）组织和管理上的关系。各部门之间组织方面的联系，如两个部门的联系业务紧密，为便于管理应把这两个功能区紧密布置。

（3）功能上的关系。各作业区之间因功能相近或根据需要而形成的关系。

（4）环境上的关系。从操作环境或出于安全需要考虑而产生的联系，如功能区可能会在操作过程中对其他功能区产生一定环境干扰，那么在布置中就应该将这个因素考虑在内。

由于非物流关系是一种定性关系，很难用数据衡量，因此可以通过对这些定性因素进行更加具体的分析，将其之间定性的因素转化成能够衡量的定量因素来进行操作分析，比如用关系等级来衡量。本案例将区域间的相关程度分为 5 个等级，分别用符号 A、E、I、O、U 来表示，功能区相互关系等级理由如表 9–6 所示，功能区相互关系等级如表 9–7 所示。

表 9-6　功能区相互关系等级理由表

编号	关系接近理由	编号	关系接近理由
1	人员接触程度	7	改善工作环境的考虑
2	共用相同人员	8	改善工作环境的考虑
3	使用共同文件	9	提升工作效率的考虑
4	共用设备	10	服务的频繁和紧急程度
5	共用空间	11	作业安全考虑
6	搬运次数考虑		

表 9-7　功能区相互关系等级表

相互关系等级	等级解释
A	绝对必要接近
E	特别重要
I	重要
O	一般密切程度
U	不重要

原则上，相关程度等级高的功能区应相互靠近布置，相关程度等级低的应相互远离布置。其中，在仓库的布局规划中，功能区之间的相互关系等级为 A，E，I 级的应占 30%～55%，剩下的关系等级都应为 O，U 级，且在实际布局中应结合有经验人士的建议进行确定。

根据以上的等级对企业仓库各功能区进行非物流关系的等级划分，得到企业仓库各功能区非物流相关表，如表 9-8 所示。

表 9-8　企业功能区非物流相关表

	收货交接与待上架区	托盘区	地堆区	货架区	快速消费品区	杂单拣货区	包装区	退货区	残次品区	办公区	封箱区	车辆停放区	订单打印区
收货交接与待上架区		A	A	E	O	O	U	I	O	A	U	A	E
托盘区			A	A	I	I	U	U	U	U	U	O	A	U
地堆区				A	A	A	O	U	O	O	U	E	O
货架区					U	O	U	U	O	O	O	U	I	O
快速消费品区						A	A	U	O	A	A	E	A
杂单拣货区							A	U	A	A	A	E	A
包装区								E	O	O	U	E	E
退货区									E	I	U	E	O
残次品区										U	U	U	U
办公区											U	E	U
封箱区												E	I
车辆停放区													I
订单打印区													

3）综合关系分析

由于仓库的各功能区之间相互关系既包括物流关系，又包括非物流关系，并且在仓库运作过程中这两种相互关系通常是互为影响却不一致的，因此在使用SLP法对各功能区进行布局时，要综合考虑物流和非物流这两种因素。本案例求出以一定比例将这两种因素结合的相互关系表，称为综合相关表，然后从综合相关表出发，以实现各功能区的合理布置。具体操作可使用各功能区之间物流和非物流关系相关表中的数据，选择相应的权重给这两个因素加权计算总分，以加权后的总分来评判各区域间的相互综合关联程度，制作成综合相关表，其步骤如下。

（1）确定物流（m）和非物流（n）相互关系的相对重要性，即加权值。通常情况下，物流与非物流相互关系的重要性（$m:n$）的比值在1:3到3:1之间，当该比值小于1:3时，表明非物流关系占主导地位，布局时只需考虑非物流关系的影响；当该比值大于3:1时，表明物流关系占主导地位，布局时也可以只考虑物流关系的影响，忽视非物流关系。实际中，根据两者的相对重要性，$m:n$一般取值为：1:3、1:2、1:1、2:1和3:1。考虑到企业仓库的实际情况，本案例确定$m:n$的比值为1:1。

（2）量化物流强度等级与非物流关系密切程度等级。一般取$A=4$，$E=3$，$I=2$，$O=1$，$U=0$。假设任意两个作业区之间的物流关系等级分数为MR_{ij}，非物流关系等级分数为NR_{ij}，则量化后的两作业区之间综合关联程度等级的总分数为$SR_{ij}=mMR_{ij}+nNR_{ij}$。

（3）将得到的总分SR_{ij}分别对应其相应功能区填入表格，得到综合相关表，并以综合分数来表示各功能区之间的关系密切程度。

由上得出企业仓库的功能区综合相关表，如表9-9所示。

表9-9 企业仓库功能区综合相关表

	收货交接与待上架区	托盘区	地堆区	货架区	快速消费品区	杂单拣货区	包装区	退货区	残次品区	办公区	封箱区	车辆停放区	订单打印区
收货交接与待上架区		8	4	3	1	1	0	2	1	4	0	4	3
托盘区			8	6	2	2	0	0	0	0	1	4	0
地堆区				6	7	6	1	0	1	1	0	3	1
货架区					0	3	0	0	1	1	0	2	1
快速消费品区						4	7	0	1	4	4	3	4
杂单拣货区							7	0	1			3	4
包装区								4	1	4		3	3
退货区									3	2	0	3	1
残次品区										0	0	0	0
办公区											0	3	0
封箱区												2	2
车辆停放区													2
订单打印区													

4. 各功能区平面布置优化

在得到企业仓库各功能区的综合相关表后,将综合关系表右上角的矩阵进行翻转,恢复其左下角的数据,原则上每个功能区之间的关系在左上角矩阵和右下角矩阵都能得到体现,并且相关密切程度的分数是一致的。将各功能区之间的相互关系分数相加,进行综合接近度的排序,得到各功能区在整个仓库中重要性的总分数和排序,如表 9-10 所示。最后的布局也将参考综合接近度来进行。

表 9-10 综合接近度排序表

	收货交接与待上架区	托盘区	地堆区	货架区	快速消费品区	杂单拣货区	包装区	退货区	残次品区	办公区	封箱区	车辆停放区	订单打印区	综合接近度	排序
收货交接与待上架区		8	4	3	1	1	0	2	1	4	0	4	3	31	5
托盘区	8		8	6	2	2	0	0	0	0	1	4	0	31	5
地堆区	4	8		6	7	6	1	0	1	1	0	3	1	38	2
货架区	3	6	6		0	3	0	0	1	1	0	1	1	23	8
快速消费品区	1	2	7	0		4	7	0	1	4	3	4	4	37	3
杂单拣货区	1	2	6	3	4		7	0	1	4	4	3	4	39	1
包装区	0	0	1	0	7	7		4	1	1	4	3	3	31	5
退货区	2	0	0	0	0	0	4		3	2	0	3	1	15	12
残次品区	1	0	1	1	1	1	1	3		0	0	0	0	9	13
办公区	4	0	1	1	4	4	1	2	0		0	3	0	20	10
封箱区	0	1	0	0	4	4	4	0	0	0		2	2	17	11
车辆停放区	4	4	3	2	3	3	3	3	0	3	2		2	32	4
订单打印区	3	0	1	1	4	4	3	1	0	0	2	2		21	9

得到综合接近度排序表后,接着以各功能区之间关系亲密程度为出发点,安排各功能区的相对位置。以排序顺序来进行先后安排,即关系密切程度高的,也就是表中综合接近度分数越高的,安排的位置越近;关系密切程度低的,也就是表中综合接近度分数越低的,安排的位置越远。

出于实际考虑,简化布局过程,本案例对企业仓库平面布置图解规划遵循以下步骤和假设。

（1）绘制时先不考虑各功能区几何外形，但是需要将功能区的面积考虑在内，并且本案例假设将各功能区域面积以 200 m² 为基本单位，即以 200 m² 为一个正方形（示意一个基本单位的功能区），也就是说小于 200 m² 的按 200 m² 规划，大于 200 m² 的拆分为整数个 200 m² 进行规划。例如，150 m² 的功能区以 200 m² 来进行规划，也就是用 1 个正方形示意其面积；1 200 m² 的功能区就以 6 个 200 m² 进行规划，也就是用 6 个正方示意其面积，具体简化后以上排序的每个区域的相对规划单位分别为：1、1、8、6、1、2、2、1、1、1、1、1。

（2）以正方形来代表各功能区的同时，规定正方形的边长为 1，正方形的面积也为 1，以此便于布置，也便于计算布置所需的总体面积。

（3）因实际仓库中各功能区的间距基本为 3.2 m 的通道，因此在此次规划中将默认所有功能区之间的间距都相同，所以本案例将忽略功能区之间的通道、间距给规划带来的影响。

（4）根据物流综合关系表的综合关系度排序所得，以区域间的关系密切度高低为布置的先后顺序，逐个进行布置，需要注意的是尽量减少同一个功能区被分裂成多个区域进行布置。

（5）在得到一个最原始的布置图后，将布置图中每个功能区和其上、下、左、右这四个直线方向最邻近功能区的关系分数（用功能区综合相关表中的对应分数来表示）相加，并将由此得到的总数作为衡量该布置方案整个布局联系紧密度的依据，也就是总分越高，该布置方案越优秀。同时值得注意的是，同样两个区域间的关系分数不能重复相加，只能相加一次。

（6）用这种图解法得到的布置往往需要绘制 6～8 次布置图，在初始布置图上进行不断的修改，最后才能达到较为满意的程度。

本案例根据以上规则得到两个较优布置方案，布置方案 1，如图 9-7 所示。

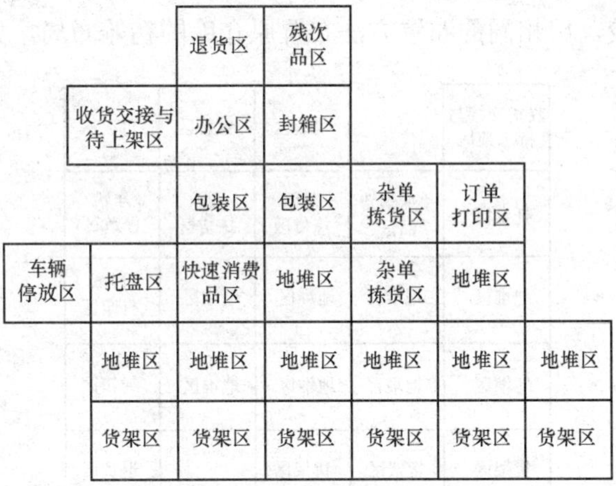

		退货区	残次品区		
收货交接与待上架区	办公区	封箱区			
		包装区	包装区	杂单拣货区	订单打印区
车辆停放区	托盘区	快速消费品区	地堆区	杂单拣货区	地堆区
地堆区	地堆区	地堆区	地堆区	地堆区	地堆区
货架区	货架区	货架区	货架区	货架区	货架区

图 9-7　布置方案 1 示意图

计算布置方案 1 的相互临近功能区的关系总分数：

　　　　8+8+7+7+7+7+6+6+6+6+6+6+6+6+5+4+4+4+3+3+2+2+1=126

计算布置方案 1 的区域围成总面积：7×6=42

布置方案 2，如图 9-8 所示。

收货交接与待上架区	车辆停放区	办公区	
托盘区	地堆区	包装区	包装区
地堆区	地堆区	杂单拣货区	快速消费品区
地堆区	地堆区	杂单拣货区	订单打印区
货架区	地堆区	货架区	封箱区
货架区	地堆区	货架区	退货区
货架区	地堆区	货架区	残次品区

图 9-8　布置方案 2 示意图

计算布置方案 2 的相互临近功能区的关系总分数：
8+8+8+7+7+6+6+6+6+6+6+6+6+6+4+4+4+4+3+3+3+2+1+1+1+1=122

计算布置方案 2 的区域围成总面积：4×7=28

5. 方案评价和选择

1）评价原则

方案的评价对比将从关系总分和总面积两个方面展开：关系总分越高，说明作业区的布置越合理，该布置方案就越优越；所占用总面积越小，说明方案的空间利用率越高，仓库面积成本越少，该方案就越优越。

2）原始方案与优化方案的比较

为了做更好的比较，用相同的布置方法布置原仓库的初始布局，如图 9-9 所示。

收货交接与待上架区		包装区	包装区	办公区
托盘区	快速消费品区	杂单拣货区	杂单拣货区	车辆停放区
地堆区	地堆区	地堆区	地堆区	订单打印区
地堆区	地堆区	地堆区	地堆区	封箱区
货架区	货架区	货架区		退货区
货架区	货架区	货架区		残次品区

图 9-9　原始方案示意图

计算初始方案的相互临近功能区的关系总分数：

8+7+7+6+6+6+6+6+4+3+3+3+2+2+1=76

计算初始方案的区域围成总面积：5×6=30

结合原始方案和优化后两个布置方案的关系总分和总面积，进行具体分数的对比，如表9–11所示。

表 9–11　方案对比分析表

	原始布置方案	优化后布置方案 1	优化后布置方案 2
关系总分	76	126	122
总面积/m²	30	42	28

根据关系总分的对比，可知根据 SLP 法得到的两个优化方案较原始方案都具备一定优势。

3）两个优化方案间的对比

虽然两个优化方案相较原始方案都具备一定优势，但还需要对得出的两个优化方案再进一步进行比较和选择。根据经验人士的建议及对两个布置方案的结果进行分析，不难得出以下结论。

（1）总分上比较。从总分上进行比较，布置方案 1 总分略高于布置方案 2。这说明布置方案 1 的布置方法中，各功能区之间的相关联系优于布置方案 2，功能区衔接起来也更为顺畅，仓库整体系统效率更高，仓库的运作成本也将较低。

（2）面积上比较。从布置所需的面积上比较，布置方案 2 的所需面积明显少于布置方案 1。并且布置方案 2 的所需仓库形状较为规则，所需面积低于原始仓库的面积；而布置方案 2 的所需仓库面积不规则且所需面积大于原始布置。这说明，布置方案 2 在空间的利用率上比布置方案 1 更优，该布置所占用的仓库面积更低，优化仓库成本更低。

（3）综合分析。结合现实进行分析，本案例是在企业仓库总面积及其形状已经确定的背景下进行的布局优化。经过分析发现，布置方案 1 和布置方案 2 的总分相差并不大，但在空间利用率上布置方案 2 较布置方案 1 有着明显的优势，同时从示意图中就不难发现，布置方案 2 的布置更为接近仓库现状，因此该法在对企业仓库进行实际优化时成本将会更低，也将更适合企业仓库规划布局优化的需求。

综上所述，并结合经验人士的建议，最后选择布置方案 2 作为 SLP 法得出的较优布置方案。

9.2.3　基于 Flexsim 仿真模型的物流系统布局优化

1. Flexsim 软件仿真目的

Flexsim 软件具有建模、可视化、模型分析、开放性端口等众多重要、适用且操作简单的功能特性，是用于模拟现实中系统的良好工具。上文利用 SLP 法分析、布局并评价、选择，得到了企业仓储规划布局优化的一个初始方案，但是 SLP 法因其存在动态性差、柔性差、需要手工布置等缺点，用其所得到的布置方案也存在较大的改善空间，因此，本案例选择了 Flexsim 软件对该布置方案进行进一步仿真模拟和分析，但同时考虑到仓库整体布局的仿真模拟过程繁杂且没有必要，所以，本案例将拣选其对仓库效率有重点影响的功能区进行仿真模拟来进一步改善仓储规划布局方案。

由此可知，本次 Flexsim 仿真仓库布局的目的如下。

（1）明确本次仿真的功能区主要为：杂单拣货区、快速消费品区、地堆区、货架区、包装区以及所需的叉车和工作人员。

（2）仿真模拟得到的优化方案重点较 SLP 法关注布局位置的不同在于，仿真更侧重于功能区之间流程、设备、人员配置的适合程度，因此，可以在建模中弱化功能区之间的位置关系。

（3）找到初始方案布局的瓶颈和不足，通过 Flexsim 软件进行结果分析并通过调整系统中的对象、连接、方法等对方案进行进一步的优化，得到最终的企业仓库布局优化方案。

2. 建立 Flexsim 仿真模型

Flexsim 建模方法

1）布局设置

虽然 Flexsim 中包含众多实体，但仍存在无法准确表达现实中实体的情况，因此，本案例选取较简单易懂，并且实现功能与现实相近的实体进行模拟和替代模拟，实体的数量均参考企业仓库实际情况。其中，发生器 4（source4）代表收货区；货架 28（rack28）代表货架区；叉车 27、30（transporter27、30）即代表叉车和其他车辆；处理器 26（processor26）代表搬运物流箱体和拆箱的操作时长；暂存区 30（queue30）代表地堆区；暂存区 23（queue23）代表快速消费品区；暂存区 24（queue24）代表杂单拣货区；处理器 22、23、24、31（processor22、23、24、31）代表可以按单拣货的工作人员；暂存区 25（queue25）、传输机 27（conveyor27）、传输机 28（conveyor28）、组合机（combiner27、combiner29）组合在一起代表包装区。

布局设计结果如图 9-10 所示。

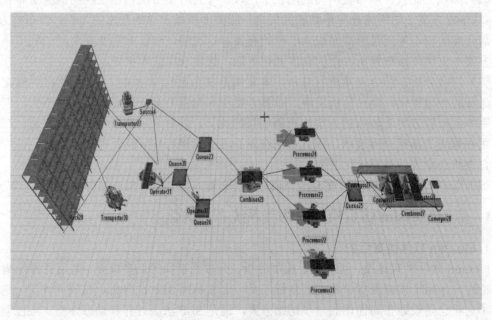

图 9-10 布局设计图

2）定义"流"

模型中实体之间的连线就是"流"，是指货物在整个模型系统中的流动路径，货物的流向是带有方向的（下图用有方向的箭头表示），用"A"连接进行操作，取消用"Q"；而实体对操作员的引用,如需要其进行加工、搬运等连接是无方向的(图9-11用双箭头表示),需要用"S"连接,取消用"W",两种连接都是以按住相对应的字母并用鼠标单击需要连接的两个实体就可以完成连接,取消操作参考连接操作。在本案例的模型中,货物的流从收货区开始,具体"流"如图9-11所示。

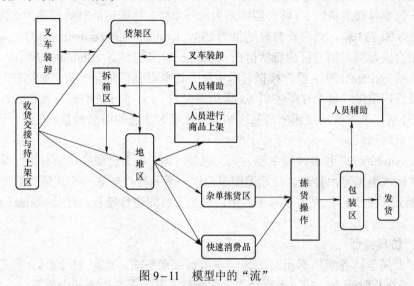

图9-11 模型中的"流"

3)设定主要对象参数

(1)发生器参数。模型中发生器只有收货区。收货区的货物产生时间间隔平均为22 s、标准差为4 s,采用0号流,即以服从正态分布normal(22,4,0)的速度产生以箱为单位的货物;所产生的货物分别以20%、77%、3%的分配比传送给地堆区、货架区以及快速消费品区,即set item type by percentage中设置3个项目,每个项目占比分别为20、77、3。

(2)处理器参数。模型中处理器有代表拆箱操作的processor26、代表人工拣货的processor22、23、24、31。这4个处理器的参数设置分别如下。

拆箱操作的processor26,每箱货物装卸搬运加拆箱的加工时间平均时长为180 s、标准差为2 s,采用0号流,即normal(180,2,0);采用一个工作人员进行辅助,勾选use transport。

人工拣货的processor22、23、24、31,因功能相同,所以将其参数设置一致,人工拣货的工作时间为平均150 s拣货一单、标准差为10 s,采用0号流,并且考虑到此模型的统一单位为箱,而拣货时单位却为每个SKU,即每件,所以需要进行单位转换或替换表达。据了解每箱平均有30件,所以将单位的倍数转换到拣货时长,相当于人工拣货的工作时间为平均4 500 s拣货一箱,即服从normal(4 500,10,0);因仓库拣货人员都是按单拣选,所以处理器上每次只能容纳一个货物。即maximum content为1。

(3)暂存区参数。模型中暂存区有queue23、24、25、30,分别代表快速消费区、杂单拣货区、包装区、地堆区。其中,地堆区queue30提供给快速消费区和杂单拣货区的货物比例分别为58%、42%,因此,在OnExit中给两个端口的输出分别设置比例,并将地堆区输入的货品颜色在输出时更改为随机颜色,代表货物已拆箱。

快速消费品区queue23和杂单拣货区queue24是以拣货货架的形式存在的,参数设置一致，其容纳量有限，将其同样从件换算成箱为统一单位，每个区可容纳 6 000 件，每箱 30 件，则可设其容纳量为 200，即 maximum content 为 200，并且其连接着拣货人员，只要有空闲可用的拣货人员，可随机调取，即 sent to port 设置为 random available port。

包装区 queue25 其面积有限，所以其容纳量有限，将其同样从包装区中的每单平均 2 件货物为一小包换算成进货时 30 件一箱的箱为统一单位，每天可同时处理最大上限为 2 000 包订单的容量，即 133 箱，则可设其容纳量为 133，即 maximum content 为 133。

（4）组合区参数。组合区由拣货区的 combiner29 和包装区 combiner27 组成。

拣货区的 combiner29 主要起模拟订单中每个订单有几件单品并将之捆绑在一起的作用，以全局列表为依据进行每个订单的模拟，全局列表的 cd 行的 6 条数据分别代表 6 个客户的订单，row 列分别代表需要从快速消费品区和杂单拣货区拣选的单品数量。在组合器的 OnEntry 里设置引用全局列表。

包装区 combiner27 包装时间主要为人工包装时间，每个包装操作员根据订单检查箱内货品、加入防撞气泡膜等，封箱、贴物流面单，这一系列操作下来一个人所需的操作时间平均为 350 s、标准差为 20 s，采用 0 号流，所以对加工时间进行设置，服从 normal（350，20，0）分布。

3. 运行仿真模型

运行以上模型，各实体都正常工作。先用直接观察法，选取 16 200 s（每天工作 9 h 共 30 d）为实验终止时间点，并对运行结果进行观察，发现存在以下两个问题。

问题一：包装区配备的两个包装操作人员都非常空闲，可见其利用率非常低（调取组合器的各项工作数据分析发现，两个工作人员的空闲率高达 71.73%）；

问题二：发现地堆区有大量的堆积，且货架的储存功能形同虚设，利用率非常低。

4. 改进模型

1）问题一的解决方案

对组合机的空闲率进行研究。配置两台组合机，即两个包装人员工作时，发现其空闲率非常高，资源浪费严重，所以考虑通过减少包装人员的数量和包装的操作时间来调整模型。通过对组合机空闲率（代表包装人员的资源浪费率）的数据观察，发现减少包装人员、减少包装操作时间这两个举措可以使组合机的空闲率明显下降，具体数据如表 9-12 所示。

表 9-12　优化前后包装区人员配置对比表

方案设置	组合机空闲率
现状：包装区安排两个人全天候包装	71.73%
调整 1：包装区安排一个人全天候包装	60.06%
调整 2：包装区安排一个人一天只工作 2 h 左右进行高效率包装	28.64%

这说明包装区的人员可以缩减，并且也不需要进行全天候的包装工作。因此建议将包装区的工作人员缩减为一位，并且每天只需进行 2 h 左右的高强度工作，其他多余人员和多余时间可以被放置到更为需要的地方。

2）问题二的解决方案

（1）对货架的进、出货百分比进行调整。原本货品进入货架之后基本处于马上出货的状态，也就是新进入的货物在货架的停留时间几乎是 0，这样的状态下货架没有真正起到储存的作用。因此本案例从货架的出货上进行调整，将货架上所有货物中的 15% 转移到地堆区，剩下的 85% 依旧储存在货架上，并以此为依据给货架设定了其货架必须储存的比例。试运行后，通过观察对比，发现此举明显改善了货架空无一物，但地堆区存在货物堆积的问题，具体数据如表 9-13 所示，可见通过对出货比例的设置，使货架开始发挥储存的作用。

表 9-13 货架改进前后停留量和停留时间对比表

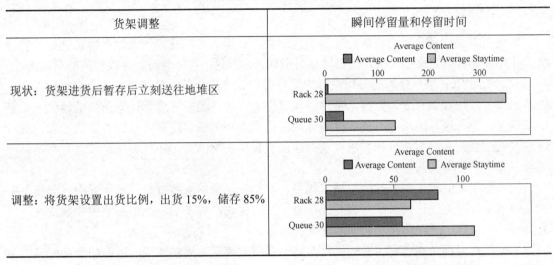

（2）本案例将从包装区撤下的一个工作人员尝试放在拣货人员的位置，并观察此时地堆区的瞬间停留量和货物，发现增加一个拣货人员可以让地堆区货物的等待时间明显下降，如表 9-14 所示，可见增加一个拣货人员可以加快拣货速度，提高拣货效率，减轻地堆区压力。

表 9-14 增加拣货人员前后停留量和停留时间对比表

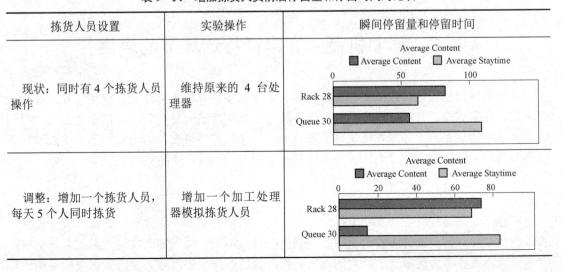

3）模型改进总结

综上所述，通过使用 Flexsim 仿真系统对模型进行仿真，发现并分析模型中的瓶颈和不足，并借助仿真解决了系统中的两个问题，提高了整体效率。

（1）通过减少包装区的一个工作人员和缩减其工作时长为每日 2 h 左右，来解决包装区人员过剩、空闲率过高的问题。并将多出来的人员调用到拣货区，解决了地堆区货品堆积的问题，解决了包装区和拣货区人员分配不均的问题。

（2）通过将货架中 85%的货物都储存在货架上，15%供应给其他区域的方法，解决了货架储存功能形同虚设的问题。

9.2.4 案例总结

本案例以某电商企业的自营仓库为研究对象，分析其布局规划现状，了解了仓库各功能区的作用及其相互之间的关系，找出其布局中存在的问题，并针对问题寻找相应的解决方法。

（1）利用 SLP 法对仓库的布局进行物流分析和非物流分析，并将两者结合起来形成综合关系表，并以综合关系表为依据，考虑面积等因素，对各功能区进行位置布局的优化，调整了车辆区、办公区、地堆区、货架区等区域的位置，将关联程度高区域的放置在一起，最后通过对其综合关系利用总分相加法以及考虑面积和现实等因素，评价和选择较优方案，解决了仓库布局不合理的问题。

（2）利用 Flexsim 仿真软件，建立模型，对运行结果的观察分析，找到仓库布局模型中的瓶颈所在，并通过仿真系统对模型进行进一步的优化，解决了系统中包装区和拣货区工作人员分工不合理、货架储存功能形同虚设的问题。

本案例对电商企业仓库的布局优化，能够提高其库存的周转效率，进而起到加快其资金周转效率的作用。与此同时，布局优化提高了仓库拣货效率从而使仓库能满足日益增长的订单需求，提高了发货准确率和整体服务效率从而使企业更能抓住客户，提高客户忠诚度。因此，仓库布局的优化使得企业在保持仓库自营优势的基础上，避免了自营仓成为企业在快速发展之路上的瓶颈，免除后顾之忧，更甚而言，良好的仓库布局能成为企业发展坚实的后盾，起到推动其自身更好更快发展的作用。

9.3 移动机器人在电商拣选环节的应用

本节案例根据微信公众号"物流指闻"相关新闻稿件和校企合作企业提供资料改编。近几年来，商家店庆、"双 11"、"双 12"等各种商品促销活动频繁开展，电商企业在面对促销时业务激增的情景下，在货物拣选环节面临着高效率和高质量保障的考验。不断更新的移动机器人满足了物流实践的需求，在众多电商企业中得到了较广泛的应用。

9.3.1 案例背景

近几年，我国物流业一直处于持续景气、向上发展的态势，因此智能物流产业存在很大的市场及发展空间。同时随着电子商务的快速和持续增长，每天都会发生大量的客户交付，给第三方物流和零售商带来了巨大的人力负担，这也迫使零售商对其供应链和履行策略进行重大改变。2021年双11销售额再创新高：天猫5 403亿元，京东3 491亿元。与销售额同样瞩目的还有快件单量，据国家邮政局监测数据显示，11月1—11日，全国邮政、快递企业共处理快件47.76亿件，同比增长超过两成。其中，11月11日当天共处理快件6.96亿件，再创历史新高。如何在订单激增的情况下以高效率保障时效和质量？科技成了重要手段。

在"新零售"时代里，面对消费近乎极致的体验诉求，如何让电商跑得更快、缩短仓库拣选时长、降低等待时间，也成了众多商家关注的重点。人工智能的运用——机器人柔性物流成为迫切需求。机器人柔性物流，是要引入智能机器人来平衡人力资本的增长问题，再通过机器人的快速部署，实现可弹性扩充的高效物流。

根据电商行业特有的仓库作业特点，以往"双11"期间仓库多采用传统的人海战术来应对爆单挑战，临时雇佣大量人员。2021年"双11"预售时间拉长、双峰值以及直播带货等因素带来更大出货量波动，仓库面临的挑战也十分严峻：一方面人工劳动强度增大，作业效率降低；另一方面临时员工上手慢，错误率高。

在这样的情景下，采用AMR物流系统可实现多批次小批量的门店补货，响应未来门店的当日配送需求，同时减少库存量，保证门店业务的发展，顺应"新零售"趋势。AMR机器人智能仓库的部署，可大大提高电商零售行业的仓储作业效率，减少人工成本的投入，并能在较短时间内实现投资回报。

9.3.2 移动机器人概述

1. 从AGV到AMR

自1953年第一台AGV（automated guided vehicle）问世以来，AGV就被定义为在工业物流领域解决无人搬运运输问题的车辆；但早期AGV的定义仅仅是字面上理解的"沿着地上铺设的导引线移动的运输车"。因为20世纪移动机器人技术不发达，AGV行业经历了40多年发展，市面上的AGV都还是在导引技术里面迭代升级，发展了电磁感应引导、磁导条引导、二维码引导等技术。总的来说，AGV需要沿着预设轨道、依照预设指令执行任务，不能够灵活应对现场变化。导引线上出现障碍物时只能停等，多机作业时容易在导引线上阻塞，影响效率。在大量的要求搬运柔性化的场景中，这类AGV并不能满足应用端的需求。随着传感器和人工智能技术的发展，人们开始为轮式移动设备引入越来越多的传感器和智能算法，不断增强其环境感知和灵活运动的能力，逐渐发展出新一代自主移动机器人（autonomous mobile robot，AMR）。

AMR通过多模态传感器（激光雷达、摄像头、超声雷达等）对现场环境进行感知，利用智能算法对感知数据进行解析，从而能够形成对现场环境的理解，在此基础上自主选择最有效的方式和路径执行任务。AMR一般具备丰富的环境感知能力、基于现场的动态路径规划能力、灵活避障能力、全局定位能力等。基于智能感知、自主移动的能力，AMR可以更加灵活地在仓库或工厂等环境的各个位置之间灵活规划路线。在高度动态的操作环境中，AMR能够更好地与人类合作执行任务，使工作流程更加高效。

虽然AMR比AGV包含更先进的技术，但它通常是一个更便宜的解决方案。AMR不需要电线、磁条或对构建基础设施进行其他昂贵的修改，因此，安装和运行AMR更快、更便宜，而且不会对生产造成昂贵的干扰。由于AMR可以快速、轻松地部署，它们几乎可以立即增加新的效率。由于低初始成本和流程的快速优化，它们通常在不到2个月的时间内就能提供

2. AMR 的市场概况

近几年，开发 AMR 的企业越来越多，这其中有以 AMR 切入市场的新企业，也有从传统 AGV 和仓储机器人领域切入"新赛道"的。资本对 AMR 这一赛道也十分看好。目前全球的 AMR 市场，激光导航 AMR 和视觉 AMR 领域都出现了一批领先企业，激光 AMR 由于发展较早，目前市场竞争更为激烈，国外代表企业有 Fetch Robotics、6 River Systems、MiR 等；国内则以极智嘉等企业为代表。视觉 AMR 由于技术难度相对较高，目前在全球范围内拥有成熟视觉导航技术的企业并不多，国外企业以 Canvas Technology 为代表，国内灵动科技的视觉导航技术也已经十分成熟。随着技术的发展，AMR 移动机器人应用规模也在逐渐扩大，也出现了一批代表性的企业。以灵动科技为代表的视觉自主移动机器人（visual autonomous mobile robot，V-AMR）迅猛崛起。2020 年，灵动科技（北京）科技有限公司 CEO 齐欧在上海工博会发表了题为《第四代移动机器人的发展》的演讲，作为第四代移动机器人（视觉 AMR）的引领者，灵动科技参与了蓝皮书部分内容的撰写并分享了 3C、汽配、半导体、鞋服等行业的经典案例。

具体到中国市场，从行业特性来看，AMR 供应商多是"小而专"的生存模式，很难在不同行业属性的客户间实现迁移，其实，从更长的发展周期上来讲，物流机器人从自动化到兼具自动化和柔性生产特征的智能化，AMR 供应商们面对的不是一场竞赛，而是两场竞赛。

第一场竞赛的阶段目标是在同一细分市场的同类企业中脱颖而出做到头部，成为"池塘里最大的鱼"。具体到工业物流赛道，即成为单一环节最专业的移动机器人供应商。就目前来说，从第一阶段到第二阶段的过渡段，企业则注重专业领域的垂直深耕，一般已经具备为头部企业提供纵向跨场景的自动化物流解决方案的能力。

第二场竞赛的阶段目标则是成长为满足全场景物联需求的物流平台化企业，这需要数据平台、仿真平台和成熟供应链等综合能力的支撑，能够以更快速度、更低成本满足客户的非标需求，在跨行业的横向维度上成为工业物流智能化的方案供应商。要从以往单个产线、车间的工业物流向连通多个车间的工厂"大物流"转变，需要将原本以工艺、产线或车间为单位，互相割裂的工业物流体系，升级为以整厂为单位、信息流和物流全面打通的智能化系统。

目前在国内进入第二阶段的 AMR 企业以灵动科技、极智嘉为代表，是极具领导者竞争力的两家企业。

3. 灵动科技 AMR

就技术复杂度来说，灵动科技的技术创新力度引人关注。

灵动科技的机器人产品目前集中于物流和制造业这两大场景。作为全球唯一采用计算机视觉多传感器融合方案的 AMR，灵动科技 ForwardX 机器人使用摄像头和 GPU 代替人眼，通过深度学习神经网络进行环境感知，实现了 VSLAM 三维地图构建、360°避障、自主规划路线，可以快速适应复杂环境布局的变化，节省重新部署的时间与成本，成为仓库内部的无人驾驶物流车辆。

纵观 AMR 技术的实现路径，除了基础的生产作业执行系统与仓储管理系统，为防止机器人行驶冲突并尽可能提高调度效率，集群调度系统无疑成为关键一环。然而，目前在全球范围内，仅有几家 AMR 企业具备集群调度的解决方案能力，包括灵动科技 ForwardX、6 River 和 Locus。这意味着，在国内市场，具备大规模集群调度系统的 AMR 公司只有灵动科技 ForwardX，如图 9-12 所示。

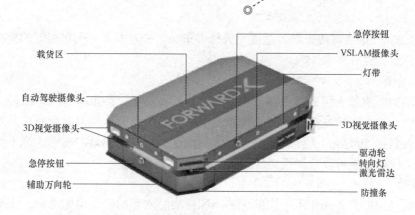

图 9-12　第四代移动机器人——ForwardX MaxTM600 标准版

目前，灵动科技 ForwardX 已研发出基于深度学习的"Forcos 机器人感知决策平台"与基于机器学习的"f（x）多智能体调度系统"。经过近 1 年的研发投入，灵动科技 ForwardX 可实现单仓 200 台 AMR 的调度能力。能提升 2～3 倍生产效率的集群调度系统是有非常高技术门槛的，这种无法抄袭的研发壁垒正是灵动科技 ForwardX 最大的核心竞争力。据悉，灵动科技 ForwardX 现已申请专利 175 项，其中包括 88 项国际专利，并已经取得 9 项美国发明专利授权，这些都已成为公司出海的技术基石。

9.3.3　应用案例分析

2021 年，国内某龙头电商仓库通过引入灵动科技 AMR 和"Pick2Go"解决方案（见图 9-13），实现"双 11"仓库产能提升 400%，UPPH（units per people per hour，人均时产能）较平时提升 133%。值得一提的是，在某水饮仓峰值时段 UPPH 达到 450 件/h 以上，较人工作业提升 6 倍，这在中件仓几乎是不可能完成的任务。这套解决方案带来了以下改变。

图 9-13　灵动科技 AMR 应用场景

1. 机器替人，大幅降低劳动强度

大促爆单带来的劳动强度大和新人错误率高的问题在灵动科技 AMR 面前迎刃而解，最大化实现用机器辅助人工。

1）减少空走

传统的人工拣货模式下，员工行走距离远，平均每天至少行走 3 万步，而灵动科技提供完整的"Pick2Go"拣选解决方案，通过一人拣多车、一车对多人，人车相汇的模式，最优路径规划减少空走，提升至少 35%。

2）增加负载

大促时 AMR 机器人可装载更多货物并稳定运行，员工无须推拉重物，减轻工作强度，提升工作效率。这点在该龙头电商的水饮和米面粮油品类仓库体现得尤为明显。人工用地牛拖货平均每天负重 500 kg，大促时更会远超人的承受极限，而 AMR 机器人则不受影响，从拿货到送至工作台依然可以分钟级完成。

3）上手快

灵动科技 AMR 具备操作上手快的优势，即使临时雇佣的新人也能 1 min 上手，傻瓜式指引让新手变老手，拣选错误率大幅降低，实现发货准确率 99.99%。

2. 智能系统，从容应对亿级订单

在解决"人"的问题的同时，面对该龙头电商大促期间的亿级订单，灵动科技也有应对之道。

1）智能组单

凭借先进算法和智能组单逻辑，灵动科技"Pick2Go"解决方案可以做到系统快速合理组单，在大促时优化拣选逻辑，提高效率。

2）柔性调度

大促时的持续备货和补货让现场环境变得更为复杂：①人车混行，场内人拉地牛、补货叉车随处可见；②备货托盘、补货叉车占用通道，车辆穿行犹如"在胡同里走卡车"。而要在如此拥挤复杂的环境下调度多辆 AMR 运行更是"难上加难"，调度不好容易出现拥堵和碰撞等问题，影响整体效率。灵动科技 AMR 具备窄巷道通行、复杂环境适应能力，并可实现柔性集群调度，更好地赋能"双 11"仓库场景，提升效率的同时实现"双 11"全周期 0 事故安全运行。这背后是灵动科技自主研发技术的强力支撑——通过复用自动驾驶级视觉算法让 AMR "看到"更多环境特征，感知环境；通过强化学习等机器学习技术准确预测 AMR 运行中可能碰到的情况，实现 AMR 在高动态复杂环境的柔性调度。

3）灵活充电

灵动科技 AMR 智能调度系统根据工作实时忙闲情况调度 AMR 进行电池回充，最大限度地提高 AMR 使用效率。AMR 还可支持电池侧面拆卸，轻松实现 2 min 快速更换备用电池，24 h 作业不停歇，全力保障"双 11"。

3. 高柔性，临时加车，1 天完成部署

"双 11"大促时间紧、任务重的特点对机器人的柔性部署也提出了更高的要求。而灵动科技 AMR 机器人可实现快速灵活的部署，并按需调整机器人数量及调度方式，高柔性适应业务的波峰变化。

1）快速部署

"双 11"前夕，该龙头电商广州某牛奶水饮仓为参加大促临时决定部署 AMR，灵动科技仅用 1 周时间即完成了交付上线；而在大促期间该龙头电商的某水饮仓，因单量暴增需要临时加 5 台 AMR，灵动科技也在 1 d 内完成了部署，真正做到 AMR "开箱即用"。

2）灵活调整方案

"双 11"期间为应对订单激增，仓库布局和作业流程会进行调整，灵动科技 AMR 可灵活

适应这些变化。比如在南宁某水饮仓,灵动科技根据客户现场布局和流程变化,实现了 1 d 内灵活调整 AMR 拣货点位、投线点位以及停车点位。依托于先进的定位及导航能力,灵动科技 AMR 可快速学习环境,只需要在地图上进行点位增减即可完成方案调整。

同时灵动科技在大促期间还提供了充分的现场保障,提前派发临时备用机和安排驻场人员,及时根据现场环境调整方案部署,与客户携手备战,共同保证大促的顺利进行,助推"双 11"仓储物流效率再创新高。

从战果上看,2021 年"双 11"大促期间,灵动科技"Pick2Go"助力该领先电商 20+仓库以更柔性的产能应对大促考验,在时效、质量、成本三个方面给出不俗成绩:时效提升,仓储产能提升 400%,峰值时段 UPPH 较人工作业提升 6 倍;质量提升,发货准确率 99.99%,发货及时率 100%,"双 11"全周期 0 事故运行;成本降低,效率提升带来人力成本的大幅降低,节省仓库作业人员 50%,以一半投资实现两倍效率。

探索机器人仓

9.3.4 案例总结

本案例分析了移动机器人在解决电商企业快速高效拣选需求方面的应用,着重介绍灵动科技 AMR,实现智能化无人搬运操作、智能分拣,实现了工人在固定区域作业、简化作业流程的目的。其集群调度系统可以提供可视化指示,监控实时作业流量,不断改善全仓流程。整套解决方案,不需要对人员进行长期培训、不需要改变现有场地和作业流程,具有部署成本低、有效降低人力成本和运营成本的优点。

本章思考题

1. 排队模型的基本假设是什么?
2. 解决排队拥堵问题的思路有哪些?
3. 仓储规划包括哪些内容?
4. 如何通过 Flexsim 仿真结果判断仓储系统中的问题?
5. 试概述移动机器人的发展阶段和前景。

参 考 文 献

ADIVAR B, MERT A, 2010. International disaster relief planning with fuzzy credibility[J]. Fuzzy optimization and decision making (9): 1-21.

ALESSANDRA C, SILVIA R, ALESSIO, 2012. Agile and lean principles in the humanitarian supply chain [J]. Journal of humanitarian logistics and supply chain management, 2(1): 16-33.

ALTAY N, GREEN W G, 2006. OR/MS research in disaster operations management[J]. European journal of operational research (175): 47-93.

AMIRMOHSEN G, ELKAFI H, 2019. Capacity, pricing and production under supply and demand uncertainties with an application in agriculture[J]. European journal of operational research (275): 1037-1049.

ARAZ C, Selim H, OZKARAHAN I, 2007. A fuzzy multi-objective covering-based vehicle location model for emergency services[J]. Computers & operations research (34): 705-726.

AURELIE C, MATTHIEU L, LUK V W, 2010. A model to define and assess the agility of supply chains: building on humanitarian experience [J]. International journal of physical distribution & logistics management, 40(8/9): 722-741.

AURELIE C, MATTHIEU L, 2011. An enterprise modeling approach for better optimization modeling: application to the humanitarian relief chain coordination problem[J]. OR spectrum, 33(3): 815-841.

BADRI M A, MORTAGY A K, ALSAYED C A, 1998. A multi-objective model for locating fire stations[J]. European journal of operational research (110): 243-260.

BAHINIPATI B K, KANDA A, DESHMUKH S G, 2009. Horizontal collaboration in semiconductor manufacturing industry supply chain: an evaluation of collaboration intensity index[J]. Computers and industrial engineering, 57(3): 880-895.

BAI Q G, XU X H, CHEN M Y, et al., 2015. A two-echelon supply chain coordination for deteriorating item with a multi-variable continuous demand function[J]. International journal of systems science: operations & logistics, 2(1): 49-62.

BALCIK B, BEAMON B M, 2008. Facility location in humanitarian relief[J]. International journal of logistics: research and applications, 11(2): 101-121.

BARBAROSOGLU G, OZDAMAR L, CEVIK A, 2002. An interactive approach for hierarchical analysis of helicopter logistics in disaster relief operations[J]. European journal of operational research (140), 118-133.

BARSKY N P, CATANACH A H, 2005. Evaluating business risks in the commercial lending decision[J]. Com. lending rev (20): 158−189.

BASU P, NAIR S K, 2012. Supply chain finance enable early pay: unlocking trapped value in B2B logistics[J]. International journal of logistics systems & management, 12(3): 334−353.

BEAMON B M, BALCIK B, 2008. Performance measurement in humanitarian relief chains[J]. International journal of public sector management, 21(1): 4−25.

BEGOÑA V M, TERESA G T, JAVIER M, 2011. A multi-criteria optimization model for humanitarian aid distribution[J]. Journal of global optimization (51): 189–208.

BLECKEN A, 2010. Logistics in the context of humanitarian operations[J]. Advanced manufacturing and sustainable logistics (10): 85−93.

BURCU B, BENITA M B, CAROLINE C. et al., 2010. Coordination in humanitarian relief chains: practices, challenges and opportunities[J]. International journal of production economics, 126(1): 22−34.

CAI X Q, CHEN J, XIAO Y B, et al., 2010. Optimization and coordination of fresh product supply chains with freshness-keeping effort[J]. Production and operations management, 19(3): 261−278.

CAUNHYE A M, ZHANG Y, Li M, et al., 2016. A location-routing model for repositioning and distributing emergency supplies[J]. Transportation research part E: logistics and transportation review, 90(43): 161−176.

CHAN, F T S, PRAKASH A, 2012. Inventory management in a lateral collaborative manufacturing supply chain: a simulation study[J]. International journal of production research, 50(16): 4670−4685.

CHANG M, TSENG Y, CHEN J, 2007. A scenario planning approach for the flood emergency logistics preparation problem under uncertainty[J]. Transportation research part E (43): 737−754.

CHI H, LI J, SHAO X, et al., 2017. Timeliness evaluation of emergency resource scheduling [J]. European journal of operational research, 258(3): 1022−1032.

CHRISTIAN F, ANDREAS M, MARTIN W, 2019. Facilitating consumer preferences and product shelf life data in the design of e-grocery deliveries[J]. European journal of operational research (9): 1−38.

CHRISTOPHER S, 2011. A qualitative study exploring the challenges of humanitarian organizations [J]. Journal of humanitarian logistics and supply chain management, 1(2): 132−150.

CHU Z, FENG B, LAI F, 2018. Logistics service innovation by third party logistics providers in China: aligning guanxi and organizational structure[J]. Transportation research part E: logistics and transportation review (118): 291−307.

COZZOLINO A, 2012. Humanitarian logistics and supply chain management[M]. Humanitarian Logistics. Springer Berlin Heidelberg: 5−16.

DAY J, MELNYK S, LARSON P, et al., 2012. Humanitarian and disaster relief supply chains: a matter of life and death [J]. Journal of supply chain management, 48(2): 22−36.

DEVENDRA K, YADAV. A B, 2018. Modeling post-disaster challenges of humanitarian supply chains: a TISM approach[J]. global journal of flexible systems management, 17(3): 321−340.

ELEFTHERIOS I, DIMITRIOS V, CHRISTOS K, et al., 2014. Dual sourcing for mitigating humanitarian supply chain disruptions[J]. Journal of humanitarian logistics and supply chain management, 4(2): 245−264.

EQUI L, GALLO G M, MARZIALE G, 1996. A combined transportation and scheduling problem[D]. Pisa, Pisa University: 523−538.

ERGUN O, GUI L, HEIER STAMM J L, et al., 2014. Improving humanitarian operations through technology-enabled collaboration[J]. Production and operations management, 23(6): 1002−1014.

FERGUSON K, 2006. Information sharing to improve retail product freshness of perishables[J]. Production and operation management, 15(1): 57−73.

FIEDRICH F, GEHBAUER F, RICKERS U, 2000. Optimized resource allocation for emergency response after earthquake disasters[J]. Safety science (35): 41−57.

GADJA R, 2004. Utilizing collaboration theory to evaluate strategic alliances[J]. American journal of evaluation, 25(1): 65−77.

GAURAV K A, RAMESHGAURAV K A, RAMESH K A, 2017. Identification and prioritization of coordination barriers in humanitarian supply chain management[J]. International journal of disaster risk reduction (13): 128−138.

GORDY M B, 2000. Acomparative anatomy of credit risk models[J]. Social science electronic publishing, 24(1−2): 119−149.

GUO Z, QI, M, 2010. Research on the demand forecast of emergency material based on fuzzy markov chain[C].

GUPTA U, 2004. Multi-event crisis management using non-cooperative repeated games[D]. University of south florida.

HA B C, PARK Y K, CHO S, 2011. Suppliers' affective trust and trust in competency in buyers: Its effect on collaboration and logistics efficiency[J]. International journal of operations and production management, 31(1): 56−77.

HAGHANI A, OH S C, 1996. Formulation and solution of a multi-commodity, multi-modal network flow model for disaster relief operations[J]. Transportation research part A, 30(3): 231–250.

HELLA A, SANDER D L, MATTHIAS K, 2017. Humanitarian supply chain performance management: a systematic literature literature review[J]. Supply chain management: an international journal, 19(5/6): 592–608.

HENRIETTA B, 2014. A bottleneck analysis in the IFRC supply chain[J]. Journal of humanitarian logistics and supply chain management, 4(2): 222−244.

HINGLEY M, LINDGREEN A, GRANT D B, et al., 2011. Using fourth-party logistics management to improve horizontal collaboration among grocery retailers[J]. Supply chain management: an international journal, 16(5): 316-327.

HOCHBAUM D S, PATHRIA A, 1998. Locating centers in a dynamically changing network, and related problems[J]. Location science, 6(1): 243-256.

HOFENK D, SCHIPPER R, SEMEIJN J, et al., 2011. The influence of contractual and relational factors on the effectiveness of third party logistics relationships[J]. Journal of purchasing & supply management (17): 167-175.

HOFMANN E, 2003. Supply chain finance: some conceptual insights[M]. Logistics management: 202-215.

HOLGUIN-VERAS J, PEREZ N, JALLER M, et al., 2010. On the need to reformulate humanitarian logistics modeling[J].Poster presentation at the 89th transportation research board annual meeting. Washington, D. C.

HOWDEN M, 2009. How humanitarian logistics information systems can improve humanitarian supply chains: A view from the field[J]. Proceedings of the 6th international ISCRAM conference. gothenburg, sweden: J. Landgren and S. Jul, eds.

HUANG M, TU J, CHAO X, et al., 2019. Quality risk in logistics outsourcing: A fourth party logistics perspective[J]. European journal of operational research, 276(3): 855-879.

IRA H, JARROD G, 2015. Measuring humanitarian supply chain performance in a multi-goal context[J].Journal of humanitarian logistics and supply chain management, 5(3): 300-324.

JEDERMANN R, NICOMETO M, UYSAL I, et al., 2015. Reducing food losses by intelligent food logistics[J]. Philosophical transaction of the royal society (9): 1-20.

JOHN L, RAMESH A, 2012. Humanitarian supply chain management in India: a SAP-LAP framework[J]. Journal of advances in management research, 9(2): 217-235.

KAZAZ W, 2015. Technical note—price-setting news-vendor problems with uncertain supply and risk aversion[J]. Operations research, 63(4): 807-811.

KIRSTIN S, PAMELA S, SCOTT B F, 2010. Legibility in humanitarian aid (NGO) supply chains[J]. International journal of physical distribution & logistics management, 40(8/9): 623-635.

KOVACS G, SPENS K, 2007. Humanitarian logistics in disaster relief operations[J]. International journal of physical distribution & logistics management, 37(2): 99-114.

KOVACS G, SPENS K M, 2011. Humanitarian logistics and supply chain management: the start of a new journal [J]. Journal of humanitarian logistics and supply chain management, 1(1): 5-14.

KUHN A, HELLINGRATH B, 2002. Supply chain management[M]. Berlin: springer verlag.

LAUREN B. DAVIS F S, et al, 2013. Inventory planning and coordination in disaster relief efforts [J]. Production economics (141): 561-573.

LEORA K, 2004. The role of reverse factoring in supplier financing of small and medium sized enterprises [R]. World bank: 102-103.

LIM W S, 2000. A lemons market? An incentive scheme to induce truth-telling in third party logistics providers[J]. European journal of operational research (125): 519-525.

LIST G, 1998. Routing and emergency-response-team siting for high-level radioactive waste shipments[J]. IEEE Transaction on engineering management, 45(2): 141−152.

LIU W, WANG D, ZHAO X, et al., 2019. The framework for designing new logistics service product: a multi-case investigation in China[J]. Asia pacific journal of marketing and logistics, 31(4): 898−924.

LODREE E J, 2011. Pre-storm emergency supplies inventory planning[J]. Journal of humanitarian logistics and supply chain management, 1(1): 50−77.

LONGSTAFF F A, SCHWARTZ E S, 1995. A simple approach to valuing risky fixed and floating rate debt[J]. Journal of finance (50): 25−36.

LUSINE H A, MARIJKE K, 2009. Analyzing price transmission in agri-food supply chains: an overview[J]. Measuring business excellence, 13(3): 1−10.

MA X L, WANG S Y, SARDAR M N, et al., 2018. Coordinating a three-echelon fresh agricultural products supply chain considering freshness-keeping effort with asymmetric information[J]. Applied mathematical modelling (10): 1−25.

MAHER N I, 2014. Dynamics of deprivation cost in last mile distribution: the integrated resource allocation and vehicle routing problem[D]. North dakota state university.

MAON F, LINDGREEN A, VANHAMME J, 2009. Developing supply chains in disaster relief operations through cross-sector socially oriented collaborations: a theoretical model [J]. Supply chain management: an international journal, 14(2): 149−164.

MARIANNE J, LEIF-MAGNUS J, 2010. Coordination in humanitarian logistics through clusters [J]. International journal of physical distribution & logistics management, 40(8/9): 657−674.

MARIANNE J, NATHALIE F C, 2018. How standards and molecularity can improve humanitarian supply chain responsiveness[J]. Journal of humanitarian logistics and supply chain management, 5(3): 348−386.

MELANIE F, TOBIAS H, 2009. Electronic supply network coordination in driftwood networks Barriers, potentials, and path dependencies[J]. International journal of production economics (121): 441−453.

MELKONYAN, et al., 2020. Sustainability assessment of last-mile logistics and distribution strategies: The case of local food networks[J]. International journal of production economics (228): 1−17.

MENTZER J T W, De W, et al, 2001. Defining supply chain management[J]. Journal of business logistics, 22(2): 1−25.

MICHAEL K, et al, 2017. Accepted manuscript-expiration dates and order quantities for perishables[J]. European journal of operational research (10): 1−38.

OLSON D, WU D D, 2010. A review of enterprise risk management in supply chain[J]. Kybernetes, 39(5): 694−706.

OZBAY K, EREN E, OZGUVEN M S, 2007. A stochastic humanitarian inventory control model for disaster planning[C]. Transportation research board's 86th annual meeting: washington, D.C.

OZBAY K, XIAO W, IYIGUN C, et al., 2004. Probabilistic programming models for response vehicle dispatching and resource allocation in t raffic incident management[D]. I & SE: rutgers university: 4−14.

ÖZDAMAR L, EKINCI E, KÜÇÜKYAZICI B, 2004. Emergency logistics planning in natural disasters[J]. Annals of operations research, 129(1): 217−245.

PAKHTAR N E, MARR E V, GARNEVSKA, 2012. Coordination in humanitarian relief chains: chain coordinators[J]. Journal of humanitarian logistics and supply chain management, 2(1): 85−103.

PARTHA S G, SARMAH S P, JENAMANI M, 2014. An integrated revenue sharing and quantity discounts contract for coordinating a supply chain dealing with short life-cycle products[J]. Applied mathematical modelling (38): 4120−4136.

PETTIT, BERESFORD, 2005. Emergency relief logistics: an evaluation of military, non-military and composite response models[J]. International journal of logistics: research and applications, 8(4): 313−331.

RABBANI M, ARANI H V, RAFIEI H, 2015. Option contract application in emergency supply chain[J]. International journal of services and operations management, 20(4): 385−397.

RATHI A K, CHURCH R L, SOLANKI R S, 1993. Allocating resources to support a multi-commodity flow with time windows[J]. Logistics and transportation review (28): 167−188.

RAWLS C G, TURNQUIST M A, 2010. Pre-positioning of emergency supplies for disaster response[J]. Transportation research part B (44): 521−534.

RAY J, 1987. A multi-period linear programming modal for optimally scheduling the distribution of food-aid in west[D]. University of tennessee.

RICE S C, WEBER D P, 2012. How effective is internal control reporting under SOX 404? Determinants of the (Non-) disclosure of existing material weaknesses[J]. Journal of accounting research, 50(3): 811−843.

RICHARD O, GYÖNGYI K, 2015. A commentary on agility in humanitarian aid supply chains[J]. Supply chain management: an international journal, 20(6): 708−716.

RICHEY R G, ADAMS F G, DALELA V, 2012. Technology and flexibility: enablers of collaboration and time-based logistics quality[J]. Journal of business logistics, 33(1): 34−49.

SCHOLTEN K, SCOTT P S, FYNES B, 2014. Mitigation processes-antecedents for building supply chain resilience[J]. Supply chain management: an international journal, 19(2): 211−228.

SELVIARIDIS K, NORRMAN A, 2015. Performance-based contracting for advanced logistics services[J]. International journal of physical distribution & logistics management, 45(6): 592−617.

SHETTY R S, 2004. An event driven single game solution for resource allocation in a multi-crisis environment[D]. University of south florida.

SHEU J B, CHEN Y, LAN L W, 2005. A novel model for quick response to disaster relief distribution[C]. Proceedings of the eastern asia society for transportation studies (5): 2454−2462.

SHEU J B, 2007. An emergency logistics distribution approach for quick response to urgent relief demand in disasters[J]. Transportation research part E, 43(1): 687–709.

SHEU J B, 2010. Dynamic relief-demand management for emergency logistics operations under large-scale disasters[J]. Transportation research part E: Logistics and transportation review, 46(1): 1–17.

SHIBAJI PANDA, NIKUNJA MOHAN MODAK, LEOPOLDO EDUARDO CÁRDENAS-BARRÓN, 2017. Accepted manuscript-Coordination and benefit sharing in a three-echelon distribution channel with deteriorating product[J]. Computers & industrial engineering (9): 1–29.

SHIVA Z, ALI B A, SEYED J S, 2017. A robust optimization model for humanitarian relief chain design under uncertainty[J]. Apply mathematical modelling, 40(17): 7996–8016.

SIMCHI L X, BRAMEL J, 2004. The Logic of Logistics[D]. Springer Verlag, Heidelberg.

SOTO-SILVA W E, et al., 2016. Operational research models applied to the fresh fruit supply chain[J]. European journal of operational research (251): 345–355.

STEFANIE B, ANTONIA A, BRIGITTE P, et al., 2013. A predictive shelf life model as a tool for the improvement of quality management in pork and poultry chains[J]. Food control (29): 451–460.

TASKIN S, LODREE JR E J, 2009. Inventory decisions for emergency supplies based on hurricane count predictions[J]. Int. J. Production economics (126): 66–75.

THOMAS A, MIZUSHIMA M, 2005. Logistics training: neeessity or luxury? [J]. Forced migration review (22): 60–61.

THOMAS A, KOPEZAK L, 2007. From logistics to supply chain management-the path forward in the humanitarian sector[J]. Fritz institute white paper.

TIMME S, WILLIAMS-TIMME C, 2000. The financial-SCM connection[M]. Supply chain management: 33–40.

TIMOTHY J L, PAUL V P, 2004. Decision technologies for agribusiness problems: A brief review of selected literature and a call for research[J]. Manufacturing & service operations management, 6(3): 201–208.

TOMSINI R M, VAN WASSENHOVE L N, 2006. Supply chain logistics in humanitarian operations[R]. Copenhagen business school.

TOMSINI, VAN WASSENHOVE L, 2004. A framework to unravel, prioritize and coordinate vulnerability and complexity factors affecting a humanitarian operation[J]. Faculty & research (8): 19–29.

TOREGAS C, SWAIN R, REVELLE C, et al., 1971. The location of emergency service facilities[J]. Operations research, 19(6): 1363–1373.

TUNCA TABAKLAR ÁRN I, HALLDÓRSSON, GYÖNGYI KOVÁCS KANDAREN SPENS, 2015.Borrowing theories in humanitarian supply chain management[J]. Journal of humanitarian logistics and supply chain management, 5(3): 281–299.

UKKUSURI S, YUSHIMITO W, 2008. Location routing approach for the humanitarian prepositioning problem[J]. Transportation research record: 18–25.

VAN W ASSENHOVE L, 2006. Humanitarian aid logistics: supply chain management in high gear[J].Journal of the operational research society, 57(5): 475–489.

VAN W ASSENHOVE L, BEAN W L, YADAVALLI V S, 2011. Modelling of uncertainty in minimizing the cost of inventory for disaster belief[J]. South african journal of industrial engineering, 22(1): 1–11.

VIKTORIYA S, 2012, Supply chain finance for emerging markets[J]. Supply chain brian, 16(1): 7–28.

VIKTORIYA S, 2006. Financing the supply chain : are companies feeling the"credit crunch" [EB/OL]. http://www.aberdeen.com.

WANG X H, LI F, et al., 2015. Pre-purchasing with option contract and coordination in a relief supply chain[J]. Int.J. Production economics (167): 170–176.

WU Q, MU Y P, FENG Y, 2015. Coordinating contracts for fresh product outsourcing logistics channels with power structures[J]. Int. J. Production economics (160): 94–105.

XIAO T J, QI X T, 2012. A two-stage supply chain with demand sensitive to price, delivery time, and reliability of delivery[J]. Ann oper res (2): 1–22.

XU L, WANG S G, 2009. The analysis of the supply chain financing model based on the accounts receivable[C].Management science and engineering: 1329–1334.

YANEE S, JAYANT K R, 2012. The fruit and vegetable marketing chains in Thailand: policy impacts and implications[J]. International journal of retail & distribution management, 40(9): 656–675.

YANG L BRYAN, JONES, et al, 2007. A fuzzy multi-objective programming for optimization of fire station locations through genetic algorithms[J]. European journal of operational research (182): 903–915.

YI W, KUMAR A, 2007. Ant colony optimization for disaster relief operation[J]. Transportation research part E (43): 660–672.

ZHANG J X, LIU G W, ZHANG Q, et al, 2015. Coordinating a supply chain for deteriorating items with a revenue sharing and cooperative investment contract[J]. Omega (56): 37–49.

包玉梅，2008. 突发公共事件应急物姿储备策略研究[J]. 科技信息（学术版）（34）：67–69.

曹小英，周凌，张学尽，2016. 农产品物流企业核心竞争力模糊综合评价与实证研究[J]. 农村经济（8）：95–99.

曹晓宁，王永明，薛方红，等，2021. 供应商保鲜努力的生鲜农产品双渠道供应链协调决策研究[J]. 中国管理科学，29（3）：109–118.

曹裕，李业梅，万光羽，2018. 基于消费者效用的生鲜农产品供应链生鲜度激励机制研究[J]. 中国管理科学，2（26）：160–174.

柴正猛，黄轩，2020. 供应链金融风险管理研究综述[J]. 管理现化，40（2）：109–115.

车强，2011. 人道物流中的军民协同机制研究[D]. 成都：西南交通大学.

陈碧芬，刘飞翔，丁永潮，2015. 农民合作社应对蔬菜价格风险的功能研究及优化：基于三明市调查分析[J]. 山西农业大学学报（社会科学版），14（4）：355–363.

陈达强，刘南，缪亚萍，2009. 基于成本修正的应急物流物资响应决策模型[J]. 东南大学学报（哲学社会科学版），11（1）：67-70+124.

陈刚，张锦，付江月，2016. 不确定环境中多目标应急物流选址分配模型[J]. 中国安全科学学报，26（12）：163-168.

陈刚，张锦，2014. 灾后应急物资保障的多目标定位—联运模型[J]. 计算机应用研究，31（3）：804-807.

陈钢铁，帅斌，2012. 震后道路抢修和应急物资配送优化调度研究[J]. 中国安全科学学报，22（9）：166-171.

陈森，姜江，陈英武，2011. 未定路网结构情况下应急物资车辆配送问题模型与应用[J]. 系统工程理论与实践，31（5）：907-913.

陈秀兰，张熙钰，杨建颖，2020. 我国农产品价格形成机制的微观探析：兼析农产品流通模式对价格的影响[J]. 价格理论与实践（9）：33-36+106.

陈燕，于放，田月，刘璐，2018. 基于Hadoop的车辆调度算法优化及应用[J]. 计算机系统应用，27（10）：268-272.

陈业华，史开菊，2014. 突发事件灾前应急物资政企联合储备模式[J]. 系统工程，32（2）：84-90.

陈莹珍，赵秋红，2015. 基于公平原则的应急物资分配模型与算法[J]. 系统工程理论与实践，35（12）：3065-3073.

陈勇，杨雅斌，2020. 区间规划下的高残值易逝品供应链网络设计[J]. 计算机工程与应用，6（56）：254-261.

陈治国，李红，2015. 中国农村金融对农产品物流传导效应的实证研究[J]. 华中农业大学学报（社会科学版）（1）：61-67.

程书强，刘亚楠，2017. 西部地区农产品物流效率及省际差异动态研究：基于DEA-Malmquist指数法[J]. 统计与信息论坛（4）：95-101.

程序芳，2010. 基于需求分级的两次应急资源运输研究[J]. 科学技术与工程，10（10）：2556-2559.

迟晨，2010. KMV模型对我国上市公司信用风险度量的实证研究[J]. 海南金融（2）：41-44.

楚龙娟，2012. 人道供应链中的快速信任评估模型和治理机制[D]. 成都：西南交通大学.

但斌，丁松，伏红勇，2013. 信息不对称下销地批发市场的生鲜供应链协调[J]. 管理科学学报，10（16）：40-50.

邓延洁，黄必清，颜波，2014. 第三方物流管理模式及其信息系统[J]. 计算机集成制造系统，20（5）：1220-1227.

丁斌，邹月月，2012. 基于政企联合储备模式下的应急物资的EOQ模型[J]. 大连理工大学学报（社会科学版），33（1）：90-94.

丁华，2004. 供应链管理理论及其在农产品物流企业中的应用[J]. 中国流通经济（4）：17-21.

丁俊发，2010. 农产品物流与冷链物流的价值取向[J]. 中国流通经济（1）：26-28.

丁秋雷，姜洋，王文娟，等，2017. 鲜活农产品冷链物流配送的干扰管理模型研究[J]. 系统工程理论与实践（9）：2320-2330.

董淑华，刘敬佳，2012. 智能物流系统架构与解决方案[J]. 信息化研究，38（5）：6-10+15.

杜建国，蒲天峰，朱晓雯，2021. 产需双重不确定情形下绿色农产品供应链的协调研究[J]. 生态经济，1（37）：103-110.

段沛佑，于贞超，段红杰，2021. 场景物流供应链创新发展研究[J]. 供应链管理，2（10）：41-47.

范光敏，冯春，张怡，2011. 人道物流的协同机制[J]. 工业工程（6）：138-144.

方磊，何建敏，2005. 城市应急系统优化选址决策模型和算法[J]. 管理科学学报（1）：12-16.

方磊，何建敏，2003. 综合 AHP 和目标规划方法的应急系统选址规划模型[J]. 系统工程理论与实践（12）：116-120.

方磊，何建敏，2004. 给定限期条件下的应急系统优化选址模型及算法[J]. 管理工程学报，18（1）：48-51.

方磊，夏雨等，2016. 面向突发性自然灾害的救济供应链研究述评与未来展望[J]. 管理评论（8）：238-249.

方磊，2008. 基于偏好 DEA 模型的应急资源优化配置[J]. 系统工程理论与实践（8）：98-104.

方轶，杨斌，2017. 物流服务商管理库存下的供应链三方合同[J]. 上海海事大学学报，38（2）：46-50.

冯春，2013. 人道救援物流快速成型网络及其运作方法研究[J]. 学术动态（1）：5-10.

冯春，2011. 应对大规模突发事件的应急物流救援系统研究[J]. 学术动态（3）：1-9.

冯颖，王远芳，张炎治，等，2020. 随机产出下商务模式对生鲜农产品供应链运作的影响[J]. 系统工程理论与实践，10（40）：2631-2647.

冯颖，余云龙，张炎治，等，2015. TPL 服务商参与决策的生鲜农产品三级供应链协调机制[J]. 管理工程学报，4（129）：213-221.

冯颖，周莹，贺超，等，2020. VMCI 模式下考虑物流联合外包的供应链合同设计[J]. 系统工程理论与实践，40（3）：617-629.

符洪源，2012. 人道物流的回购契约协同模型研究[D]. 成都：西南交通大学.

付焯，严余松，郭茜，等，2018. 生鲜农产品供应链物流风险传递机理及控制[J]. 西南交通大学学报（6）：654-660.

葛洪磊，刘南，2011. 基于灾情信息序贯观测的应急物资分配模型[J]. 统计与决策（22）：46-49.

龚卫锋，2014. 应急供应链管理研究[J]. 中国流通经济，28（4）：50-55.

关高峰，石华倩，2017. 基于随机 Petri 网的人道主义救援供应链业务流程协同建模及效能分析[J]. 中国安全生产科学技术，13（9）：58-65.

桂英豪，2016. 供应链金融在中小企业融资中应用的研究[D]. 武汉：中南财经政法大学.

郭金芬，周刚，2011. 大型地震应急物资需求预测方法研究[J]. 价值工程，30（22）：27-29.

郭菊娥，史金召，王智鑫，2014. 基于第三方 B2B 平台的线上供应链金融模式演进与风险管理研究[J]. 商业经济与管理（1）：13-22.

郭子雪，齐美然，张强，2010. 基于区间数的应急物资储备库最小费用选址模型[J]. 运筹与管理，19（1）：15-20.

郭子雪，韩瑞，齐美然，2017. 基于多元模糊回归的应急物资需求预测模型[J]. 河北大学学报（自然科学版），37（4）：337-342.

韩陆，2011. 建立和发展人道主义物流[J]. 中国应急救援（2）：36-39.

韩强，2007. 一类应急物资调度的双层规划模型及其算法[J]. 中国管理科学，15（10）：716-719.

贺勇，欧阳粤青，廖诺，2016. 服务质量、关系质量与物流外包绩效：基于合作关系视角的案例研究[J]. 管理案例研究与评论, 9（6）：567-579.

侯慧, 耿浩, 肖祥等, 2019. 基于节点综合权值的电力应急物资调度模型研究[J]. 电力系统保护与控制, 47（8）：165-172.

胡传平, 2006. 区域火灾风险评估与灭火救援力量布局优化研究[D]. 上海：同济大学.

胡海青, 张琅等, 2011. 基于支持向量机的供应链金融信用风险评估研究[J]. 软科学（5）：26-30.

胡森森, 黄珊, 2021. 区块链构建农产品供应链信任：现状、问题与发展[J]. 重庆工商大学学报（社会科学版）, 38（4）：26-35.

胡跃飞, 黄少卿, 2009. 供应链金融：背景、创新与概念界定[J]. 金融研究（8）：194-206.

胡忠君, 刘艳秋, 李佳, 2019. 基于改进GM（1,1）的洪涝灾害应急物资动态需求预测[J]. 系统仿真学报, 31（4）：702-709.

扈衷权, 田军, 冯耕中, 2018. 基于期权采购的政企联合储备应急物资模型[J]. 系统工程理论与实践, 38（8）：2032-2044.

黄福华, 龚瑞风, 2018. 区域生鲜农产品物流能力评价及其进路[J]. 江汉论坛（1）：51-56.

黄福华, 蒋雪林, 2017. 生鲜农产品物流效率影响因素与提升模式研究[J]. 北京工商大学学报（社会科学版）（2）：40-49.

黄福华, 卢巧舒, 李艳, 2018. 我国生鲜农产品物流的政府规制演进分析与优化策略[J]. 湖南社会科学（4）：118-125.

黄桂红, 饶志伟, 2011. 基于供应链一体化的农产品物流整合探析[J]. 中国流通经济（2）：29-32.

黄明田, 储雪俭, 2019. 我国供应链金融业务运作模式梳理与发展对策建议[J]. 金融理论与实践（2）：25-34.

黄勇, 易法海, 杨平, 2007. 国外农产品物流模式及其经验借鉴[J]. 社会主义研究（3）：133-135.

黄祖辉, 刘东英, 2006. 论生鲜农产品物流链的类型与形成机理[J]. 中国农村经济（11）：4-8+16.

黄祖辉, 刘东英, 2005. 我国农产品物流体系建设与制度分析[J]. 农业经济问题（4）：49-53+80.

贾卓鹏, 2010. 供应链融资：抵押品约束与中小企业信贷配给的有效突破[J]. 金融发展研究（9）：28-32.

姜大立, 张巍, 王清华, 2018. 智慧物流关键技术及建设对策研究[J]. 包装工程, 39（23）：9-14.

姜涛, 朱金福, 2007. 应急设施鲁棒优化选址模型及算法[J]. 交通运输工程学报（5）：101-105.

蒋渊, 马士华, 2018. 考虑预售和质量报露的易逝品供应链销售策略研究[J]. 工业工程与管理, 2（23）：85-97.

金燕波, 刘岩, 2014. 人道主义物流研究评述[J]. 社会科学战线（1）：213-217.

孔媛媛, 王恒山, 朱珂, 等, 2010. 模糊影响图评价算法在供应链金融信用风险评估中的应用[J]. 数学的实践与认识, 40（21）：80-86.

雷俊丽, 蒋国银, 2018. 易逝品不透明销售模式顾客接受意愿实证分析[J]. 技术经济与管理研究（12）：68-74.

李昌兵, 汪尔晶, 袁嘉彬, 2017. 物联网环境下生鲜农产品物流配送路径优化研究[J]. 商业研究（4）：1-9.

李超玲, 2019. 广西农产品物流信息平台研究[J]. 社会学家（11）：79-83.

李光荣, 官银学, 黄颖, 2020. 供应链金融信用风险特征、分析框架与管理对策[J]. 商业经济研究（13）：167-169.

李海燕, 2012. 人道物流快速成形网络中快速信任的产生机制[D]. 成都：西南交通大学.

李佳, 2019. 基于大数据云计算的智慧物流模式重构[J]. 中国流通经济, 33（2）：20-29.

李进, 张江华, 朱道立, 2011. 灾害链中多资源应急调度模型与算法[J]. 系统工程理论与实践, 31（3）：488-495.

李敏, 吴群琪, 2020. 鲜活农产品物流配送系统动态网络选址研究[J]. 统计与决策（6）：165-168.

李时春, 周国祥, 2007. Credit Metrics（TM）和 KMV 模型在信用风险管理中的比较分析[J]. 农村经济与科技, 18（8）：66-67.

李雪, 2013. 基于演化博弈论的人道物流快速信任研究[D]. 成都：西南交通大学.

李晔, 秦梦, 2015. 基于"农超对接"的生鲜农产品物流耗损研究[J]. 农业技术经济（4）：54-60.

李毅学, 徐渝, 冯耕中, 2007. 国内外物流金融业务比较分析及案例研究[J]. 管理评论（10）：55-62+64.

李玉民, 吴元畅, 刘勇, 2020. 考虑退货期限的生鲜电商冷链宅配供应链决策与协调[J]. 计算机集成制造系统, 1（26）：213-222.

李源, 李静, 2020. "互联网+"背景下生鲜农产品 O2O 电商模式与改进策略[J]. 商业经济研究（20）：96-99.

梁红艳, 2021. 中国制造业与物流业融合发展的演化特征、绩效与提升路径[J]. 数量经济技术经济研究, 38（10）：24-45.

凌思维, 杨斌, 孙少文, 2014. 基于需求分级的应急医疗资源配置[J]. 广西大学学报（自然科学版）（2）：358-364.

刘利民, 王敏杰, 2009. 我国应急物资储备优化问题初探[J]. 物流科技（2）：39-41.

刘明, 赵林度, 2011. 应急物资混合协同配送模式研究[J]. 控制与决策（1）：96-100.

刘学恒, 汪传旭, 许长延, 2011. 二级物资供应系统中不同应急调货策略的比较分析[J]. 工业工程（2）：11-15.

刘艳利, 伍大清, 2020. 基于改进 BP 神经网络的水产品冷链物流需求预测研究：以浙江省为例[J]. 中国渔业经济, 5（38）：93-101.

刘远亮, 高书丽, 2013. 基于供应链金融的小企业信用风险识别研究[J]. 海南金融（2）：20-24.

刘宗熹, 章竟, 2008. 由汶川地震看应急物资的储备与管理[J]. 物流工程与管理（11）：52-55.

卢安文, 王儒, 荆文君, 2018. 优胜劣汰还是合作共赢：物流服务供应链契约选择研究[J]. 工业技术经济（2）：99-106.

陆相林, 侯云先, 2010. 基于设施选址理论的中国国家级应急物资储备库配置[J]. 经济地理（7）：1091-1095.

陆宇杰, 2009. 人道主义供应链存在的问题及解决方法[J]. 经营管理者（18）：139.

罗静, 李从东, 2015. 基于演化博弈的应急物资生产能力储备策略[J]. 工业工程, 18（2）：15-19.

吕靖, 陈宇姝, 2020. 大连水产品冷链物流需求影响因素分析及其预测[J]. 数学的实践与认识, 15（50）：72-80.

缪成，许维胜，吴启迪，2006. 大规模应急救援物资运输模型的构建与求解[J]. 系统工程（11）：6-12.

聂高众，高建国，苏桂武，等，2001. 地震应急救助需求的模型化处理：来自地震震例的经验分析[J]. 资源科学，23（1）：69-76.

潘福斌，宋达，2014. 农超对接的农产品物流系统绩效评价体系研究[J]. 中国流通经（2）：46-53.

潘虹宇，2014. 人道救援物流的协同建模与分析[D]. 成都：西南交通大学.

庞海云，刘南，吴桥，2012. 应急物资运输与分配决策模型及其改进粒子群优化算法[J]. 控制与决策，27（6）：871-874.

庞海云，刘南，2012. 基于不完全扑灭的应急物资分配博弈模型[J]. 浙江大学学报（工学版），46（11）：2068-2073.

庞海云，叶永，2020. 基于实物期权契约的应急物资政企联合储备模型[J]. 系统管理学报，29（4）：733-741.

庞海云，2015. 突发性灾害事件下应急物资分配决策理论与方法[M]. 杭州：浙江大学出版社.

庞胜明，魏朗，2007. 农产品物流中心的经济规模优化模型[J]. 交通运输工程学报（2）：123-126.

戚孝娣，庄亚明，2016. 供需不平衡条件下的区域应急物资调配模型研究[J]. 中国安全科学学报（3）：169-174.

齐林，田东，张健，等，2011. 基于SPC的农产品冷链物流感知数据压缩方法[J]. 农业机械学报（10）：129-134.

乔洪波，2009. 应急物资需求分类及需求量研究[D]. 北京：北京交通大学.

秦军昌，王刊良，2008. 一个跨期应急物资库存模型及其解析仿真求解算法[J]. 运筹与管理（4）：45-50.

邵腾伟，吕秀梅，2018. 生鲜电商众筹预售与众包生产联合决策[J]. 系统工程理论与实践，6（38）：1502-1511.

施先亮，2015. 我国农产品物流发展趋势与对策[J]. 中国流通经济（7）：25-29.

石亚萍，2011. 基于物联网的智慧物流[J].物流技术，30（17）：44-45+49.

宋炳方，2008. 商业银行供应链融资业务[M]. 北京：经济管理出版社：17-25.

宋华，2015. 供应链金融[M]. 北京：中国人民大学出版社.

宋杰珍，黄有方，谷金蔚，2017. 信息对称与非对称环境下基于补偿合约的物流能力协调研究[J]. 中国管理科学，25（6）：71-81.

宋山梅，任晓慧，李桥兴，2018. 贵州特色农产品物流发展模式研究[J]. 广西民族大学学报（哲学社会科学版）（5）：154-160.

宋晓宇，刘春会，常春光，2010. 基于改进GM11模型的应急物资需求量预测[J]. 沈阳建筑大学学报（自然科学版），26（6）：1214-1218.

孙玉垄，范林榜，2016. 基于复杂网络的人道救援物流路径优化研究[J]. 当代经济管理（32）：96-98.

田刚，马志强，梅强，等，2014. 考虑创新激励的物流企业与制造企业共生利益分配模式研究[J]. 预测，33（4）：64-69.

田军，葛永玲，侯丛丛，2014. 政府主导的基于实物期权契约的应急物资采购模型[J]. 系统工程理论与实践，34（10）：2582-2590.

佟金，王亚辉，樊雪梅，等，2013. 生鲜农产品冷链物流状态监控信息系统[J]. 吉林大学学报（工学版）（11）：1707-1711.

徒君，黄敏，赵世杰，2018. 电商供应链物流服务契约设计与协调[J]. 计算机集成制造系统，24（6）：1579-1568.

汪守国，徐莉，2009. 供应链融资模型及其风险分析[J]. 商业时代（22）：75-76.

汪旭晖，文静怡，2015. 我国农产品物流效率及其区域差异[J]. 当代经济管理（1）：26-32.

王波，2010. 基于均衡选择的应急物资调度决策模型研究[J]. 学理论（17）：40-44.

王程，王涛，蒋远胜，2014. 西部地区生鲜农产品物流水平评价和发展模式选择[J]. 软科学（2）：136-139+144.

王国利，张长峰，王家敏，2012. 分类农产品温控物流技术集成理论体系构建[J]. 农业工程学报（3）：133-138.

王海南，宁爱照，马九杰，2020. 疫情后我国生鲜农产品供应链的优化路径与策略[J]. 农村经济（10）：107-113.

王磊，但斌，2015. 考虑消费者效用的生鲜农产品供应链保鲜激励机制研究[J]. 管理工程学部，1（29）：200-206.

王琪，2010. 基于决策树的供应链金融模式信用风险评估[J]. 新金融（4）：38-41.

王帅，林坦，2019. 智慧物流发展的动因、架构和建议[J]. 中国流通经济，33（1）：35-42.

王献美，2015. 基于大数据的智慧云物流理论、方法及其应用研究[D]. 杭州：浙江理工大学.

王晓，庄亚明，2010. 基于案例推理的非常规突发事件资源需求预测[J]. 西安电子科技大学学报（社会科学版），20（4）：22-26.

王新平，王海燕，2012. 多疫区多周期应急物资协同优化调度[J]. 系统工程理论与实践（2）：283-291.

王妍妍，2019. 孙佰清大数据环境下突发灾害应急物资配置模式研究[J]. 科技管理研究（7）：226-232.

王俣含，邬文兵，张明玉，2018. 新型城镇化对我国农产品物流发展的作用机理[J]. 贵州社会科学（7）：143-150.

王志刚，于滨铜，孙诗涵，等，2020. 资源依赖、联盟结构与产业扶贫绩效：来自深度贫困地区农产品供应链的案例证据[J]. 公共管理学报（12）：1-17.

王子成，2019. 安徽智慧物流发展的支持体系研究[D]. 合肥：安徽大学.

邬文兵，王俣含，王树祥，等，2017. 我国农产品物流系统自组织演化研究—前提、诱因、动力和路径[J]. 经济问题探索（12）：42-49.

吴勇刚，王熹徽，梁樑，2015. 灾害应对策略的评估模型及分类框架研究[J]. 系统工程理论与实践，35（5）：1144-1154.

吴忠华，2014. 第三方物流公司顾客满意度与忠诚度：基于心理契约的研究[J]. 中国流通经济，28（5）：101-105.

夏萍，刘凯，2011. 基于反馈控制原理的应急物资分配动态决策过程分析[J]. 物流技术（1）：87-89.

向敏,袁嘉彬,于洁,2015. 电子商务环境下鲜活农产品物流配送路径优化研究[J]. 科技管理研究（18）：166-171+183.

邢冀,钱新明,刘牧等,2010. 基于 Visual Basic.NET 的油气事故应急资源需求预测支持决策系统[J]. 灾害学,25（10）：291-295.

熊熊,马佳,赵文杰,等,2009. 供应链金融模式下的信用风险评价[J]. 南开管理评论,12（4）：92-98+106.

胥军,李金,湛志勇,2011. 智能物流系统的相关理论及技术与应用研究[J]. 科技创新与生产力（4）：13-18.

徐光顺,王玉峰,王程,2016. 生产方式、通道建设与生鲜农产品物流：以内陆农业大省四川为例[J]. 农村经济（8）：78-83.

徐学锋,夏建新,2010. 关于我国供应链金融创新发展的若干问题[J]. 上海金融（03）：23-26.

许锐,2011. 敏捷人道供应链研究[D]. 成都：西南交通大学.

薛坤,2014. 人道救援物流最后一公里运输问题研究[D]. 成都：西南交通大学.

闫俊宏,许祥秦,2007. 基于供应链金融的中小企业融资模式分析[J]. 上海金融（2）：14-16.

闫俊宏,2007. 供应链金融融资模式及其信用风险管理研究[D]. 西安：西北工业大学.

杨北,杜艳平,朱磊,等,2019. 智慧物流系统中的新技术应用及案例分析[J]. 绿色包装（6）：35-44.

杨华龙,计莹峰,刘斐斐,2010. 生鲜农产品物流网络节点布局优化[J]. 大连海事大学学报（8）：47-49.

杨继君,吴启迪,程艳,等,2008a. 面向非常规突发事件的应急资源合作博弈调度[J]. 系统工程,26（9）：21-25.

杨继君,许维胜,黄武军,等,2008b. 基于多灾点非合作博弈的资源调度建模与仿真[J]. 计算机应用,28（6）：1620-1623.

杨静蕾,肖临莉,2009. 人道物流与商业物流的比较分析研究[J]. 港口经济（7）：45-47.

杨磊,马桂梅,张智勇,2015. 考虑气候风险的农产品供应链回扣与订货策略[J]. 工业工程,18（1）：64-70.

杨婷婷,2011. 人道物流在中国：发展、挑战和对策[D]. 成都：西南交通大学.

杨信廷,钱建平,范蓓蕾,等,2011. 农产品物流过程追溯中的智能配送系统[J]. 农业机械学报（5）：123-128.

姚冠新,戴盼倩,徐静,等,2018. 双重信息不对称下生鲜农产品物流外包保鲜激励机制研究[J]. 工业工程与管理（8）：156-162.

叶层程,王丰,2018. 智慧军事物流研究综述[J]. 物流技术,37（7）：146-151.

于冬梅,高雷阜,赵世杰,2019. 考虑凸形障碍的应急设施选址与资源分配决策研究[J]. 系统工程理论与实践,39（5）：1178-1188.

于辉,刘洋,2011. 应急物资的两阶段局内分配策略[J]. 系统工程理论与实践,31（3）：394-403.

于瑛英,池宏,祁明亮,等,2008. 应急管理中资源布局评估与调整的模型和算法[J]. 系统工程（1）：75-81.

云蕾,2013. 互联网供应链金融创新模式分析研究[J]. 经济研究导刊（29）：169-170.

张爱玲,2019. 有效破解供应链金融风险[J]. 中国金融（18）：73-74.

张波, 2009. 基于两因素的武警部队应急军需物资需求预测分析[J]. 武警工程学院学报, 25 (4): 56-59.

张驰, 张晓东, 王登位, 等, 2016. 基于组件库的生鲜农产品冷链物流云服务系统设计与实现[J]. 农业工程学报 (6): 273-279.

张虎, 张小栓, 孙格格, 等, 2017. 面向冷链物流农产品品质感知的TTI动态校准方法[J]. 农业机械学报 (2): 314-321.

张锦, 曾倩, 陈义友, 2017. 基于变权的物流资源公平分配方法[J]. 西南交通大学学报 (03): 563-570.

张京卫, 2008. 日本农产品物流发展模式分析及启示[J]. 农村经济 (1): 126-129.

张婧, 申世飞, 杨锐, 2007. 基于偏好序的多事故应急资源调配博弈模型[J]. 清华大学学报（自然科学版）, 47 (12): 2172-2175.

张可明, 邱斌, 穆东, 2016. 基于改进突变级数法的农产品物流产业评估模型研究[J]. 北京交通大学学报（社会科学版）(7): 114-119.

张磊, 王娜, 张桂梅, 2018. 蔬菜一级批发商技术效率研究: 基于寿光农产品物流园蔬菜批发商户的调查[J]. 商业研究 (1): 19-27+86.

张玮, 2010. 供应链金融风险识别及其信用风险度量[D]. 大连: 大连海事大学.

张喜才, 2019. 中国农产品冷链物流经济特征、困境及对策研究[J]. 产业经济 (12): 100-105.

张永军, 张小栓, 张长峰, 等, 2016. 面向农产品冷链物流监测的无线气体传感器在线校准方法[J]. 农业机械学报 (10): 309-317.

张自立, 李向阳, 王桂森, 2009. 基于生产能力储备的应急物资协议企业选择研究[J]. 运筹与管理, 18 (1): 146-151.

赵英霞, 赵艳盈, 2016. 基于流通效率的中国农产品物流模式优化研究[J]. 哈尔滨商业大学学报（社会科学版）(2): 15-21.

郑琪, 范体军, 2018. 考虑风险偏好的生鲜农产品供应链激励契约设计[J]. 管理工程学报, 2 (32): 171-178.

郑宇婷, 李建斌, 陈植元, 等, 2019. 不确定需求下的冷链分销商最优决策[J]. 管理科学学报, 1 (22): 94-106.

周继祥, 王勇, 2017. 第三方物流参与管理企业采购模型研究[J]. 中国管理科学, 25 (3): 121-129.

周蕾, 2012. 灾后救助的人道主义供应链研究[J]. 江苏商论 (8): 147-149.

朱雪丽, 阴丽娜, 2020. 智慧物流背景下我国生鲜农产品供应链发展研究[J]. 保鲜与加工, 20 (6): 199-204.

朱一青, 2017. 城市智慧配送体系研究[D]. 武汉: 武汉理工大学.

邹筱, 顾春龙, 2013. 信息非对称条件下物流外包激励模型研究[J]. 中南财经政法大学学报 (5): 130-135.